张杰 等 著

京津冀长城聚落保护与可持续发展
——基于遗产与生态耦合的视角

清华大学出版社
北京

图书在版编目（CIP）数据

京津冀长城聚落保护与可持续发展：基于遗产与生态耦合的视角 / 张杰等著.— 北京：清华大学出版社，2024.8

ISBN 978-7-302-62622-0

Ⅰ.①京…　Ⅱ.①张…　Ⅲ.①长城－乡村地理－聚落地理－研究－华北地区　Ⅳ.①K928.5

中国国家版本馆CIP数据核字(2023)第022879号

责任编辑：刘一琳
装帧设计：陈国熙
责任校对：欧　洋
责任印制：丛怀宇

出版发行：清华大学出版社
　　　网　　　址：https://www.tup.com.cn，https://www.wqxuetang.com
　　　地　　　址：北京清华大学学研大厦 A 座　　　　邮　　　编：100084
　　　社 总 机：010-83470000　　　　　　　　　　邮　　　购：010-62786544
　　　投稿与读者服务：010-62776969，c-service@tup.tsinghua.edu.cn
　　　质量反馈：010-62772015，zhiliang@tup.tsinghua.edu.cn
印 装 者：北京博海升彩色印刷有限公司
经　　销：全国新华书店
开　　本：185mm×260mm　　　印　　张：20.75　　　字　　数：438 千字
版　　次：2024 年 10 月第 1 版　　　　　　　　　印　　次：2024 年 10 月第 1 次印刷
定　　价：198.00 元

产品编号：091437-01　　　　　　　　　　　　　　审图号：京 S（2024）024 号

本书主要作者

本书由北京建筑大学建筑与城市规划学院特聘院长、清华大学建筑学院张杰教授统稿。

本书共分为十个章节。八个主要章节作者如下：第一章"京津冀明长城沿线遗产资源及沟域单元"由蔡超、骆文、张晓俊、孙喆、张俊共同撰写；第二章"沿线聚落遗产特征"，由贺鼎、李旻华、石炀、俞天琦、张捷共同撰写；第三章"沿线沟域'遗产-生态'耦合特征研究"，由孙喆、苏毅、王思思共同撰写；第四章"沿线遗产与生态综合保护研究"，由潘剑彬、蔡超、吴奇霖共同撰写；第五章"沿线遗产与生态展示利用研究"由骆文、张笑楠、苏毅、张晓俊共同撰写；第六章"沿线沟域产业发展研究"由杨震独立撰写；第七章"区域典型村庄产业发展研究"由刘玮撰写；第八章"基于数字孪生技术的长城聚落遗产保护利用"由郭贤、胡平波共同撰写。

项目主要参与人员名单
（按姓氏笔画排序）

马 妍	王 攀	王子瑜	王文科	王洪波	尹文瑜	任天漪	刘亚洁
刘冰赛	刘辰茜	刘新宇	许 诺	许卓凡	孙倩男	苏文龙	杜 玥
李 硕	李 耀	李昊雨	李淳毅	杨天悦	杨梓源	杨镇泽	连君伊
吴佳璇	吴海怡	何 晴	张 洁	张亚飞	张鸿屹	陈梦琦	郑 璐
郑淳之	赵天铭	赵思龙	赵颖丽	胡靖崇	贾 宁	原 琳	曹 献
梁德宁	蒋林坪	蒋思玮	程美景	温 德	蓝婧雯	解 超	

课题资助

国家自然科学基金项目"基于'遗产-生态'耦合单元的京津冀明长城沿线聚落遗产保护与可持续发展研究"（52178029）

住房城乡建设部课题"北京长城文化带及其生态区域保护与发展研究"（MCC-2021-02）

序

2019年8月20日，习近平总书记视察嘉峪关关城，察看关隘、建筑布局和山川形势，听取长城文物遗产保护和历史文化考察情况介绍。他强调："当今世界，人们提起中国，就会想起万里长城；提起中华文明，也会想起万里长城。长城、长江、黄河等都是中华民族的重要象征，是中华民族精神的重要标志。我们一定要重视历史文化保护传承，保护好中华民族精神生生不息的根脉。"

2016年，国家文物局发布《中国长城保护报告》，指出长城是中华民族的精神象征，是我国现存体量最大、分布最广的文化遗产，以其上下两千年、纵横数万里的时空跨度，成为人类历史上宏伟壮丽的建筑奇迹和无与伦比的历史文化景观。做好长城保护对于展示中华民族灿烂文明，坚定文化自信，弘扬社会主义核心价值观，促进经济社会发展，具有十分重要的意义。2019年12月5日，中共中央办公厅、国务院办公厅印发《长城、大运河、长征国家文化公园建设方案》。长城分布于我国15个省（自治区、直辖市）的404个县（市、区）。其中，京津冀地区的明长城保存最完好、价值最突出、工程最复杂，是中国长城最杰出的代表，也是长城国家文化公园建设的重要载体。京津冀明长城外侧紧邻"燕山−太行山国家集中连片贫困区"，是贫困县最集中的地区，与"环首都贫困带"基本重合。保护好、利用好京津冀明长城及沿线生态与聚落对于京津冀协同发展具有重要战略意义。

学界对长城以及沿线区域的研究由来已久，尤其在文物、军防聚落等遗产本体方面有很深入的研究和有价值的成果，但对沿线聚落、生态环境保护与社会经济发展的综合研究还有待深入。张杰教授及其团队基于长城聚落遗产保护及京津冀协同发展的国家重大需求，立足遗产保护与生态环境保育、经济社会发展等问题的复杂关联，提出"遗产−生态"耦合单元概念，尝试综合解决遗产保护与可持续发展问题的理论、方法与技术，是一次重大且关键的理论与实践的探索，其重要意义可以概括为以下四点：

第一，长城国家文化公园建设的重大文化意义，京津冀明长城是长城国家文化公园建设的重要载体。第二，"环首都贫困带"减贫、京津冀协同发展的经济意义，京津冀明长城外侧紧邻"燕山−太行山国家集中连片贫困区"，整体保护好、利用好京津冀明长城及沿线聚落对于京津冀协同发展具有重要战略意义。第三，聚落可持续发展的社会意义，京津冀范围内因军事目的而建立的明长城聚落的80%以上活态传承至今，仍是社会生活、经济活动的重要活态载体，探索综合解决聚落遗产保护与可持续发展问题的理论、方法与技术体系迫在眉睫。第四，京津冀生态空间保育意义，京津冀明长城沿线毗邻"两屏两带"生态保护红线空间，对地区水源涵养、水土保持、防风固沙等生态系统服务功能具有重要作用，亟须探索生态条件制约下的产业发展路径。

针对国家重大需求，本书尝试突破重大遗产所在区域保护与综合发展等一系列技术瓶颈，以八个章节展开研究。首先，本书在对京津冀明长城沿线区域的"遗产-生态"资源体系和聚落遗产历史地理的研究基础上，原创性提出"遗产-生态"耦合单元概念，形成综合解决遗产保护与可持续发展问题的空间单元；其次，基于空地信息协同技术，通过景观特征评估、生态风险评价、生态系统服务功能评测等环节探索耦合单元的生态评估，并以典型沟域为例，多维度深入研究了京津冀明长城沿线区域的"遗产-生态"单元特征与保护策略；再次，探讨京津冀明长城沿线沟域和典型乡村聚落的产业发展情况和策略；接着，引入传播学视角建立京津冀明长城沿线遗产阐释与展示总体框架；最后，依托自主平台研发"天-空-地"一体化遥感监测技术系统，构建"数字孪生长城聚落"模型，满足数据存储、信息自动关联与"人-机"交互式分析的迫切需求。

全书逻辑连贯，层层递进，第一手数据丰富，论述严谨，从长城遗产本体保护拓展开来，形成对长城沿线区域系统性保护与可持续发展的综合研究，其成果将为保护长城及其相关聚落遗产、修复长城生态、健全管理机制提供理论支撑与技术辅助，是一部具有理论、方法和实践意义的学术专著。

在国家文化公园建设的重大战略之下，对黄河、长征、大运河等超大型线性遗产所在区域的综合发展研究提出了新的要求。这些超大型线性遗产区域，均是文化遗产、生态环境、产业经济耦合的复杂系统，常常面临保护与发展的复杂问题与多重挑战，希望本书的出版对于区域内的遗产保护、生态保护及区域整体的可持续发展提供参考与借鉴。

庄惟敏

2024年1月于北京

目录

第○章　绪论 　　　　　　　　　　　　　　　　　　　　　　　　　　001
　　一、明长城沿线区域聚落综合建设的历史渊源 　　　　　　　　　002
　　二、明长城沿线区域聚落可持续发展的当代意义 　　　　　　　005
　　三、概念界定与研究范围 　　　　　　　　　　　　　　　　　007
　　四、国内外研究现状及本书的主要内容 　　　　　　　　　　　007
　　参考文献 　　　　　　　　　　　　　　　　　　　　　　　　012

第一章　京津冀明长城沿线遗产资源及沟域单元 　　　　　　　　　　013
　　第一节　明长城沿线遗产资源梳理 　　　　　　　　　　　　　015
　　　　一、明长城沿线资源的分类构成 　　　　　　　　　　　　015
　　　　二、长城沿线遗产分布区域的地理特征——沟域 　　　　　018
　　　　三、京津冀明长城沿线核心沟域划分 　　　　　　　　　　021
　　第二节　明长城沿线聚落遗产分布特征 　　　　　　　　　　　023
　　　　一、沿线聚落分布及密度分析 　　　　　　　　　　　　　023
　　　　二、沿线聚落遗产空间分布及影响因素 　　　　　　　　　027
　　　　三、沿线聚落体系的演化及动因研究 　　　　　　　　　　031
　　第三节　沟域视角下的长城防御体系和聚落遗产体系 　　　　　038
　　　　一、沟域视角下的长城防御体系 　　　　　　　　　　　　039
　　　　二、明长城沿线聚落遗产体系概述 　　　　　　　　　　　046
　　参考文献 　　　　　　　　　　　　　　　　　　　　　　　　051

第二章　沿线聚落遗产特征 　　　　　　　　　　　　　　　　　　053
　　第一节　明长城沿线军防聚落形态类型 　　　　　　　　　　　055
　　　　一、沿线军防聚落等级与规模 　　　　　　　　　　　　　056
　　　　二、沿线军防聚落形态类型 　　　　　　　　　　　　　　059
　　　　三、军防聚落街巷格局 　　　　　　　　　　　　　　　　061
　　第二节　聚落空间形态特征 　　　　　　　　　　　　　　　　063
　　　　一、研究对象与空间形态量化方法 　　　　　　　　　　　063
　　　　二、沿线聚落空间形态特征 　　　　　　　　　　　　　　067
　　　　三、沿线聚落空间形态类型与形成机制 　　　　　　　　　071

第三节　明长城沿线聚落环境特征 073
一、沿线聚落与环境要素的关联 073
二、沿线聚落布局的基本形态 076
三、沿线聚落环境特征模拟分析 080

参考文献 089

第三章　沿线沟域"遗产-生态"耦合特征研究　　091
第一节　长城沿线区域景观生态背景 092
一、京津冀地区的景观生态 092
二、区域尺度下长城腹地的自然特征 094
三、沿线区域景观生态敏感性分析 097
四、京津冀明长城沿线生态敏感性分析 098
第二节　沟域视角下明长城沿线区域"遗产-生态"单元特征 101
一、明长城沿线区核心沟域概况 101
二、长城沿线区域核心沟域分类 101
第三节　典型沟域古北口镇东关河沟域解析 111
一、东关河沟域概况 111
二、基于LCA的东关河沟域景观特征类型解析 115
三、东关河沟域景观敏感度评估 119
四、景观特征保护与管理策略 120

参考文献 123

第四章　沿线遗产与生态综合保护研究　　125
第一节　京津冀明长城沿线遗产资源梳理 126
第二节　沿线遗产保护问题与应对策略 133
一、沟域单元整合视角下的遗产及沿线资源问题 133
二、沿线遗产资源保护策略研究 138
第三节　沿线遗产保护问题与应对策略 142
一、沿线主要生态问题及应对策略 142
二、独石口长城白河沟域主要生态问题 144
三、独石口长城白河沟域生态系统敏感性特征分析 146
四、独石口长城白河沟域生态系统保护与修复策略 153

参考文献 157

第五章　沿线遗产与生态展示利用研究　　159
第一节　沿线区域总体阐释与展示研究 160
一、长城沿线区域总体阐释与展示方法研究 160

　　　　二、京津冀明长城沿线区域总体资源阐释与展示内容研究　　164

　　　　三、阐释展示主题与体系构建　　170

　　第二节　多沟域单元：明长城密云区展示研究　　173

　　　　一、明长城密云区段资源概述　　174

　　　　二、明长城密云区段遗产资源特点　　175

　　　　三、明长城密云区段遗产资源展示体系构建　　177

　　第三节　大尺度沟域：明长城蓟州区段展示体系研究　　180

　　　　一、明长城蓟州区段资源概述　　180

　　　　二、明长城蓟州段遗产资源特点　　180

　　　　三、明长城蓟州段遗产资源展示体系构建　　182

　　第四节　中小尺度沟域单元：基于最小累积阻力（MCR）模型的古北口遗产廊道展示体系研究　　186

　　　　中小尺度沟域"文化景观"的典型阐释展示模式——构建包含若干"探访路"的"遗产廊道"　　186

　　参考文献　　195

第六章　沿线沟域产业发展研究　　199

　　　　一、国外山区产业发展研究经验　　200

　　　　二、国内山区产业发展相关经验　　201

　　　　三、国内沟域产业发展相关研究进展　　202

　　　　四、现有沟域产业发展研究总结　　203

　　第一节　京津冀明长城沿线区域产业发展条件研判　　204

　　　　一、自然资源与文化遗产奠定产业发展优势　　204

　　　　二、山区地形与脆弱生态提升发展阻碍　　205

　　　　三、文化弘扬与"双碳"目标带来发展机遇　　208

　　　　四、遗产与生态统筹保护构成发展挑战　　208

　　第二节　京津冀明长城沿线沟域产业发展思路探索　　209

　　　　一、沟域产业发展影响因素　　209

　　　　二、"双碳"目标下的节能、节水情景假设　　213

　　　　三、沟域发展定位与产业发展思路　　221

　　第三节　京津冀明长城沿线典型沟域产业发展策略　　222

　　　　一、典型沟域自然人文属性　　222

　　　　二、典型沟域空间发展格局　　225

　　　　三、典型沟域产业发展策略　　227

　　参考文献　　232

第七章　区域典型村庄产业发展研究　　237

　　第一节　京津冀明长城沿线村庄产业发展研究　　239

　　　　一、村庄产业发展研究现状　　239

　　二、京津冀山区村庄产业发展研究方法 242

　　三、京津冀明长城沿线村庄"文、旅、农"产业发展影响分析 243

　第二节　京津冀明长城沿线村庄产业发展 248

　　一、长城沿线村镇旅游资源分析 248

　　二、北京密云区长城沿线村庄产业整体现状 250

　　三、天津和河北长城沿线村庄产业整体现状 255

　第三节　典型村庄产业发展策略 260

　　一、北京密云区古北口镇古北口村 262

　　二、北京密云区古北口镇北甸子村 264

　　三、天津蓟州区下营镇黄崖关村 267

　　四、河北赤城县独石口镇独石口村 270

　参考文献 275

第八章　基于数字孪生技术的长城聚落遗产保护利用 277

　第一节　长城聚落遗产数字孪生需求与技术体系构建 278

　　一、长城聚落遗产的现状问题与数字孪生技术需求与研究进展 278

　　二、京津冀明长城聚落遗产保护与可持续发展数字孪生平台构建 282

　第二节　长城聚落遗产场景下的数字孪生关键技术 284

　　一、基于遥感的多尺度长城模型重建与表达 284

　　二、基于全球位置网格的多源长城聚落遗产信息集成 291

　　三、多源长城聚落遗产数据库的构建与管理 294

　第三节　长城聚落遗产保护与可持续发展数字孪生应用研究 296

　　一、"数字孪生长城"平台概况 296

　　二、平台界面与基本功能概览 298

　　三、"数字孪生长城"在聚落遗产保护与可持续发展的进展 301

　参考文献 308

第九章　结语 311

　　一、研究总结 312

　　二、研究创新 314

　　三、研究展望 315

附录 317

第〇章 绪论

长城纵横万里，时跨古今，是中华民族的精神象征，是世界级的宏伟建筑和历史文化景观，更是人类文明进程中不可磨灭的绚丽奇迹。做好长城保护，功在当代，利在千秋，不仅有利于展示传承中华民族灿烂文明，更是对社会主义核心价值观的坚定弘扬，对于在百年未有之大变局中坚定历史自信，促进新时代经济社会发展，实现中华民族伟大复兴具有重要意义。2016年，国家文物局发布的《中国长城保护报告》指出长城是我国现存体量最大、分布最广的文化遗产。2019年，中共中央办公厅、国务院办公厅印发《长城、大运河、长征国家文化公园建设方案》明确了长城保护要素分布，长城纵贯全国15个省（自治区、直辖市）的404个县（市、区），其中京津冀明长城作为中国长城最杰出的代表成为长城国家文化公园建设的重要组成部分。这一区段不仅是明长城工程最复杂、保护最完好、价值最突出的部分，它的外侧还紧邻"燕山-太行山国家集中连片贫困区"，是与"环首都贫困带"基本重合的贫困县高度集中地区。探索京津冀明长城及沿线生态与聚落保护利用策略，对实现脱贫攻坚成果与乡村振兴的有效衔接、促进京津冀协同发展具有重要的战略意义。

既有文献中对长城文物、长城军防聚落等遗产本体有深入的研究，但对沿线聚落、生态环境保护与社会经济发展的综合研究较少。这些因军事目的而建立的长城聚落80%以上活态传承至今，仍是社会生活、经济活动的重要活态载体。本研究创新性提出"遗产-生态"耦合单元的概念，以聚落为核心，基于沟域视角，结合历史军事地理框架，在专注遗产保护的同时，尝试用综合的理论、方法与技术，深入研究这些聚落与生态保护保育、经济社会等全面可持续发展的问题。

一、明长城沿线区域聚落综合建设的历史渊源

长城沿线区域聚落的发展有着深厚的历史渊源，可以说，对于历史上中原王朝的统治者而言，长城从未被视作单一的军事工程，而长城沿线区域亦没有被仅仅当作一个军事区域。罗哲文先生曾指出："它（长城）并不是一条孤立的线，而是一个防御网的体系……要

与周围的防御工事、政权机构（都、县等）密切联系，以至与统治中心——王朝的首都联系起来。长城线上的每一个据点都通过层层军事与行政机构和中央政权机构相联系。"这一说法可看作是对长城区域聚落综合体系的最早的论述。

据吴晗估计，在明代九边的国防前线，朝廷派驻了近90万军队，其后各有损益，至万历年为68万人。长城的军事工程建设，必须也必然是与所在区域的人居生态环境、经济生产、社会文化等方面的规划建设以及社会工程通盘考虑、同步推进的，并由此形成了军事、生态、经济、文化等诸系统深度耦合的体系。这种耦合关系可以从生态、经济、文化等维度找到诸多历史印证。

明长城沿线区域与生态的关联是双向的。一方面，15世纪中叶以来，山区移垦和山民盗伐林木成为长城沿线边关禁山的突出问题，垦山风潮导致长城沿线植被锐减、森林日渐枯竭。另一方面，在官员的请禁与查缉之下，朝廷将植树造林列为边区镇守官员的考绩项目之一，出台一系列政策加强长城沿线生态修复与保育工作。长城沿线植被修复工作有军事防御、食物与燃料供给、水土保持等一系列系统性目的。史房楠在《申饬种树疏》中论及"种树七利"，其中就有"叶落可以供爨，果实可以充饥"及"穷塞变为乐土，孰可逃去"等语。长城、城堡等要素的修建，会引起长城周边自然环境的人工改造活动，带动沿线的大规模植树行为和人工林地的形成，以满足长城内在的军事防御需求和城堡的人口生计需求。据《四镇三关志》"蓟镇·杂防"载，"沿边墙内外，虏马可通处，俱发本路主、客军兵种植榆、柳、桃、杏以固边险。密云道墙子、曹家、古北、石塘四路，共栽过榆、柳一百六十八万四千一百五十三株，种过桃、杏等种子五十九石九斗。蓟州道太平、喜峰、松棚、马兰四路，共栽过榆、柳、杂树四百四十七万一千一百四十七株，种过桃、杏等种子一百石。永平道石门、台头、燕河、山海四路，共栽过榆、柳、杂树三百一十二万五千一百八十七株，种过桃、杏等种子三百九十石六斗"。

明长城沿线作为国家重要的经济区域，主要体现在蒙汉贸易、农业屯垦等方面。历史上长城沿线区域的军事工程建设同时带动了边疆经济开发，规范和引导了边境贸易。长城沿线蒙汉贸易之重要性，已有诸多论述。董耀会指出，九边各镇不仅是明朝统治者同蒙古统治集团相对抗的战场，也是中原农耕民族同北方游牧民族互市贸易的场所。隆庆年代议和之后，长城沿线在九边各镇共开设马市不下70处，马市贸易的兴起和发展，加强了各个民族之间的经济联系，对区域稳定和发展至关重要。农业经济方面，则体现为明朝政府在长城城堡附近均设有屯田，用以耕种，补给军需。据《密云县志》记载，"辽开泰九年（1020年），迁檀州，宗州千户汉族人至关外黄龙。明初，从外地移民至密云屯田。"明洪武五年（1372年），设密云中卫，辖二十九军屯。洪武三十年（1397年），设密云后卫，辖军屯。现仍在密云辖区的有河曹屯、双井屯、太师屯、石匣屯、高岭屯、金沟屯、庄案屯、不老屯。后编入密云县中卫里，归密云县管辖。

明长城沿线是我国北方地区的文化精华区域。目前我们能看到明朝官方在这一区域进行文化建设的直接记录很少，但也有历史材料可以作为侧面印证。其中一例是山西云冈石窟。明杨时宁主持编纂的《宣大山西三镇图说》中的云冈堡图，绘制了新、旧云冈堡之间夹峙的石佛寺（云冈石窟）及其附近的石窟寒泉、观音台等文化景观，虽然我们不能由此得出长城修建的目的主要是保护寺观文化景观的结论，但长城防御工程的修建与其地方文化景观形成了一个整体，这一点是毫无疑问的（图0-1、图0-2）。另一例则是北京市昌平区的明十三陵与昌镇长城组成的军事-陵寝文化景观整体。《长安客话》载，"蓟、昌先本一镇。嘉靖三十年，始分为二⋯⋯护视陵寝，防守边关，遂为昌镇"。据笔者统计，京津冀明长城沿线现有国家级历史文化名镇10处，国家级历史文化名村33处，国家级传统村落232处，这些都是这一地区聚落文化的精华。可以说，京津冀明长城沿线是中国文化遗产保护与传承的枢纽地带。

图0-1 《宣大山西三镇图说》·宣府分守口北道辖上西路总图（明·杨时宁）

注：图中可见张家口堡及抚夷厅附近的马市，乃是附近驻牧的青把都、合罗气等部落和狮子屯、红草沟等酋首与全镇互市之所。据该书记载，"每遇开市，朝往夕还⋯⋯巍然一巨观焉⋯⋯远商辐辏其间。每市万房蚁集⋯⋯"。

图0-2 《宣大山西三镇图说》·云冈堡图（明·杨时宁）

注：图中可见新、旧云冈堡之间夹峙的石佛寺（云冈石窟）及其附近的石窟寒泉、观音台等文化景观。

二、明长城沿线区域聚落可持续发展的当代意义

综上可知，明长城沿线区域历史上是军事、生态、经济、文化等诸系统深度耦合的文化与地理的融合体系。这种耦合关系在历史上不断传承发展，演变为具有综合价值的、复合性的长城沿线区域聚落体系。罗哲文先生在论及长城的现实意义时就曾指出，长城不仅是历史防御体系，更具有民族力量象征、文学艺术宝藏、旅游观光胜地的综合价值。

京津冀明长城沿线区域，一方面其遗产资源丰富，另一方面也存在生态环境脆弱、经济社会发展水平相对落后的现实问题，对区域内的遗产保护、生态保护及区域整体的可持续发展开展综合研究具有重大现实意义。本研究面向长城聚落遗产保护及京津冀协同发展的国

家重大需求，相关研究工作的开展有如下几个方面的重要意义：

第一，2019年中共中央办公厅、国务院办公厅印发《长城、大运河、长征国家文化公园建设方案》，方案对长城沿线文物和文化资源保护传承利用提出了紧迫要求。京津冀明长城作为长城国家文化公园建设的重要组成部分，以其作为研究对象具有重大文化意义。第二，京津冀明长城外紧邻"燕山-太行山国家集中连片贫困区"，研究京津冀明长城及沿线生态与聚落的整体保护利用，可以助力"环首都贫困带"脱贫攻坚成果与乡村振兴的有效衔接，促进京津冀协同发展，具有重要战略意义。第三，京津冀范围内的明长城聚落很多因军事目的而建立，但有80%以上活态传承至今，并成为社会生活、经济活动的重要载体，综合解决聚落遗产保护与可持续发展问题迫在眉睫，具有显著的社会意义。第四，京津冀明长城沿线毗邻"两屏两带"生态保护红线空间，"绿水青山就是金山银山"，探索其生态条件制约下的产业发展路径，重视其水源涵养、水土保持、防风固沙等生态系统服务功能，对于京津冀协同发展具有重要的生态空间保育意义。

综上所述，对京津冀明长城沿线开展综合研究具有重大现实意义，但仍需突破一系列技术瓶颈。本课题运用"遗产–生态"耦合单元概念构建了能够综合解决遗产保护与可持续发展问题的空间单元。研究基于空地信息协同技术，通过景观特征评估（landscape character assessment，LCA）、生态风险评价（ecological risk assessment，ERA）、生态系统服务功能评测（ecosystem services assessment，ESA）等环节，探索耦合单元的生态评估与保护策略。为了长效的管理，研究还构建了"数字孪生长城"模型，依托自主平台研发"天–空–地"一体化遥感监测技术系统，以满足日常管理中在数据存储、信息自动关联与"人–机"交互式分析的迫切需求。这些成果将为保护长城遗产、修复长城生态、健全长城管理机制提供理论支撑与技术支持。

本研究尝试解决如下关键科学问题。第一，探索基于沟域特征的"遗产–生态"耦合单元认定方法。基于聚落遗产价值要素数据，结合景观生态特征网络，探索多系统相互作用的复杂耦合问题，形成耦合单元空间划定方法。第二，探索基于景观特征评估、生态风险评价、生态系统服务功能评测的"遗产–生态"耦合单元生态保护策略。第三，构建沟域作为"遗产–生态"耦合单元的产业生态性评估体系。山区受到生态环境和生态基础设施的双重制约，社会经济发展面临先天困难，节能减排压力大，因此沟域作为"遗产–生态"耦合单元的产业生态性评估，其指标、方法和标准的构建必须因地制宜，注重可行性。第四，考虑到"遗产–生态"资源要素复杂的耦合特点，本研究有针对性地构建了"数字孪生长城"技术，构建高精度长城信息模型，以实现与实体长城镜像的虚拟世界。并以此为基础，形成动态监测技术框架，探索长城与周边生态环境、人文经济、历史沿革之间的内在关联、影响机理。

三、概念界定与研究范围

长城的修筑起源于春秋战国时期。在秦汉时期和明代，因北方游牧地区与中原农耕地区之间的冲突而促进了两次大规模的长城兴建，并随着我国历史长河中疆域的变迁、朝代的更替，长城也因为功能等变化而不断修筑、改建、增建，形成了现在人类历史上罕见的大规模线性军事防御体系遗产。考虑到本书讨论主题的广泛性和研究对象在空间分布上的复杂性，在开始讨论之前，有必要对本书的一系列基本概念及空间范围进行准确界定。

京津冀明长城沿线：京津冀地区现存战国、汉、北魏、北齐、唐、金、明等历史时期修筑或使用的长城墙体及附属设施。其中，因明长城作为军事防御体系保存最为完整，本研究将分布在北京、天津、河北范围内的明长城墙体及附属设施周边完整的地理单元定义为京津冀明长城沿线。

聚落遗产：包括历史城镇、历史村落等人类生活聚居地。有别于"纪念物"，聚落遗产是不断生长变化的活态遗产类型，是文化可持续发展的重要内容和串联其他各类遗产的结构性遗产资源。经初步统计，本研究涉及京津冀明长城沿线300多个城堡聚落和很多其他村镇聚落。

"遗产-生态"耦合单元：本研究提出的"遗产-生态"耦合单元是指遗产体系与其紧密相连的生态系统间形成的、由聚落遗产要素与生态环境要素及其生态环境共同构成的空间单元。本研究将以其作为本课题中遗产保护、生态保育、产业发展和动态监控等的重要抓手。"遗产-生态"耦合单元以沟域为主体，从水文地理上分为微流域、小流域、流域等不同类型，其遗产构成、景观生态、产业功能、村镇社会等也呈现不同类型特征。

本书所讨论的明长城涉及今京津冀部分地区，其中包括北京市平谷、密云、怀柔、延庆、昌平和门头沟6个区，河北省张家口、承德、唐山、秦皇岛4个市区，天津市蓟州区。按照明朝中后期的军事建制，可划分为4镇，即真保镇、昌镇、宣府镇和蓟镇。综合考虑长城遗产分布、乡镇行政边界和自然地形地貌等因素，本书以京津冀明长城墙体及附属设施周边完整的地理单元作为研究范围，涉及面积7320km²，分布在长城边墙两侧3~30km（图0-3）。

四、国内外研究现状及本书的主要内容

国内学者对军防聚落研究涉及长城聚落（张玉坤 等，2016）、海防聚落（谭立峰等，2020）、陆海协同军防聚落（王双琳 等，2020）及其他区域性防御体系（张杰 等，2013；周政旭 等，2018）等类型。对长城聚落国内学者有丰硕的研究成果。其中张玉坤及其研究团队出版的系列丛书与论文，对明长城军事防御体系的建立和构成以及历史演变（杨申茂 等，2018）、规划布局和选址机制（范熙晅 等，2019）、空间分布（刘建军 等，

京津冀都市圈区域图

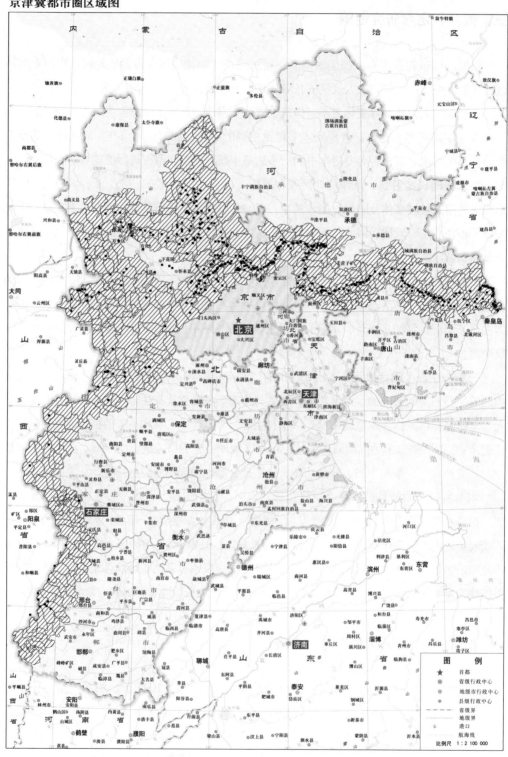

图0-3 京津冀明长城沿线区域研究范围
图片来源：作者自绘

2018）及变迁规律（李严 等，2018）等进行分析，并提出了明长城军事防御体系"秩序带"概念（范熙晅 等，2019）。在长城及其聚落遗产的价值研究方面，国内学者从定性和定量角度开展了相关研究。定性角度方面，陈同滨将长城遗产价值概括为军防建筑遗产、人地互动文化景观和精神象征三个方面（陈同滨 等，2018）。定量角度方面，徐凌玉使用条件评估法对明长城防御体系文化遗产价值评估（徐凌玉 等，2018）进行研究，曹迎春对明长城军防体系基于协同运行机制的系统价值进行研究（曹迎春 等，2020）。在长城聚落遗产的保护方面，整体性、综合性的保护方法已有初步探索。汤羽扬及其团队在北京长城保护规划（汤羽扬 等，2018）、长城国家文化公园规划（张曼 等，2020）等编制过程中，引入大数据处理技术，提出"多元整合、协同管理"的保护策略。李严对明长城防御体系整体保护措施与协同管理模式（李严 等，2018）进行了研究。戴俭团队从"经济、生态和农民生产生活的可持续发展角度"提出了聚落保护策略（陈喆 等，2008）。

国际聚落遗产保护已开始重视聚落遗产网络的保护（Anker，2007），聚落的整体保护既包括"对单个聚落的整体保护"，也包括"对聚落群的整体保护"，并出现了文化线路（cultural routes or cultural itinerary）、文化景观（cultural landscape）、遗产廊道、空间基因（段进，2019）等聚落遗产保护的新发展趋势。2017 年，国际古迹和遗址理事会（International Council on Monuments and Sites，ICOMOS）通过了《关于乡村景观遗产的准则》，将乡村景观定义为"人与自然共同塑造的水陆区域，通过农耕、畜牧、造林、渔猎等，生产食物和其他可再生资源"。乡村景观属于多功能资源，它既体现了所属居民的文化意义，同时，也成为见证人类与自然共同发展的文化景观。总体而言，结合长城聚落生态环境与可持续发展条件，构建价值评估体系，探索综合性的保护与可持续发展策略，仍有很大的探索空间。

北京建筑大学在长城遗产保护方面具有长期、丰富的积累，在建筑规划、遥感测绘等领域具有多学科交叉的雄厚科研实力。北京清华同衡规划设计研究院在京津冀地区有长期的文化遗产保护规划设计实践，尤其对河北长城、天津蓟州地区长城以及相关聚落等开展过深入研究，积累了大量研究资料与研究成果。同时，"长城小站"长期关注长城遗产保护，在基础资料收集与实地调研等方面有诸多经验，这些均为本研究提供了有力的保障与支持。

本书第一章旨在对京津冀明长城沿线遗产资源及沟域单元进行研究，包括以下几方面内容。首先，对京津冀现存明长城资源进行梳理，基于文化景观概念分析其价值特征。其次，通过京津冀明长城军防聚落体系的历史考察，将"沟域"作为"遗产-生态"资源体系的基本单元。最后，结合明代"九边"军镇设置及相关史料，就明长城聚落遗产体系分布及演化进行分析，并对其成因展开初步探讨。

第二章主要对沿线聚落遗产特征的研究，重点梳理京津冀明长城沿线军防聚落的形成及发展规律，以及形态、环境特征等。从历史地理学的角度来说，聚落既可以视为"点"，也可以视为"面"。本章第一节将聚落视为"点",关注聚落的发生、空间分布、体系性及演化规律。其余两节是将聚落视为"面",以北京市密云区城堡为研究对象,关注聚落的规模、形态、格局等平面特征及其内在形成机制,以及聚落与周边环境要素的关联性特征。

第三章深入研究沿线沟域耦合生态特征,在三个层次上对该区域的景观生态要素进行分析。研究构建了京津冀明长城沿线区域的"遗产-生态"分析框架,将长城遗产、生态景观、村镇聚落整合审视。整体分析京津冀明长城沿线区域的基本自然特征、生态系统类型和植被覆盖特征等。构建京津冀明长城沿线区域的生态敏感度评价体系,并利用遥感解译等方法获取地理空间数据开展评价计算。在此基础上,参考水文地理的沟域概念构建"遗产-生态"耦合单元,将京津冀明长城沿线区域划分成1490个核心沟域的空间界定。基于沟域视角,依据土地利用、长城遗产、村镇聚落和自然生态保护区等数据,运用复合归类法将京津冀明长城沿线的核心沟域进行分类,形成了包括"遗产-生态"双富集、遗产富集、生态富集和"遗产-生态"共四大类别下的16种细分沟域类型。并以东关河核心沟域为例,详细归纳其典型特征,深入开展景观特征评价分析,提出沟域景观综合保护与管理策略。

第四章是对沿线遗产与生态综合保护利用研究。第一节和第二节在文化景观的视角下,对遗产保护和沿线区域生态修复问题进行讨论,并选择独石口作为典型案例进行分析,最终提出相对应的策略。

第五章在进行方法论梳理研究的基础上,引入传播学视角建立起阐释与展示总体框架,针对京津冀明长城遗产资源总体进行阐释与展示研究。第四节选取了多沟域单元、大尺度沟域和小尺度沟域三个不同尺度的典型沟域进行具体阐释与展示研究。

第六章探讨京津冀明长城沿线沟域的产业发展策略。首先,根据京津冀明长城沿线区域的资源特征和发展现状研判该区域的综合发展条件。其次,梳理京津冀明长城沿线"生态-遗产"耦合单元,即沟域产业发展的影响因素,参照欧盟2000年至2014年的能耗变化率和我国"十四五"规划的能源消耗目标,对京津冀明长城沿线密云区、张家口市、蓟州区的产业节能、节水情景进行分析,提出密云区潮河沟域、赤城县白河沟域、蓟州区洵河沟域的发展定位和产业发展思路。最后,选取潮河沟域古北口段、白河沟域独石口段、洵河沟域下营段为典型沟域,在分析其自然人文特征和空间发展格局的基础上,提出适宜的沟域产业发展策略。

第七章重点研究京津冀明长城沿线的乡村聚落发展状况,响应国家乡村振兴战略,关注乡村地区的民生问题。研究试图剖析明长城沿线区域村庄存在的一系列产业发展问题,如产业转型升级缓慢、文旅资源整合难度大、资金投入周转困难等。依据相关上位保护发展规划和总体规划,明确研究范围和主要方向,并通过资料查阅和实地调研,收集明长城文化带沿线村庄产业发展信息,试图探索文化旅游资源带动乡村社会经济产业发展的耦合路径。在保护与修复明长城本体、挖掘明长城文化资源的前提下,结合各村的实际发展情况,提出相应的产业调整策略。通过京津冀三地各选一个村庄的实证研究，具体阐述明长城沿线乡村产业现状和未来发展路径。

第八章针对长城聚落遗产监测存在的问题与需求，依托"天–空–地"一体化遥感技术在多要素、多尺度、多时相的动态监测能力，提出"数字孪生长城"动态监测架构和应用平台架构。本章聚焦遗产保护、生态监测和产业评估的多维度应用主题，在区域、沟域及聚落的多尺度场景上，对京津冀明长城的应用进展开展论述。重点讨论以数字孪生技术为代表的新型遥感技术，在保护长城及其沿线聚落遗产、修复长城生态、健全管理机制方面的实际作用与价值。

综上所述，本书旨在从长城遗产本体保护拓展开来，形成对长城沿线区域系统性保护与可持续发展的综合研究。黄河、长征、大运河等超大型线性遗产所在区域均是文化遗产、生态环境、产业经济间存在耦合关系的复杂系统。国家文化公园建设的重大战略对于综合保护发展这些超大型线性遗产区域，提出了新的要求。我们对其开展综合研究，对于区域内的遗产保护、生态保护及区域整体的可持续发展方面能够起到抛砖引玉的作用，以期引起更多的综合性研究与探讨。

参考文献

[1] 刘效祖. 四镇三关志校注[M]. 彭勇，崔继来，校注. 郑州：中州古籍出版社，2018.

[2] 邱仲麟. 明代长城沿线的植木造林[J]. 南开学报（哲学社会科学版），2007（3）：31–42.

[3] 董耀会. 明长城九边马市分布与作用[EB/OL].（2001–08–01）[2023-5-19]. http://ww2.thegreatwall. com.cn/public/gwwx.php?action=view&id=165&mode=www.

[4] 密云县志编纂委员会. 密云县志［M］. 北京：北京出版社，1998：89.

[5] 杨时宁. 宣大山西三镇图说[M]. 彩绘秘阁本. 藏于日本，1603（明万历三十一年）.

[6] 蒋一葵. 长安客话[M]. 北京：北京出版社，1960.

[7] 罗哲文. 长城史话[M]. 北京：北京出版社，2018.

第一章 京津冀明长城沿线遗产资源及沟域单元

中国长城地区是游牧民族、农耕民族和渔猎民族自古以来相互接触和交流的地带。因其在土地类型上呈现出耕地、林地、草原斑块交错分布的特征，地理学称之为"农牧交错地带"，即这里的人群的生业方式可农可牧、亦农亦牧、时农时牧。自战国时期开始，农耕民族或渔猎民族建立的政权为防止游牧民族的不断侵扰，开始在这一地带借助有利地形建设长城，逐渐形成一种特殊的军事管理型的带状区域。这一地带以北山-阴山-燕山-大兴安岭一线为中心，随着区域内政权力量的强弱变化和气候波动而不断南北摆动。这种特殊的人地关系，在中华文明5000余年的发展和演变中孕育了特征鲜明的长城文化。

在长城军事防御功能消失后的近400年中，长城沿线军事防御聚落和一些设施等逐渐转变为普通村庄，并由关内向关外生长，对今天长城沿线区域的人地关系格局产生了重要影响。抗日战争时期，长城沿线开展的抗战活动使边塞文化获得新生，长城也成为中华民族的精神象征。随着历史的积淀，长城也与沿线的山岭、草原、森林、戈壁、沙漠、农田、绿洲等丰富多彩的地貌景观融为一体，呈现出无与伦比的风景审美特征。

中国长城分布于北京、天津、河北、山西、内蒙古、辽宁、吉林、黑龙江、山东、河南、陕西、甘肃、青海、宁夏、新疆15个省（自治区、直辖市）的404个县（市、区）。其中，京津冀地区的明长城工程最复杂，保存最完好，遗产价值最突出，是中国长城文化遗产最杰出的代表。同时，京津冀明长城外侧紧邻"燕山-太行山国家集中连片贫困区"，是贫困县最集中的地区，与"环首都贫困带"基本重合。所以保护好、利用好京津冀明长城及沿线生态与聚落，对于京津冀协同发展具有重要战略意义。

本章旨在对京津冀明长城沿线区域的"遗产-生态"资源体系进行研究。首先，对京津冀现存明长城资源进行分类梳理。其次，分析其价值特征和生态环境特征。最后，通过京津冀明长城军防聚落体系的历史考察，确定将"沟域"作为本书研究范围中"遗产-生态"资源体系的基本单元的概念。

第一节　明长城沿线遗产资源梳理

一、明长城沿线资源的分类构成

1. "长城地带"与"京津冀明长城沿线"辨析

1935年，日本考古学家江上波夫与水野清一合著的《内蒙古·长城地带》一书，首次提出了"长城地带"的概念（水野清一，1935）。它将"长城地带"看作一个地理区域。1939年美国学者欧文·拉铁摩尔在其《中国的亚洲内陆边疆》一书中提出"长城边疆地带"。他认为长城不是一个绝对的边界"线"，而是一种"被历史的起伏推广而成的一个广阔的边缘地带"（欧文·拉铁摩尔，2010），是自然、人文、社会等多种因素综合作用的结果。

苏秉琦在《关于考古学文化的区域类型问题》中提出考古学区系的理论，将全国分为六大区系，其中之一是"以长城地带为中心的北方地区"（苏秉琦，1981）。他指出，这一地区包括"从东向西包括以赤峰（原昭盟）为中心的地区、河套地区、以陇东为中心的甘青宁地区三个部分"。"长城地带"由此成为区别于其他考古学文化区系的关键特征。虽然历史学、地理学、人类学、生态学等学科也从不同角度对"长城地带"进行研究和阐释，并出现了"长城带""长城分布地区""长城沿线"等一系列不同的指代，但是考古学使用的"长城地带"获得普遍认同，逐渐成为指代长城沿线区域的规范化名称（段清波，2019）。

然而，在对长城地带范围界定的一系列研究中，研究学者们主要基于地理环境和考古文化等进行划分（卜工，1991；田广金、郭素新，2004；苏秉琦，1981；林沄，2003），段清波综合各家之言，将其界定为："以长城本体为核心，沿长城走向，以北纬40°线为轴心，南北跨度在北纬38°～42°间的地区。该地区行政区划上自东向西经内蒙古东南部、河北北部、山西北部、陕西北部、内蒙古中南部、宁夏、甘肃和青海的东北部，地形上跨东北平原、华北平原、内蒙古高原、黄土高原，分为以赤峰为中心的地区、河套地区、以陇东为中心的甘青宁地区三个部分。"（段清波，2019）但这一界定的界线并不明确，而且涉及范围规模庞大，难以据此深入中微观层面进行考察。有鉴于此，考虑到本研究的目的与现实意义，本书结合行政区划将研究范围界定为"京津冀明长城沿线"，特指"北京、天津、河北范围内的明长城墙体与附属设施及其周边联系紧密的聚落及自然地理要素组成的完整的地理单元"。

2. 京津冀明长城沿线资源分类

京津冀明长城沿线资源按照资源属性可分为遗产资源和生态资源两大类。其中，遗产资源包含世界遗产、不可移动文物、非物质文化遗产、历史文化街区、历史文化名镇名村、传统村落六类，主管部门涉及文物、文化旅游和建设等行政主管部门。生态资源包含自然保护区、风景名胜区、森林公园、湿地公园、地质公园、矿山公园六类，主管部门涉及建设、林业、农业、国土资源和水利等行政主管部门。

在京津冀明长城沿线的遗产资源中，按照资源价值主题又可分为长城遗产资源和相关文化资源两类。其中，长城遗产资源特指2012年国家文物局公布的各省（自治区、直辖市）的长城资源认定成果。该认定成果是基于2006—2012年国家文物局会同国家测绘局组织长城沿线各地开展的，新中国成立以来最为全面、系统的长城资源调查工作。相关文化资源则指长城沿线区域在历史积淀过程中逐渐形成的军防村镇文化、寺观庙宇文化、抗战红色文化、交通驿道文化、陵寝墓葬文化等。

3. 京津冀明长城沿线相关文化资源特点

京津冀地区现存长城遗存丰富，包括战国、汉、北魏、北齐、唐、金、明等历史时期修筑或使用的长城墙体及附属设施。在2000多年里不断修筑的长城在历史积淀过程中，沿线区域逐渐形成了丰富的文化形式，展现出丰富的文化多样性（北京市推进全国文化中心建设领导小组，2019）。

一是军防村镇文化。京津冀明长城沿线的城堡和堡寨大多数延续至今并不断生长扩大，成为自然村落和乡镇中心。这些乡村目前仍保留了许多传统民间信仰、农耕生活、民俗节庆等相关的物质和非物质文化遗产，形成独具特色的人地景观。如列入第二批国家级非物质文化遗产名录的《八达岭长城传说》，还有延庆旱船、永宁南关竹马、丫髻山庙会等。

二是寺观庙宇文化。京津冀明长城沿线存在大量寺观庙宇，多由聚居在此的城堡居民修建，战争时期祈求亲人平安，和平时期祈求风调雨顺，以民间信仰的关帝庙、龙王庙、土地庙等庙宇遗迹为多。这些寺观庙宇遗存成为各类宗教文化和民间信仰的载体，是人们进行民间祭拜活动的场所。

三是抗战红色文化。京津冀明长城沿线的抗战红色文化资源包括军事设施及事件发生地、纪念地等，均承载着一定的红色历史，见证了早期马克思主义在中国的传播及中国共产党的发展，记录了艰苦抗战的历史故事，是研究抗战历史、革命事迹的重要载体，是人们缅怀先烈、弘扬爱国主义精神和艰苦奋斗精神的重要场所。

四是交通驿道文化。京津冀明长城沿线的交通驿道文化资源包括古代驿道及驿站、近现代交通设施两个小类。其中，古代驿道及驿站如榆林堡古城、灵山古道等；近现代交通设施的代表有京张铁路相关遗存设施等。这些古代及近现代的驿道及交通设施，成为长城沿线文化沟通和交流的纽带，增强了区域间的文化传播与对话。

五是陵寝墓葬文化。京津冀明长城沿线的陵寝墓葬文化资源主要指明十三陵所包含的墓葬遗存，它们按照中国古代最高等级制度进行布局，由长城进行拱卫和守护，体现了明代统治者对建造雄伟陵墓的高度重视，反映了明代皇家的陵寝制度，是明朝建筑艺术的杰作和陵寝规划的最高代表。

六是历史文化景观。京津冀明长城沿线的历史文化景观是在此生活过的将士、文人将感触和心境题记于大自然之中，它们结合长城沿线独特的自然和人文环境形成的特点鲜明的文化景观。

4. 明长城沿线遗产资源梳理

2012年，国家文物局共认定北京市长城资源2356处（文物保函〔2012〕875号：《关于北京市长城认定的批复》），包括北齐长城遗存24处和明长城遗存2332处，分为长城墙体、单体建筑、关堡和相关设施等4种类型。本研究仅对明长城资源进行统计，分类统计共有四大类。第一类是长城墙体，其中包括土墙、石墙、砖墙、山险墙、山险等5种类型，计447段，474.06km；第二类是单体建筑，其中包括敌台、马面、水关（门）、铺房、烽火台等5种类型，计1732座；第三类是关堡，其中包括关和堡2种类型，计147处；第四类是相关设施，其中全部为挡马墙，计6段。

2012年，国家文物局共认定天津市长城资源275处（文物保函〔2012〕943号：《关于天津市长城认定的批复》），均为明代长城遗存，包括长城墙体、单体建筑、关堡等3种类型。第一类长城墙体，包括石墙、砖墙、山险墙、山险等4种类型，计176段，40.28km；第二类单体建筑，包括敌台、烽火台2种类型，计89座；第三类关堡，包括关和堡2种类型，计10座。

2012年，国家文物局共认定河北省长城资源8276处（文物保函〔2012〕998号：《关于河北省长城认定的批复》），分布于59个县（市、区），包括战国、汉、北魏、北齐、唐、金、明等历史时期修筑或使用的长城墙体及附属设施。其中，河北省明长城，东起秦皇岛市山海关区老龙头，西至张家口市怀安县西洋河关堡，南至邯郸市涉县，总计长城资源6999处，共涉及秦皇岛、唐山、承德、张家口、保定、石家庄、邢台、邯郸等8个设区市40个县（市、区），包括长城墙体、单体建筑、关堡、相关设施等4种类型。其中，长城墙体包括土墙、石墙、砖墙、山险墙、山险、河险、其他墙体等7种类型，计1153段，1338.63km；单体建筑包括敌台、马面、城楼、水关（门）、铺房、烽火台、其他墙上单体等7种类型，计5388座；关堡包括关和堡2种类型，计302座；相关设施包括挡马墙、劈山墙、壕沟等3种类型，计156处。

根据以上数据进行统计可知，京津冀地区经国家文物局认定的明长城资源共计9606处，包括长城墙体、单体建筑、关堡、相关设施等4种类型。其中长城墙体共计1776段，1852.97km（表1-1）。

表1-1　京津冀明长城资源统计表（根据《长城保护报告》整理）

资源类型	数量（处）	各省市资源数量（处）		
		北京市	天津市	河北省
长城墙体 （长度：km）	1776 （1852.97）	447 （474.06）	176 （40.28）	1153 （1338.63）
单体建筑	7209	1732	89	5388
关堡	459	147	10	302
相关设施	162	6	—	156
小计	9606	2332	275	6999

二、长城沿线遗产分布区域的地理特征——沟域

　　明长城横穿河北，连接京津，是长城保存最为完整、最具代表性的区段。它作为中国古代畜牧业与农业地区的显著分界线，东起秦皇岛市山海关区，经北京、天津，一直延伸至西端边防要地西洋河，连绵延亘，横跨燕山山脉、冀北山地和坝上草原，京津冀地区境内全长2000多km。长城的走向受到地形地貌的显著影响，由西向东延伸，沿着河西走廊北侧，经过沙漠和黄土高原的交接处，再循内蒙古高原和冀北山地交错带，蜿蜒在燕山和太行山山岭的背脊上，它所在地域的大部分是高原向平原过渡的丘陵低山地区。京津冀明长城处于温带季风气候区，四季分明，夏季高温多雨，冬季寒冷干燥，长城的建筑受到了这种气候条件的影响。京津冀地区的植被以温带落叶阔叶林为主，长城沿线的植被覆盖情况因地理位置和气候条件而异。因其历史、文化和自然景观的独特性，京津冀明长城是中国历史上的重要文化遗产。

1. 北京明长城的地理环境——一城两山四水十八沟

　　北京城坐落于三面环山、一面开敞的"北京湾"小平原端口，是华北平原与北方山地和高原之间绵长的南北陆路交通线的天然焦点（侯仁之，2014），自古以来就是连通着中原与塞外最重要的关口。北京北部和东北部山地属燕山山脉的西段，西部山地属太行山的北段。明朝在北京地区修筑长城，沿燕山和太行山两山内侧山脊而行，通过东西向的连续墙体及关隘对南北向峡谷隘口形成的天然孔道加以封锁，以实现其环抱北京小平原、拱卫都城的军事防御功能。北京地区与长城有关的主要河流有4条，分别是潮白河、永定河、温榆河和沟河。长城沿线地区中小河流和灌渠众多，长城也多选址于谷中河流穿行的地方修筑。其中与长城防御体系的重要关口存在紧密关联的18组自然河道被称为"十八沟"，分别为将军关沟、黄松峪沟、镇罗营–熊儿寨沟、红门川沟、黄岩河沟、安达木河沟、小汤河沟、潮河沟、白马关

河沟、雁栖河沟、怀九河沟、怀沙河沟、菜食河–新华营河沟、德胜口沟、关沟、白羊沟、长峪–镇边城沟、刘家窑沟。这些沟峪正是北京明代长城的主要防御关口（图1-1）。

图1-1　北京长城两山四水十八沟示意图
图片来源：《北京市长城文化带保护发展规划（2018年至2035年）》

2. 沟域——研究长城遗产的重要视角

联合国教科文组织（United Nations Educational Scientific and Cultural Organization，UNESCO）于1972年通过《保护世界文化和自然遗产公约（世界遗产条约）》，计划将具有全球代表性以及普遍价值性的文化遗产（cultural heritage）和自然遗产（natural heritage）列入世界遗产名录。但是人为创造的文化遗产和原生的自然遗产之间彼此割裂的情形严重，人类活动与自然相互作用所产生的具有突出价值的景观并未得到反映。为此，文化景观作为独立类型于1992年被纳入世界遗产体系，成为自然遗产和文化遗产之间的桥梁。我国主要的文化景观包括古迹遗址景观、自然景观、民俗文化景观、宗教景观和园林景观。长城作为中国最大体量的文化景观之一，拥有极具特色的墙体、敌楼、壕堑、关隘、城堡及烽火台等遗址景观，这些与沿线广阔的山脉、草原、沙漠、森林、农田等自然景观，以及沿线地区根深蒂固的多元化地域文化相结合，共同向世界展示了承载人与自然融合互动的文化景观价值。1987年，联合国教科文组织世界遗产委员会（UNESCO

World Heritage Committee）将长城列入世界遗产名录，同时也指出"长城是建筑与景观融合的典范"。为了更好地加强对长城文化景观的保护，我们需要开拓更多的研究视角和方法，沟域作为长城沿线承载文化、生态、经济内涵的自然地理单元，成为描述与分析长城文化景观的重要空间概念。沟域来源于水文地理概念，指以分水岭为界，由沟内不同坡面组合而成的封闭条带状区域（刘沛林 等，2010），是山地生态系统的组成细胞。同时沟域又是一个区域概念，其多为流水地貌的集水区域，有明确的地域边界范围。它包括分水岭以下，从上段、中段到下段的完整、独立、自成系统的地理单元（张义丰，贾大猛 等，2009）。在沟壑纵横的燕山、太行山山脉中，众多独立、封闭的小流域在河流切割山体的过程中形成沟域，并形成了"人群""文化""历史""地理"和"生态"等要素紧密联系的地理空间实体。基于沟域地理空间单元，从军防逻辑、生态保护、聚落发展多方面整体分析明长城沿线聚落保护与可持续发展，成为本研究的分析主要视角与方法。

首先，以沟域为基本单元划分长城军防体系符合其原始构建逻辑。长城建设之初，为军事防御功能需要，控制险要有利地势，达到"一夫当关，万夫莫开"之效，长城城堡往往选址在高山峻岭之上或深沟峡谷之中，以控制当时国土边疆地区的大小沟域（苗苗，2004）。这些沟域形成一个个较为完整和封闭的小社会，从该角度可以看到长城军事防御体系在独立地理单元内的布局。京津冀地区长城沿线区域在聚落格局深刻影响下，在人口和军事防御聚落的数量不断增长的过程中，形成了特殊的人地关系，并孕育出特征鲜明的长城文化。长城的墙体、烽火台、城堡等人工遗迹完美地融入自然环境中，构成了人类史上宏伟壮丽的建筑奇迹和非凡、独特的历史文化景观。同时，边防屯军考虑士兵生存用水需求，在沟域中水源距离近且便于取水，正因这一原因某些始建于险要之地的关堡由于山高缺水曾被移动至新址。如山西镇西路柏杨岭堡原设在柏杨岭曾被改移至窑儿堰（赵紫薇，2012）。因此，从水文地理角度，以分水线内的沟域作为基本单元进行长城遗产的研究，符合军防体系原始构建时对于地势和取水的双重需求。

其次，以沟域为视角研究长城沿线区域有利于遗产与生态的整体性保护。中国国家文物局2019年发布的《长城保护总体规划》指出，长城具有突出的文化景观特征，但是目前长城周边环境真实性、完整性保护存在不足。而沟域概念的引入，填补了长城与周边环境综合研究的空白。长城与沿线地区广袤的山岭、草原、森林、戈壁、沙漠、农田、绿洲等地貌融合，形成雄浑、壮丽的独特景观。长城地带与地理学上的"农牧交错地带"大致相合，且京津冀明长城文化带主要位于京津冀山区，属于北温带半湿润大陆性季风气候。这一地带跨度在200km之内，山幅宽约50km，均处于内陆地区。这一地带无明显的水平方向上的气候差异，主要影响因素为地形（李耀明 等，2017）。其中部分山区多发气象、地质、洪水等灾害，存在水土流失等生态环境退化等问题。沟域作为基础的汇水单元，在微观层面将不同的生态系统包含在内。以沟域视角进行研究，有利于全面分析山地的坡度、植被、人口等因素对生态系统脆弱性产生的内生性和外生性影响（周劲松，1997），为长城遗产完整性保护及生态保护寻找对策奠定基础。

最后，以沟域单元划分明长城沿线区域是实现聚落经济、社会可持续发展的探索路径。京津冀明长城沿线主要位于燕山、军都山区域，涵盖了京津冀地区西南至东北的大部分山区。在这些区域中，构成了以沟域为单元的小型社会。从该角度可以观察到社会组织结构在乡、镇、村等不同层级的组织方式。从文化景观的视角来看，沟域的内涵十分丰富，在不同时期这些封闭的自然区域内所形成的社会、文化现象都是该地区文化景观形成的重要组成部分，不仅是地理，聚落内的人文环境也在沟域内体现。与此同时，自传统农耕时代始，沟域是山区聚落发展的物质基础。在现代化以前，由于生产力低下，山高沟深，阻隔了人和物的流通；可用土地少，限制了农业生产规模。即使在现代，也较为封闭、自给自足、效率低（樊胜岳 等，2009），山区聚落发展主要依靠沟域经济。在践行生态文明的当下，规模不同的沟域更是构筑了广大山区的生态和人文环境，塑造了复杂多样的"人-山"地域系统，形成了富有山地特色的城镇乡村。研究沟域聚落发展，应当以保护山区生态环境为前提，按照上下游特征层次对沟域进行合理的功能划分；并结合山地区域特有的生态环境、资源禀赋、基础设施条件等自然和人文要素，整合及培育沟域资源和产业，以达到生态、生产、生活的有机统一（穆松林 等，2011）。

三、京津冀明长城沿线核心沟域划分

综上所述，从"沟域"的视角出发对京津冀明长城沿线及其生态区域进行审视，有利于还原长城建设之初控制险要有利地势的军防体系逻辑，有利于对山区生态和山区经济进行深入分析，并为长城遗产的保护及山区未来发展提供有益启示。我们知道长城选址多位于山脊线上，而众多的山脊线围合形成了集水区。因此可以将长城文化带及其生态区域视作由小流域组合而成的集合体。小流域划分概念与沟域分级对应表如表1-2所示。

表1-2　小流域划分概念表

水文学中对象	定义"遗产-生态"视角下的沟域范围	"遗产-生态"视角下的沟域分级
流域	分水线包围的区域，可大可小	一级沟域
中型流域	面积在50～300km²	二级沟域
小型流域	面积一般不超过50km²的集水单元，不宜小于3km²或大于100km²（完整型、区间型、坡面型）	三级沟域
微型流域	一般以0.1～1km²为宜	四级沟域

资料来源：《小流域划分及编码规范》（SL 653—2013）。

本书在探讨小流域规划与管理时，坚守以下三个原则。首先，重点关注非平原地区的小流域，这是因为这些区域的水土保持和生态恢复工作更具挑战性，同时也对区域生态平衡和可持续发展具有重要意义。其次，在选取沟域时坚持以遗产为主导的原则，特别关注长城遗存地区。长城作为中国的文化瑰宝，不仅具有深厚的历史文化底蕴，同时也是地理和生态的重要标识。将长城遗存纳入沟域选取的考量，不仅有助于保护和传承文化遗产，还能为生态保护和区域发展提供独特的视角和思路。最后，在沟域划分的过程中，我们遵循对称性和连续性的原则。对称性要求长城边墙所在分水岭两边的小流域都应被纳入考虑范围，这有助于确保规划的一致性和公平性；连续性主要指无建筑物遗存的小流域，若它连接了分离的核心小流域，或处于多个核心小流域围合范围内，则也认定为核心小流域（图1-2）。

在京津冀地区，核心沟域的总面积达到了2.2万km^2。为了更好地进行流域规划和管理，我们利用电子地形图和地理信息系统（geographic information system, GIS）技术，将京津冀山区流域划分为1490条小流域单元。需要注意的是，由于长城区域核心小流域在规划时并未优先考虑流域完整性，因此这些小流域并不能完全与水系结构相对应。这种特殊的规划方式，既体现了对文化遗产的重视和保护，也展示了我们在面对复杂地形和生态环境时所采取的创新和灵活的策略（图1-2、图1-3）。

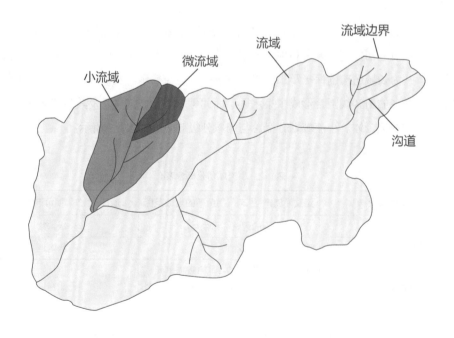

图1-2　流域划分概念图

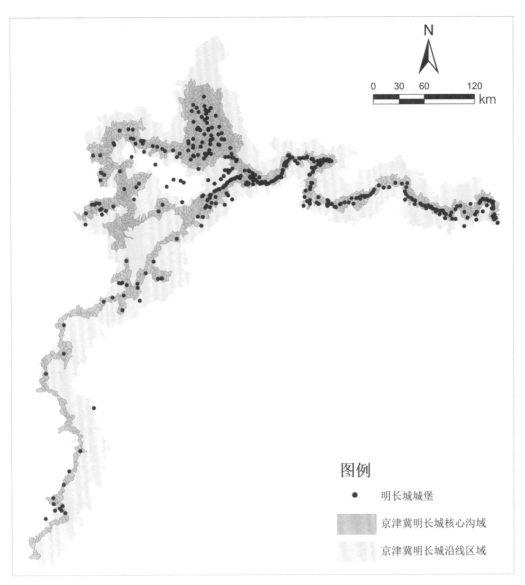

图1-3 京津冀明长城沿线核心沟域划分

图片来源：作者自绘

第二节 明长城沿线聚落遗产分布特征

一、沿线聚落分布及密度分析

1. 明长城沿线的聚落空间分布特征

北京长城的修筑依附于北京北部的燕山山脉和西部的太行山山脉，重要的关口均修建于18条中、小型自然河道与山口交界的位置。正如前文所述，北京长城资源调查发现的关堡中90%以上与现状村落重合，且由于1949年后北京北部山区未出现大规模开发，村落发展多基于原有村庄扩大，少有在新址新增的村庄。如果忽略村庄面积，可以粗略认为，现有村庄的位置和数量，基本可以体现历史关堡的情况。

本书使用2020年12月高德地图的北京市、河北省承德市、张家口市自然村的位置和名称数据，在城区部分按照居委会的名称数量进行统计，将所有自然村的点位录入地理信息系统，采用核密度分析（kernel density）的方法，生成北京市自然村核密度分析图，并将其与明长城资源数据叠加（图1-4）。

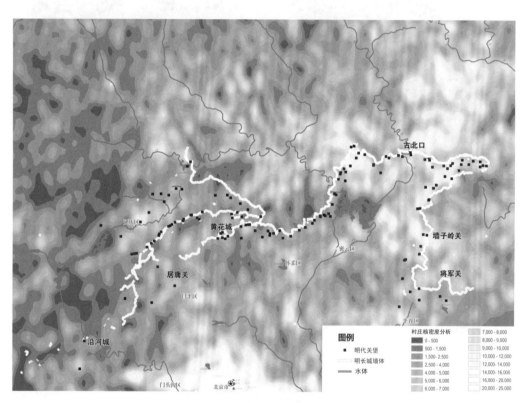

图1-4　北京市自然村核密度分析与明长城关系示意图
图片来源：作者自绘

从图中可以看到：长城沿线区域的聚落密度较高，在密云区的白马关、古北口、曹家路、墙子岭内、墙子岭外尤为突出，核密度值最高的达到10 000~12 000的数值区间，与北京城区部分区域相当。怀柔区的聚落密度较低，但呈现出长城内侧高于长城外侧的特征。昌平区和延庆区聚落密度较高的区域主要位于平原地区，但聚落仍然呈现出沿明长城宣府镇南山路北侧和明长城昌镇居庸路南侧分布的特征。古北口外延续至河北省滦平县的一线区域聚落密度较高。

在同等地形和自然环境条件下，聚落密度应随与城市之间的距离增加而逐渐减小，但长城沿线区域较高的聚落密度说明现今长城两侧的大多数村庄应与明代长城堡寨驻防的军士有关。此外，乡村聚落一般多沿交通或水系布置，但从密度值的横向比较来看，交通干道与主要河道区域的聚落密度值不是特别明显。

此外，长城沿线区域的聚落密度呈现出明显的分段特征。本研究选取将军关、古北口、慕田峪、南口–八达岭和沿河城5个重要节点区域对长城沿线聚落的分段特征进行扩展分析如下。

（1）将军关区域。位于平谷区，包括红石门、彰作里关、将军关、黄松峪关等长城重要点段。其中，彰作里关、将军关和黄松峪关均是明代蓟镇马兰路的重要关口。3个关口位于3条沟域的深处，沟内的乡村聚落数量较少，相反在沟口山地的边缘地带却聚集了大量村庄，聚落密度较高。

（2）古北口区域。位于密云区，属明代蓟镇古北口路管辖。它包括古北口和司马台等长城重要点段。其中，古北口位于北京湾的东北角，从这里可以向东北通往承德，并由承德沿天然山谷通道到达东北平原，或向西北通往内蒙古高原。自古以来，古北口就是进出北京的重要关口。这一区域位于密云水库北侧，是"几"字形长城的最北一段。由图1-4可以发现，沿长城的内外侧的聚落密度均高，长城的分隔作用在这个区域体现得尤为明显。

（3）慕田峪区域。位于怀柔区，属明代昌镇黄花路管辖，包括慕田峪、北京结、响水湖等长城重要点段。这一区域长城由一条线自东向西分为3条线，由于地形条件限制，形成同心圆分布的聚落密集分布区。

（4）南口–八达岭区域。位于延庆区和昌平区，属明代昌镇居庸路管辖，包括八达岭、居庸关、南口等长城重要点段。这一区域属军都山，是燕山山脉和太行山山脉的分界，在军都山内的乡村聚落稀少，但沿军都山南北两侧的山前地带却形成大量聚落。

（5）沿河城区域。位于门头沟区，属明代真保镇马水口路管辖。这一区域属长城内边，防御性较长城外边弱，因此，乡村聚落的密度与同等自然地理环境中的其他不设防的区域密度并无太大差异。

2. 明长城沿线聚落空间格局成因分析

通过以上明长城沿线聚落空间分布特征的分析，我们发现长城防御性越强的区域，聚落密度越高；长城防御性越弱的区域，聚落密度也越低。对这一聚落空间格局形成的原因进行如下分析。

首先，军制和防御重点演变使得沿线区域形成大量军事聚落。明初实行的卫所制促进了大型军事聚落——卫城和所城的形成。至明中后期，随着营兵制成为军制的主体，以及对长城中小隘口防御的加强，使得长城沿线区域形成大量中小型军事聚落，这一作用强于自然环境对聚落选址的影响。此外，明朝建立后以卫所军户制度，实行军屯、军妻随行等制度。这些制度为长城沿线区域屯兵聚居的临时性聚落提供了保障，使之可以逐渐转变为世代延续的永久性聚落，并与乡村里甲一样开始具备基层社会特征。

其次，在长城防御性强的区域，极高的军民比使得军事型聚落成为区域社会的主要单元。以密云为例，前文已统计，明中后期密云长城沿线各级军事聚落驻兵近7万人。除去部分客兵，仅春防或秋防才调往驻防区域，密云每年应有不少于6万人的常驻军队。如考虑到以家庭为单位，密云长城沿线军事聚落应在50万人左右。明万历版《顺天府志》记载，密云县编户19里，共计1647户，17 051人。该时期密云县版图与现密云区行政区划基本一致，因此可大致推算密云的军民比接近10∶1。

最后，清代长城废弃后，人口由关内向关外的转移促进了关外城市的形成。清前期，长城的军事功能下降。清中期以后，长城原有的防御功能已无法阻碍长城内外人民的交流与融合，长城以北近边地区成为关内聚落民众出边开垦的首选地（邓涛，2019）。《清高宗实录》记载，乾隆二十五年（1760年），乾隆皇帝曾提及：“古北口外一带，往代皆号岩疆，不敢尺寸踰越。我朝四十八部子弟臣仆，视同一家。沿边内地民人，前往种植，成家室而长子孙，其利甚溥，设从而禁之，是厉民矣……夫利之所在，虽禁之而不能止。”这充分说明了古北口外聚落密度较高的原因，而滦平县于乾隆四十三年（1778年）正式建县也正是关内人口向关外迁移的结果。

综上，明长城的修筑对北京北部山区聚落空间格局的形成产生了重要影响，主要有三大特征。一是长城的位置和走向对北京北部山区聚落选址的影响强于自然环境的影响；二是长城沿线聚落密度的高低与该段长城防御作用的强弱呈强相关，并因此呈现出不同的分段特征；三是长城防御作用突出的区域呈现出以军事型聚落为主体的社会特征，而促使这一聚落空间格局形成的原因主要是明代沿边地区的军事制度对区域社会、人口、生业方式等各方面的影响。

长城沿线的很多村落目前仍保留了许多与长城文化有关的民间信仰、生活习俗、民间艺术等物质和非物质文化遗产，这些都从另一个侧面反映了长城对北京北部山区人地关系的作用。

对于长城这样的超大型文化景观，传统研究方法和技术手段都有一定局限性。GIS在庞大数据管理和分析上的优势可为长城学研究提供一个更为有效和科学的工具。本研究利用GIS在历史和现代之间建立起准确、对应的空间位置关系，可以使以往偏重某一历史时期的“静态”空间分析转入因不同历史时期变迁和相互影响的“动态”分析中来；以此为基础，还能充分利用现有各学科研究成果，展开跨学科的长城学研究。

二、沿线聚落遗产空间分布及影响因素

前文已述，京津冀明长城沿线军防聚落在明代隶属于蓟镇、宣府镇、昌镇和真保镇，由于四军镇的主要目的是护卫京师，所以京师周边的长城军防聚落以分布在京津冀明长城沿线的聚落最具代表性和典型性。因此，本节选取北京市范围内的长城沿线军防聚落进行空间分布特征研究，研究对象涉及今平谷、密云、怀柔、延庆、昌平和门头沟6个区。考虑到长城聚落不是独立存在的，其在历史上辖制附近的长城墙体、烽火台、敌台等军防设施，本研究将这些设施与聚落的空间分布及其研究相关影响因素加以综合分析，以期揭示京津冀明长城沿线地区军防聚落分布的内在规律。

1. 研究对象与研究方法

本节研究运用的数据包括北京市范围内明长城遗产信息、基础地理数据两部分。目前北京市明长城遗产包括长城墙体、烽火台、敌台、城堡四类要素，其历史地理信息主要来源于北京市《第三次全国文物普查不可移动文物登记表》。因存在历史变迁等复杂情况，遗产基本信息具有不完整、不准确等问题。对于缺损数据部分，我们参考《九边图说》《四镇三关志》《中国长城志》等志书，对其名称、类型、建置年代和地理位置等加以考证，补充完善。经过数据资料系统梳理，最后确定北京市范围内明长城有烽火台153座，敌台1449座，城堡142处。

相关的基础地理数据包括数字高程模型（digital elevation model, DEM）、河流和行政区划等信息。数字高程模型来源于中国科学院计算机网络信息中心科学数据中心建设的地理空间数据云平台，精度为30m；河流、行政区划等信息来源于百度地图，由BIGEMAP影像平台下载。基于以上数据，利用GIS的最近邻分析（nearest neighbor analysis, NNA）工具分析遗产的空间分布类型及近邻程度，判断遗产空间分布是聚集分布、随机分布或分散分布。判断标准是：如果平均距离小于假设随机分布的平均距离，则认为被分析对象的分布是聚类的，如果平均距离大于假设的随机分布的平均距离，则认为分布是分散（WANG T，2020）。同时，利用核密度估计法（kernel density estimation，KDE）计算分析遗产点状要素、线状要素在其周围领域中的聚集程度。核密度估计值的高低主要反映遗产空间分布情况和聚集态势，核密度估计值越大，则点越密集（薛明月，2020）。具体分析公式如式（1-1）、式（1-2）所示。

最近邻分析：

$$\text{ANN} = \frac{\displaystyle\sum_{i=1}^{N} \frac{\min(d_{ij})}{N}}{0.5\sqrt{\left(\dfrac{A}{N}\right)}} \qquad (1-1)$$

式中，ANN为最近邻比平均值；d_{ij}为点i与其最近邻点j之间的距离；N为遗产点总数；A为研究总面积。

核密度估计法：

$$f(x) = \frac{1}{nh} \sum_{i=1}^{n} k\left(\frac{x-x_i}{h}\right) \tag{1-2}$$

式中，$f(x)$为核密度估计值；$k\left(\frac{x-x_i}{h}\right)$为核密度方程；$h$为搜索范围，且$h>0$；$n$为研究范围内各遗产点的个数；$(x-x_i)$为估值点$x$到测量点$x_i$的距离。

2. 空间分布特征与影响因素分析

结合北京明长城边墙、敌台、烽火台、城堡的遗产空间属性，运用ArcGIS中Line Density和Kernel Density工具分别对线状要素边墙，点状要素敌台、烽火台、城堡进行分析。核密度估计分析结果显示，北京明长城边墙、敌台、烽火台、城堡的分布呈现分段特异性。其中，长城边墙分布的最高密度区位于京西北的延庆西南部和延庆、怀柔、昌平交界处，分布态势与燕山山脉和太行山脉之交的北山（军都山）山体走势基本吻合；敌台密度分布受长城边墙设置的影响，大致与边墙密度分布相同，在延庆西南部和延庆、怀柔、昌平交界处边墙密度最高的地方，敌台密度也最高；烽火台分布的高密度聚集区主要在延庆；其次在密云、平谷；而怀柔、昌平、门头沟呈现低密度聚集分布；而明长城沿线的城堡密集分布在延庆、怀柔、密云段，昌平、门头沟段分布数量最少（图1-5）。

结合考察北京明长城遗产垂直于长城方向的分布情况。对城堡纵深特性的统计结果表明，各区长城沿线城堡均表现出一定的纵深分布特性，城堡整体位于距长城1～10km范围内，均值在1.5～7km，昌平与门头沟均值最高，延庆与平谷均值其次，密云与怀柔均值最低。其中，延庆数据分布范围最大，异常值最多，即城堡与边墙距离的跨度最大，与边墙距离较大的城堡数量最多；昌平与门头沟数据分布范围居中，具有一定的纵深防御；相较而言，密云、怀柔、平谷三区数据分布范围较小。

这种分布格局受自然、军事等多种因素综合作用的影响，导致北京地区明长城遗产的空间分布格局具有多样性和复杂性。其微观分布主要受自然环境因素的影响，主要包括坡度、河流水系等，坡度是影响长城边墙分布的主要因素。明长城边墙分为人工墙体和天然险，人工墙体分布在边墙两侧坡度为3°～20°的地区，天然险阻分布在边墙两侧坡度均大于20°的地区。例如，门头沟多山且山体多呈悬崖状，因此门头沟段长城以山险为主，很多段直接发挥天堑的阻隔作用。在山势较低或险势不足之处，修筑人工墙体，建单体敌台，与山险墙共同构成御敌工事。

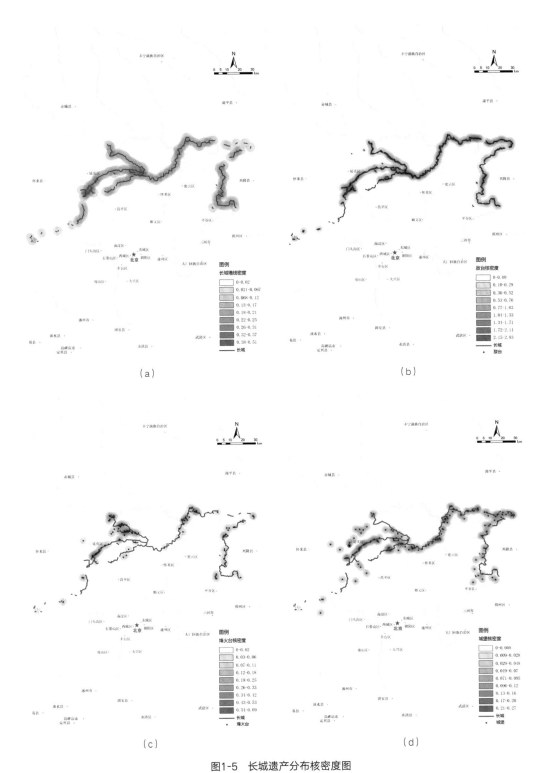

图1-5　长城遗产分布核密度图

（a）边墙线密度；（b）敌台核密度；（c）烽火台核密度；（d）城堡核密度

图片来源：作者自绘

河流水系在微观尺度上会影响城堡选址，城堡主要集中在河流两侧较近的范围内。其中，61%的城堡距河岸不到500m，31%的城堡与河流相距在500~2000m；只有8%的城堡分布在距离河流2000m以外的地带。城堡选址临近水源，便于屯田耕种，又满足驻军与居住生活用水需要。由于关口处易遭敌军侵入，所以在河沟处一般都建堡驻兵把守，以抵挡草原骑兵。永定河流经的地段则以河为塞，形成关塞当口。

长城墙体、敌台、烽火台、城堡密度的分段分布还受到历史上的军事区划的影响。北京明长城包含昌镇，以及蓟镇、宣府镇和真保镇的部分区段。前文已述，上述四镇与今六区存在较为复杂的对应关系。各区遗产密度的不同反映了历史军事区划中各军镇防御强度的不同。属蓟镇与宣府镇管辖的密云、延庆、怀柔、平谷，单位防御长度的敌台、烽火台、城堡遗产总数多，约是属昌镇和真保镇所管辖的昌平、门头沟遗产总数的9倍。可见，位于防御前线的蓟镇与宣府镇防御强度高，而属于内防线的昌镇和真保镇防御强度较弱。从边墙分布来看，密云的墙体长度最长，延庆次之，这两处的防御强度也大于其余各区。例如，据《明实录长城史料》（何宝善，2014）记载，延庆为宣府镇、昌镇长城所在之处。宣府镇长城素有大边、二边等说法，为加强边境武备，拱卫明皇陵，增设昌镇（刘效祖，1991）。宣府镇长城与昌镇长城共同构成三层边墙，既可以抵抗外来草原民族的攻势，又可以看护皇陵。

长城遗产的纵深分布特性是军事防御纵深的体现，各区遗产均表现出一定的纵深分布特性，其中以延庆最为明显，这与都司卫所制度有紧密关系。明代采用都司卫所军事管理制度，都司卫所分为实土卫所、准实土卫所和非实土卫所。实土卫所指设置于未设府州县地区的卫所，这些卫所有一定的辖区，除具有军事职能外，兼理民政，是军事型的政区（郭红，2004），是军事防御纵深的一种特殊情况。据《延庆县志》记载（延庆县地名志编辑委员会，1993），明朝时在隆庆州驻有五卫，即隆庆卫、隆庆左卫、隆庆右卫、永宁卫、怀来卫。每卫分前、后、左、右、中。但隆庆州未设府、州、县等行政建置，所以都司卫所兼理民政，成为地方行政制度的一部分，因此城堡多为实土卫所。今延庆区内尚存有永宁、隆庆两个卫所和四海冶、永宁后所两个千户所（杨时宁，1930）。延庆区有30%的城堡分布于距离长城边墙3km以外处，这些城堡是明代军事机构"卫所兵制"下的产物，兼有屯田和驻军的功能，其规模用地与耕地有很大关系，因此一般选择地势平坦，耕地、水源充足之地修建，距离边墙较远。此外，为将军事情报信息传至这些城堡，需要在城堡与边墙之间形成烽传链，与城堡共同构成一个烽火传递体系。烽燧同时为长城和城堡两处提供军情，城堡为烽燧提供后勤补给。

北京明长城遗产的空间格局具有多样性和复杂性，在各区拥有独特性，这种空间结构的形成是自然环境、历史军事区划、都司卫所制度等因素共同作用的结果。自然环境分别通过坡度和河流水系决定了天然险的分布和城堡的选址。历史军事区划通过各军镇不同防御强度导致遗产密度的分段分布。都司卫所制度则决定了遗产纵深分布的情况。由此，基于北京明长城边墙、敌台、烽火台、城堡的区位数据，采用最近邻距离、核密度估计和数据可视化等方法，研究遗产与自然、军事因素的关系，可以得出以下结论。

（1）北京明长城的烽火台、城堡分布呈现聚集的空间格局。高密度聚集区主要分布在延庆；中密度聚集区主要分布在密云、平谷；低密度聚集区主要分布在怀柔、昌平、门头沟。

（2）山地的坡度影响了天然险的分布，当长城两侧坡度均达到20°时，多用险治塞。同时，河流水系影响城堡的微观选址，61%的城堡集中于河流两侧500m以内。

（3）历史军事区划主要从宏观上影响长城遗产的分段分布，其密度分段差异特征是历史军事区划中各军镇防御强度不同的体现。属蓟镇、宣府镇所辖区的遗产密度高于属昌镇、真保镇所辖区。

（4）遗产的纵深分布特性是军事防御纵深的体现，都司卫所制度是军事防御纵深的一种特殊情况。各区遗产资源均表现出一定的纵深分布特性，其中以延庆区最为明显，其分布与都司卫所制度有紧密关系。

三、沿线聚落体系的演化及动因研究

从体系来看，当时关堡，大致形成"总兵级-参将级-守备级-守兵级"四级管理体系。城堡作为屯兵城池和主要的指挥阵地，确保整个长城军事防御体系的正常运行。在长城防御体系的军事性作用慢慢淡化之后，其经济功能逐渐增强，原先的军防聚落逐渐演变为普通居民聚落，并不断发展为乡村、县城，甚至都市。本部分是对京津冀明长城军防聚落体系现代的演化及动因的研究。

1. 京津冀明长城军防聚落演化状况分析

参照京津冀共计415座明长城沿线军防聚落的地理位置信息，利用卫星遥感影像对这些关堡现状进行逐一判读，结合实地调研，明代415座明长城沿线军防聚落现代演化状况如图1-6所示。

总体来说，明长城沿线军防聚落的演化可分为聚落和非聚落两大类。72%的明代关堡在现代已转化为市、县、乡镇、村等聚落，而有28%的明代关堡被废弃或变成了农田。

在并未演化成聚落的明代关堡中，有67%被完全废弃，有33%成为现代的农田。从演化规律看，蜕变为农田的关堡面积在1~2hm²，距离村庄不远，所处微地形一般较为低平。完全废弃的关堡大多数面积不超过1hm²，有的甚至与敌台、烽火台面积相仿。这些完全废弃的关堡大多数分布在山上，当年选址时即有意选择了山脊等地势险要、易守难攻之处；周边耕地缺乏，且进出交通不便，设置时就具有单一明确的军事扼守功能；在长城体系的军事

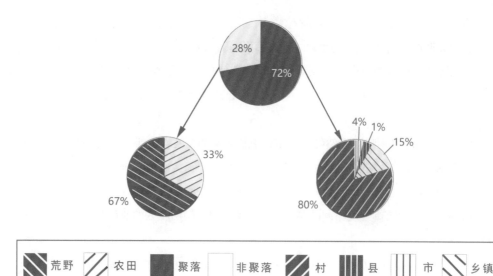

图1-6　京津冀明长城沿线军防聚落现代演化状况

图片来源：作者自绘

功能淡化后，这些关堡因为交通不便、用水困难逐渐被废弃，如鹤度岭关、大岭口关、郭公关、峻极关等处。演化为现代聚落的明代关堡中，有4%演化为现代的市或区，1%演化为现代的县，15%演化为现代的乡镇，80%演化为现代的村。演化为现代聚落的关堡普遍本身面积较大，如宣府镇城面积超过900hm²，几乎是小关堡的几百倍；这些关堡在当时就是屯田、驻兵、维护交通等功能较为复合的聚落，并且有较高级别长官驻扎；它们交通条件较为便利，一般位于平原地区，具有充足的发展空间。

从数量统计上看，演化为现代聚落的明代关堡中，一共有11座关堡演化为现代的市，5座演化为现代的县，所处环境基本上已城市化，人口较为密集。这些关堡历史上控制着南北交通要道，占据了优越的地理位置。和平时期长城内外各民族向长城会聚，长城西侧的关隘成为农耕；原先的关堡成为游牧、渔猎等不同生业之间互通有无的贸易窗口；原来的军事性聚落也逐渐向普通聚落转变，在当代，它们中的一些已成为区县及以上级别政府驻地和城市中的老城区。例如，张家口市（张家口堡）、山海关区（山海关）、宣化区（宣化镇城）、涿鹿县（保安州城）、涞源县（广昌所城）、赤城县（赤城堡）等关堡。近年来，随着城市用地扩展，一些原位于城市边缘的关隘城堡也逐渐被城市吞并，包括山海关附近的北水关、北翼城、宁海城等，张家口附近来远堡、永丰堡等。大多数关隘、城堡，尤其位于山间河谷、山麓地区的城堡，由于周边地势相对平坦，土壤肥沃，又有城墙可以提供安全保障，逐渐由军事堡垒发展为一般性乡镇、村。其中有44座关堡演化为乡镇，238座关堡演化为村。

根据现代聚落与明代军堡之间位置关系，长城沿线的乡镇、村型聚落可以分为两类，一类是依托原有城堡发展，原有堡墙往往构成聚落边界，城堡成为聚落中心，这种类型聚落占乡村聚落类型的大多数，例如，万全区万全镇（万全右卫城）、洗马林镇（洗马林城）、膳房堡村（膳房堡）等（图1-7）。另外一类乡镇、村型聚落是在原有城堡的周边发展。此类城堡也多在山麓地带，在向乡村聚落转变时，原有城堡存在生活不便现象，于是往往在城堡周边相对平缓的地带发展。但总的来说，原先的城堡是乡镇、村发展的原点，并且从空间上来看明代城堡也与现代聚落紧密相连，与距离村落还有一定距离的"农田型"转化有所区别。此类聚落较典型的有易县紫荆关镇（紫荆关）、遵化罗文峪村（罗文峪东关城、西关城）等。

（a）　　　　　　　　　　　（b）　　　　　　　　　　　（c）

图1-7　依托原有城堡发展的村落

（a）万全右卫城；（b）洗马林城；（c）膳房堡

图片来源：作者自绘

　　总体来看，京津冀明长城沿线的现代城镇体系与聚落格局与明代长城沿线军事城堡存在明显的继承关系，主要体现为：

　　（1）大部分城堡在清代以后实现了向一般性聚落的转变，仅有少量城堡被完全废弃。被完全废弃的城堡往往面积较小（1hm²以下），大多分布在山上，设置时就具有明确而单一的军事扼守功能。

　　（2）演变为城市的关隘城堡，多是控制着南北交通要道，是农耕、游牧、渔猎等不同生业之间互通有无的贸易窗口，在当代演变为区县及以上级别政府驻地和城市中的老城区。典型的例子如张家口堡向张家口市的演变。

　　（3）明代军防聚落的"总兵级–参将级–守备级–守兵级"四个层级中，较高级别的总兵级、参将级城堡多演变为区县、乡镇驻地，守兵级城堡则一般演化为村落所在。

　　（4）从聚落格局看，原有军事城堡往往形成聚落核心，对今天城内街巷格局也有深刻影响，城墙多构成聚落边缘，原先的街巷骨架也大多被延续下来。如宣化古城和万全古城就是典型的例子。

2. 宣府镇典型聚落分析

长城聚落体系的演化是一个非常复杂的问题，本研究选取"宣府镇上、下西路，上、下北路及中路"这样一个相对单纯的区域还原演化的过程，并对演化动因做具体分析。

这一区域大致相当于今天河北省张家口市赤城县、怀安县以及市属万全区、宣化区、桥西区和桥东区的范围，属于一级沟域。需要说明的是，完整的宣府镇共有上、下西路，上、下北路，中路，南路，南山路和东路八路驻防，但其中东路和南山路与今天北京的行政区范围有交叉，聚落体系演变过程受到首都特殊身份的强烈影响，本次暂不做探讨，仅选取相对单纯的上、下西路，上、下北路及中路进行研究。

1）演化过程

在明代，"宣府镇上、下西路，上、下北路及中路"区域具有鲜明的军事化管理特征，城堡聚落的体系性与军事管理层级和组织方式是一致的，在正德《宣府镇志》（明代中前期）中，这几路城堡的体系如表1-3所示。而在《宣大山西三镇图说》（明代后期）中，这几路城堡仍旧属于宣府镇统辖，其下的体系如表1-4所示。

表1-3　正德《宣府镇志》（明代中前期）城堡体系

宣府镇	西路	万全右卫城、新开口堡、新河口堡、膳房堡、万全左卫城、怀安城、柴沟堡、渡口堡、洗马林堡、西阳河堡、张家口堡
	北路	独石城、清泉堡、马营堡、云州所城、镇安堡、赤城堡、镇宁堡、龙门卫城、金家庄堡、龙门所城、牧马堡、雕鹗堡、滴水崖堡、长安所城
	中路	葛峪堡、大白阳堡、小白阳堡、常峪口堡、青边口堡、羊房堡、赵川堡

表1-4　《宣大山西三镇图说》（明代后期）城堡体系

宣府镇	上西路	万全右卫城、新开口堡、新河口堡、膳房堡、万全左卫城、宁远站堡、张家口堡
	下西路	柴沟堡、渡口堡、洗马林堡、西阳河堡、李信屯堡、怀安城
	上北路	独石城、清泉堡、马营堡、云州所城、镇安堡、赤城堡、镇宁堡、半壁店堡、猫儿峪堡、君子堡、仓上堡、松树堡
	下北路	龙门所城、牧马堡、雕鹗堡、滴水崖堡、长安所城、样田堡、长伸地堡、宁远堡
	中路	葛峪堡、大白阳堡、小白阳堡、常峪口堡、青边口堡、羊房堡、赵川堡、龙门关堡、龙门卫城、三岔口堡、金家庄堡

从清代开始，这一区域军事性逐渐削弱，城堡聚落逐渐纳入"府-县-村"的管理系统中，均属于"宣化府"的管辖范围。但在这一时期，原先的城堡仍旧在当地具有一定的特殊地位，在康熙、乾隆时期的县志中，"县"与"村"中间往往还有一类或单列为"城堡"或放在"城池"里讲述的聚落，基本上即为明代军事城堡的传承。在康乾时期的县志（乾隆《万全县志》、乾隆《赤城县志》、康熙《龙门县志》、乾隆《怀安县志》）中，本区域"县-城堡（城池）"聚落体系如表1-5所示。

表1-5　宣化府"县-城堡（城池）"聚落体系

宣化府	**万全县**	万全县、张家口上堡、张家口下堡、宣平堡、膳房堡、新开口堡、新河口堡、洗马林堡、杨门堡
	赤城县	县城、独石城、清泉堡、半壁店堡、猫儿峪堡、云州所城、马营堡城、君子堡、松树堡、羊房堡、仓上堡、镇安堡、镇宁堡、龙门所城、牧马堡、样田堡、滴水崖堡、长伸地堡、宁远堡
	龙门县	雕鹗堡、大白杨、小白杨、葛峪堡、龙门关堡、赵川堡
	怀安县	县城、左卫城、柴沟堡、渡口堡、西洋河堡、李信屯

　　民国时期，这一区域已经彻底纳入当时统一的行政体系内，成为省-（道或专区）-县-城镇-村体系中的一环。1914年察哈尔特别行政区建立，1928年改制为察哈尔省，省会设在万全县的张家口（《张家口市志》，1998）。1928年之后，研究区域基本属于察哈尔省察南专区。而除张家口为省会，赤城县、万全县、龙关县、怀安县为县级建制，独石口、龙门所等为镇级建制之外，其他城堡基本已成为村级建制，与普通村庄无异（民国《察哈尔省通志》）。

　　1952年，撤销察哈尔省建制，张家口、宣化市划归河北省，张家口市为省辖市，同时设张家口专员行政公署，侨治张家口市。1958年，张家口市改属张家口专员行政公署，其后张家口专区几经兴废。1983年，张家口市改为河北省省辖市（《张家口市志》，1998）。1993年，张家口地市合并，称张家口市，实行市管县体制。而宣化历经市、县、镇、区，并最终于2016年撤销宣化县、宣化区，设立新的宣化区，隶属张家口市。同时在2016年撤销万全县，设立万全区（《关于河北省张家口市部分行政区划调整的批复》，2016）。如今，研究区域均属于张家口市，分别为张家口市赤城县、怀安县以及市属万全区、宣化区、桥西区和桥东区的范围。

2）动因分析

　　纵观研究区域的历史演变，在最高一层级上，研究区域基本上属于同一个行政区域（但此区域更大的整体范围一直在变化），即宣府镇-宣化府-察哈尔省（察南专区）-河北省张家口专区、宣化市-张家口市，体现出这一地区内在的关联性。经历了从军事辖区到特殊民政辖区最后彻底成为普通民政辖区的变化，体现了这一地区作为农牧交错带特殊而复杂的历史进程。从最高层级的中心城市来看，由宣化向张家口转移的特征表现明显，尤其是从1570年隆庆和议以来，张家口马市的兴起根本改变了这一地区原先围绕宣化构建军事防御体系的逻辑，而逐渐演变为围绕张家口构建商贸体系。

　　值得深究的是较"宣化市-张家口市"次一级乃至两级的基层聚落体系演变。

　　在次一级的维度上，明代初将本区域划为西路、北路和中路，其后经过调整，稳定为上西路、下西路、上北路、下北路、中路；而在清代向民政转化之后，则整合为万全县、赤城县、龙门县、怀安县4个区划。这套体系与之前的"路"具有相当的延续性，基本上上西路演变为万全县，下西路演变为怀安县，上北路和下北路合并为赤城县，中路演变为龙门县，这种划分方式一直延续到民国，并不受上一级行政区划调整的影响。今天的区划划分与清代至民国也有相当的延续性，万全县、怀安县、赤城县3个县基本承继，变化比较大的只有原先的龙门县（龙关县）。龙门县于1958年与赤城县合并，其后部分聚落调整为宣化县管辖，现在则划归宣化区或桥东区等。可以看出，明代聚落体系在设置时虽然有强烈的军事因素，但对之后的建制沿革具有相当大的影响，尤其是在次一级的行政区划方面，具有相当的稳定性和延续性。

这种次一级区划的稳定性及演化动因或可从地区基础自然地理条件找到一定的原因。图1-8为各个时代聚落分属与地理水文叠加分析。可以看出，研究范围分属于洋河和白河两个沟域单元。在明初的设置中，白河沟域单元完整地属于北路管辖，而洋河沟域单元则划分成两个亚单元，即偏上游的西路和偏中游的中路。而在军事防御体系成熟期的明代中后期，

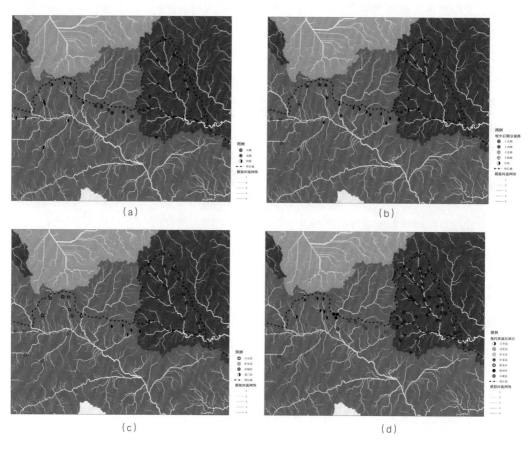

图1-8　不同时代聚落分属与地理水文叠加分析（底图不同色块表示不同流域）

（a）明初；（b）明中后期；（c）清代；（d）现代

图片来源：作者自绘

白河沟域单元聚落也即北路，又被划分成了上北路与下北路，上北路偏上游，下北路偏下游。洋河偏上游沟域单元聚落也即西路，也被划分成了上西路与下西路，上西路偏上游、下西路偏下游。

值得注意的是，原先的中路除承继之前洋河流域中游的聚落之外，还把白河流域的几个聚落整合进来了，形成了一个跨越小流域的特殊单元——新的"中路"。这个整合大约发生在明万历十七年（1589年），被新划进来的这些军堡曾被称作"中北路"，主要围绕龙门（卫）城进行运作。位于分水岭处的龙门关原本是两个流域军堡的界线，此时却成为了新"中路"的联络枢纽。这次整合有边墙防守的考虑，所谓"城虽隔越一山，边实通为一堵"。整个中路的主要使命是守卫"依山为边"的整条边墙，做好"镇城北边之藩篱"。因此，跨流域强化了东西联络关系。

在清代，整个大的历史环境使本地区军事职能弱化，原先的军事聚落在向普通民政辖区转型的过程中，基本承继了原先的体统。只是把白河流域的上下北路重新合并为一个单元，即赤城县。但此时白河流域被整合进中路的聚落依旧留在原先中路演化而来的龙门县中。

到了现代，除宣化、万全成为张家口市下辖区之外，行政区划上最大的变动就是龙门县的消失。在现代，随着龙门关的军事功能彻底退出历史舞台，原先以边墙相连为理由组织起来的跨流域军事聚落体系也没有必要继续维持。从新的行政区划看，原先就属于白河流域的几个聚落重新划归赤城县，回到白河流域的"大家庭"中，而洋河流域的几个聚落则归并到宣化县的辖区内，并最终随宣化县演化为张家口市宣化区。

可见，沟域单元对于基层管理体系的构建具有重要的基础性作用。一般情况下，基层分属体系会考虑以沟域为单元，但在军事上有特殊需求的时候，也会出现打破沟域单元的基层行政区划。而当这种军事需求消失以后，基层行政区域依然倾向于回归更符合自然地理特征的沟域单元。

在次一级维度上，中心聚落的变动比较剧烈。《宣大山西三镇图说》中相应的中心聚落（参将级）分别为万全右卫城、柴沟堡、独石城、龙门所城、葛峪堡。到了清代，则演变为万全县、赤城县、龙门县和怀安县。其中，仅有万全县即万全右卫城是原先的参将级城堡，其余都是由原先的守备级城堡演变而来，但怀安县、龙门所城原本也是卫城所在地，而赤城县则是分巡道驻地。独石城的地位变化具有一定的代表性，从区位来看它几乎压在防线的最北端，控扼独石口，扼守重要的通蒙古交通线路，因此在军事上历来具有极高的地位。但是一旦军事威胁解除，这种聚落就显得地理位置过于偏僻，不适合作为普通民政体系里的中心聚落。这时候，位置相对适中、周围发展空间大（周围平地较多）、同样位于重要交通线上的聚落就在新的时代脱颖而出，成为小区域的中心聚落。但独石城依然是更小区域的中心，地位并非一落千丈。

最后来看最基层的聚落。现在这一区域的村落数量要远远多于明代军事防御体系下的聚落。一般认为这是清代非军事化以来人口增长、居民发展逐渐演化而成的结果。但需要指出的是，明代军防时期在本区域内的聚落很可能并非只有人们熟知的各路城堡。以正德《宣府镇志·城堡》的"北路"为例，在人们熟知的北路（后来又切割成上、下北路）20座主要城堡之外，还记载了108座几乎不见于后续其他志书和军事专著的"城堡"。单从名称来看，这些城堡中至少有30%在乾隆《赤城县志·地理志》中有所记录，甚至原有的城堡名在现代地名中仍有沿用。这就提示了明代军防体系的复杂性，并且提示明代军防体系对现代聚落体系塑造的影响在以往有被低估的可能性——即便最基层的聚落体系，也有可能奠基于明代且对现代仍有影响。

本节通过考证和分析，确定了京津冀明长城沿线军防聚落的研究对象，并介绍了其体系性特征。然后，我们选取京津冀明长城沿线最具代表性的北京段落，利用GIS对沿线军防聚落及明代周边军事设施进行综合分析，展现了其空间分布特征，剖析了其主要影响因素，揭示了京津冀范围内明代长城沿线军防聚落空间分布规律与自然因素、军事制度之间的关系。接着，通过对京津冀明长城沿线军事聚落的演化分析，我们可以看出京津冀明长城沿线的现代城镇体系与明代长城沿线军事城堡存在明显的继承关系。以宣府镇典型聚落为代表性，研究军事需求消失后，沟域对这一地区行政规划和聚落体系在演变中的相对独立性的影响。

第三节　沟域视角下的长城防御体系和聚落遗产体系

长城学研究主要集中于历史学、地理学、建筑学、考古学和文物保护等领域。几十年来，经过国内不同领域学者及各地文物保护工作者的不懈努力，积累了丰硕的研究成果，已构建起长城学研究的基本框架。但由于不同学科的研究视角和目标不同，研究成果有局限于单一学科的特点。历史学、地理学研究多以宏观层面长城地带的历史事件、军事制度、社会经济等文献研究为主。建筑学研究多以中微观层面军事防御体系的空间布局、分布规律、层级关系、聚落形态及单体建筑的建筑形制等研究为主。考古学研究多注重微观层面的年代考证和遗存类型等研究；文物保护多聚焦于宏观层面的价值研究和微观层面的资源调查、测绘方法、信息获取、保护措施等研究。从总体上看，目前关于长城的研究成果仍偏重长城本体"物"的层面，尚缺乏跨学科的系统整合。

长城军事防御系统是与长城本体"物"要素相对应的"人"要素，而军防系统的形成离不开与之相匹配的沟域，在2000多年漫长的时间里，"人"的行为和自然环境在不断互动的积淀过程中演化，形成沿线聚落遗产体系。因此，探讨长城军事防御系统和沟域相互关系，以及军事防御系统演化而成的沿线聚落遗产体系是十分必要的。

一、沟域视角下的长城防御体系

1. 北京明长城的修筑历史与镇、路分属关系

北京明长城的修筑大致经历了"织网-锁边-强点"3个阶段。明前期是北京明长城的"织网"时期。主要在明洪武和永乐年间，在蓟州镇长城沿线区域修筑了大量关隘和城堡等军事聚落，形成点式网状的防御体系（图1-9～图1-11）。明中期是北京明长城的"锁边"时期。"土木之变"和"庚戌之变"后，明王朝把修筑长城边墙作为当务之急，在嘉靖至万历年间集中修筑了大量长城边墙。这一时期的"锁边"配合前一阶段的"织网"，极大地提升了长城的整体防御效果。明后期包括明中期末段，是北京明长城的"强点"时期。这一时期的长城修筑重点从边墙修筑转向提升单点的防御效果，开始修建骑墙的空心敌台。两台相应，左右相救，不仅提升了长城边墙上的驻兵数量，还大大改善了长城边墙线性防御易被强攻一点而突破全线的缺陷。

北京明长城分属明代"九边"中的蓟镇、昌镇、真保镇和宣府镇。其中，前三镇在明初均隶属九边中的蓟州镇，明嘉靖年间为加强京城防务和保护帝陵，从中分出昌镇和真保镇。明代，镇下设路，路作为下一级防守单元。北京明长城共涉及四镇中的11路。其中，蓟镇长城分布于今北京市平谷区、密云区和怀柔区；自东向西分属明蓟镇的马兰路、墙子路、曹家路、古北路和石塘路等5路。昌镇长城分布于今北京市怀柔区、昌平区和延庆区；自东向西分属明昌镇的黄花路、居庸路和横岭路等3路。真保镇长城分布于今北京市门头沟区，属明真保镇的马水口路1路。宣府镇长城分布于今北京市延庆区，属明宣府镇的东路和南山路2路。

2. 沟域视角下明代中后期北京长城军事防御体系的聚落层级结构

明初的军制是卫所制，永乐时期出现营兵制，两种制度并存。明代中后期，营兵制成为军队建制的主体，并为清代绿营兵制所效法。肖立军（2010）将"省镇营兵制"定义为"明代省、镇总兵戍区中以镇戍等为主要任务，以营为核心编制的军事制度"。张玉坤等（2016）将明长城的军事聚落层次体系归纳为"镇城-路城-卫城-所城-堡城"5个层级。王莉（1991）通过文献梳理指出："实际上，营卫不统属……总兵官不统卫所，卫所官亦不统兵。如需要卫所官统营兵，则转为营官。"

本书基于营兵制对明后期北京长城军事防御体系的层级关系和驻防兵力进行考察，认为卫城与所城在此时期北京地区军事防御体系中的作用已明显削弱，但作为营兵制的核心"营城堡"的作用较为突出。因此按照城池所驻武职官员的级别，整个防御体系可分为"镇城-路城-营城-关隘（堡寨）"4个层级，它们共同构成了防御系统的指挥中枢。这一指挥系统在地域范围上恰好与"流域-中型流域-小型流域-微型流域"相对应，并与本书中"遗产-生态"视角下沟域"一级沟域-二级沟域-三级沟域-四级沟域"相匹配。

图1-9　司马台关堡

图片来源：作者自摄

图1-10　古北口关城
图片来源：作者自摄

图1-11　白马关堡
图片来源：作者自摄

（1）镇城。即总兵驻地，地域范围上对应流域，在本书对沟域的分级中属于一级沟域。明长城的城堡按照等级分为镇城、路城、卫城、关城和堡城。其中，九边重镇所在地的城堡被称作"镇城"。明代中后期，蓟镇总兵驻三屯营，昌镇总兵驻昌平，真保镇总兵驻保定。其中，蓟镇因战线较长，又分东、中、西三路协守，各驻副总兵。因其重要性不亚于镇城，本研究将之与镇城归为一级，称为协守城。西路协守副总兵驻兵于石匣营，中路协守副总兵驻兵于三屯营，东路协守副总兵驻兵于建昌营。明嘉靖三十年（1551年）后，昌镇从蓟镇独立，下辖居庸关和黄花路等。因此，北京市现行政区划共有镇城或协守城两座，分别为石匣营城和昌平城。其中，北京市现行政区内的昌镇可作为镇城典型的代表。昌镇位于军都山南侧、西山东侧，地处温榆河冲积平原和燕山、太行山支脉交汇地带，同时拥有山地和平原两种地形，呈现出独特的地形地貌特征。昌镇位于"一城两山四水十八沟"中的德胜口沟和关沟之间，这两条沟壑为该地区增添了独特的地理特色。此外，昌镇属于温带季风气候区，光照充足，降水丰富，这使得该地区具有丰富的自然资源和景观多样性。明代《四镇三关志》中对昌镇疆域进行了大致描述，"其东自慕田峪，连石塘路蓟镇界，西抵居庸关镇边城，接紫荆关真保镇界，延袤四百六十里"；根据《武备志》记载，昌镇共计有"城堡二十八，空心敌台二百五十，守边墩台百六十九"；《读史方舆纪要》中也有"居庸关有墩寨七十三、城二、堡三、马步军一万三千七百六十二员"的记载。综上所述，昌镇的防御体系和设施在当时已经具备了相当大的规模和极高的完善程度。昌镇驻守十三陵旁，处于陵寝重地，因此当时统治者重视此地防御，设立了完备的军防管理系统。明代中后期，蓟县端的居庸、黄花、横岭三路独立成为昌镇，分别由参将守御。《明史·职官志》载："镇守昌平总兵官一人，旧设副总兵，又有提督武臣。嘉靖三十八年裁副总兵，以提督改为镇守总兵，驻昌平城，听总督节制。分守参将三人，曰居庸参将，曰黄花镇参将，曰横岭口参将。游击将军二人，坐营官三人，守备十人，提调官一人。"嘉靖年间开始广招周边各省军民，嘉靖四十二（1563年）年，主兵建增，直至定数（刘珊珊，2014）。《四镇三关志》中记载，至万历年间，昌镇驻兵共17 744名。现昌镇地处北京市昌平区，据国家文物局认定，在现昌平境内存在明长城遗址约2400m。长城资源认定中包含14段墙体、14座敌台、1座马面、3座烽火台、1座相关遗存。

（2）路城。即参将和游击将军驻地，沟域分级中对应二级沟域。经统计，北京市现行政区划共有路城10座，即本书第二章中提到的11路中除去马水口路外的其余10路指挥所驻城堡。昌镇下的黄花路是典型的路城。明初在黄花镇村西筑有堡城，而被称为"黄花镇城"，简称黄花城。明、清、民国时期辖于昌平，1948年年末改属怀柔县，现在为北京市怀柔区黄花城村。北京黄花城水长城旅游区地属暖温带型半湿润气候，四季分明，雨热同期，夏季湿润，冬季寒冷少雪。年平均降水在600～700mm，主要集中在6—8月。黄花路位于"一城两山四水十八沟"中的怀九河沟。怀九河源头在延庆县大庄科乡，由汉家川、东二道河、慈母川等几条山溪组成，经西水峪，进入怀柔，过石湖峪、撞道口，至黄花城，上段称黄花城西沟，流域面积85.6km²。自古以来，该流域备受瞩目。据《四镇三关志》记载："黄花镇川河源自塞外，流入黄花镇口，途经昌平，东北行至怀柔与白河汇合，其流程曲折九次，故俗称九度河。"东沟源头位于黄花城北的杏树台、庙上等地，西沟则发源于延庆区大庄科，经过西水峪进入怀柔区境，最终与东沟汇合形成怀九河干流。古籍《读史方舆纪要》及《光绪昌平州志·山川记》亦对"黄花镇川河"有所记载，描述了其由四条支流汇聚而成，流入西水峪水关，继而向东南流经怀柔等地，在顺义汇入白河，最终注入渤海的路线。在历史长河中，潮白河水系的"黄花镇川"对这一区域产生了深远影响。首先，河水源源不断地为怀柔乃至京北平原带来丰沛的水资源，助力燕山地区形成广阔的宜耕、宜居台地，同时为低山丘陵地带提供了适宜林业和果树生长的温暖水汽。其次，该水系在一定程度上为保卫京师提供了地理优势，为守军屯田、制砖、戍边等活动提供了水源。在《四镇三关志》中记载的黄花路中包含隘口17个，下属有渤海所、黄花镇等。自明永乐初，经宣德、正统、景泰、成化、嘉靖、隆庆等朝代直至万历中期，修筑一直未停。景泰元年八月，巡守黄花镇等处都指挥佥同宣奏请，筑"黄花镇城"，以"御狄内护"。镇城于景泰四年建成，但规模不大。最大规模修筑是在隆庆初期至万历时期。明永乐年间，为拱卫京师及陵寝，朝廷开始在黄花镇附近各山口筑建关塞。历经100多年不间断修筑，昌镇黄花路长城最终被建成了重边密障、固若金汤的重镇要塞。黄花路要塞总体分为三道立体防线，长约12.5km。这三道封闭式的防线，是由山岭、河流、城垣、断崖、关隘、城堡、烽台、敌楼组成的多功能要塞枢纽。首道防线设立在二道关以北3.5km处，山口处设置简易关隘，关隘两侧充分利用山险，缓坡处以石干插墙作为障碍，并辅以烽堠。其主要目的是瞭望、报警、初步阻击，延缓入侵敌军的推进速度。第二道防线起自西部的桃洼楼主长城，向北跨越鹞子峪关口，然后向东折至二道关镇河台，再缓慢向南至东口楼南山，与主长城相接。此防线与第一道防线共同构成了第一个封闭型的"大山城"。第三道防线为主长城，始于延庆旺泉峪山顶，向东行至断崖，断崖本身构成了障碍，并与第二道防线共同形成了第二个封闭型的"大山城"。《四镇三关志》中描述，"国初，惟设天寿山内外守备，不闻置将领也"。而后因边关战事吃紧，政务繁忙，在明嘉靖三十三年（1554年）"改设参将一员，驻扎黄花镇"，并由此在各口设有守备。随着明代中央政府对守边的重视，该处的守备数量日渐增加，最终达到保卫京师的效果。黄花路防线近200km，镇守大小关口20处，驻兵12 600人，派分守参将、守备各一员守之。20世纪70年代初，镇城拆除，今存黄花路水长城遗址。现存明永乐年间建的西水峪口，保存着较完好的水长城特点。

（3）营城。即守备和提调的驻地，沟域分级中对应三级沟域。根据明代《四镇三关志》（刘效祖）和《宣大山西三镇图说》（杨时宁），对其中所记的"营城堡"的有关数据进行分析，我们可以看出北京市现行政区划共有35座营城，例如渤海所营城。渤海所有着悠久的历史。根据《唐书地理志》中记载，唐代粟末靺鞨首领大祚荣在今辽宁、吉林一带建渤海国，唐开元十二年（724年）内迁到怀柔、顺义一带。明代该地被称为渤海所，并建渤海所城，西卫皇陵，北守长城，渤海所之名沿用至今。1998年，三渡河、沙峪两乡合并建镇，以辖区第一大村渤海所村之名称渤海镇。渤海所地处低山丘陵，山前暖区，地势由西北向东南倾斜。境内最高峰北大坨子位于北部与延庆区交界，海拔1313m，最低点为三渡河村下游，海拔115m。渤海镇境内河道属海河流域，流域面积5.1km²，占总面积的3.3%。主要河道有一级河怀沙河，从洞台至关渡河，长35km，流域面积152.7km²。渤海所位于"一城两山四水十八沟"中的怀沙河沟。渤海所位于长城脚下，西接居庸关，东连慕田峪，南向十三陵，距京城仅数十千米。明朝弘治年间，随着明十三陵部分陵园的建立和附近长城的修建加固，渤海所的地理位置显得尤为重要，由此设立"拱护陵京"千户所。建成后的渤海城墙周长1467m，宽4m，高6~8m，墙体全部由石条砌成。王殿华在《东燕州城》一文中这样描述，"此城为方形，整体为夯土筑成，边长为1华里，东西南北各设一门，城外有护城沟1条，上口宽1丈5尺左右。1958年修建京密引水渠时北城墙被挖掉，现仅存东、南、西三面城墙遗址"。原本渤海所驻兵甚少，由于地势险要，巡抚再三上奏增派兵力。嘉靖二十六年（1547年）八月，巡抚顺天都御史孙应奎奏报："俺答将犯四海治、黄花镇一带关口。"由于边塞形势严峻，督臣守将不断为渤海所增派兵力，使偌大的渤海城日嫌狭小，何况以驻扎营兵为主的渤海城远离慕田峪等要塞，不利及时援剿。在这样的背景下，巡按直隶御史闻人诠上奏："居庸、黄花以东，渤海所至密云诸镇，与朵颜三卫仅隔一山，密迩京师陵寝。眼下边镇之患有二：一是将领无纪；二是戍守乏人。今黄花、渤海二城尽管称要害，可老家军士不过一二百人，虽有春秋班军更守，但无久居固志。请审处黄花、渤海二地之戍兵，或选七陵班军一千，谕以利害，丰其粮储，给以田地，便其耕牧及营室造屋，以安其居，与渤海所老军协同防御。"《四镇三关志》中记载"渤海所城操军九十九"。现如今渤海所村，西起水塘子，东至慕田峪，构成了长城环抱村落的独特景观。作为长城脚下的著名古村落，渤海所村充分挖掘历史文化价值，正在重新焕发生机与活力。

（4）关隘（堡寨）。即低级别官员及守军驻守之地，沟域分级中对应四级沟域。通过对《四镇三关志》和《宣大山西三镇图说》中所记的"关寨""隘口"的资料梳理，我们发现明中晚期在北京市现行政区划应有关隘（堡寨）一级的军事聚落不少于205座（图1-12、图1-13）。此外，由于关隘一级的军事单位大部分存在"上关下堡"的情况，即一关两聚落甚至多聚落，准确数据尚难以确定，但保守估计北京市现行政区划应有关隘（堡寨）一级的军事聚落不少于250座。长城作为防御工程，主要由城堡、关口、城墙、烽火台等部分组成。关口是长城沿线的重要驻兵据点，位置多选择在出入长城的咽喉要道上。《读史方舆纪要》的界定是"大道为关，小道为口。屯军曰营，列守曰寨"。从古籍记载中可知，作为怀柔长城的重要关口，慕田峪关的指挥机构应为渤海城。《顺天府志》记载："渤海守御千户

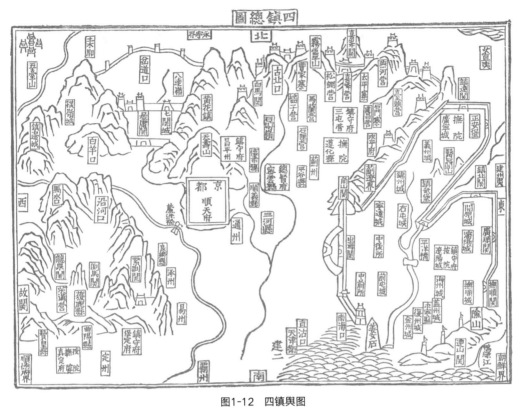

图1-12 四镇舆图

图片来源:作者根据《四镇三关志》重绘

图1-13 三镇舆图

图片来源:作者根据《宣大山西三镇图说》重绘

所，在昌平州东北百里。弘治中增置，以为山陵北面之备。万历初，移至于慕田峪关，四年，复还旧治。"《日下旧闻考》："渤海所下隘口七：慕田峪关（永乐二年建）、贾儿岭口（嘉靖十五年建）、田仙峪寨（永乐二年建）、擦石口（嘉靖二十三年建）、磨石口、驴鞍岭口（俱永乐三年（1405年）建）、大榛峪口（永乐年建）。边城八十一里半，附墙台四座，空心敌台四十四座。渤海所新旧营城二座，嘉靖二十七年建城，有渤海仓。"这些记载对渤海所的管辖范围、建关时间、地理位置，都做了详尽介绍。慕田峪长城，位于渤海所，享有"万里长城，慕田峪独秀"的美誉。现存长城全长5400m，荣列北京十六景之一，为国家5A级旅游区。此处长城东临正关台、大角楼、鹰飞倒仰等知名景观，墙体保存完好，充分展现了长城的雄伟壮观。

二、明长城沿线聚落遗产体系概述

1. 研究对象的界定

明长城沿线聚落往往由关堡、堡寨等长城军防聚落遗产演化而来，因此沿线聚落研究以"明长城沿线军防聚落"为主线。"明长城沿线军防聚落"指明长城沿线以军事防御为目的设置的聚落。《长城资源调查名称使用规范》（2006年）（国家文物局出版）将长城组成部分界定为墙体、墙体设施、关堡、烽火台、其他相关遗存等。其中，对关堡有如下定义："关，一般指筑有城、围的屯兵地，一般依托于墙体，也称为口"；"堡，一般指筑有城、围的屯兵、居住地，为长城防御系统的重要组成部分，与墙体不发生直接关联。还有其他称谓主要有：城障、障城、镇城、障塞、城堡、寨、戍堡、边堡、军堡、屯堡、民堡等"（图1-14、图1-15）。

可见，"关"与"堡"都是筑有城或围的居住地，主要用于内部屯兵。两者的区别在于是否与长城墙体发生直接关联。"关堡"的建筑形式及功能与聚落具有高度相似性。本研究采用《长城资源调查名称使用规范》关于"关堡"的定义的内涵，将其等同于本研究的"长城沿线军防聚落"。

作为一个抽象概念，"明长城沿线军防聚落"的内涵是清晰的，但若聚焦到某一个区域内，如何界定具体哪些对象属于这个体系，是一个需要讨论的话题。依据由《长城资源调查名称使用规范》统一规范的长城调查数据，京津冀明长城沿线"关堡"统计数量分别为：河北302座，天津10座，北京147座，合计共459座。但在《中国长城志：边镇·堡寨·关隘》中，京津冀明长城沿线"边镇、堡寨、关隘"的数量则有765座（张玉坤，2016）。之所以出现这样大的差异，是因为长城资源调查的主要目的是有效保护文物，所以相关普查是以现代能找到遗址、确定存在的实体为准，也就是说必须是在今天有迹可循的"关堡"，仅有文献记载、无法从实物上确凿判断位置的并不列入。而《中国长城志：边镇·堡寨·关

《隘》作为历史研究著作，则梳理了更广泛的文献记载中的对象。

另外，从统计口径上来看，长城资源调查采用了关堡的定义，而《中国长城志：边镇·堡寨·关隘》则将边镇、堡寨和关隘包括在长城资源中。后者中的"关隘"与本研究界定的"军防聚落"是否一致，值得探讨。从后者对单个"关隘"的介绍来看，有些筑有城，有的则记载不详。所以，这些"关隘"是否只是单一墙体关口；是否建有城墙；内部是仅做少量戍卒休息之用，还是确实形成了有一定规模的驻兵的"聚落"，这些信息均不详。

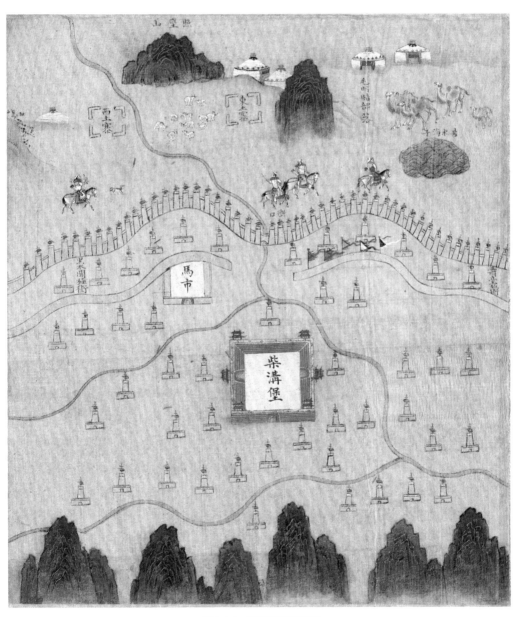

图1-14　明长城堡示意图

图片来源：明《宣大山西三镇图说》（万历三十一年（1603年）彩绘本）

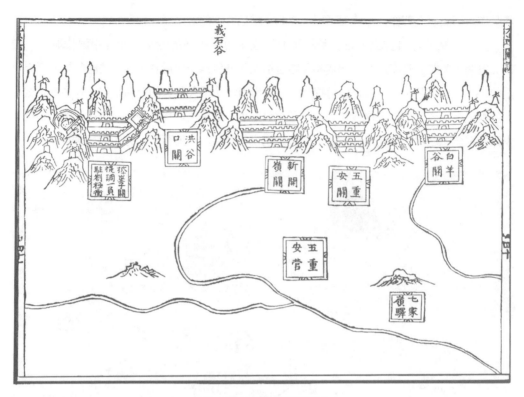

图1-15　明长城堡寨示意图
图片来源：明《九边图说》（明隆庆刊本）

　　考虑到本研究的目的是保护文化遗产，并以此为引领，推动区域可持续发展，所以我们倾向于选择以实体遗存为依据的长城资源调查的相关数据，即京津冀地区的"关堡"遗存作为研究对象。在去掉位置不准确或有疑问的少量数据后，本研究最终确定的研究对象数量为：河北263座、天津10座、北京142座，合计415座。但在研究中，我们参考了古代文献及《中国长城志：边镇·堡寨·关隘》的相关资料，以综合判断"关堡"的名称和级别，并开展体系演化的历史研究。

　　必须说明的是，虽然长城资源调查数据中京津冀的关堡总数量小于《中国长城志：边镇·堡寨·关隘》中的统计数量，但并不代表长城资源调查数据就是《中国长城志：边镇·堡寨·关隘》统计数据的"子集"。从实际情况来看，长城资源调查数据中有相当数量的关堡并未出现在各种官方文献记载中。这可能是统计过程中混杂了村堡、民堡，也可能这些关堡是尚未被认知的官堡或其他形式军事防御设施遗存。这从一个侧面说明了长城沿线防御体系的复杂性。相关内容将在本节最后一部分对宣府镇的详细探讨中具体展开。

2. 京津冀明长城军防聚落体系

　　明朝时由于边境线内移，且都城南京迁移至北京，所以京津冀地区的长城地位显著提升。永乐迁都之举直接导致明朝的京师三面近边，使京津冀地区的长城成为全国长城体系的重中之重，也是军防聚落体系的精华所在。我们可以从宏观战略、中观组织、微观节点三个层面，理解明代京津冀明长城的防御体系的防御理念与军事战略思想。

（1）在宏观战略上，这一地区形成了四镇联防的分层纵深防御体系。

京津冀地区的明长城及军事聚落早期由蓟镇和宣府镇管辖。嘉靖中期，为加强北京的防务，从原蓟镇中分设昌镇和真保镇，负责内长城防务。其目的主要是防御突破第一道防线之后从北部和西部的来犯之敌。这样就形成了由蓟镇、宣府镇、昌镇、真保镇四镇联合防御的京津冀地区的防务。其中，宣府镇、蓟镇直面北部蒙古，协同西部大同镇形成第一道重要防御线；昌镇西部与山西镇相连，东与蓟镇相连，北与宣府镇相接，南连真保镇，形成拱卫京师的第二道防线；真保镇则向南部延伸，依托太行山山脉形成河北西部的重要防线。四镇基于地理形势，既相互联系，又可单独应对辖区来犯之敌。它们在河北北部、西北部和西部形成分层纵深的防御体系，呈环状拱卫京城安全。

（2）在中观组织上，形成以蓟镇"横向分段，纵向分层"为代表的防守体系。

在中观层级上，屯兵设防系统一般采用横向分段把守，纵向各负其责的原则（王琳峰，2018）。以蓟镇为例，蓟镇的防御范围在永乐年间基本形成，形成东起山海关、西至居庸关的长达1150多km的防御范围。戚继光任蓟镇总兵之后，将蓟镇分成12路设防，每路之下管辖数个关、城、堡、寨。这些军事聚落归属于12路。它们又可划分为东路、中路、西路三个防区，在北京城的东、北部形成一条由东向西具有纵深的防御带。纵深层面的防御通过3道防线实现。沿着长城边墙布局有第一道防线军堡，这些军堡以关、堡为主，占据险要之地，一旦有警，相互驰援极为便捷。第二道防线军堡沿关口纵深布局，以营城堡为主，规模较大，驻兵较多，为后方屯兵屯田之地，为第一道防线的军堡提供兵力和物资。第三道防线以卫城、所城为主，多选择便于交通和指挥之地。

在屯兵设防系统之外，京津冀明长城还配备烽传系统、屯田系统和驿传系统等，构成完整的边防体系。第一，烽传系统沿蓟镇驿路沿线建有烽火台（烽燧），用以观察敌情、传递情报信息。第二，在蓟镇配置屯田之地，它们或与驻军堡城合在一起，或单独设置，以保障军事防御人员的衣食、兵备等主要军需物资。第三，在蓟镇长城沿线构建驿传系统，沿驿路设有驿路城、递运所和驿站等，主要用于往来军情、公文、物品传递。驿道作为传递军饷文件等的交通体系是长城防御体系防御指挥和军需供给的生命线（图1-16）。

（3）微观节点上控扼要塞，重要地段设关防守。

宣府镇和蓟镇各自依山为障，境内各关口作为防御重点。从地形地貌来看，宣府镇地势从东南太行山山脉的军都陉（居庸关）起，逐渐抬升至西北的阴山余脉大群马山。据此以北为坝上，蒙古草原；以南为坝下，山峦起伏，沟壑纵横，河谷平原狭长。因此，山间盆地和狭长河谷成为蒙古族南下的通道。处于通道上的野狐岭、张家口、独石口、紫荆关、倒马

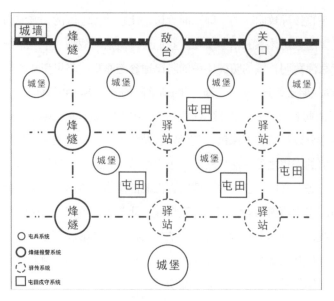

图1-16 长城防御体系示意

图片来源：作者自绘

关等关隘要塞成为防卫重点。

蓟镇处于蒙古高原与华北平原的分界线，以燕山山脉作为天然屏障，西北部高险而东南部低平。受地质作用影响，这一带出现了很多山间裂谷，其中有多处隘口，成为防御北方民族南下的关键节点。其中居庸关、古北口、喜峰口、山海关为燕山南麓要口，是北京外围重要的四关。

关隘要塞是防御边境侵扰的关键节点，关隘失守也必将造成明军的失利，历史上的"土木之变"与"庚戌之变"都是典型例子。"土木之变"是指明正统十四年（1449年），明英宗北伐时，明朝在土木堡败于瓦剌的事变。当时瓦剌阿剌知院部攻破独石口，沿赤城、怀来一线南下，切断明军退路，与先部合围明军，在土木堡生擒明英宗。而在明嘉靖二十九年（1550年）"庚戌之变"中，鞑靼军队攻破古北口，沿密云、怀柔一线进犯京师。

山海关是微观节点防守的典型之一。山海关作为海陆联防的重要关口，其规划设计体现了明代的军事智慧与思想。山海关呈现"主体两翼，左辅右弼，互为犄角，一线逶迤"的防御布局，其中南北翼城、东西罗城、宁海城、威远城共同构成立体防御体系。关城左右设有五座敌楼，构成"五虎镇东"的态势；在关外设有卫城、哨城和敌台、烽火台等，组成前哨防御线；同时，在临海处设置南海口关，以实现海陆联防。

参考文献

[1] 中国长城遗产. 长城资源调查与认定[EB/OL].（2016-11-09）[2023-01-01]. http://www.greatwallheritage.cn/CCMCMS/html/1/54/index.html.

[2] 王崇献. 宣府镇志[M]//南京图书馆孤本善本丛刊：第一辑，明代孤本，1561（明嘉靖四十年）.

[3] 方志专辑[M]. 明正德刻嘉靖增修本.北京：线装书局，2003.

[4] 左承业. 万全县志[M]. 刻本. 万全县档案史志局，1745（清乾隆十年）.

[5] 孟思谊. 赤城县志[M]. 刻本. 呼和浩特：内蒙古大学图书馆，1748（清乾隆十三年）.

[6] 章煊. 中国地方志丛书·龙门县志[M]. 台北：成文出版社，1968.

[7] 杨大崑. 怀安县志[M]. 刻本. 台北：成文出版社，1741（清乾隆六年）.

[8] 刘效祖. 四镇三关志·形胜卷[M]. 全国图书馆文献缩微复制中心复制本. 北京：全国图书馆文献缩微复制中心，1991.

[9] 杨时宁. 宣大山西三镇图说[M]. 彩绘秘阁本，1603（明万历三十一年）.

[10] 张玉坤. 中国长城志：边镇·堡寨·关隘[M]. 南京：江苏凤凰科学技术出版社，2016：190-446.

[11] 王琳峰，张玉坤，魏琰琰. 明长城蓟镇防御体系与军事聚落[M]. 北京：中国建筑工业出版社，2018：66-67，103-104.

[12] 杜赓尧. 张库通商（第1、2辑）[M]. 天津：大公报社，1933.

[13] 杨申茂. 明长城宣府镇军事聚落体系研究[D]. 天津：天津大学，2013：147-151.

[14] 张家口市地方志编纂委员会. 张家口市志[M]. 北京：中国对外翻译出版公司，1998：128-130.

[15] 赵玉霞. 明长城蓟镇、昌镇、宣府镇和真保镇驿传系统研究[D]. 天津：天津大学，2019：51-56.

[16] 徐凌玉. 明长城军事防御体系整体性保护策略[D]. 天津：天津大学，2018.

第二章　沿线聚落遗产特征

研究长城，不能不关注它的建设者和使用者。明代由于长城营建和边防的需要，大量军民来到沿线居住、生活，形成了以沟域为单元的特殊军防聚落。从遗产角度来说，这些聚落遗存无疑是今天长城遗产资源中十分重要的组成部分。更重要的是，这些军防聚落在生成和发展的过程中，人们的活动也对所在地区域开发、自然和人文景观的演变，乃至今天的城乡体系格局产生了深远的影响。在"遗产-生态"耦合的视野中，单个聚落及周围村田、林地等满足人们生产生活所需物资的活动范围本身就是一个微型的"遗产-生态"耦合单元，而整个长城沿线的聚落体系的形成与发展可以说是推动全线"遗产-生态"耦合过程的主要动力。

第一章已对京津冀明长城防御体系及遗产资源进行了详尽的论述，而其中军防聚落作为结构性的遗产资源是本章将要论述的重点。京津冀明长城城堡数量在空间上呈西疏东密的带状分布，在南段（真保镇）则呈现散点分布，西段（宣府镇）以面状分布为主，东段（蓟镇）以线状分布为主。

京津冀明长城城堡形态类型可以根据古籍、遥感卫星影像及实地考察多种数据源进行综合判断（表2-1），城堡的面积规模依等级而定。明长城城堡城廓类型受地形影响可分为规则四边形、不规则四边形及异形3种类型。

在京津冀区划当中，由于北京是首都边疆，防卫压力凸显，同时也是四镇交汇之地，为长城布防关键所在，是一个重要的聚落枢纽地区。因此本章将以京津冀明长城城堡数量较为集中的密云区为典型区段，从历史地理角度，重点梳理与阐述城堡聚落的形态类型、形态特征和环境特征。第一节以北京市密云区城堡为研究对象，关注军防聚落的等级规模和形态类型。第二节采用量化评价方法分析城堡聚落和自然聚落的平面形态差异，进而归纳聚落形态类型和形成机制。第三节重点关注聚落与周边环境要素的关联性特征等。

表2-1　京津冀明长城部分城堡卫星影像图与古籍对比

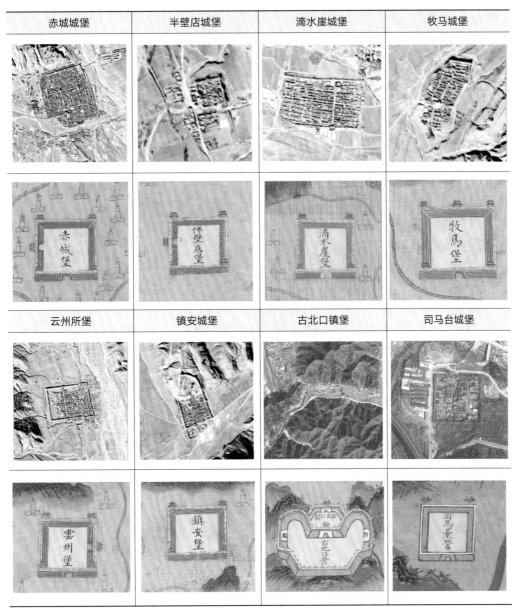

注：古图名称与现在名称有差异。

第一节　明长城沿线军防聚落形态类型

城堡既是长城军防体系重要的组成部分，也是沟域的防御中心。本节主要以北京市密云区城堡为例，选取今密云区范围内现存的军防聚落，从聚落规模尺度、地形选址、地形环境、城堡形态、街巷格局等方面入手，对城堡聚落形态类型展开分析研究。根据1967年卫星遥感图片、《明蓟镇长城1971—1987年考古报告》、《密云县志》等文献资料与县志城池图，在"天地图"的开源航拍图基础上等比例绘制，分析归纳城堡聚落的轮廓尺寸、街巷肌理及内部建筑格局等内容（图2-1）。

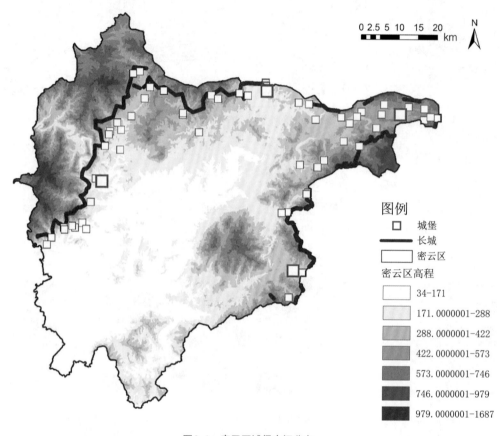

图2-1　密云区城堡空间分布

图片来源：作者自绘

一、沿线军防聚落等级与规模

明代长城聚落分为4个等级，分别为总兵级、参将级、守备级和守兵级。明代九边重镇聚落，分为5个等级，而密云区城堡聚落主要集中于镇城、路城和堡城3个等级。依据所有城堡的投影面积，按其自身规模尺寸将沿线军防聚落分为4个等级（表2-2）。

古北口城堡和曹家路城堡同为营城堡，也是总兵镇守制度下的"路城"，其投影面积分别为527 427m^{2}和202 444m^2，属Ⅰ级城堡。同时古北口因其"京师锁钥"的特殊地理位置和军事地位，除路城的等级外，明代时期还是都司卫所制度下的密云后卫（李严，2006），因此规模最大。

Ⅱ级城堡包括四海城堡、墙子路城堡、石塘路城堡、关上城堡、吉家营城堡、马营城堡和令公城堡。其中墙子路城堡和石塘路城堡为路城，规模较大。关上城堡、吉家营城堡、马营城堡和令公城堡所处位置地势平坦开阔，因此城堡多为方城，不受地形起伏高差的约束。

Ⅲ级城堡和Ⅳ级城堡为规模最小的堡城，面积分别为10 000～30 000m²和10 000m²以下，密云区85%的城堡都为规模较小的低等级城堡。由于受到地形的制约，等级较低的城堡中方形城堡较少，多呈不规则的异形，此类城堡拥有较小范围或不拥有耕地，驻兵少。

表2-2　密云区城堡聚落等级与规模

聚落等级	聚落规模	聚落布局示例
Ⅰ级城堡	100 000m²以上	 曹家路
Ⅱ级城堡	30 000～ 100 000m²	 四海城

聚落等级	聚落规模	聚落布局示例
Ⅲ级城堡	10 000 ~ 30 000m²	 司马台
Ⅳ级城堡	10 000m²以下	 陈家峪

京津冀长城聚落保护与可持续发展——基于遗产与生态耦合的视角

二、沿线军防聚落形态类型

1. 军防聚落地形选址类型

在微观地形的选择上，城堡分为3个主要类型，分别为平地型城堡、压山型城堡和坐山型城堡。平地型城堡主要为处于地势平坦的平原地带，或位于较缓斜坡上的城堡。此类城堡多为周正的矩形，如遥桥峪城堡，位于平坦的谷地，城堡呈规制的方形。压山型城堡分一角压山和一侧压山两种类型，即处于地势起伏有高差处的城堡，其一角或一侧修筑于地势高点，便于查看烽火台等处的军情，如上营城堡和曹家路城堡。上营城堡的东北角位于地势高点处，曹家路城堡西北侧城垣沿山脊线砌筑，城堡整体有高差。坐山型城堡一般面积较大，城垣通常沿山脊线砌筑，占两三个山头和山与山之间夹成的谷地。这样既能占据全部交通道路和军事制高点，控制险要，又利于居住。如古北口镇城，环坐山头，坐拥谷地（表2-3）。

表2-3　司马台城堡、上营城堡、曹家路城堡、古北口城堡微地形选址示意

司马台城堡	上营城堡	曹家路城堡	古北口城堡

2. 军防聚落地形环境类型

山区或浅山区的聚落选址一般自然与"山"紧密相关（周政旭，2018）。根据城堡与山体的关系，可以将聚落空间形态分为山峰型、河谷型和平原型三种类型。

山峰型城堡多位于山顶或山势制高点处，三面临谷，利于巡视并控制整个山谷，易守难攻。此类地形山体连绵，距河道较远，山体之间距离较近，目的是据守山口，控制沟谷巷道。山峰型城堡多为规模较小的城堡，或包含两到三个山头和较小谷地的大型城堡。如古北口镇城，城墙沿山脊线砌筑，在两山之间峡口处设关。这样既能占据全部交通道路和军事制

高点，控制险要，也可提供多层次的防御。

河谷型聚落多位于两侧由山脉或山水构成的足够宽阔的地区，有重要河流水系穿过，与关口相连。明代将山脉作为天然防御屏障，但山脉的断层地带江河穿切山岭形成的河谷低地会形成穿越山脉的交通孔道，关隘多设于此。这样一方面可以用高山作为天然屏障，另一方面可方便地利用水资源解决生活用水问题。在军事防御上，把控山口，控制水路交通要道。如潮河关城堡，城堡聚落位于潮河水湾东侧，三面被潮河水环绕，东侧靠山，顺应古人营城选址"背山面水，怀抱金带"的格局。

平原型聚落为位于地势平坦地区的城堡，此处城堡多为方城，且附有大面积耕地，可驻兵屯田。如石塘路城堡，是统领密云西部防御的核心之一。

3. 军防聚落城堡形态类型

城堡自身城廓在兼顾军事防御要求的同时也受到城堡周边地形地貌的影响，其形状特征表现出适应地形的不同表征，可分为规则四边形、不规则四边形和异形3种类型（图2-2）。

规则四边形城堡占总数的32.5%，此类城堡城廓形态呈方形，多建于平原或平原廊道等地势较平坦的地区，平面布局规整，如遥桥峪城堡。

不规则四边形城堡占总数的30%，由于受到小区域地形地貌制约，部分城堡因地势原因

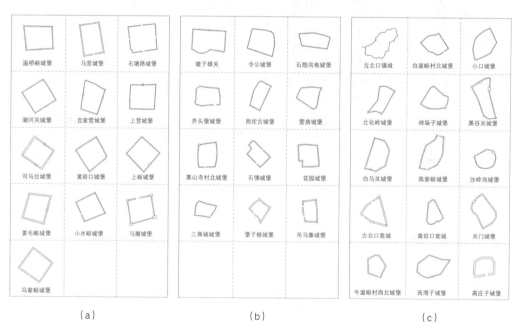

（a）　　　　　　　　　　（b）　　　　　　　　　　（c）

图2-2　城堡城廓形态分类

（a）规则四边形；（b）不规则四边形；（c）异形
图片来源：作者自绘

城垣建筑呈长方形或不规则四边形，多出现于山坳廊道或临水山麓处，如墙子雄关位于临水山麓处，南侧墙体建于山坡上。

异形城堡占总数的37.5%，这类城堡因受山地环境的制约，结合自然地形建堡，以陡峭的地形加强防御。如古北口镇城，其堡墙沿山脉走势建置；而黑谷关城堡东侧紧邻长城墙体，城堡形态呈异形。

结合城堡聚落的地形选址、地形环境及形态来看，在适应地形条件的情况下，城堡形态的营建首先考虑以规制的规则四边形和不规则四边形建堡，其约占总数的62.5%。

三、军防聚落街巷格局

在明长城防御体系中，城堡即作为一个防御单元，其护城河、堡墙、城门、角楼、马面等空间防御要素和堡内街道设置，共同构筑了城堡的军事防御体系。当敌军突破长城关口入侵城堡时，高厚封闭的堡墙作为御敌的第一层屏障，兵力迅速集中于城堡的城楼、角楼、马面等处，这是城堡的第一道防御。同时街巷通道自身也构成防御体系的一个层级。当敌军突破堡墙进入城堡，街巷通过宽窄坡度的变化、丁字路口、曲直成复杂的路网，构成第二道防御（李严，2006）。结合对城堡街道现状实地调查与空间肌理梳理（图2-3），可以看出城堡街巷主要由主干道和巷道组成，属内层防御体系。经整理密云区长城城堡内部街道布局肌理，可分为7种类型：鱼骨形、一字形、互字形、十字形、丁字形、山字形、回字形（图2-4）。

城堡内主干道多依地形变化，在地势平坦时多用一字形或十字形，如位于平地的石塘路城堡，中央有十字大街相交。地势起伏时，则随地势而变化，形式不一，主要道路呈丁字形、山字形的街巷格局。出于巷战目的，连接两城门的主街多设置为错位的街道，巷道也多在交叉处呈交错或围合的交叉方式，使陌生的人不易辨明方向。街道的布局形态与其规模也有较大关系，规模较小的城堡，通常为一条街道贯穿于整个城堡，其街道形式多为一字形、十字形或回字形等。而规模较大的城堡，其建置、结构布局相对复杂，街道形式为满足城内交往联系和迂回协调作战，普遍采用鱼骨形或互字形街道布局形式作为街巷构架和格局体系（图2-4）。

本章对北京市密云区城堡的轮廓尺寸进行了详尽考察，探讨其规模等级和形态类型。研究发现：①城堡的规模等级可分为4个等级，分别为100 000m²以上的Ⅰ级城堡，30 000～100 000m²的Ⅱ级城堡；10 000～30 000m²的Ⅲ级城堡以及10 000m²以下的Ⅳ级城堡。Ⅰ级城堡包括古北口镇城与曹家路城堡两个路级城堡，Ⅱ级城堡包括墙子路城堡和石塘路城堡路级城堡以及其他等级虽低但规模相当的城堡。Ⅰ级和Ⅱ级城堡以营城堡为主，Ⅲ级和Ⅳ级城堡多为不设营的堡寨，在营城堡中，设有镇城或路城的城堡规模更大。

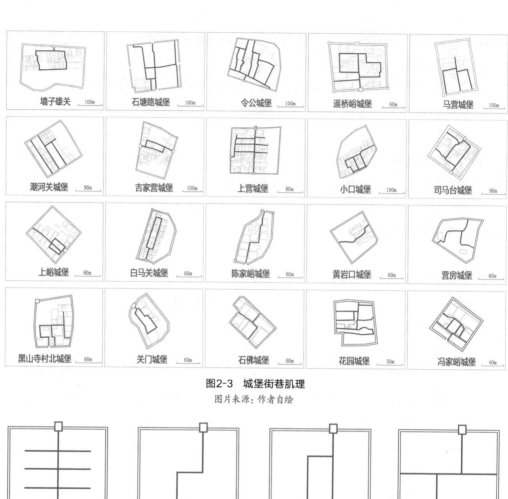

图2-3　城堡街巷肌理

图片来源：作者自绘

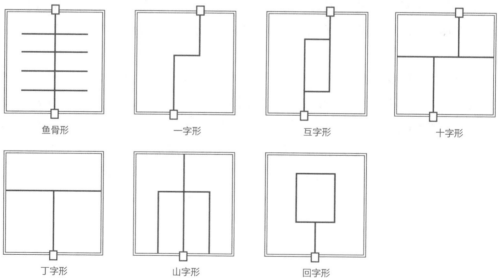

图2-4　密云长城城堡街巷格局

图片来源：作者自绘

由此可见，密云区城堡的规模等级与军事等级大致相对应，但不能完全按照其军事等级进行划分。②城堡的形态类型按照地形环境可分为山峰形、河谷形和平原形，按照城廓形态可分为规则四边形、不规则四边形和异形。总体来看，呈四边形（包括规则四边形和不规则四边形）的城堡约占62.5%，可见即便在多山的密云区，形制规则的城堡依然占有很大的比例。城堡的地形环境类型与城廓形态类型有对应关系，其中山峰型城堡的城廓形态多呈异形，而河谷型和平原型城堡多为规则四边形和不规则四边形，可见在地形条件允许的情况下，首先考虑以规制的方形建堡。

对密云区明长城城堡进行研究，发现其等级规模、地形环境及城廓形态之间存在一定的对应关系。第一，长城文化遗产的保护与展示应避免碎片化方式，提升展示利用的系统性，应当对不同形态类型军事聚落分系统进行类型识别和展示利用研究。第二，北京长城文化带中的城堡遗产，相当一部分作为活态村落传承至今，应在北京市域层面制定北京长城聚落保护传承体系和分类发展策略，立足于这些村落在长城文化中的典型意义与突出价值，构建基于长城城堡聚落类型的保护利用体系和旅游线路规划。第三，在北京长城文化带区域内的村庄规划与建设活动中，应充分挖掘长城遗产资源价值，对其保护应综合考虑历史上的军事设置及地形环境特征。形成村庄建设管理和旅游路线组织的空间边界，构建以城堡为核心，融合敌台、边墙、烽燧、寺庙的村域长城遗产展示体系。

第二节　聚落空间形态特征

军防职能下降后，军防城堡逐步演变成为聚居点，并发挥沿线沟域"细胞核"的职能。长城军防体系尤其是城堡及其堡墙，对周边乡村聚落空间形态产生了深远影响。本研究以北京市密云区14个长城沿线聚落为研究对象，以边界形态指数反映聚落整体空间形态，以道路连接度和公共空间分维度反映聚落内部公共空间形态，以建筑面积紊乱度描述建筑单体之间空间秩序。研究通过对比城堡聚落与自然聚落和堡墙内外的空间形态差异，来分析长城沿线聚落空间形态特征，并归纳不同聚落空间形态类型和形成机制。

一、研究对象与空间形态量化方法

1. 研究对象与数据来源

根据聚落与城堡的空间关系，可以将长城沿线聚落分成城堡聚落（聚落与堡墙相交）和自然聚落（聚落无堡墙）。城堡聚落可以堡墙为界，将堡墙以内聚落空间称为原型空间，堡墙以外聚落空间称为衍生空间。

通过走访踏勘密云区长城沿线聚落，挑选城堡聚落和自然聚落共14个作为研究对象（图2-5）。借助遥感地图、AutoCAD等工具抓取，以及实地测量聚落与长城的垂直距离、聚落面积和周长，聚落内部建筑物数量、面积和周长，聚落内部公共空间面积和周长，作为形态量化分析基础数据，并通过Excel进行数据处理和统计（表2-4，图2-6、图2-7）。

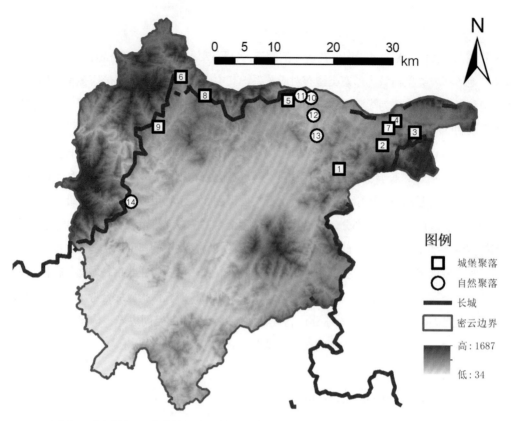

1-令公村；2-吉家营村；3-遥桥峪村；4-小口村；5-潮关村；6-白马关村；7-新城子村；8-西坨古村；9-上峪村；
10-古北口村；11-河西村；12-北甸子村；13-北台村；14-王庄村。

图2-5 14个长城沿线聚落空间分布

图片来源：作者自绘

表2-4 长城沿线乡村聚落基本信息

聚落类型	村名	与长城的垂直距离 / km	聚落规模 / hm²
城堡聚落	太师屯镇令公村	3.80	16.60
	新城子镇吉家营村	2.78	5.71
	新城子镇遥桥峪村	1.35	3.38
	新城子镇小口村	1.56	1.26
	古北口镇潮关村	跨越长城	7.04
	冯家峪镇白马关村	0.50	2.80
	新城子镇新城子村	2.09	20.23
	不老屯镇西坨古村	0.69	7.79
	冯家峪镇上峪村	1.17	2.50
自然聚落	古北口镇古北口村	跨越长城	14.26
	古北口镇河西村	跨越长城	24.73
	古北口镇北甸子村	1.69	20.31
	古北口镇北台村	4.74	10.72
	石城镇王庄村	0.80	7.80

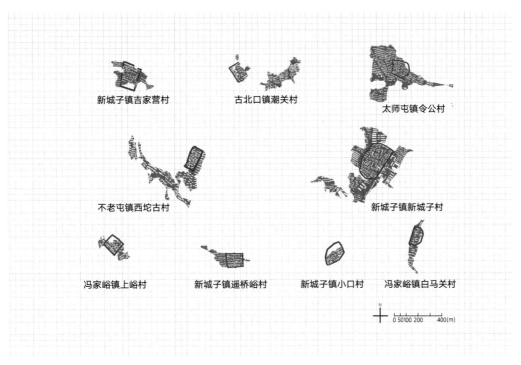

图2-6 城堡聚落及其城堡范围平面图

图片来源：作者自绘

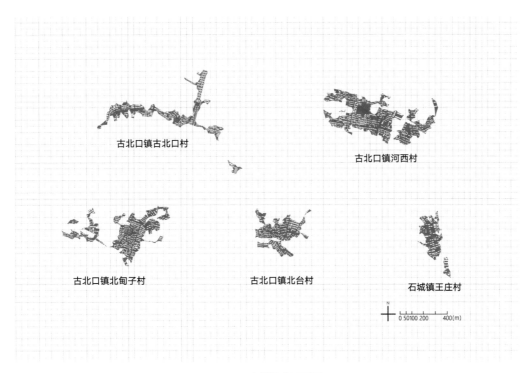

图2-7 自然聚落平面图

图片来源：作者自绘

2. 研究思路

通过边界形态指数、路网连接度、公共空间分维度和单体建筑面积紊乱度4个指标描述聚落空间形态，分析城堡对原型空间和衍生空间形态的影响。

1）边界形态指数

边界形态指数是指聚落本身的面积同长宽比的椭圆进行比较，反映聚落外部形态的复杂程度（浦欣成，2012）。见式（2-1）。

$$S = \frac{p}{1.5\lambda - \sqrt{\lambda} + 1.5} \sqrt{\frac{\lambda}{A\lambda}} \tag{2-1}$$

式中，λ为形体长宽比；p为周长；A为面积。S数值越大，代表聚落形状与同长宽比的椭圆的差异越大，则凹凸程度越大，聚落形态越复杂（浦欣成，2012）。其中形体长宽比λ在部分文献称其为延伸率，如式（2-2）所示。

$$\lambda = \frac{a}{b} \tag{2-2}$$

式中，a为长边长度；b为短边长度。

2）路网连接度

路网连接度反映道路网的通达性的指标，通常用β来表示（曹炜威，2015；孙莹等，2015）。见式（2-3）。

$$\beta = \frac{E}{N} \tag{2-3}$$

式中，E为路网中路段条数；N为路网中路段交点个数。连接度β越高，道路网连通情况越好；反之亦然。

3）公共空间分维度

公共空间分维度是衡量内部公共空间图斑形态不规则性、渗透性的重要指标，体现空间的组织效率（浦欣成，2012；王辰晨，2013）。D的理论值为1.0～2.0，当D=1.0时，代表形状是最为简单的正方形图形斑块；当D=2.0时，则代表形状是面积周长最为复杂的图形斑块（浦欣成，2012），如式（2-4）所示。

$$D = \frac{2\lg\left(\dfrac{P}{4}\right)}{\lg A} \tag{2-4}$$

式中，D为分维度值；P为斑块周长；A为斑块面积。

4）单体建筑面积紊乱度

建筑面积反映居民居住条件和生活方式。建筑面积紊乱度（m）反映单体建筑面积之间的紊乱程度（浦欣成，2012）。m越大，说明建筑单体规模之间越紊乱，秩序越弱，反之亦然，如式（2-5）所示。

$$m = \frac{\overline{M} - (\mu - 3\sigma)}{6\sigma} \qquad (2\text{-}5)$$

式中，$\overline{M}$为该数据中的均差；μ为均值；σ为标准差。

二、沿线聚落空间形态特征

1. 边界形态特征

数据分析表明，自然聚落边界形态指数越大，整体空间越丰富。城堡聚落平均边界形态指数"2.00"小于自然聚落平均边界形态指数"2.95"，且大部分城堡型聚落边界形态指数小于"2.00"。这说明自然聚落形态比城堡聚落形态更加复杂。首先，城堡聚落多位于周边地形险峻、易守难攻的区域（范熙晅，2015），聚落依势组团而建，因此城堡聚落平均形态指数较小。其次，自然聚落多位于地形开阔地区周边，优良的自然条件为聚落生长提供基础条件，同时自然聚落由于其规模较大，承担更复杂的聚落功能，对于空间需求更加丰富，因此聚落形态更加复杂（表2-5）。

表2-5　聚落形态指数一览表

聚落类型	村名	边界形态指数（S）
城堡聚落	太师屯镇令公村	1.73
	新城子镇吉家营村	1.82
	新城子镇遥桥峪村	1.50
	新城子镇小口村	1.28
	古北口镇潮关村	1.99
	冯家峪镇白马关村	1.45
	新城子镇新城子村	3.35
	不老屯镇西坨古村	2.65
	冯家峪镇上峪村	2.22
自然聚落	古北口镇古北口村	2.67
	古北口镇河西村	3.38
	古北口镇北甸子村	3.68
	古北口镇北台村	3.19
	石城镇王庄村	1.85

2. 路网形态特征

自然聚落路网通达性较城堡聚落好，城堡聚落内原型空间路网通达性较衍生空间更好。通过对比发现，自然聚落的平均路网连接度（$\bar{\beta}_{自然}$=1.20）最大，城堡聚落的原型空间平均路网连接度（$\bar{\beta}_{原型}$=1.06）次之，其衍生空间平均路网连接度（$\bar{\beta}_{衍生}$=0.9636）最小，即$\bar{\beta}_{自然} > \bar{\beta}_{原型} > \bar{\beta}_{衍生}$。这是因为自然聚落人口聚集，快速交通工具的普及对道路通达性需求提高，道路多呈现"十字交叉""道路成网"特点，所以道路网连接度最高。而城堡聚落需要利用内部错综复杂的道路迷惑敌人，应对入侵，展开巷战（张大玉，2014；李春青，2019）。聚落由城堡内向外扩展时，路网呈现枝状布局，聚落空间多沿聚落主路两侧布局，因此内部道路网比外部通达性好，连接度高（表2-6）。

表2-6　聚落路网连接度一览表

聚落类型	村名	城堡内外	路网连接度（β）
城堡聚落	太师屯镇令公村	外	0.70
		内	1.00
	新城子镇吉家营村	外	1.16
		内	1.18
	新城子镇遥桥峪村	外	1.09
		内	1.12
	新城子镇小口村	外	0.88
		内	1.00
	古北口镇潮关村	外	1.04
		内	1.10
	冯家峪镇白马关村	外	0.96
		内	1.17
	新城子镇新城子村	外	0.94
		内	1.05
	不老屯镇西坨古村	外	0.94
		内	1.06
	冯家峪镇上峪村	外	0.96
		内	1.04
自然聚落	古北口镇古北口村		1.15
	古北口镇河西村		1.13
	古北口镇北甸子村		1.18
	古北口镇北台村		1.27
	石城镇王庄村		1.25

3. 公共空间形态特征

将城堡聚落公共空间分维度与自然聚落公共空间分维度比较发现，城堡聚落的公共空间分维度小于自然聚落公共空间分维度，其衍生空间公共空间平均分维度（$\overline{D}_{衍生}=1.48$）略小于自然聚落公共空间平均分维度（$\overline{D}_{自然}=1.50$）。将城堡聚落的原型公共空间分维度和衍生公共空间分维度进行对比可以看出，9个城堡聚落的原型公共空间分维度均小于其衍生公共空间分维度，原型公共空间平均分维度（$\overline{D}_{原型}=1.44$）小于衍生公共空间平均分维度（$\overline{D}_{衍生}=1.48$）（表2-7、图2-8）。

究其原因是城堡聚落的原型公共空间由两侧居住建筑和堡墙围合而成，公共空间以道路为主，功能与形态相对简单与统一。自然聚落和城堡聚落的衍生公共空间为满足丰富的近

表2-7　聚落公共空间分维度一览表

城堡类型	村名	城堡内外	公共空间分维度（D）
城堡聚落	太师屯镇令公村	外	1.52
		内	1.43
	新城子镇吉家营村	外	1.52
		内	1.48
	新城子镇遥桥峪村	外	1.43
		内	1.42
	新城子镇小口村	外	1.40
		内	1.39
	古北口镇潮关村	外	1.51
		内	1.48
	冯家峪镇白马关村	外	1.44
		内	1.43
	新城子镇新城子村	外	1.41
		内	1.34
	不老屯镇西坨古村	外	1.59
		内	1.53
	冯家峪镇上峪村	外	1.47
		内	1.45
自然聚落	古北口镇古北口村		1.50
	古北口镇河西村		1.55
	古北口镇北甸子村		1.52
	古北口镇北台村		1.50
	石城镇王庄村		1.48

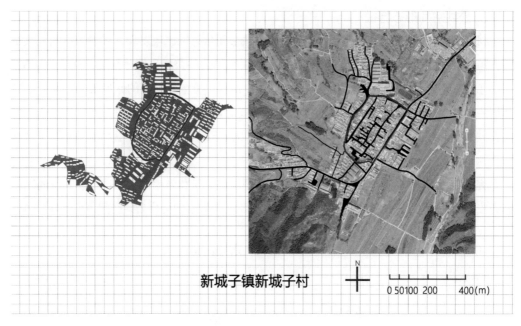

图2-8 新城子镇新城子村图底关系和公共空间示意图

图片来源：作者自绘

现代生活需求，道路、广场、绿化等线状和面状公共空间较多，其功能和空间形态更加多样化，因此公共空间分维度较大。部分城堡聚落堡墙外侧建有环路，进一步增加了衍生公共空间分维度。

4. 建筑面积秩序特征

将城堡聚落的原型空间和衍生空间建筑面积紊乱度进行对比分析可以看出，除冯家峪镇白马关村以外，其余8个城堡聚落的衍生空间平均建筑面积紊乱度（$\overline{m}_{衍生}$）均大于原型空间平均建筑面积紊乱度（$\overline{m}_{原型}$）。在建筑面积紊乱度方面，自然聚落的平均建筑面积紊乱度（$\overline{m}_{自然}$）大于衍生空间平均建筑面积紊乱度（$\overline{m}_{衍生}$）。这说明城堡聚落的建筑比自然聚落的建筑更有秩序（表2-6）。

原因可能是城堡内部聚落建筑多由统一规划而成，且遵循传统的营造方法，影响了宅基地规模和朝向控制。单体建筑面宽、进深固定，建筑面积差别不大。城堡外部建筑多根据现代功能需求建设，建造技术进步，大跨度建筑和小尺度特殊功能房间增多，因此原型建筑面积更加有秩序。与自然聚落相比，衍生聚落建设者由于从聚落原型中分离出来，或多或少继承聚落内部建筑使用习惯，而自然聚落则相对自由，缺乏统一规划和对秩序的继承，因此自然聚落建筑面积更加紊乱。冯家峪镇白马关村之所以衍生空间建筑面积紊乱度较低，是因为受聚落东西侧山体和河道影响，可建设空间有限，为使更多村民拥有良好的院落朝向，村民院落东西方向以正房居多，在保证正房日照需求和院落使用的情况下，院内无足够空间保证附属建筑，因此院内面积小，附属建筑较少，聚落衍生空间建筑紊乱度较低。（表2-8、图2-9）

表2-8　聚落单体建筑面积紊乱度一览表

聚落类型	村名	城堡内外	紊乱度（m）
城堡聚落	太师屯镇令公村	外	0.40
		内	0.37
	新城子镇吉家营村	外	0.22
		内	0.21
	新城子镇遥桥峪村	外	0.28
		内	0.22
	新城子镇小口村	外	0.35
		内	0.29
	古北口镇潮关村	外	0.38
		内	0.25
	冯家峪镇白马关村	外	0.09
		内	0.23
	新城子镇新城子村	外	0.44
		内	0.18
	不老屯镇西坨古村	外	0.29
		内	0.22
	冯家峪镇上峪村	外	0.40
		内	0.33
自然聚落	古北口镇古北口村		0.43
	古北口镇河西村		0.35
	古北口镇北甸子村		0.39
	古北口镇北台村		0.27
	石城镇王庄村		0.40

三、沿线聚落空间形态类型与形成机制

通过对密云区14个长城沿线聚落边界形态指数、原型和衍生空间路网连接度、公共空间分维度和建筑面积紊乱度，共4个形态指标进行聚类分析，发现聚落类型与空间形态指标之间存在相关关系，聚落类型据此大致可以分为防御型城堡聚落、平原型城堡聚落、平原型自然聚落、河谷型自然聚落（表2-9）。

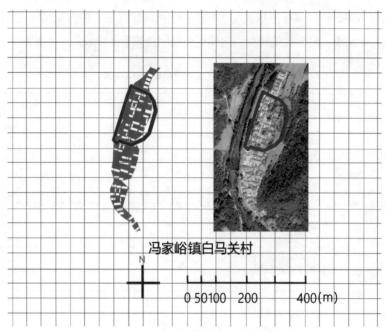

图2-9　冯家峪镇白马关村图底关系与卫星图

图片来源：作者自绘

表2-9　基于聚类分析的长城沿线聚落分类

名称	层级	村镇	类型
长城沿线聚落	A	新城子镇吉家营村、新城子镇遥桥峪村、新城子镇小口村、古北口镇潮关村、冯家峪镇上峪村、不老屯镇西坨古村、白马关村	防御型城堡聚落
		新城子镇新城子村、太师屯镇令公村	平原型城堡聚落
	B	古北口镇河西村、古北口镇北甸子村、古北口镇北台村	平原型自然聚落
		石城镇王庄村、古北口镇古北口村	河谷型自然聚落

　　防御型城堡聚落由军防城堡衍生而来，主要位于山峰或河谷地区，占领高地、据守山口或把守河谷地区，控制沟谷巷道，成为重要防御节点。由于地形限制，此类型聚落平面布局相对紧凑且多依据山体河流布局。平原型城堡聚落主要位于地势相对平坦地区，平面布局较为方正，规模也相对较大。该类城堡聚落不仅具有扼守要冲的作用，也发挥吞并屯田的作用。

　　平原型自然聚落地势平坦，平面布局更加方正，是主要的人口聚集聚落，且周边存在大面积耕地。河谷型自然聚落位于山中河谷等地区，平面布局形式以带状和条状居多，是周边山区村屯联系的重要交通节点。

本章节对北京市密云区14个长城沿线的城堡聚落和自然聚落的整体空间形态差异进行了详尽分析。从聚落整体空间形态来看，城堡聚落平均边界形态指数小于自然聚落$[\bar{S}_{城堡}（2.00）<\bar{S}_{自然}（2.95）]$，这是由于城堡聚落多处于地形复杂地区，地形因素限制不利于聚落大规模扩张，小规模生长主要沿相对窄小的平坦地区。从聚落内部空间形态来看，城堡聚落空间形态较自然聚落更加复杂，且城堡聚落原型空间较衍生空间的道路更加连通、公共空间更加简单统一、建筑单体之间更加有秩序。以空间形态特征聚类看，长城沿线聚落可分为防御型城堡聚落、平原型城堡聚落、平原型自然聚落、河谷型自然聚落4类。

第三节　明长城沿线聚落环境特征

本节以密云区为例，通过空间地理和村落格局的数据叠合与模拟分析，探索聚落风热环境特征，以深入理解聚落在气候适应性方面的内在机理，深化我们对聚落健康环境内涵和外延的理解。

一、沿线聚落与环境要素的关联

气候方面，密云区为暖温带季风型大陆性半湿润半干旱气候。冬季受西伯利亚、蒙古高压控制，夏季受大陆低压和太平洋高压影响，四季分明，干湿冷暖变化明显。年平均气温为10.8℃。全年气温基本特点和北京市区基本一致，但也存在一些差异。第一，密云冬夏气温极值均高于北京，夏天更热，冬天更冷。第二，密云春季和秋季时间相对更长。密云与北京夏季主导风向差别很大，密云为东向，而北京是北向，所以建筑设计时对夏季通风的考虑应该有较大差别（图2-10）。

密云区位于北京市东北部，属燕山山地与华北平原交汇处，东、北、西三面都有山，自然地貌特征为"八山一水一分田"。山区面积1771.75km²，占总面积的80%；林木覆盖率达72.5%。

密云区河流较多，内有4座中型以上水库，水源的分布影响乡村聚落。一方面，居民每天生活中需要较大的用水量，另一方面，农业生产对水的依赖性也较大。对村落影响的水文因素主要有两类：一类毗邻流动的河流，另一类毗邻较大的水面。

中国风水文化对中国聚落与建筑活动产生了极为广泛的影响，上至都邑、宫庙、陵墓的选址规划，下至山村、民宅的相地布局，都深受风水意识的制约。风水文化也影响了长城文化带传统村落的选址。村落朝向上大多倾向于背山、面水、向阳的思想，整体的村落选址也希望做到"聚风藏气"。由于村落类型庞杂，按照关键因素进行统计，对研究来说非常必要。因此，根据以上相关特征的研究，主要考虑以下几个因素进行后续分析，包括村落与河

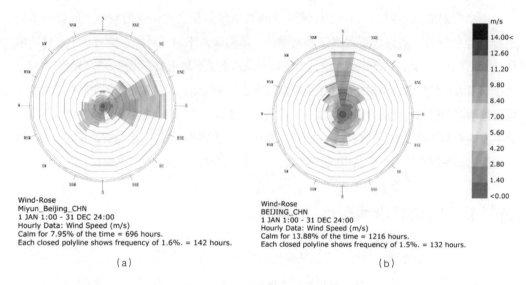

图2-10　密云区及北京市风玫瑰图

（a）密云区风玫瑰图；（b）北京市风玫瑰图
图片来源：作者自绘

流的关系、村落与山体的关系、村落与地势的关系等。

1. 村落与河流的关系

京津冀明长城沿线聚落多靠河而建，河流的位置对于村落的布局影响是一个重要因素，河流形态直接影响居民的用水活动。在这一地区，村落与河流的关系可分为村望水、村临水、水过村及无水（村落内部和附近均没有河流）等类型。

村望水型村落位于河水流经形成的平坦地域，但聚落与河流之间相隔有一定距离，这段距离的用地一般是农田；村临水型村落同样位于河水流经形成的平坦地域，河流在村落旁边流过，居民的日常活动直接与河流相关；水过村型村落，河流在村落中穿过，将村落分成几处独立组团。

2. 村落与山体的关系

山体的位置对村落风环境有重要影响，很多村落依山而建，利用山体来隔绝不利的气候条件，山体的大小位置可以影响局部的微气候。风水理论中有很多对风的处理方法，其中包括引风、藏风等。"引风"是指在春夏季引入东南方向比较平缓的风进入建筑内部；"藏风"是指传统村落在选址的时候，利用地形避开冬季寒冷的西风和北风。因此，村落与山体的关系可分为村落一侧临山、两侧临山、三面临山、四面环山（图2-11）。

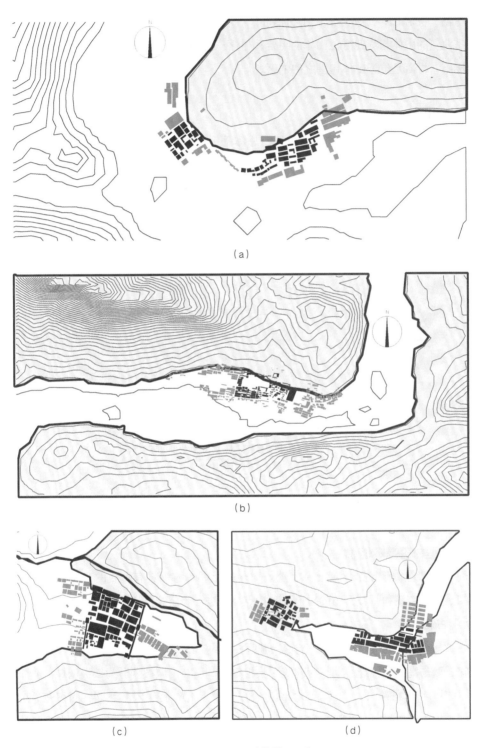

图2-11　村落与山体的关系示意图

（a）村落一侧临山；（b）村落两侧临山；（c）村落三面临山；（d）村落四面环山

图片来源：作者自绘

村落一侧临山，山体一般位于村落北侧，利于"引风"和"藏风"；村落两侧临山，一般是北侧的山体与其他方位山体的组合；村落三面临山，村落三个方位被山体包围；村落四面环山，村落是位于山体包围之中的区域。

3. 村落与地势的关系

密云区北部山地坡度缓和，海拔低，总体平坦，村落与地势的关系可分为河谷平地型和山间平地型（图2-12）。河谷平地型用地较宽阔平坦，地形坡度较缓，村落位于广阔且平坦的川地，距离河流近，村落规模一般较大，布局规整紧凑，对外交通便利；山间平地型用地较窄，地形坡度相对较大，不存在河流的影响，村落规模小，布局形式多样，大都依据地形布置。

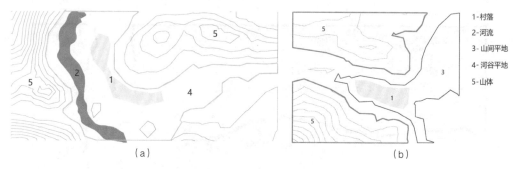

图2-12　村落与地势的关系示意图

（a）河谷平地型村落；（b）山间平地型村落

图片来源：作者自绘

二、沿线聚落布局的基本形态

1. 典型村落基本信息

明长城遗址位于密云区最北部，遗址对与其毗邻的村镇具有重要的意义。统计分析古北口镇、太师屯镇和新城子镇的村落分布特点，为进一步研究奠定基础（图2-13）。

1）古北口镇

古北口镇位于北京市东北部，与密云城区相距约55km，东与新城子乡相连，南与太师屯镇相接，西与高岭镇相连，北与河北滦平县相望。其所在沟域被划分为二级沟域。介于东经117°03′58″~117°17′30″、北纬40°36′38″~40°42′23″之间，面积85.82km^2。古北口镇辖古北口村（又称河东村）、河西村、潮关村、北甸子村、汤河村、北台村、司马台村、杨庄子村、龙洋村等9个行政村和古北口、北头、南菜园、河西4个居委会（国家统计局，2020年）。本节选取河东、河西、潮关、北甸子、汤河、北台、司马台和杨庄子等村落进行统计分析与研究。

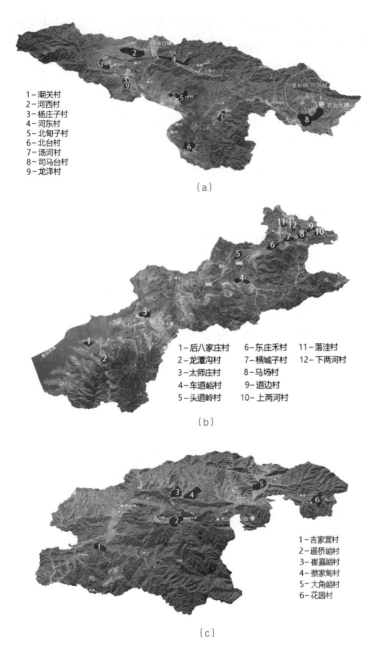

1－潮关村
2－河西村
3－杨庄子村
4－河东村
5－北甸子村
6－北台村
7－汤河村
8－司马台村
9－龙洋村

（a）

1－后八家庄村　　6－东庄禾村　　11－落洼村
2－龙潭沟村　　　7－横城子村　　12－下两河村
3－太师庄村　　　8－马场村
4－车道峪村　　　9－道边村
5－头道岭村　　　10－上两河村

（b）

1－吉家营村
2－遥桥峪村
3－崔嘉峪村
4－蔡家甸村
5－大角峪村
6－花园村

（c）

图2-13　典型村落的位置示意图

（a）古北口镇村落分布；（b）太师屯镇村落分布；（c）新城子镇村落分布

图片来源：作者自绘

2）太师屯镇

太师屯镇位于密云水库之滨，京承101国道穿境而过，与密云区城相距约30km，与北京首都国际机场相距约90km。太师屯镇有较多村落，且由于其镇域范围狭长，与密云水库毗邻，所以村落地形和布局形式多样。其所在沟域被划分为二级沟域。本节选取车道峪村、东庄禾村、龙潭沟村、落洼村、马场村、上两河村、道边村、下两河村、横城子村、太师庄村、头道岭村和后八家庄等村落进行统计分析与研究。

3）新城子镇

新城子镇位于北京市密云区东北部，坐落在燕山山脉主峰雾灵山脚下，与河北省滦平县和兴隆县接壤。其所在沟域被划分为二级沟域。本节选取吉家营村、遥桥峪村、蔡家甸村、崔嘉峪村、大角峪村和花园村进行统计分析与研究。

2. 典型村落布局特征

京津冀明长城沿线聚落的布局主要有三种类型（图2-14）。

1）网状布局

村落外形没有明确的长边，村落内部道路网络方向走势复杂，总体呈现网格状。

2）带状布局

有明确的长边，且短边宽度较小，内部主路沿聚落主要方向沿线，路网方向变化少。

3）自由布局

村落没有明确居民点边界，路网自由逐渐生长，聚落呈组团状自由布局。

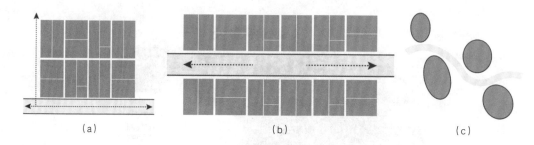

图2-14 村落布局形式示意图

（a）网状布局；（b）带状布局；（c）自由布局

图片来源：作者自绘

3. 典型村落遴选与分析

通过对古北口镇、太师屯镇和新城子镇等几十个村落形态进行统计分析，村落形态特征因素中，对村落风环境模拟影响较大的有三个因素，分别是村落与河流的关系、村落周边地形和村落布局类型。另外，村落与长城的关系是考虑村落利用价值方面的一个重要因素（表2-10）。

表2-10 典型村落形态分析

村落名称	村落与河流的关系	村落周边地形	村落布局类型	村落与长城的关系	村落肌理与地形图
河西村	村望水	河谷平地型	带状布局	毗邻长城	
潮关村	村望水	河谷平地型	自由布局	毗邻长城	
北甸子村	村望水	河谷平地型	网状布局	毗邻长城	
落洼村		山间平地型	自由布局	远望长城	
吉家营村		山间平地型	网状布局	远望长城	
河东村		山间平地型	带状布局	毗邻长城	

村落 名称	村落与河流 的关系	村落周边 地形	村落布局 类型	村落与长城 的关系	村落肌理与地形图
后八家 庄村	村望水	河谷 平地型	带状 布局	远望 长城	
太师庄村		山间 平地型	网状 布局		
龙潭沟村		山间 平地型	自由 布局		

三、沿线聚落环境特征模拟分析

1. 吉家营村

吉家营村地形为山间平地型，北东南三面临山，周边没有河流湖泊，与长城相望。村落建筑布局类型为网状布局，村落外形没有明确的长边，村落内部道路方向走势复杂，建筑朝向主要为南偏西至南偏东15°范围之内（图2-15）。

1）日照辐射模拟

采用Ladybug建筑性能模拟软件，对吉家营村进行日照辐射模拟。由于村落地形复杂，按照实际情况建模难度较大，模拟困难，且对于村落整体模拟来说模型精度要求较低，所以对实际村落和地形进行简化建模。首先对地形进行台地建模，台地高差为10m；其次对村落民居模型进行体块建模，忽略单体建筑细节，且对其按照主要分布的高程，与台地模型结合。

京津冀长城聚落保护与可持续发展——基于遗产与生态耦合的视角

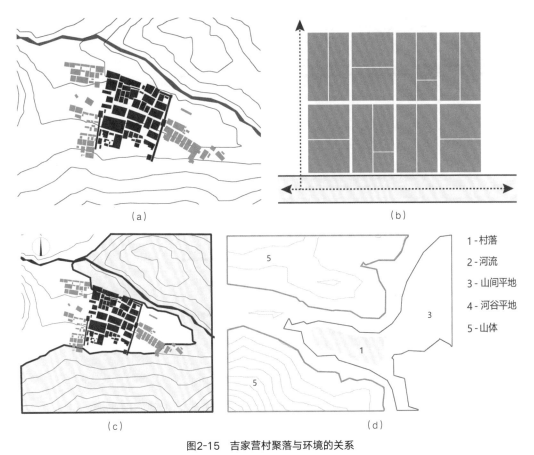

（a）

（b）

（c）

（d）

1-村落
2-河流
3-山间平地
4-河谷平地
5-山体

图2-15　吉家营村聚落与环境的关系

（a）村落平面示意图；（b）网状布局；（c）村落三面临山；（d）山间平地型

图片来源：作者自绘

从吉家营村整体立面日照辐射量模拟结果可明显看出，村落北立面日照辐射量最低，南立面与西立面太阳辐射量较多，东立面日照辐射量较少。结合吉家营村地形可初步得出，吉家营村日照辐射情况受地形影响较大，村落北侧由于贴近北侧山体，可得日照辐射很少，不利于采光；村落南侧山体高度低、西侧地势相对平坦，这两个方位的日照辐射量充足，辐射强度较高；村落东侧靠近山体，被山体阻挡，日照时间相对较少，日照辐射量较少。总的来说，吉家营村日照辐射量水平在一定程度上受地形影响，虽然村落整体地形为山间平地，但是由于三面环山的环境，村落日照会受到一定影响，尤其是在相邻山体较高的村落东侧（图2-16）。

2）风环境模拟

采用Butterfly软件，对吉家营村进行风环境模拟，模拟对象使用台地与体块简化村落模型，边界条件根据当地气象数据设置，风向设置为东（密云区冬季主导风向），风速设置为冬季平均风速1.6m/s，网格加密根据模型尺寸匹配设置，最终模拟结果如图2-17所示。

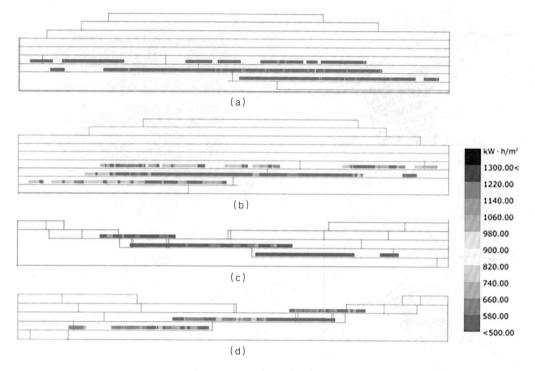

kW·h/m²

1300.00<
1220.00
1140.00
1060.00
980.00
900.00
820.00
740.00
660.00
580.00
<500.00

图2-16 吉家营村立面日照辐射图

（a）北立面日照辐射；（b）南立面日照辐射；（c）东立面日照辐射；（d）西立面日照辐射

图片来源：作者自绘

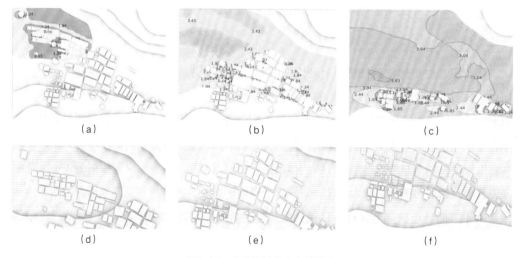

图2-17 吉家营村各高度风速图

（a）350m标高风速云图；（b）360m标高风速云图；（c）370m标高风速云图；
（d）350m标高风速矢量图；（e）360m标高风速矢量图；（f）370m标高风速矢量图

图片来源：作者自绘

根据模拟结果可以看出，村落民居主要分布的360m标高处风速正常，平均风速为1.2m/s，无风速异常现象，风环境整体良好，只在靠近山体位置存在少量的风速较低区域；而在350m标高处，风速较低且存在大量的静风区和风影区，最低风速为0.6m/s。这是由于地势较低，南北两侧山体距离近，高差变化大，不利于气流运动，故在此形成大量静风区和风影区，导致风速较低；370m标高处整体风速偏大，该标高区域位于南北两侧山体相交接形成的狭窄地形，容易形成"狭管效应"，导致风速过大。风速矢量图传达信息与云图基本一致，在村落靠近山体区域，容易形成涡流，这也是影响风环境的一个因素。

综上所述，吉家营村这一类型聚落（网状布局、山间平地、三面临山）日照辐射与风环境有如下特征：由于周围毗邻山体较多，村落又呈网状布局，所以会存在部分民居位于日照不利位置的情况，能获得的日照辐射量较少，辐射强度较低；同时由于山体围合、地势较低，会存在大量静风区和风影区，风环境往往较差，不利于民居通风。而在山谷中的民居，反而容易造成冬季冷风侵袭。所以在村落选址和布局时，应尽量避免周围山体较多，地形复杂的地区，确实需要时应避免在地势过低的洼地或者山体相交形成的山谷地带建设民居。对于已建成的村落可采取针对性的预防措施：在日照辐射较差的位置避免布置主要房间，而在日照辐射强度较大的方位，可适当设置太阳能光伏板以提供清洁的电能，设置被动式阳光房提升房屋保温性能等；在风速较大处设置防风林带，加强民居外围护结构保温，提升主要使用房间的门窗构造气密性，也可在民居各房间之间设置封闭连廊以减少开门次数。

2. 后八家庄村

后八家庄村地形为湖畔平地型，毗邻密云水库，地势平坦，周边无山体与河流，远望长城。村落建筑布局类型为带状布局，有明确的长边，且短边宽度较小，内部路网方向变化少，建筑朝向基本为南向（图2-18）。

1）日照辐射模拟

采用Ladybug建筑性能模拟软件，对后八家庄村进行日照辐射模拟。使用同样的方法对实际村落和地形进行简化建模。

后八家庄村整体立面日照辐射量模拟结果如图2-19所示。由图可明显看出，除村落北立面日照辐射量较低外，村落整体南、西与东立面太阳辐射量较多，辐射强度高。后八家庄村由于位置毗邻水库，地势平坦，周围无山体，民居分布较散。村庄向阳侧可得日照时间长，日照辐射量充足，太阳能资源丰富；同时也要注意防止夏季过热的情况。

2）风环境模拟

本分析采用Butterfly软件，使用台地与体块简化模型对后八家庄村进行风环境模拟。软件中边界条件根据当地气象数据设置，风向设置为东向（密云区冬季主导风向），风速设置为冬季平均风速1.6m/s，网格加密根据模型尺寸匹配设置，最终模拟结果如图2-20所示。

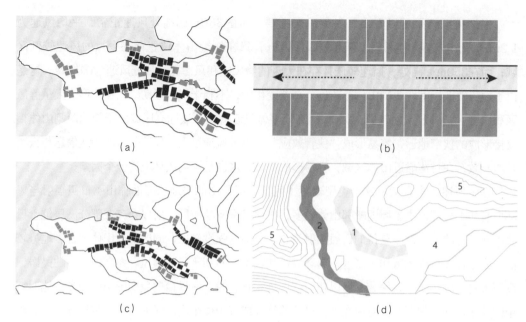

1-村落；2-河流；3-山间平地；4-河谷平地；5-山体。

图2-18　后八家庄村聚落与环境的关系

（a）村落平面示意图；（b）带状布局；（c）毗邻水库；（d）河谷平地型

图片来源：作者自绘

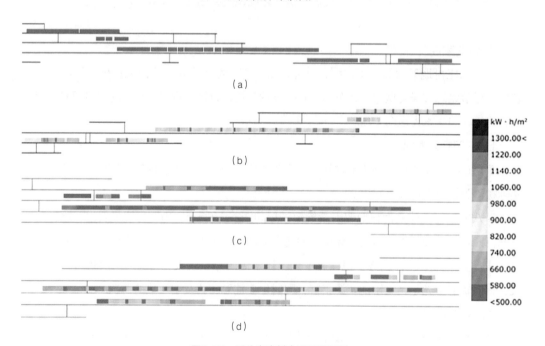

	kW·h/m²
	1300.00<
	1220.00
	1140.00
	1060.00
	980.00
	900.00
	820.00
	740.00
	660.00
	580.00
	<500.00

图2-19　后八家庄村立面日照辐射

（a）北立面日照辐射；（b）南立面日照辐射；（c）东立面日照辐射；（d）西立面日照辐射

图片来源：作者自绘

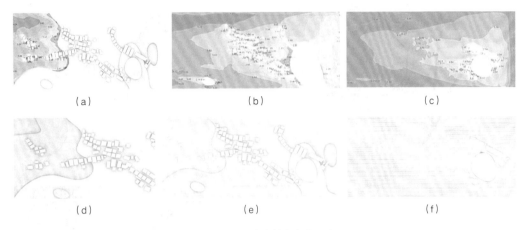

图2-20 后八家庄村各高度风速图

（a）150m标高风速云图；（b）160m标高风速云图；（c）170m标高风速云图
（d）150m标高风速矢量图；（e）160m标高风速矢量图；（f）170m标高风速矢量图
图片来源：作者自绘

由风速云图可以看出，后八家庄村村落整体风速的特点是风速相对较大，村落民居主要分布的160m标高处最高风速达到了4.82m/s，风环境整体分布均匀，气流运动受到地形及建筑的影响较小；170m标高处整体风速更大，只在150m标高处存在由地形影响造成的小范围风影区，其最低风速为0.69m/s。这是由于后八家庄村地势平坦，民居分散布置，不能对气流产生遮挡，并且由于村落毗邻水库，水体与陆地之间容易形成气流交换，生成水陆风。风速矢量图传达信息与云图基本一致，气流近乎无遮挡的从入风口运动到出风口。

综上所述，后八家庄村这一类型的聚落（带状布局、河谷平地、毗邻水库），具有辐射强度较高、风速很大的特点。这是由于周围无毗邻山体，地势平坦，村落分散呈带状布局。在村落选址布局时，平坦的水库周围地带虽然地势低平，交通便利，但其风环境往往比较恶劣，尤其对寒冷的北方村落，冬季保温防寒是不可避免的问题，所以应该权衡利弊，妥善择址。对于已建成的村落，也可进行针对性的应对处理：由于该村日照辐射较强，太阳能资源充足，可大力推广设置太阳能光伏板以提供清洁的电能；设置太阳能热水器，设置被动式阳光房提升房屋保温性能等，对太阳能资源充分利用。在村落东侧风速最大处，应大量种植防风林木，建设非居住性的用房以形成挡风屏障；同时，也要加强民居外围护结构保温，避免在来风方向开设门窗洞口。

3. 潮关村

潮关村地形为河谷平地型，落村望水，北侧临山，毗邻长城。村落建筑布局类型为分散自由布局，没有特定的布局形状。建筑朝向主要为东南（图2-21）。

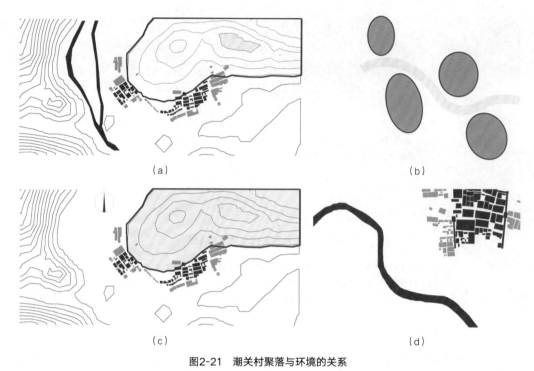

图2-21　潮关村聚落与环境的关系

（a）村落平面示意图；（b）自由布局；（c）村落一侧临山；（d）村望水

图片来源：作者自绘

1）日照辐射模拟

本分析采用Ladybug建筑性能模拟软件，对潮关村进行日照辐射模拟。并使用与后八家庄村同样的方法对实际村落和地形进行简化建模。

潮关村村落整体立面日照辐射量模拟结果如图2-22所示，由图可明显看出，村落全年日照辐射量南面最多，东面和西面次之，北面最少。这是由于潮关村北侧临山，南侧以及西侧和东侧都位于潮河周围的平坦地带，村落无环境遮挡，且村落民居朝向有利于接受日照。总体来说，太阳能资源充足，有较大的太阳能开发利用资源，可以根据模拟结果在村落民居的南立面和东、西立面设置太阳能转换装置，如太阳能光伏发电板、被动阳光房等。

2）风环境模拟

本分析采用Butterfly软件，对潮关村进行风环境模拟，模拟对象使用台地与体块简化村落模型，软件中边界条件根据当地气象数据设置，风向设置为东（密云区冬季主导风向），风速设置为冬季平均风速1.6m/s，网格加密根据模型尺寸匹配设置，最终模拟结果如图2-23所示。

根据模拟结果，由风速云图可以看出，潮关村村落整体风速适宜，风环境相对较好，村落民居主要分布的200m标高处风速总体小于5m/s，风环境整体分布均匀，气流运动受到地形及建筑的影响较小；210m和220m标高处整体风速相对较大，在此两类标高处村落民居也分布较少。在200m标高处也存在少量由毗邻山体造成的小范围风速较小区域，其最低风速为0.8m/s。这是由于潮关村地势比较平坦，民居布置自由，不会对气流运动产生影响，而村落位于潮河河谷大回环位置，主导风在此处受地形影响改变风向，风速也相应减小。以上这些因素造就了潮关村比较宜人的风环境。风速矢量图传达信息与云图基本一致，气流在村落位置改变方向，风速减小（图2-23）。

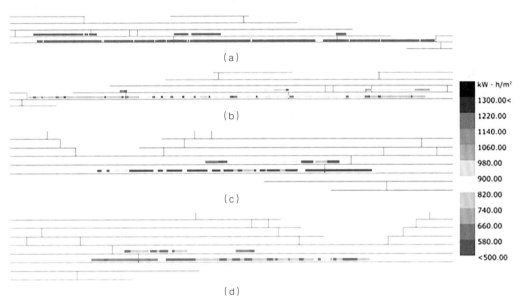

图 2-22　潮关村立面日照辐射

（a）北立面日照辐射；（b）南立面日照辐射；（c）东立面日照辐射；（d）西立面日照辐射

图片来源：作者自绘

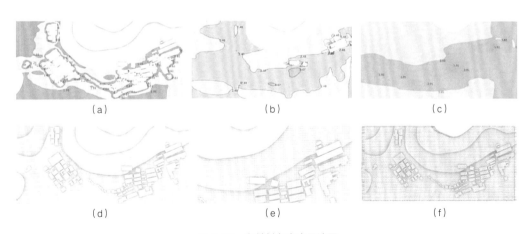

图 2-23　潮关村各高度风速图

（a）200m标高风环境；（b）210m标高风环境；（c）220m标高风环境；
（d）200m标高风速矢量；（e）210m标高风速矢量；（f）220m标高风速矢量

图片来源：作者自绘

综上所述，潮关村这一类型的聚落（自由布局、一侧临山、村落望水）日照辐射与风环境具有如下特征：由于村落仅一侧毗邻山体，村落又呈较自由的布局，所以能获得较大量的日照辐射，辐射强度也较高；由于地势平坦，环境遮挡少，地形改变风向和减少风速，其风环境总体特征是风速适中，风环境相对较好，但也存在部分由于地形遮挡的风速较小区域，不利于民居通风。

潮关村的日照条件和风环境情况总体优于其他两个代表村落，这初步证明在村落选址布局时，一侧临山、一面望水、地势平坦的位置可以给村落带来充足的日照辐射，也能使村落获得适宜的风环境；同时，村落民居的布局也相对自由，尽可能满足不同需求。该模拟分析结果和我国古代人民"背山面水，负阴抱阳"的营建智慧相一致，充分证明了这种村落选址、布局及建造方式的合理性和可行性，应该在村落建设及布局选址过程中广泛使用。

本节以北京明长城沿线聚落环境特征为切入点，利用环境模拟及量化分析的方法，对密云区聚落环境类型、聚落布局形态及聚落环境特征进行研究。首先，分别对聚落与河流、山体、地势、长城等环境特征的关系进行分类阐释，从而提出聚落形态环境优化的关键要素及亟待解决的关键问题；其次，通过遴选与统计分析，确定了适于环境模拟的当地聚落空间基本模型；最后，选取北京市密云区典型聚落，进行风环境和日照环境特征模拟分析，为新村建设及旧村改造提供科学的依据和适宜的方法。综上，本节从建筑环境分析的视角出发，模拟分析聚落风、日照环境，探讨了聚落空间环境优化策略。然而，从生态环境视角下对于长城遗产、生态景观、村镇聚落整合审视还需深入探讨。

参考文献

[1] TAYLOR K, LENNON J. Cultural landscapes: a bridge between culture and nature[J]. International Journal of Heritage Studies, 2011, 17(6): 537–554.

[2] WANG T, WANG L, NING Z Z. Spatial pattern of tourist attractions and its influencing factors in China[J]. Journal of Spatial Science, 2020, 65(2): 327–344.

[3] 陈同滨，王琳峰，任洁. 长城的文化遗产价值研究[J]. 中国文化遗产，2018（3）：4–14.

[4] 范熙晅，张玉坤，李严. 明长城军事防御体系规划布局机制研究[M]. 北京：中国建筑工业出版社，2019.

[5] 郭红，于翠艳. 明代都司卫所制度与军管型政区[J]. 军事历史研究，2004（4）：78–87.

[6] 何宝善. 明实录长城史料[M]. 北京：北京燕山出版社，2014：131–132.

[7] 李严，张玉坤，解丹. 明长城九边重镇防御体系与军事聚落[M]. 北京：中国建筑工业出版社，2018.

[8] 刘建军，张玉坤，曹迎春. 基于可达域分析的明长城防御体系研究[J]. 建筑学报，2013（S1）：108–111.

[9] 刘建军，张玉坤，谭立峰. 明长城甘肃镇防御体系与军事聚落[M]. 北京：中国建筑工业出版社，2018.

[10] 刘效祖. 四镇三关志[M]. 全国图书馆文献缩微复制中心复制本. 北京：全国图书馆文献缩微复制中心，1991.

[11] 汤羽扬. 中国长城志：建筑[M]. 南京：江苏凤凰科学技术出版社，2016.

[12] 王琳峰，张玉坤，魏琰琰. 明长城蓟镇防御体系与军事聚落[M]. 北京：中国建筑工业出版社，2018.

[13] 薛明月，王成新，窦旺胜，等. 黄河流域传统村落空间分布特征及其影响因素研究[J]. 干旱区资源与环境，2020，34（4）：94–99.

[14] 延庆县地名志编纂委员会. 北京市延庆县地名志[M]. 北京：北京出版社，1993：630.

[15] 杨申茂，张玉坤，张萍. 明长城宣府镇防御体系与军事聚落[M]. 北京：中国建筑工业出版社，2018.

[16] 杨申茂. 明长城宣府镇军事聚落体系研究[D]. 天津：天津大学，2013.

[17] 杨时宁. 宣大山西三镇图说[M]. 正中书局排印明崇祯刻本. 北京：北平图书馆，1930.

[18] 张玉坤. 中国长城志：边镇堡寨关隘[M]. 南京：江苏科学技术出版社，2016.

[19] 庄和锋. 明长城山海关防区防御体系与军事聚落研究[D]. 天津：天津大学，2011.

[20] 李严，张玉坤. 明长城军堡与明、清村堡的比较研究[J]. 新建筑，2006（1）：36–40.

[21] 李哲，张玉坤，李严. 明长城军堡选址的影响因素及布局初探：以宁陕晋冀为例[J]. 人文地理，2011，26（2）：103–107.

[22] 苗苗. 明蓟镇长城沿线关城聚落研究[D]. 天津：天津大学，2004.

[23] 王琳峰，张玉坤，魏琰琰. 明长城蓟镇防御体系与军事聚落[M]. 北京：中国建筑工业出版社，2018.

[24] 王琳峰，张玉坤. 明长城蓟镇戍边屯堡时空分布研究[J]. 建筑学报，2011（S1）：1–5.

[25] 周政旭，封基铖. 贵州扁担山–白水河地区布依族聚落调查研究[M]. 北京：中国建筑工业出版社，2018.

[26] 焦有权. 京郊山区农村安全用水调查与研究[D]. 北京：中国农业大学，2007.

[27] 王彦阁. 密云水库流域土地利用时空变化及景观恢复保护区划[D]. 北京：中国林业科学研究院，2010.

[28] 中国气象网. 密云气候背景分析[R/OL].（2015-12-10）[2022-10-01]. http：//www.weather.com.cn/cityintro/101011300.shtml.

[29] 李少白. 司马台长城[J]. 民间文化，2002（4）：44-45.

[30] 宋启帆. 建筑选址的风水理论[J]. 艺术科技，2017，30（5）：439.

[31] 王琛婷. 传统民居中的风水探索[D]. 邯郸：河北工程大学，2014.

[32] 李振华. 湘南地区传统村落在自然通风条件下风环境模拟研究[D]. 长沙：湖南大学，2019.

[33] 北京市密云区人民政府. 密云概况[EB/OL]. [2021-04-15]. http://www.bjmy.gov.cn/col/col84/index.html.

[34] 中华人民共和国国家统计局. 古北口镇[EB/OL].（2019-11-01）[2020-07-02]. http：//www.stats.gov.cn/tjsj/tjbz/tjyqhdmhcxhfdm/2019/11/01/18/110118111.html.

[35] 徐平. 秋的味道[J]. 农产品市场周刊，2017（40）：56-57.

[36] 靳亦冰，侯俐爽，王嘉运，等. 清涧河流域传统村落空间形态特征及其与地域环境的关联性解析[J]. 南方建筑，2020（3）：78-85.

[37] 浦欣成. 传统乡村聚落二维平面整体形态的量化方法研究[D]. 杭州：浙江大学，2012.

[38] 王辰晨. 基于分形理论的徽州传统民居空间形态研究[D]. 合肥：合肥工业大学，2013.

[39] 曹炜威. 城市道路网结构复杂性定量描述及比较研究[D]. 成都：西南交通大学，2015.

[40] 孙莹，肖大威，王玉顺. 传统村落之空间句法分析：以梅州客家为例 [J]. 城市发展研究，2015，22（5）：63-70.

[41] 范熙晅. 明长城军事防御体系规划布局机制研究[D]. 天津：天津大学，2015.

[42] 张大玉. 北京古村落空间解析及应用研究[D]. 天津：天津大学，2014.

[43] 李春青，刘奕彤，阚丽莹. 北京密云区吉家营村戍边堡寨聚落特色研究[J]. 中国名城，2019（4）：66-70.

第三章 沿线沟域『遗产—生态』耦合特征研究

本章将在前两章的基础上深入研究京津冀明长城沿线区域的"遗产–生态"单元特征。首先，以水文地理中的"沟域"为基础单元，构建京津冀明长城沿线区域的"遗产–生态"分析框架，然后对长城遗产、生态景观、村镇聚落加以整合审视。

我们先整体分析京津冀明长城沿线区域的基本自然特征、生态系统类型和植被覆盖特征等基础信息，基于高程、坡度、坡向、植被、水系等指标构建京津冀明长城沿线区域的生态敏感度评价体系，并利用遥感解译等方法获取地理空间数据开展评价计算。

在此基础上，参考水文地理的沟域概念构建"遗产–生态"耦合单元，将京津冀明长城沿线区域划分成1490个核心沟域的空间界定。基于沟域视角，依据土地利用、长城遗产、村镇聚落和自然生态保护区等数据，运用复合归类法将京津冀明长城沿线的核心沟域进行分类，形成包括"遗产–生态"双富集、遗产富集、生态富集与"遗产–生态"一般四大类别。

最后以东关河核心沟域为例，详细分析其典型特征，并开展景观特征评价分析，放在最后的景观敏感度评估系统中。

第一节　长城沿线区域景观生态背景

一、京津冀地区的景观生态

京津冀明长城沿线区域（简称长城沿线），分布了山体水系等丰富的自然资源（图3-1）。它情况比较复杂，有水、光、温分布的不均匀性，生态环境也曾遭到不同程度的破坏。本节采用CiteSpace、ArcGIS、ENVI等软件，通过数据模型和叠加分析技术，可视化长城沿线生态环境状态，为后续的生态修复提供参考。

1. 长城沿线生态环境目前正在处于衰退期

明代以来，受华北大城市人口增长、城市扩张影响，总体来说，京津冀长城沿线的本

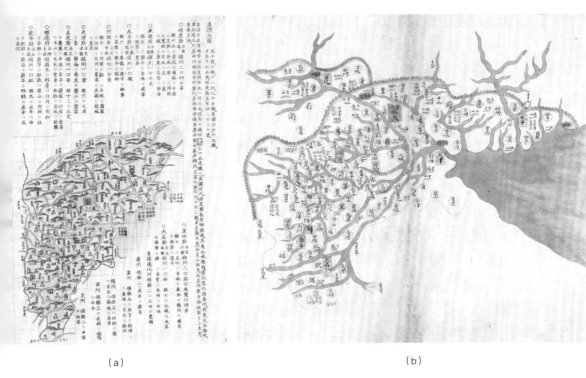

（a）　　　　　　　　　　　　　　　　　（b）

图3-1　京津冀地区古地图

（a）清二京省疆全域图；（b）大清分舆图

图片来源：（a）日本国会国立图书馆；（b）和顺斋制

底生态环境正处在衰退中。长城沿线，位于暖温带与温带过渡地区，自东向西分别为半湿润气候、半干旱气候、干旱气候；地形地貌又多变化；同时，由于各种原因，长城沿线生态破坏严重，东段以水土流失为主，生态破坏比较严重；中段则水土流失和风沙并重，生态破坏严重；西段则以风沙侵蚀为主，生态破坏很严重。长城沿线保护应因地制宜，保持水土及防沙治沙，宜林则林，宜草则草，工程措施与生物措施相结合，人工治理与生物治理相结合（孔繁德 等，2006）。

2. 长城沿线生态环境受自然与人为双重因素影响

何种因素能最直接导致长城沿线生态环境的破坏呢？以可视化文献分析软件CiteSpace为技术手段，从中国知网文献数据库（CNKI）中，查询2000—2021年间，以"长城""生态"为主题词的论文，可得出明长城与生态方面的关联分析图谱，从其中1080篇论文中得到长城两侧生态问题主要包含为两大类：第一类是自然问题，如风沙危害、入侵物种、松材线虫、凝冻灾害、盐害等；第二类是人为问题，如毁林开荒、实时政策、战争因素等。

二、区域尺度下长城腹地的自然特征

长城沿线自然资源丰富：长城坐落在燕山山脉与太行山山脉之上，穿越由永定河、大清河、子牙河等河流汇集形成的海河扇形水系、滦河水系与潮白河水系。同时，长城是中国北方半干旱地区与农牧地区的分界线。这种"过渡地带"的生态环境通常比较脆弱，对外界影响因素也较为敏感，因其穿越山岭、沟域、峡谷等险峻地形，更容易受到自然与人为因素的影响。

1. 区域尺度下长城沿线生态腹地的基本情况

从长城跨越的行政范围来看，其跨越的京津冀三省市，位于北纬36° 03′~42° 40′，东经113° 27′~119° 50′之间，区域面积达21.8万km²，区域范围内常住人口约1.2亿（张一，2017）。长城地处黄河下游以北，东临渤海，南连山东，地势西北高东南低，高差明显，景观类型多样（周长山，2005）。此区域内，包含了河北、天津、北京这三个省（直辖市）级行政单元，大多数区域的降水量为300~800mm，降水空间分布不均：东南以半湿润区域，西北以半干旱区域为主，这也是中国北方农牧业的主干分界线之一。

京津冀地区景观可分为坝上高原、太行-燕山山麓、中部平原和东部滨海区域4种主要类型（张一，2017）。处于暖温带半湿润大陆性季风气候，因受到地形影响，表现出较明显垂直气候，植物种类多样，大多为温带针叶林及暖温带阔叶林。京津冀明长城，按行政区划可以分为京、津、冀三部分。北京段主要分两部分：一部分位于燕山山脉西段山区位置，贯穿延庆、怀柔、昌平、密云、平谷，另一部分处于太行山山脉北侧山区，穿越门头沟。北京段总长度是520.77km，主要为明代和北齐修建的。天津段，主要集中在蓟州北部，主要修建的年代是明代，长城长度为40.28km，有长城墙体176段、关隘城堡10座、敌台85座、烽火台4座（邵波，2018）。河北段，有秦、汉、北魏、北齐、唐、金、明等历代长城，据河北省文物局统计，河北段明长城总长1338.6km，共1153段，包括单体建筑5388座、关堡302座、相关遗存156处（徐凌玉，2018）。

长城走向与京津冀地区自然地理环境相得益彰。京津冀明长城，东起山海关一路向西直到乐平县境内，与太行山山脉和燕山山脉自然地形地势自然耦合，蜿蜒其中。京津冀明长城不是简单的数字排列，而是复杂的有机组合，从依靠地形地势的点，再到蜿蜒在山势上的线，将军事重镇、关隘等串联在一起，构成完整防御体系，犹如一条巨龙，守卫着古代王朝的边疆安宁（图3-2）。

长城与水的联系密不可分。在《长城与水的关系研究》论文中，详细阐述了长城与水的密切联系与相互作用，水对长城的修筑等方面都产生了深远影响（刘昭祎，2012）。京津冀地表水，以河流和湖泊为主，有大小河流数百条，这些河流大都发源于北部崇山峻岭

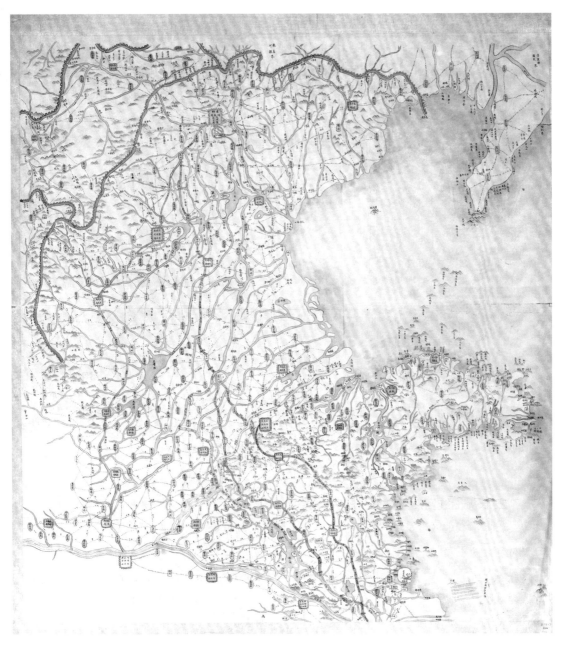

图3-2 清代历史地图上显示的京津冀明长城局部

图片来源：美国国会图书馆馆藏《1885年直隶山东两省地舆全图》

中，流往东南平原，汇入海河。京津冀北部是重要的水源地，长城的选线和修筑就在北部燕山山脉和太行山山脉之间依山就势。水系一直以来是重要的旅游资源，京津冀水域网络与长城旅游也有着紧密的联系。水系是展现长城文化的重要自然资源，它能带动长城沿线周边旅游的发展（图3-3）。

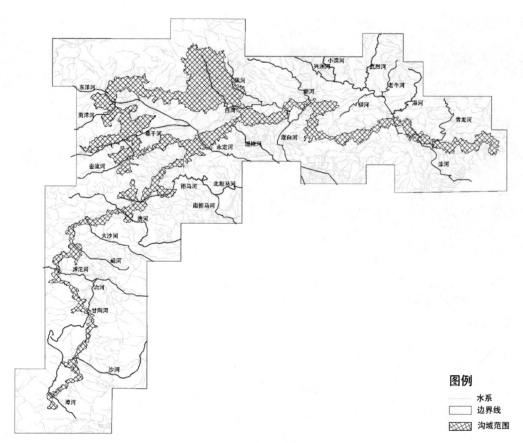

图3-3 京津冀明长城沿线水系分布

图片来源：作者依据谷歌地图改绘

2. 长城沿线自然灾害——风灾、寒灾

长城沿线地区曾是"树木丛生，百草丰茂，秋风萧瑟，洪波涌起""五谷百果、美木良材，无所不有""地幽人迹少，树密鸟声多（胡平平，2008）"。"绿树绿翠壁，松林撼晨风"……可见当时的森林壮景（张国红 等，2001）。然而，由于全球气候变迁，加上人为垦殖，造成了水土流失、林木减少等状况，使得长城沿线的生态环境日趋恶劣。

长城沿线地区属于温带季风气候，夏季多西南风，高温多雨，伴有洪涝，昼夜温差大。夏季多年最高温度38℃。冬季干燥寒冷，盛行西北风，冬季多年最低温度-28℃。以京津冀明长城沿线上赤城县为例，寒灾多发生在晚秋和早春两季，一般为平流辐射霜。平流辐射霜形成机理为冷空气入侵，加上地面辐射冷却，二者共同作用。山区由于辐射面大，夜间降温幅度快，寒灾更为严重，经常对农业生产造成不同程度的危害。1987年6月，全县降雨雪，农作物受害面积达36 542亩，冻死羊2700只（赤城县志，1969）。

风灾、寒灾交织，不仅使长城本体受到损害，还使长城周边树木被连根拔起、山体破坏、地形改变等，生态面貌发生了巨大变化。

3. 长城沿线自然灾害——水灾、旱灾

长城沿线地区昼夜温差较大，降雨不均衡。夏季多为降雨，降雨多集中于北、西、东部山区，这些地区也是长城本身集中的地方，受降雨影响，山体泥石流冲刷着长城本体，严重破坏了长城及长城周围的环境，有的长城段甚至因此不复存在。《赤城县志》记载了1974年汛期连降大暴雨，降雨量达200mm以上，大片农田和水利工程被冲毁，赤宝、宣丰、蒋延、龙沙四条干线公路路基被冲坏多处，巴图营石拱桥被冲毁3孔。

从历史和现实条件来看，京津冀明长城沿线生态问题，离不开对其区域尺度下的生态条件的理解和认识。长城沿线西靠太行，北枕燕山，东临渤海，南接华北大平原，将会发展为人口超亿的国际化城市群。从历史上看，其因地处北方农牧交错带前缘的生态过渡区，生态具有不稳定性；而现实的资源开发、地下水超采，造成其生态空间不足，生态承载力临近或越过阈值，大气污染、土地退化、人口资源环境矛盾凸显。这些区域性生态问题，值得密切关注和积极应对。

三、沿线区域景观生态敏感性分析

1. 长城沿线生态系统类型及分布

本分析利用遥感影像数据和不同类型用地的反射特征，将长城沿线内部的不同生态地类提取出来，可分析出京津冀明长城沿线生态功能的分布和演变。

基于中国科学院已解译的2018年30m精度遥感影像数据，将长城沿线分为6个生态地类：1-耕地，2-林地，3-草地，4-水域，5-城乡、工矿、居民用地，6-未利用用地，进而将森林、耕地、草原、荒地等生态系统汇集起来。

2. 长城沿线生态系统地类空间分析

提取长城沿线地类后，可以看出草地主要分布在京津冀区域南部和东北部，城乡居住主要位于中部，耕地主要分布在西北和东南部，森林分布最为广泛，水域较为稀缺，主要在南侧汇集，荒地面积最小且主要分布在明长城的西北部。

长城沿线生态资源特征主要表现为：草地生态系统，沿长城两侧发展；东南方向，居民点、耕地、林地、水域生态系统较为集中；西北方向，有大量耕地。结合实际调研可以得出：长城沿线两侧生物多样性相对比较丰富，森林、草地环境良好；水域分散且稀缺，西北处还有一定量土地，因为缺乏降雨，蒸发量大，而成为裸岩、裸土荒地。草地、荒地具有较高的脆弱性，而水域因其在半干旱气候条件下的稀缺性，以及对于支撑相邻的草地和林地生态系统的重要性，需要加以格外重视和有效保护。

四、京津冀明长城沿线生态敏感性分析

生态敏感性分析，是为了确定生态系统对自然活动和人类活动反映的不同敏感性分级，即分析在自然状况下，生态过程中生态环境问题发生的可能性和难易程度，反映了生态失衡与环境问题产生的可能性大小，是综合评价一个区域生态环境质量、土地合理利用程度、人口负荷情况及经济发展状况的综合性指标，也是区域生态环境规划治理的基础（田敏，2020）。

1. 研究范围与思路

本节的研究范围选取京津冀明长城沿线左右共约50km范围。根据本次研究目标，选取了地形（坡度、高程、坡向）、植被（植被覆盖度）及离水体的距离，作为生态敏感分析的主要因子，采用德尔菲调查分析法，确定以上各因子的权重，利用ArcGIS软件进行单因子分析，综合权重后，将成果划分为高度敏感性、较高敏感性、中度敏感性、较低敏感性、低度敏感性5个生态敏感性等级，来评价研究区内的生态敏感性（于婷婷，2018）。

2. 生态敏感性影响因子的选取

可能影响长城生态敏感性的因子很多，如海拔、坡度、植被、土壤、地质等，本研究适当参考和借鉴前人的经验进行选择。杨志峰等在对广州市生态敏感性进行分析时，根据城市生态系统的特点和实际情况，选用了土地利用现状、面积、坡度、当地保护区类型和物种多样性5个生态因子（杨志峰 等，2002）。李贞等在对深圳梧桐山南坡废弃石场进行景观与生态敏感性分析时，采用了地形、岩石、植被、水体等因子（李贞 等，2001）。张军等在对城市生态敏感性分析时，选用了水体、植被等影响因子（张军 等，2003）。赵跃龙等选用地质、地貌、气候、水文等因子分析了全国26个省、自治区、直辖市的生态环境脆弱度（赵跃龙 等，1998）。欧阳志云等在对中国生态环境敏感性划分研究中选用了气候、地形、土壤、地表覆盖度等因子（欧阳志云 等，2000）。靳英华等在对吉林省进行生态环境敏感性分析时，选用了自然与人类活动两大类12项指标（靳英华 等，2004）。

本研究中，考虑京津冀明长城沿线区域的一些实际情况，如沿线区域范围大，海拔和坡度呈现出西北高、东南低等，根据区域的特殊性、综合性、代表性与可操作性原则，尝试性地采纳坡度、高程、坡向、植被覆盖、水系5项，作为生态敏感性分析因子。

3. 研究方法及数据获取处理

根据各因子中不同要素对生态敏感度重要性程度的差异，对各因子赋予不同的敏感度等级（极高敏感、高敏感、中敏感、低敏感）。为了方便在地理信息系统分析功能中迅速获得

结果，描述性的敏感度信息转换成表格中的内容（表3-1），其中计算公式见式（3-1）。

$$ESI = max\ (ES_i) \qquad (3-1)$$

式中，ESI为生态敏感性总指数；ES_i为第i个生态因子得分值。

通过地理空间数据云下载高程DEM及Landsat8数据为原始数据，利用ArcGIS进行坡度、高程、坡向分析并重新分类得到单因子分析结果。植被覆盖度和距离水源远近，则由ArcGIS根据Landsat8影响通过栅格计算器得出。

表3-1　生态因子及其影响范围对应附属值

生态因子	二级因子	分类	敏感度等级	赋值	权重
地形因子	坡度／（°）	≥60	极高敏感	5	0.15
		≥45，＜60	高敏感	4	
		≥25，＜45	中敏感	3	
		≥10，＜25	低敏感	2	
		≥0，＜10	非敏感	1	
	高程／m	≥1800	极高敏感	5	0.1
		≥1200，＜1800	高敏感	4	
		≥800，＜1200	中敏感	3	
		≥400，＜800	低敏感	2	
		＜400	非敏感	1	
	坡向	≥0，＜45阴坡	极高敏感	5	0.15
		≥45，＜135半阴坡	高敏感	4	
		≥135，＜225阳坡	中敏感	3	
		≥225，＜315半阳坡	低敏感	2	
		≥315，≤360阴坡	非敏感	1	
用地类型	植被覆盖	NDVI＞0.5	极高敏感	5	0.3
		NDVI＜0	高敏感	4	
		0.3＜NDVI≤0.5	低敏感	2	
		0≤NDVI≤0.3	非敏感	1	
	水系	水源区域	极高敏感	5	0.3
		水源周边2000m	高敏感	4	
		水源周边2000～3000m范围内	中敏感	3	
		其他区域	非敏感	1	

4.生态敏感性分析

同一区域内，坡度越大，径流越大，水分渗入率降低，相同蒸发条件下，土壤的含水量会降低。同时坡度越大会增加水土流失程度，导致土壤贫瘠，不利于植被生存。通过DEM高程数据对长城沿线坡度进行提取，利用ArcGIS进行坡度分级得到长城沿线坡度敏感性图。

高程是影响建设重要因素之一。在保护的前提下，合理利用长城周边不敏感且地势平缓的聚落地区开展观光项目可适当增加经济效益，减少建设成本及安全隐患。通过DEM高程数据对北京市高程数据进行提取，利用ArcGIS进行高程分级得到高程敏感性图。

京津冀明长城沿线为干旱区与半干旱区分界线，研究区范围阳坡蒸发量大，树木存活量受阳光影响较大，阴坡由于受到阳光直射范围较小，蒸腾量小，植被覆盖率较高。通过DEM高程数据对北京市坡向数据进行提取，利用ArcGIS进行坡向分级，得到坡向敏感性图。

植被覆盖度是反映林分结构与林木生长情况的一个重要因子，也是判定某一区域土地的水土自然条件是否适宜种植林木的重要条件。选取长城沿线范围内的Landsat8遥感影像，利用ENVI技术软件首先对图像进行辐射定标、大气校正等处理后，采取波段计算，最终得到长城沿线NDVI数值和最终植被覆盖度，再采用ArcGIS进行重新分级，得到植被覆盖敏感性图。

京津冀明长城沿线水资源丰富，水系众多，东北部靠近密云区有北京市重要水源涵养区密云水库（属于国家地表水Ⅱ类），保护饮用水水源很有必要，因此将水系也作为重要生态因子。利用ArcGIS对Landsat8波段3、5进行计算得到NDWI并重新分类，利用欧式距离分析将水源距离进行重新分级，得到水源距离敏感性图。

利用ArcGIS的叠加分析对京津冀明长城沿线生态敏感性进行了综合评价，将长城沿线的生态敏感度分为极高敏感度、高敏感度、中敏感度、较低敏感度、非敏感度5个等级，5个等级的面积分别为94.11km²、3414.88km²、33 912.19km²、41 469.39km²、61 540.79km²，分别占研究面积的0.2%、2.4%、24.1%、29.5%、43.8%（表3-2）。

表3-2 各敏感等级统计百分率

敏感度分级	面积 / km²	统计百分率 / %
极高敏感度（5）	94.11	0.2
高敏感度（4）	3414.88	2.4
中敏感度（3）	33 912.19	24.1
较低敏感度（2）	41 469.39	29.5
非敏感度（1）	61 540.79	43.8

研究表明，高敏感区主要集中在长城保护要素西北侧，该区域对外界的干扰敏感性极强，属于高保护地段，严禁建设区；高敏感区非必要不建设；中敏感区对外界的干扰有一定的抵抗性，可以承受人类的轻微干扰；较低敏感区和非敏感区离保护要素距离较远，距离植被覆盖区也有一段距离，适合进行以保护为主的旅游开发建设活动。

总结本章第一节，使用基于CiteSpace、ArcGIS和ENVI软件的分析技术，对长城生态相关文献及沿线土地利用、植被覆盖和生态敏感性进行数据分析。文献分析结果揭示了自然因素如风沙、入侵物种、松材线虫、凝冻灾害和盐害给长城生态环境带来的威胁，以及人为因素如毁林开荒、政策和战争导致的破坏；而生态敏感性分析显示，长城沿线的生物多样、丰富，且森林、草地和耕地环境良好，西北方向依然存有大量未开发土地；根据海拔划分，明长城沿线西北方向为高敏感区，而东南方向敏感度则相对较低。根据这些地域的差异性，有助于建立生态基底、保护长城及区域内的自然与人文遗产，在区域执行"有效保护、合理利用、资源整合和发展协调"等原则，以形成一条"有效保护、合理利用、资源整合、发展协调"的京津冀明长城特色生态景观带，实现长城生态的总体保护。

第二节　沟域视角下明长城沿线区域"遗产-生态"单元特征

一、明长城沿线区域核心沟域概况

沟域是一个区域的概念，具体指以山间沟谷线为中心向两侧延伸，以两侧山脊为分界线的V字形、相对闭合的区域（陈俊红，2011；李超男，2014）。这种由山脊线围合形成的沟域单元也契合了长城建设之初为满足军事防御需求，控制险要有利地势的选址规律，并在多年演变之后成为容纳大量长城遗产和沿线聚落的"遗产-生态"统一体。

京津冀明长城沿线区域主要以山地为基本地形特征，其核心部分由多个沟域连续相接组合形成，这些沟域也成为长城防御体系赖以存在的环境，具有自然生态和文化遗产的双重特性。参照水文地理中小流域的概念，将京津冀明长城沿线区域划分为以小流域为主要基本单元的沟域集合体。基于沟域视角，结合长城遗产的现存分布情况进行分析，进而识别出长城沿线区域的核心沟域。再通过沟域视角梳理分析长城沿线区域的遗产体系、生态系统、城乡社会（图3-4）。

二、长城沿线区域核心沟域分类

1. 核心沟域分类方法及指标选择

依据前文所述方法，划分出京津冀明长城沿线区域1490个核心沟域。本节充分考虑长

图3-4　长城核心沟域地形图

图片来源：作者自绘

城沿线区域的特性，从遗产、生态、经济3个维度出发，对核心沟域进行归类。目前，已有研究中对沟域的分类尚未形成统一的标准，多以自然特征为基础构建分类体系（孟伟 等，2015；喻锋 等，2015）。根据相关研究并结合长城沿线区域实际情况，基于长城遗产现状，结合土地利用功能、自然保护区资源、长城沿线村落点分布等数据，运用复合归类法评估各沟域的主要特征，对各沟域开展复合类型分类。涉及相关数据包括2017年土地利用（来源：清华大学数据库）、长城遗产（来源：长城小站）、2015年GDP空间数据（来源：中国科学院地理科学数据库）及国家A级景区（来源：文化和旅游部）等。

2. 遗产维度

长城沿线区域的基本属性是包含长城遗产的沟域。长城遗产类型主要包括关堡、城楼、敌台、烽火台、挡马墙、铺房和马面等，通过空间分析我们可以看出沟域内长城遗产分布特点，其中敌台、铺房等主要分布在山脊处且呈现线状连续的特点。关堡、城楼等遗产坐落于沟谷处，或在山脊呈点状分布，呈现出分散的特点。因此，长城沟域分类指标选择以遗产数量、密集度为参考依据。长城遗产富集型沟域的定义为：内部长城遗产数量超过10个，且长城遗产密度超过每平方公里1个遗产点的沟域。

3. 生态维度

长城沿线核心沟域主要位于山地区域，有大量的植被覆盖，生态资源丰富。以沟域内土地利用结构为依据，以森林、灌木、草原、水域和湿地等自然地表占沟域面积的比例对沟域的生态资源丰富程度进行分类（图3-5）。河北西北部与东北部区域沟域的建设用地占比较大，自然地表相对较少。我们将自然地表面积占比在80%以上的沟域定义为生态资源富集型沟域，主要分布于河北北部和西南部山区、北京与天津的北部区域，分别属于北运河、滦河、大清河、永定河、子牙河和漳卫河等流域。

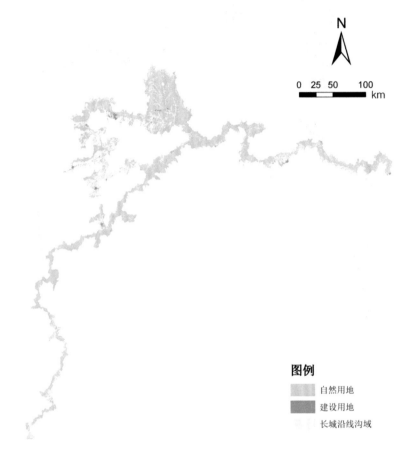

图3-5　自然与建设用地分布

图片来源：作者自绘

4. 经济维度

　　经济维度是指长城沿线村镇人居聚落对遗产资源和生态条件进行综合利用的结果，主要反映长城沿线沟域的产业特征及经济发展水平。由长城沿线区域的村庄分布（图3-6）可以看到，村庄分布密度较大的大多位于河北西部太行山山脉、东北部燕山山脉与平原区交界处，以及河北西部大马群山地区。这些地区相应的耕地也分布较多。沟域内村庄密度最大的片区在河北省石家庄市井陉县，单个沟域中村庄最多达51个。北京市东北部的怀柔区、密云区内的部分沟域中村庄密度也较高，单个沟域中村庄数量在35个以上。北京中部地区沟域内的村庄密度较小。

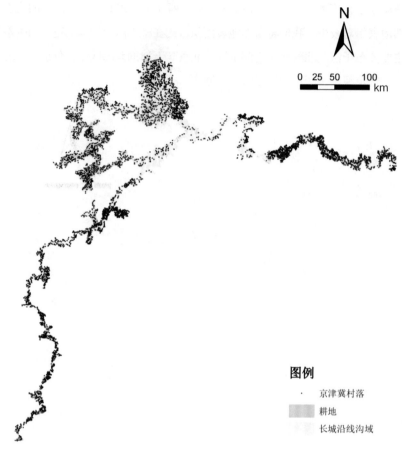

图3-6　长城沿线传统村落密度

图片来源：作者自绘

图例

· 京津冀村落

▨ 耕地

▨ 长城沿线沟域

　　从经济维度对沟域进行分类，主要考虑沟域内GDP水平、土地利用结构、A级景区资源条件等要素，通过两个步骤完成。首先，以沟域内单位面积的平均GDP为指标，将低于2000元／km²的沟域定义为经济发展不足的类型。其次，在平均GDP高于2000元／km²的沟域中，耕地面积占比超过60%的沟域定义为农业主导型。拥有国家A级景区的沟域定义为旅游主导型。建成区面积占比超过20%的沟域定义为村镇扩展型。耕地面积占比、国家A级景区资源、建成区面积占比3项指标均达到上述标准的，定义为综合业态型。还有部分沟域的3项指标均未达到上述标准，可能不是由农业、旅游业、村镇扩展驱动的，定义为其他业态型。总体上，从经济维度可将沟域分为发展不足型、农业主导型、旅游主导型、村镇扩展型、综合业态型、其他业态型6种类别。

5. 核心沟域分类方法及结果

　　依据遗产、生态、经济方面单一维度的分类结果，结合长城沿线沟域特征，开展多维度的复合分类。首先，基于遗产维度及生态维度构建4个一级类，即"遗产-生态"双富集大类、遗产富集大类、生态富集大类、"遗产-生态"一般大类。其次，在一级类的基础上叠加经济维度的6个分类，共计形成19个二级类。统计分析不同类型沟域的数量、分布、占比（图3-7、表3-3），可以发现如下特征。

所有一级类中，"遗产-生态"一般大类为主要的一级类，共计808个沟域，占核心沟域总数的54.23%。它们主要分布在河北省的赤城、涿鹿、蔚县等区域，整体上呈现出片区状分布的特征。生态富集大类为第二主要的一级类，共计587个沟域，占核心沟域的39.40%，呈现出沿太行山脉走向的线状分布。"遗产-生态"双富集大类及遗产富集大类的数量较少，均不足沟域总数的5%。"遗产-生态"双富集大类沟域主要分布在北京市的密云、延庆、昌平，以及河北省的涞源、迁安等地。遗产富集大类沟域主要分布在北京市的延庆、昌平、怀柔地区，以及河北省的迁安、迁西等地。

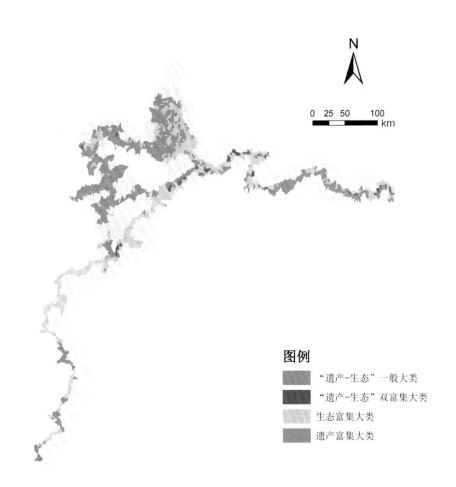

N

0　25　50　　　　100
km

图例

■　"遗产-生态"一般大类

■　"遗产-生态"双富集大类

▨　生态富集大类

▦　遗产富集大类

图3-7　京津冀长城沿线一级核心沟域分类

图片来源：作者自绘

表3-3 长城沿线核心沟域分类构成

一级类	二级类	沟域个数	占本一级类 / %	占总体 / %
"遗产-生态"双富集大类		54	100.00	3.62
	"遗产-生态"双富集村镇扩展类	3	5.56	0.20
	"遗产-生态"双富集发展不足类	49	90.74	3.29
	"遗产-生态"双富集旅游主导类	1	1.85	0.07
	"遗产-生态"双富集其他业态类	1	1.85	0.07
遗产富集大类		41	100.00	2.75
	遗产富集村镇扩展类	7	17.07	0.47
	遗产富集发展不足类	28	68.29	1.88
	遗产富集旅游主导类	2	4.88	0.13
	遗产富集其他业态类	3	7.32	0.20
	遗产富集综合业态类	1	2.44	0.07
生态富集大类		587	100.00	39.40
	生态富集村镇扩展类	4	0.68	0.27
	生态富集发展不足类	575	97.96	38.59
	生态富集旅游主导类	4	0.68	0.27
	生态富集其他业态类	4	0.68	0.27
"遗产-生态"一般大类		808	100.00	54.23
	"遗产-生态"一般村镇扩展类	35	4.33	2.35
	"遗产-生态"一般发展不足类	740	91.58	49.66
	"遗产-生态"一般旅游主导类	11	1.36	0.74
	"遗产-生态"一般农业主导类	18	2.23	1.21
	"遗产-生态"一般其他业态类	2	0.25	0.13
	"遗产-生态"一般综合业态类	2	0.25	0.13

分析各一级类之下的二级类分支,可以看到,4个一级类之下数量最多的二级类均为发展不足的类型(图3-8)。所有的二级类中,"遗产-生态"一般发展不足类沟域的数量最高,达到740个,占核心沟域总数的49.66%。同时它们也是"遗产-生态"一般大类中最为主要的二级类型沟域,占"遗产-生态"一般大类沟域总数的91.58%,主要分布在河北省的赤城、阳原、蔚县等地。经济维度上,以农业为主导的二级类仅在"遗产-生态"一般大类中出现,表明"遗产-生态"一般大类的相关区域具备了较好的农业发展历史和基础。以村镇扩展为主的二级类在遗产富集大类中的占比较高。表明在多年的发展演变之后,长城遗产富集的沟域中具有相对较高的村镇聚落建设,且形成了一定的经济规模。以旅游为主导的二级类在遗产富集大类中的占比较高,体现了长城遗产富集区域对旅游产业的促进作用。

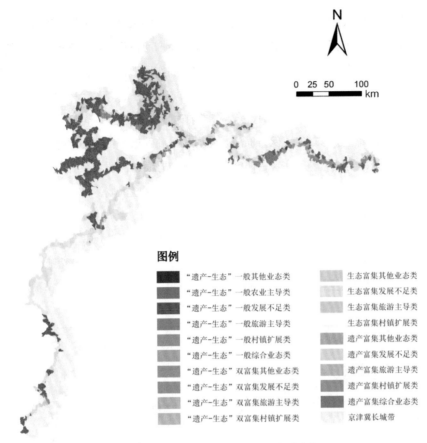

图3-8　京津冀长城沿线二级核心沟域分类

图片来源：作者自绘

图例

"遗产-生态"一般其他业态类　　生态富集其他业态类
"遗产-生态"一般农业主导类　　生态富集发展不足类
"遗产-生态"一般发展不足类　　生态富集旅游主导类
"遗产-生态"一般旅游主导类　　生态富集村镇扩展类
"遗产-生态"一般村镇扩展类　　遗产富集其他业态类
"遗产-生态"一般综合业态类　　遗产富集发展不足类
"遗产-生态"双富集其他业态类　遗产富集旅游主导类
"遗产-生态"双富集发展不足类　遗产富集村镇扩展类
"遗产-生态"双富集旅游主导类　遗产富集综合业态类
"遗产-生态"双富集村镇扩展类　京津冀长城带

6.沿线典型核心沟域基本特征

依据上述分类结果，参照一级分类的4种类型，针对"遗产-生态"双富集大类、遗产富集大类、生态富集大类、"遗产-生态"一般大类各选取1个典型沟域开展基本特征分析。

"遗产-生态"双富集大类沟域：北京市古北口镇东关河沟域（图3-9（a））。根据前文所述，该沟域被划分为二级沟域。该沟域自然地表占比较大，约占沟域面积的95%。沟域承载了丰富的聚落遗产，主要包括明代长城、烽火台、城堡等建筑物，遗产点数量共计21个，形成了独特的文化景观。这些建筑物保存完好，对中国古代军事工程和城市规划的研究具有重要价值。同时，这一区域注重保护自然环境，使得文化遗产与自然生态相辅相成。目前，沟域的聚落遗产得到了有效的保护。明代长城的布局与周边地形相契合，城堡和烽火台的分布又反映了当时的军事战略考量。尽管部分地区受到旅游开发的影响，但整体上，生态系统依然相对稳定。在现有的文化遗产保护基础上，对于自然环境的维护与修复工作也得以展开。这使得古北口沟域在"遗产-生态"相互关系中保持了一种平衡态势，为该沟域的可持续发展提供了坚实基础。

遗产富集大类沟域：北京市八达岭镇岔道村沟域（图3-9（b））属于三级沟域。该沟域作为北京市的遗产富集区域，以其保存完好的聚落遗产而备受瞩目。在历史时期的聚落营建、现代经济发展推动下的遗产利用开发等因素的共同作用下，沟域内的自然地表覆盖占沟域面积已低于80%。沟域中主要聚落遗产包括明代长城、城堡、烽火台等建筑物，遗产点共计25个，是中国古代军事工程的杰出代表。在当前时期，沟域内聚落遗产得到了较好的维护与管理，各类建筑经过修复得以保持原貌。然而，目前的遗产资源利用也面临一些挑战，例如旅游开发所带来的压力等。在考古研究和建筑维护方面，需要更系统地考察游客对文化遗产的影响，包括环境磨损、人为破坏等。通过深入研究这些挑战，可以更好地制定出科学合理的管理策略，确保聚落遗产的长期保存与传承。

生态富集大类沟域：河北省赤城县独石口沟域（图3-9（c））属于二级沟域。该沟域内生态资源较为丰富，独石口长城白河沟域被山峰环绕，土层深厚，自然地表覆盖占比为82.3%。山体边坡覆盖土壤类型主要是细砂黑土和面砂棕土，富含腐殖质，植被群落完整度

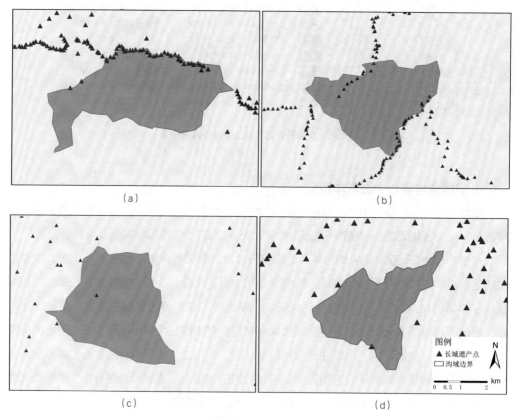

（a）　　　　　　　　　　　　　　　　（b）

（c）　　　　　　　　　　　　　　　　（d）

图3-9　京津冀长城沿线典型核心沟域

（a）北京市古北口镇东关河沟域；（b）北京市八达岭镇岔道村沟域；

（c）河北省赤城县独石口沟域；（d）天津市蓟州区下营镇中营村沟域

图片来源：作者自绘

较好，具有较为独特的植被景观，自然生态系统结构较稳定，保护状况相对良好。长城遗产主要沿沟域边缘分布，样本核心沟域内遗产点位数量较少。

"遗产-生态"一般大类沟域：天津市蓟州区下营镇中营村沟域（图3-9（d））属于三级沟域。该沟域毗邻泃河干道，由于长期以来的村镇聚落营建及近年的城镇建设，沟域内自然地表覆盖占比已不足67%。长城遗产主要位于沟域外围高程较高处，沟域内遗产点数较少，人类活动与文化遗产互动程度较高，部分土地被建设成为村镇聚落，原生自然地表规模较少，形成了"遗产-生态"资源富集程度中等的类型。

7. 沿线核心沟域优化策略

本部分针对"一级大类"核心沟域提出相对应的优化策略。其中，对于二级类分支沟域在一级类沟域保护利用的基础上，提出了更加细化的管理与发展措施，详见模式图3-10。

"遗产-生态"双富集一级大类的沟域是长城遗产与生态重点保护区域，应按照相关要求加强遗产和生态的保护，划定建设控制范围，并加强遗产保护与展示、生态涵养、村镇产业等各项功能协调利用，着重建立长城遗产与生态涵养保护修复区，引导以发展"长城展示-生态服务旅游"为主的沟域经济。细分的二级类沟域中："遗产-生态"双富集村镇扩展类沟域应对现有村镇严格管控，保护重点长城文化传统村落，挖掘文化资源与长城展示相结合进行产业发展规划；"遗产-生态"双富集发展不足类沟域应注重挖掘现有民俗文化价值，以结合长城文化发展旅游业，整合利用长城周边资源，深入挖掘北京长城文化内涵，推动长城的保护、发挥文化遗产的经济带动作用；"遗产-生态"双富集旅游主导类沟域需整合生态景区、遗产景观和聚落景观，开展综合旅游展示规划，串联与优化各类景观节点，促进长城本体的展示利用与自然生态安全的协调发展，以生态保护为前提促使资源的展示利用形成良性循环；"遗产-生态"双富集其他业态类沟域的产业发展方向尚不明确，因此在保护长城和生态的基础上，需整合周边村镇的建设，使各项资源优势互补，协调发展。

遗产富集一级大类的沟域应按相关要求强化遗产保护，划定建设控制范围，优先保护长城遗产建筑，在此基础上，鼓励文化遗产与山区沟域经济发展形成相辅相成的关系，实现合理利用。细分的二级类沟域中：遗产富集村镇扩展类沟域是以村镇建设为主的发展模式，需严格管控确保不破坏长城遗产，深度挖掘长城及所在区域的传统村落文化，推动村落与长城的协调保护发展；遗产富集发展不足类沟域应当结合长城遗产体系的各种价值转变产业结构，结合自身文化资源优势，大力发展以展示为主的沟域经济；遗产富集旅游主导类沟域应将国家A级景区与长城遗产展示结合，进一步深入挖掘长城及沿线民俗文化，开展各类传统文化的活化利用；遗产富集其他业态类沟域产业发展没有主导类型，可结合长城遗产着重进行长城文化展示利用，发展旅游型沟域经济；遗产富集综合业态类沟域的各项产业综合发展，结合人文与长城遗产展示，发展综合型文旅产业。

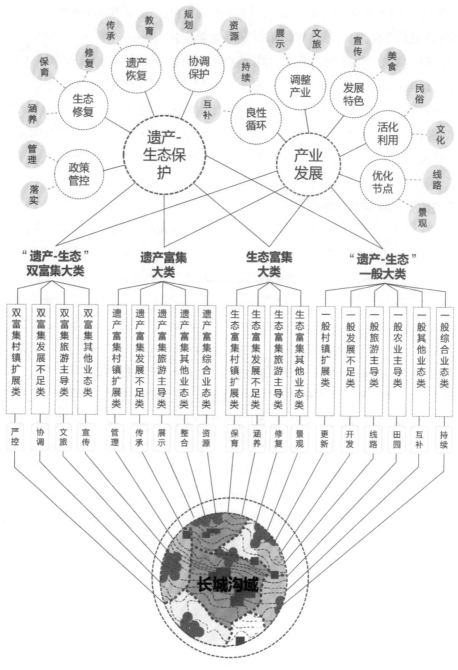

图3-10　京津冀长城沿线沟域优化模式

图片来源：作者自绘

　　生态富集一级大类沟域应加强生态保护，禁止任何破坏生态资源的开发建设，着力改善与修复自然生态环境，优先发展以生态服务为主的旅游业，并结合长城展示以实现遗产与生态的协调和可持续发展。细分的二级类沟域中：生态富集村镇扩展类沟域以村镇建设发展为主，应合理利用自然生态资源转变产业结构，实现自然生态资源的合理利用；生态富集发展不足类沟域应深入挖掘现有的山、峪、林、水等自然资源，结合长城遗产，发掘文化价值进行展示利用；生态富集旅游主导类沟域应结合自然资源与景区优势优先发展山地休闲生态旅游产业，并与长城遗产进行串联，实现协调发展；生态富集其他业态类沟域应当结合各项自然生态资源转变产业结构，结合自身优势，提升沟域经济水平。

"遗产–生态"一般一级大类沟域是长城遗产与生态资源较少的区域，应优化沟域内村镇产业结构，在不破坏长城遗产与生态环境的前提下适当进行开发建设以发展沟域经济。细分二级类沟域中："遗产–生态"一般村镇扩展类沟域应大力支持村镇发展，合理利用各项传统村落文化资源和自然生态资源，提升产业发展质量；"遗产–生态"一般发展不足类沟域应当挖掘与整合现有自然和人文资源，加强沟域经济建设；"遗产–生态"一般旅游主导类沟域应结合自身国家A级景区优势，着重保护和发展自然生态资源，大力发展生态旅游业；"遗产–生态"一般农业主导类沟域应结合长城遗产与各种文化、自然等资源，调整经济结构，促进当地农业经济和旅游产业协调发展；"遗产–生态"一般其他业态类沟域应深入挖掘民俗文化和生态优势，整合现有资源进行产业发展规划；"遗产–生态"一般综合业态类沟域应整合现有文化和自然资源，转化产业结构，综合发展长城遗产展示和生态服务旅游新业态，实现人与长城、生态的协调发展。

第三节　典型沟域古北口镇东关河沟域解析

一、东关河沟域概况

东关河沟域处于北京东北门户地区的密云区古北口镇，东邻新城子乡，南接太师屯镇，西连高岭镇，北隔长城，与河北省滦平县连接（古北口镇人民政府，2014）。古北口镇下辖4个居委会和9个行政村，村落均位于山脚下，且主要沿着潮河和小汤河分布。而东关河沟域作为古北口镇内部的较完整的沟域之一，与长城遗产本体距离非常近，是一处典型的"遗产–生态"双富集类沟域（图3-11）。

东关河沟域位于古北口镇中北部、潮河流域东侧，与河北地区接壤，其内部最大的村落为中国传统村落——古北口村。沟域地处于燕山山脉、蟠龙、卧虎两山南侧的浅山丘陵区域，总面积约12.39km²。村内流经一条小东关河，是从蟠龙山上的水流向下汇集而成。沟域内部海拔较高，东侧紧邻蟠龙山等丘陵低山，西有卧虎山丘陵高山。东关河沟域内的坡度较大、地形变化较大（图3-12）。古北口村南接青峰、叠翠二岭。潮河为南北流向，东关河为东西流向，整体的地势形成"四面环山，一水中流"的格局（应振国，2019）。

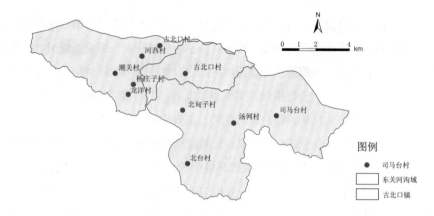

图3-11 东关河沟域区位

图片来源：作者自绘

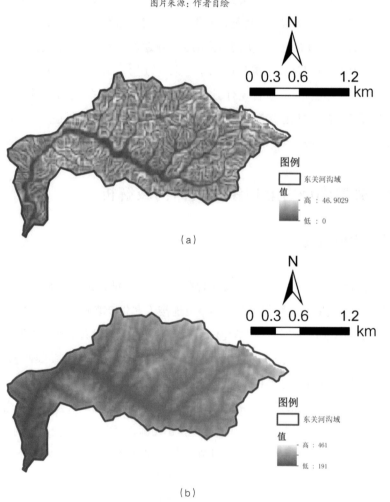

（a）

（b）

图3-12 东关河沟域地形现状

（a）高程；（b）坡度

图片来源：作者自绘

1. 产业分布情况

古北口镇位于"北京—承德"发展带上，旅游是其主要特色产业。村庄聚落与产业用地都较分散。各村产业都是以第一产业为主，均发展香草种植产业。由于古北口镇内对潮河和长城遗产的保护管控严格，因此严格限制工业发展，农业发展也受到一定制约。镇产业主要分布于北甸子、古北口村、汤河、司马台等，以第三产业为主，主要包括旅游服务配套的住宿、餐饮业，批发、零售业以及交通运输业等。河西村的第一产业与第三产业所占比例基本持平，第三产业主要为民俗旅游服务业。其他各村仍然以农业为主导产业。总体来说，古北口镇的产业发展不佳，对各个村落的发展引导作用也小。不过东关河沟域作为"遗产-生态"双富集的沟域类型，其中古北口村、司马台村都大力发展第三产业——旅游业，也为古北口镇的第三产业发展打下了重要基础，显现出东关河沟域内可以发展旅游相关的沟域经济。

2. 长城遗产及景观资源

古北口镇历史悠久，始自战国时期，兴于北齐与明朝，具有重要的军事价值。清朝之后，古北口镇因特殊的地理位置，成为联系长城内外的纽带（薛林平 等，2014）。在东关河沟域内分布着许多文化遗产，主要包括清朝皇帝北巡经过的古御道、区级文物保护单位——明朝修建的东关二郎庙等（李国锋 等，2005）。东关河沟域内的金山岭长城也是长城遗产中最重要的文化遗产之一，其中较有名的城楼有将军楼、郝望楼和二十四眼楼等（图3-13）。现代的文化遗产包括古北口保卫战纪念碑、帽儿山七勇士纪念碑等。

东关河沟域位于蟠龙山脚下，与金山岭接壤，在沟域范围内可以看到蟠龙山长城和五里坨长城，也可以遥望到金山岭长城和卧虎山长城。这为古北口镇第三产业的发展提供了难得的景观资源与机遇，但同样也面临着长城遗产保护限制的问题。自1961年长城重要点段被分批公布为全国重点文物保护单位以来，文物部门在不同时期对长城遗产采取了不同的保护管控措施。目前的主要保护管控依据来源于2003年北京市文物局发布的《关于划定长城临时保护区的通知》（以下简称《通知》）。《通知》明确规定长城墙体外500m为非建设区，500～3000m为限建区（龚俊杰 等，2015）。此后，文化和旅游部及国家文物局于2019年发布的《长城保护总体规划》（中华人民共和国文化和旅游部与中华人民共和国国家文物局，2019）及北京市文物局同年发布的《北京市长城文化带保护发展规划（2018年至2035年）》都明确提到保护范围与建设控制地带范围的管控要求，其中500m内为核心保护区，500～3000m为一级建设控制地带（汤羽扬 等，2018）。在建设控制地带内禁止新增建筑，原有建筑也应进行拆除，导致沟域内村落的发展建设受到极大限制。

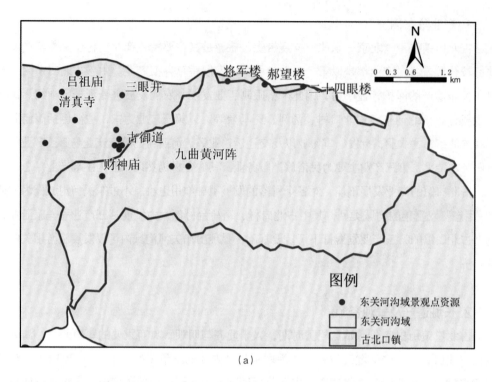

（a）

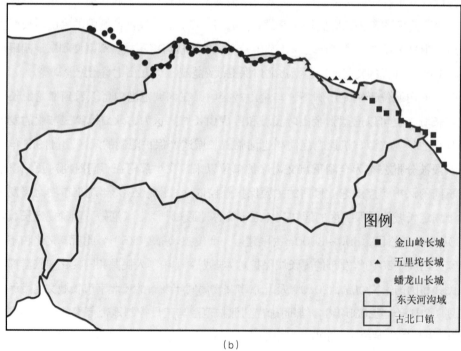

（b）

图3-13　东关河沟域景观资源和长城遗产资源概况

（a）景观资源；（b）长城遗产资源

图片来源：作者自绘

二、基于LCA的东关河沟域景观特征类型解析

针对东关河沟域现有景观生态等问题，我们引入景观特征评估（landscape character assessment，LCA）方法。依据长城遗产、人文景观、自然景观的关联性特征，结合人文景观与自然景观的关键特征因素，研究确定了每个景观单元的景观特征。我们首先绘制出景观特征地图，然后针对每种景观类型开展实地勘测与感知记录，最后通过对景观敏感度评估，将各个景观区域分别制定景观保护、景观恢复、景观强化与景观更新四类规划策略。

景观特征类型识别

我们参照英国景观特征评估体系分类方式对东关河沟域景观特征进行分类，具体分为五个步骤。一是通过案头研究，收集古北口镇的相关文献、规划和历史等信息，总结其人文情况与自然状况的现状。二是从人文与自然两个方面，分别选取文化景观特征因子和自然景观特征因子，包括地形特征、土地利用特征与长城可视度，然后将其叠加为综合景观特征。三是通过现场实地调研，在核查前期资料的同时，体悟和记录感知到的景物，为后期景观特征类型和景观区域描述提供依据。四是将景观特征可视化，具体方法是在GIS中根据数据资料和调研所勘察的信息，绘制出景观特征地图。五是对每个景观特征类型进行描述与分析比较（鲍梓婷 等，2015）。

在东关河沟域景观特征地图的绘制中，通过GIS技术将自然地形、人文与长城遗产三种因子进行叠加。自然地形因子选取的是高山、丘陵、低山和平原4类。人文因子选取了城乡工矿和居民用地（即建设用地）、耕地、林地、灌木林地、荒地、水域及草地这7类土地利用类型（图3-14）。长城遗产因子选取长城建筑的可视性，即通过点要素——长城建筑进行视域分析，得出可以看到长城的区域，并将其定义为特色遗产景观区域。

在景观特征分类图的基础上，研究团队对古北口镇开展了野外调查验证，记录感知到的各类景观特征。调查路线主要基于古北口镇城乡主干路、一级路等道路。在此过程中，我们会删除穿过调查单元内相同景观类型的冗余路线，然后确定所划分的景观特征类型是否准确并进行修正。实地调研目的是对每个样点进行三方面的记录。第一是对比实际景观是否与案头研究的景观类型一致，并详细记录每个观察点的景观特征；第二是拍摄实景照片并记录相关景观的视觉质量，为景观视觉敏感度评价提供依据；第三是记录每一景观单元与其他景观的对比情况，最终筛选出具有特色且醒目的景观环境。

经过实地考察发现，沟域内的城乡、工矿、居民等建设用地多数都是村落景观，水域用地主要为东关河景观。同时研究结合实际情况修正了草地、林地与灌木林地等的景观边界。最终依据案头研究得出的初步景观地图加上实地感知到的景观特征进行汇总，总共得出11种景观特征类型（图3-15）。同时根据实地考察后的景观特征实景照片来验证上述分类

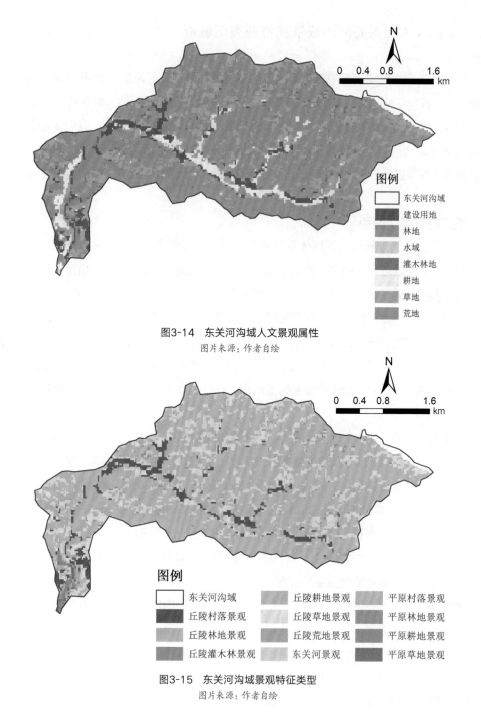

图3-14　东关河沟域人文景观属性

图片来源：作者自绘

图3-15　东关河沟域景观特征类型

图片来源：作者自绘

出的景观类型，选取有代表性的11张实景景观特征照片（图3-16），其中包含了所有划定的景观特征类型，为东关河沟域的景观特征分类提供了现实依据。

　　长城视域体现了评估点与长城遗产的视觉联系。本研究参照已有的景观敏感度评价、视觉景观质量评价等研究，通过实地调研确定以1000m范围为长城遗产视觉清晰度阈值。

图3-16　东关河沟域景观特征分类实景

（a）丘陵草地景观；（b）丘陵荒地景观；（c）丘陵村落景观；（d）丘陵林地景观；（e）丘陵灌木林地景观；（f）丘陵耕
地景观；（g）平原草地景观；（h）东关河景观；（i）平原村落景观；（j）平原林地景观；（k）平原耕地景观

图片来源：作者自摄

由于五里坨长城和部分金山岭长城、蟠龙山长城均位于东关河沟域内，我们在分析了长城
遗产1000m和2000m可视范围后，发现1000m可视范围内的信息与人眼感官更为一致。
然后我们利用DEM数据开展视线分析，依据计算结果划分为长城视域内与长城视域外两类
（图3-17）。将1000m可视域范围与上文分类的景观特征进行叠加，得出考虑了长城视域
的景观特征分类。它们也是自然、人文景观特征与长城遗产相结合的重要方式。我们利用
GIS叠加工具根据实地调研所勘察的长城遗产可视域、地形与土地利用3种矢量数据进行计
算，最终计算得出东关河沟域的16类景观特征（图3-18）。

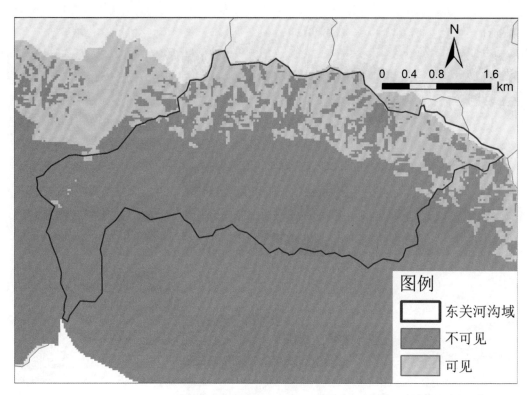

图3-17　1000m范围内的长城可视域

图片来源：作者自绘

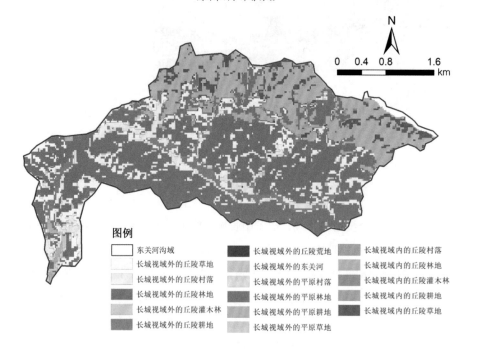

图3-18　东关河沟域16类景观特征

图片来源：作者自绘

三、东关河沟域景观敏感度评估

在景观评估阶段，东关河沟域内的景观环境具有极高多样性和复杂性，本研究对景观敏感度的评估分析可以为景观特征的保护管理提供依据（赵人镜 等，2021），从而指导相关部门制定相关策略。

首先，我们基于对长城沿线区域生态环境及人文现状的分析，构建景观敏感度评估指标体系。评价因子的选取要兼顾自然与人为两方面的影响（陈卓雅 等，2015），为此我们将景观敏感度分解为两个评价目标——景观生态敏感度与景观视觉敏感度。

目前的生态敏感度研究多从自然环境、生态安全两个层面选取指标因素（翟端强 等，2019）。高程、坡度、坡向、水域等自然本底条件与生态安全相关，是聚落和景观环境建设的保障，也是生态保育的重要一环，与景观破碎和灾害风险共同影响了生态敏感性。最终我们将生态敏感度细分为6个指标层：高程、坡度、坡向、至水域距离、景观破碎度与灾害风险度。

景观敏感度是一种衡量景观可以被注意到的程度的方法，它是景观醒目度、景观可视性等的综合反映，与景观本身的空间情况与物理属性等都有着很大关系（俞孔坚，1991）。景观环境视觉质量在总体上受视觉敏感度的影响（刘增贤 等，2012），景观视觉敏感度的评价结果可为区域的景观保护、管控与建设规划提供合理依据（裘亦书 等，2017）。对于遗产本体而言，观赏长城距离的远近以及遗产环境中的不同景点资源都会导致不同的视觉敏感程度，因此本研究选取长城遗产本体的视觉清晰度作为评价指标之一。醒目度主要为评价长城遗产本体与古北口镇景观资源的可见性。植被丰富度是评价沟域内的植物种类丰富程度与地形与群落结构复杂程度，植被覆盖度越高表明景观受人为影响就越少，抗外界干扰抵抗能力越强，景观的视觉恢复能力也越强（汤晓敏 等，2008）。因此将景观视觉敏感度细分为3个指标：长城遗产本体的视觉清晰度、遗产环境的醒目度和植被丰富度（孙喆 等，2022）。

本研究对各个评价目标与评价指标采用层次分析法（analytic hierarchy process，AHP），结合专家对每个指标进行两两对比重要性并进行打分，最后应用判断矩阵方法得出各指标权重（表3-4）。在GIS中计算各类数据，得出东关河沟域的生态与视觉综合评价的景观敏感度分析图。其中，2017年土地利用数据来源于国家地球系统科学数据中心，精度为30m；DEM数据来源于地理空间数据云网站，精度为30m。

研究最终结果受权重的影响如下，景观敏感度受景观视觉敏感度的影响较大，整体表现为距离长城遗产越近则景观敏感度越高、长城遗产的清晰度与醒目度越高、景观生态环境越复杂。古北口镇长城保护范围内受地形、水域等影响，生态敏感度较高，距离长城越近则景观视觉敏感度也越高，保护范围内的整体景观敏感度最高。古北口镇建设控制地带内受地

表3-4 景观敏感度评估

评价目标	权重	评价指标	权重	分类依据
景观生态敏感度	0.33	高程	0.02	依据DEM数据划分高程为：>800m/>600m，≤800m/>400m，≤600m/>200m，≤400m/≤200m
		坡度	0.06	依据DEM数据计算坡度并分级为：>35°/>25°，≤35°/>15°，≤25°/>8°，≤15°/≥0°，<8°
		坡向	0.02	依据DEM数据计算坡向并分级为：北/西北、东北/东、西/东南、西南/南
		至水域距离	0.05	依据水域的现状分布数据进行缓冲区运算，将等级划分为：<50m/≥50m，<100m/≥100m，<200m/≥200m，<500m/≥500m
		景观破碎度	0.03	依据景观格局指数中的斑块密度来反映研究区内生境的破碎程度，划分等级为一至五级
		灾害风险度	0.16	以古北口镇山区典型的水土流失灾害风险为评估指标，划分等级为一至五级
景观视觉敏感度	0.67	遗产本体视觉清晰度	0.42	根据对长城遗产的缓冲区分析并划分等级：<500m/≥500m，<1000m≥/1000m，<2000m/≥2000m，<3000m/≥3000m
		遗产环境醒目度	0.17	依据长城遗产与景点资源可视域制定景观的视觉醒目度等级为五级
		植被丰富度	0.07	依据NDVI数据进行植被景观丰富度分析，划分等级为一至五级

势、生境破碎度等影响生态敏感度较高，但因其距离长城较远所以景观视觉敏感度较低，整体的景观敏感度较低。而古北口镇建设控制地带外的景观区域地势较为平坦，且距离长城较远，整体的景观敏感度最低（图3-19）。

四、景观特征保护与管理策略

由东关河沟域内的景观敏感度分布区域来对各类景观特征制定保护与管理策略（表3-5）。在高敏感区域内主要景观分类有平原草地景观、丘陵草地景观、丘陵耕地景观、丘陵灌木林景观、丘陵林地景观与丘陵村落景观6类，指定的保护与管理策略应为禁止任何形式的开发建设，同时尽量腾退或严格控制现有村庄，对此区域着重保护长城遗产与生态安全，同时加大对生态林地的修复与保护力度。

在较高敏感区域内的丘陵灌木林景观、丘陵村落景观与丘陵灌木林景观应进行景观保护与景观强化，遵循长城沿线核心区的一级建设管控要求，在管理中应禁止开发建设，对其景观类型不得予以破坏。中敏感区内的景观类型在五类敏感性区域内占比最大，也是位于东关河沟域的中部地区。它的景观类型丰富，且有较好的水资源，也是整个古北口镇发展旅游

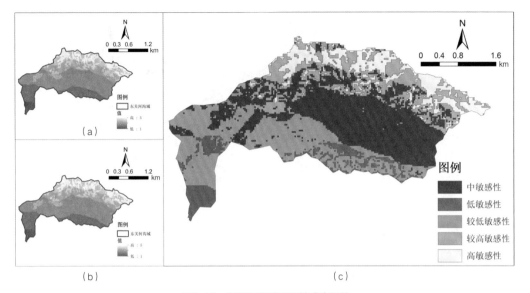

图3-19 东关河沟域景观敏感度评估

（a）景观生态敏感度；（b）景观视觉敏感度；（c）景观敏感度评价

图片来源：作者自绘

表3-5 东关河沟域景观保护与管理策略

景观类型	高敏感度	较高敏感度	中敏感度	较低敏感度	低敏感度
丘陵草地景观	景观保护	景观强化	景观恢复	景观更新	景观强化
丘陵村落景观	景观保护	景观强化	景观恢复	景观更新	景观更新
丘陵林地景观	景观保护	景观强化	景观恢复	景观强化	景观强化
丘陵灌木林景观	景观保护	景观强化	景观恢复	景观强化	景观强化
丘陵耕地景观	景观保护	景观强化	景观恢复	景观更新	景观更新
丘陵荒地景观	—	—	景观恢复	景观更新	景观更新
东关河景观	—	—	景观恢复	—	—
平原村落景观	—	—	—	景观更新	景观更新
平原林地景观	—	—	—	景观强化	景观强化
平原耕地景观	—	—	—	景观更新	景观更新
平原草地景观	景观保护	—	—	景观强化	景观更新

业较佳的区域，其中的丘陵村落景观较适宜进行景观开发性保护与管理，但不能进行扩张性开发建设。对现有村庄内的特色遗产景观进行合理的利用，可对古北口镇的经济发展提供有力支撑。而较低敏感区和低敏感区内的景观类型多为丘陵村落景观、丘陵耕地景观与丘陵林地景观，此区域内的景观类型较为丰富，且较适宜进行旅游开发建设与农业景观的发展，但不得随意对生态林地与灌木林地进行破坏性开发（图3-20）。

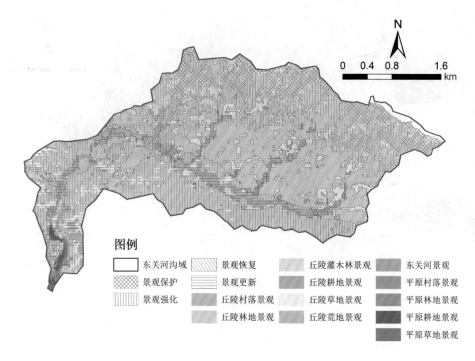

图例

□ 东关河沟域	景观恢复	丘陵灌木林景观	东关河景观
景观保护	景观更新	丘陵耕地景观	平原村落景观
景观强化	丘陵村落景观	丘陵草地景观	平原林地景观
	丘陵林地景观	丘陵荒地景观	平原耕地景观
			平原草地景观

图3-20　东关河沟域景观特征评估

图片来源：作者自绘

本节针对京津冀长城沿线区域生态环境复杂、生态功能重视不足、生态用地划分标准缺失等问题，提出以水文地理单元为依据的"遗产–生态"耦合沟域分类方式。首先以京津冀长城沿线村镇区域作为生态用地区域，具体采取山区小流域集水区的划分理念，初步将研究区域划分出1490个核心生态沟域范围。在按照土地利用功能五大类划分方法的基础上，结合长城遗址点分布、村庄点分布和国家自然保护区等数据分析，通过计算占比得出每个沟域主要的覆盖类型及功能。运用复合归类法，得出以生态核心与生态保护为主的长城沿线1490个核心沟域的四大类与19个二级分类的复合分类类型。

随后以"遗产–生态"双富集类的典型沟域——东关河沟域为例，具体分析其沟域内的自然生态条件、产业经济情况与遗产景观资源；基于LCA全面摸查沟域内的景观基础特征，通过案头研究、实地调研等方法绘制景观特征地图，并与GIS数据入库；从景观规划的角度定量分析长城遗产环境的保护与建设开发策略，进一步展开东关河沟域长城遗产地的景观敏感度评估分析，制定四类景观保护与综合提升策略——景观保护、景观强化、景观恢复与景观更新；最终的规划策略为长城遗产地区的生态环境保护提供新思路，也更加科学有效地指导长城遗产环境的禁止开发建设、限制开发建设与适宜开发建设3种规划区域的划定。我们以此构建了遗产地景观生态保护与利用规划的分析框架，为我国类似的文化遗产地保护与提升规划提供一定的参考。

参考文献

[1] 孔繁德. 中国长城沿线生态破坏的特点及保护对策[J]. 水土保持研究，2006，13（2）：42-43.

[2] 张一，张春彦. 京津冀线性文化遗产景观体系构建：以太行东麓遗产带为例[J]. 中国园林，2018，34（10）：71-76.

[3] 周长山. 河北地区汉代城市的历史考察[J]. 中国历史地理论丛，2005，20（2）：33-40.

[4] 刘昭祎. 长城与水的关系研究[D]. 北京：北京建筑工程学院，2012.

[5] 胡平平. 自然地理环境与长城北京段关系研究[D]. 北京：北京建筑工程学院，2008.

[6] 张国红. 长城沿线生态环境现状分析与治理措施研究[J]. 林业资源管理，2001（6）：61-65.

[7] 邵波，钱升华. 京津冀协同发展下的天津明长城保护探析[J]. 中国文物科学研究，2018（3）：34-42.

[8] 徐凌玉. 明长城军事防御体系整体性保护策略[D]. 天津：天津大学，2018.

[9] 卢鑫. 数据挖掘方法在径流演变分析中的应用研究[D]. 兰州：兰州交通大学，2016.

[10] 蒋巍. 福州地区植被覆盖遥感估算及变化分析[J]. 内江师范学院学报，2008（8）：81-85.

[11] 田敏. 山东省旅游生态敏感性空间结构研究[J]. 西南师范大学学报（自然科学版），2020，45（7）：100-106.

[12] 于婷婷. 基于ArcGIS的土地生态环境敏感性研究：以大连市甘井子区为例[J]. 科学技术创新，2018（5）：22-23.

[13] 杨志峰，徐俏，何孟常，等. 城市生态敏感性分析[J]. 中国环境科学，2002，22（4）：360-364.

[14] 李贞，何昉，邬俏钧，等. 场地开发的景观与生态敏感性分析：以深圳梧桐山南坡废弃石场为例[J]. 热带地理，2001（4）：329-332.

[15] 张军，徐肇忠. 利用ILWIS进行城市生态敏感度分析[J]. 武汉大学学报（工学版），2003（5）：101-105.

[16] 赵跃龙，张玲娟. 脆弱生态环境定量评价方法的研究[J]. 地理科学进展，1998（1）：67-72.

[17] 欧阳志云，王效科，苗鸿. 中国生态环境敏感性及其区域差异规律研究[J]. 生态学报，2000，20（1）：9-12.

[18] 靳英华，赵东升，杨青山，等. 吉林省生态环境敏感性分区研究[J]. 东北师大学报（自然科学版），2004（2）：68-74.

[19] 尹海伟，徐建刚，陈昌勇，等. 基于GIS的吴江东部地区生态敏感性分析[J]. 地理科学，2006，26（1）：64-69.

[20] 陈俊红，李红，周连第，等. 北京市山区沟域经济发展的探索与实践[J]. 生态经济（学术版），2010（1）：57-62.

[21] 孟伟，范俊韬，张远. 流域水生态系统健康与生态文明建设[J].环境科学研究，2015，28（10）：1495-1500.

[22] 喻锋，李晓波，张丽君，等. 中国生态用地研究：内涵、分类与时空格局[J]. 生态学报，2015，35（14）：4931-4943.

[23] 应振国. 战场遗址文化景观的保护与利用研究：以古北口长城抗战战场遗址为例[D]. 北京：北京交通大学. 2019.

[24] 古北口镇人民政府. 古北口镇绿色低碳重点小城镇试点示范建设工作情况[J]. 小城镇建设, 2014（1）：30–35.

[25] 薛林平, 周詹妮, 郑钰鋆. 北京密云县古北口历史文化名镇研究[J]. 北京规划建设, 2014（4）：112–120.

[26] 李国锋, 尚学文. 京师锁钥–古北口文化文物景区[M]. 北京：经济管理出版社, 2005：139.

[27] 龚俊杰, 杨华, 邓华锋. 北京明长城两侧森林景观异质性和复杂性变化[J]. 北京林业大学学报, 2015, 37（5）：81–87.

[28] 汤羽扬, 刘昭祎. 北京长城保护规划编制的思考[J]. 中国文化遗产, 2018（3）：41–47.

[29] 鲍梓婷, 周剑云. 英国景观特征评估概述：管理景观变化的新工具[J]. 中国园林, 2015, 31（3）：46–50.

[30] 赵人镜, 李雄, 刘志成. 英国景观特征评估对我国国土空间景观风貌规划管控的启示[J]. 中国城市林业, 2021, 19（2）：41–46.

[31] 陈卓雅, 郭泺, 薛达元. 基于GIS的新县生态敏感性分析[J]. 生态科学, 2015, 34（1）：97–102.

[32] 翟端强, 叶强, 何玮琪. 湖南丘陵城市土地生态敏感性评价及景观生态格局优化研究[J]. 中国园林, 2019, 35（1）：133–138.

[33] 俞孔坚. 景观敏感度与阀值评价研究[J]. 地理研究, 1991（2）：38–51.

[34] 刘增贤, 高峻. 景观空间感知评价的GIS方法应用研究[J]. 测绘与空间地理信息, 2012, 35（7）：58–62.

[35] 裘亦书, 高峻. 基于GIS技术的景观视觉吸收力评价研究：以九寨沟自然保护区为例[J]. 中国园林, 2017, 33（9）：40–45.

[36] 汤晓敏, 王云, 咸进国, 等. 基于RS–GIS的长江三峡景观视觉敏感度模糊评价[J]. 同济大学学报（自然科学版）, 2008, 36（12）：1679–1685.

[37] 余亮, 唐铭婕, 刘智涛, 等. 中国再增2666个传统村落空间分布数据集[J/OL]. 全球变化数据仓储电子杂志（中英文）, 2020. DOI:10.3974/geodb.2020.03.22.V1.

[38] 孙喆, 刘亚洁, 张杰, 等. 基于LCA的文化遗产地景观保护与利用规划研究：以北京长城文化带古北口镇为例[J]. 城市发展研究, 2022, 29（10）：107–115.

第四章 沿线遗产与生态综合保护研究

　　长城作为超大型文化景观，自古以来就是游牧民族、农耕民族和渔猎民族相互接触与交流的地带。长城沿线区域在不同历史时期所展现的文化现象是特定的自然、民族、政治、经济环境的产物，又随着自然、民族、政治、经济环境变化而变化，因此实现长城沿线区域可持续发展离不开从时间和空间的角度对长城遗产进行系统的研究，从而达到科学保护和合理展示利用的目标。研究遗产保护现状及问题有助于提出针对性的保护和展示利用策略。对遗产进行合理的展示利用能够有效地增进公众对文化遗产和遗产地的理解，提高公众对遗产的保护意识，从而更好地促进遗产保护。此外，有吸引力的阐释与展示能够吸引更多游客进行旅游观光，带动遗产地各产业发展，从而将遗产的保护利用融入地方经济、社会的可持续发展当中。因此，本章将从文化景观的视角，结合现有案例深入分析长城沿线区域内遗产、生态现状和问题，尝试为实现京津冀明长城沿线沟域单元的生态综合保护和可持续发展提供解决思路。

第一节　京津冀明长城沿线遗产资源梳理

1. 遗产资源调查与公布情况

　　京津冀地区的明长城是中国长城系统的重要段落，对其现存长城遗产资源进行详细调查与研究是长城保护工作的基础。自1952年起，国家层面开展了对居庸关、八达岭、山海关等长城重要段落的调查工作。此后，随着1979年第二次全国文物普查对长城的资源要素认定工作的展开，国内相关科研机构、社会团体和民间组织了多种形式的调查、勘测和研究。多年的考古研究和调查工作让我们对于京津冀地区明长城的资源情况有了更清晰的认识。尤其是2006年开始，国家文物局会同国家测绘局组织历时4年的长城资源调查工作，规范化地采用遥感影像、地理信息、三维扫描和数字摄影测量等现代技术，系统地记录了我国长城资源墙体、敌楼、壕堑、关隘、城堡及烽火台等历史遗存，这些文字、照片、录像和测绘数据组成了丰富的长城遗产调查记录档案，为长城研究提供了科学、精确的依据。此外，京津冀各省及相关县市也开展了针对明长城的遗产资源调查，但调查组织者、范围及报告深度各有区别。

由表4-1可见，天津市已经对全域的明长城资源进行系统梳理，河北省对于重点明长城段落的调查工作更为详细，但缺乏系统的调查报告。北京市尚未出版由文物局主编的正式调查报告或考古报告，不过在2018年，由北京市政协教文卫体委员会牵头，汇集北京国际城市发展研究院、长城学会及北京市昌平、平谷、门头沟、密云、延庆、怀柔6区政协的相关专家编写了《长城踞北》系列丛书共7册，包括综合卷及6个县/区的分卷，对北京长城的修建历史、空间特质、文化内涵进行了深入的挖掘；也对各区长城的历史沿革、历代有关长城碑铭诗赋、文物古迹及残存遗迹进行了细致梳理，首次以保护实录的方式披露了近年来长城保护工作的具体细节。此外，还有少量专业性相对较弱的图书，如由国家文物局主编，文物出版社出版的《明长城》图集。该图集介绍了明长城资源调查与收获，简要叙述了明长城修筑的历史背景和历史作用、"九边"军事防御体系、明长城建筑结构，图版部分按照墙体、壕堑、敌台、马面、烽火台、关、堡等相关遗存选取各省明长城遗存展示。中国旅游出版社出版了《图文长城——河北省及天津、北京卷》，有针对京津冀长城图文并茂的介绍。

表4-1　京津冀长城资源调查报告出版与公布情况统计简表

报告名称	编著单位	出版单位	出版年度
《天津市明长城资源调查报告》	天津市文物局、天津市文化遗产保护中心、天津市明长城资源调查队	文物出版社	2012
《河北省明长城资源调查报告——来源县卷》	河北省文物局、河北省古代建筑保护研究所、河北省明长城资源调查队	文物出版社	2010
《明蓟镇长城1981—1987年考古报告》共7卷	河北省文物研究所／郑绍宗	文物出版社	2012
《河北省明代长城碑刻辑录（上下册）》	河北省文物局长城资源调查队	科学出版社	2009
《北京北部山区古长城遗址地理踏查报告》	唐晓峰、陈品祥	学苑出版社	2009
《中国长城遗迹调查报告集》	文物编辑委员会	文物出版社	1981
《中国长城保护报告》	国家文物局	—	2016

在京津冀明长城资源信息数字化方面，由国家文物局牵头开通了"中国长城遗产"网站，其目的在于建立长城资源数据库，向社会发布长城资源、保护管理和历史文化等基本信息，实现了长城资源的数字化管理和信息共享。

2. 沿线遗产资源保存现状

长城经过2000多年的风雨侵蚀，目前大部分以遗址状态保存。根据中国文化遗产研究院编制的《长城保护工程（2005—2014年）总结评估报告》及国家文物局长城资源认定数据可知，长城总长超过21 000km，保存较好的仅有大约2000km，约占总长的9%；保存一般的约4200km（约20%）；较差的约3400km（约16%）；差的约5000km（约24%），地面遗迹消失的约6500km（约31%）（张依萌，2018）。

据国家文物局公布的数据，京津冀交界地带的长城总长约110km。由于京津冀的明长城以砖石为主，相对来说，京津冀明长城在有长城分布的15个省、自治区和直辖市现存长城中保存程度最为完好（表4-2）。今天，我们所见京津冀北部的长城大部分是明朝修建或者延续早期长城进行修缮而形成的，可以说明长城的精华部分就集中于京津冀地区。京津冀明长城绝大部分保持了始建时的整体格局、走向、位置，以及原结构、材料和工艺，现有遗存70%以上的轮廓可辨认，50%以上轮廓基本清楚，完整性较好。明长城北京市域内东起平谷区，经密云区、怀柔区、延庆区、昌平区，西至门头沟区，现存长城墙体共474.06km。根据北京长城资源调查结果统计，保存程度好、较好和一般的各类型遗存约占总量的33%，保存程度较差和差的各类型遗存约占总量的41%，已消失的遗存约占总量的25%，未经调查的遗存不足1%。明长城天津段全部位于蓟州区北部山区，以黄崖关长城的知名度为高。河北省境内的明长城分布相对较散，包括东北、西北、西部的几个段落，其中包括著名的山海关、大境门、金山岭长城。从资源点数量上看，河北省最多，天津市最少。从分布情况上看，北京段较为集中和连续，并且保存状况较好。

京津冀明长城的资源量大、面广，由于价值、保存现状、可利用潜力等参差不齐，实际上目前开放展示的长城仅仅是长城全部资源的很少一部分。以河北省为例，不管在长城文物保护规划还是国家文化公园建设保护规划中，都对河北段长城进行了分级，并与开放及展示利用与否及强度挂钩。在《长城国家文化公园（河北段）建设保护规划》中，根据展示利用条件将全部长城资源划为一、二、三、四级区段，提倡利用的仅仅是一、二、三级区段及部分特色展示点。除此之外，均是需要进行封闭管理的不可移动文物，其总量长度约为2178.7km，约占总长度的87.2%。长城遗产的特殊性可见一斑。

表4-2　京津冀明长城现存资源点数量表

地点	全部资源点	墙体	界壕壕堑	关堡	单体建筑	相关遗存
河北省	6918	1190	0	260	5383	85
北京市	2333	448	0	147	1732	6
天津市	275	176	0	10	89	0
京津冀（总）	9526	1814	0	417	7204	91

数据来源：中国长城遗产网。

真实性和完整性是京津冀明长城遗产保护的重要原则和基础，对于明长城这种超大尺度的珍贵遗产，其中的精华段落需要重点保护。2020年，国家文物局按照2019年发布的《长城保护总体规划》要求，在充分听取长城沿线15个省（自治区、直辖市）及中央、国务院相关部门意见和建议基础上，确定并公布了第一批国家级包括54段/处明长城的长城重要点段名单共计83段/处，有26处明长城段分布在京津冀的管辖范围（表4-3），2处跨辽宁、河北省界。

表4-3 《第一批国家级长城重要点段名单》中涉及京津冀明长城的段/处

序号	重要点段名称	涉及省（直辖市）（国家文物局原名单排序编号）
1	明长城锥子山段	辽宁 河北（5）
2	明长城山海关段	河北（6）
3	明长城九门口段	辽宁 河北（7）
4	明长城板厂峪段	河北（8）
5	明长城义院口段	河北（9）
6	明长城界岭口段	河北（10）
7	明长城刘家口段	河北（11）
8	明长城青山关段	河北（12）
9	明长城喜峰口段	河北（13）
10	明长城黄崖关段	天津（14）
11	明长城将军关段	北京（15）
12	明长城古北口—金山岭段	北京、河北（16）
13	明长城五座楼段	北京（17）
14	明长城慕田峪段	北京（18）
15	明长城箭扣段	北京（19）
16	明长城居庸关段	北京（20）
17	明长城八达岭段	北京（21）
18	明长城庙港段	河北（22）
19	明长城独石口段	河北（23）
20	明长城沿字号敌台黄草梁段	北京（24）
21	明长城紫荆关段	河北（25）
22	明长城青边口段	河北（26）
23	明长城乌龙沟段	河北（27）
24	明长城大境门段	河北（28）
25	明长城白石口段	河北（29）
26	明长城茨沟营段	河北（31）

3. 沿线遗产资源保护管理现状

自1987年长城被联合国教科文组织列入《世界遗产名录》，成为中国的首批世界文化遗产以来，我国不断加强关于长城的保护专项的法规体系建设，目前已经建立起以《中华人民共和国文物保护法》和《长城保护条例》为代表的法规体系，以文物保护单位为核心，统一要求、属地管理、分级负责的长城保护管理体制。京津冀在长城立法方面开展较早，北京市人民政府早在2003年就已颁布《北京市长城保护管理办法》，河北省也在2016年出台了《河北省长城保护管理办法》，以及其他根据地方实际情况制定的实施细则，如表4-4所示。

表4-4　京津冀明长城相关的法规、条例等保护管理办法

类型	文件名称	颁布单位	颁布日期
法律	中华人民共和国文物保护法	全国人民代表大会	2015年修订
行政法规	中华人民共和国文物保护法实施条例	国务院	2013年修订
行政法规	长城保护条例	国务院	2006年
法定规划	长城保护总体规划	文化和旅游部、国家文物局	2019年
部门规章	世界文化遗产保护管理办法	国家文化部	2006年
部门规范性文件	长城执法巡查办法	国家文物局	2016年
部门规范性文件	长城保护员管理办法	国家文物局	2016年
部门指导意见	长城"四有"工作指导意见	国家文物局	2014年
部门指导意见	长城保护维修工作指导意见	国家文物局	2014年
地方性法规规章	北京市长城保护管理办法	北京市人民政府	2003年
地方性法规规章	河北省长城保护管理办法	河北省政府	2016年

在加强保护管理工作方面，1961年起国务院分批将山海关、八达岭等20余处长城公布为全国重点文物保护单位，目前京津冀有包括20余段明长城在内的全国重点文物保护单位11处（表4-5）。这些长城段落普遍保护状况较好，日常保护管理措施，包括文物勘察测绘、保养维护、巡回检查、动态监测、安防消防等风险防范措施等均按照国保相关要求进行。

在开放管理方面，京津冀明长城也是中国长城的探索者。最早开放的明长城八达岭段始于1958年，至今累计接待中外游客超2亿人次，包括世界各国元首、政府首脑和世界风云人物500多位，八达岭、山海关等著名景点已经成为连接世界各民族友谊的纽带及展现中华璀璨文化瑰宝的重要窗口。

4. 沿线聚落环境演变现状

在以往长城保护实践中，关注点往往聚焦在长城物质遗存本身，较少关注到遗产与人

的互动关系。而实际上长城并非单纯的线性文化遗产，而是军防设施与周边聚落紧密关联的复杂巨型系统。京津冀明长城沿线现有国家级历史文化名镇10处，国家级历史文化名村33处，国家级传统村落232处，这些不同尺度的历史文化镇村的形成都与戍边政策紧密相关。而实际上，经过漫长的历史演化，明长城沿线军防聚落在现代呈现出差异性较大的演化结果，这是遗产在现代更为重要的一种大的"赋存环境"。在不同的现代"赋存环境"中，遗产面临的威胁因素、保护管理侧重点、展示利用方式也有所区别。按照"赋存环境"，京津冀明长城沿线聚落的现状差异性较大，总体而言可以归纳为四种不同的类型，分别为"城市型""乡镇（村）型""荒野型"，以及比较特殊的"景区型"（骆文 等，2024）。

表4-5　京津冀明长城全国重点文物保护单位名录

序号	名称	国保单位编号	时代	位置	批次	公布时间
1	万里长城-八达岭	1-0101-3-054	明	北京市延庆县	第一批	1961.3
2	万里长城-山海关	1-0101-3-055	明	河北省秦皇岛市	第一批	1961.3
3	金山岭长城	3-0058-3-006	明	河北省滦平县	第三批	1988.1
4	万里长城-紫荆关	4-0132-3-054	明	河北省易县	第四批	1996.11
5	万里长城-九门口	4-0136-3-058	明	辽宁省绥中县、河北省抚宁县	第四批	1996.11
6	长城	5-0442-3-248	春秋至明	北京市、河北省、山西省、内蒙古自治区、陕西省、山东省、宁夏回族自治区、辽宁省	第五批	2001.6
	（1）长城-司马台段		明	北京市密云县	第五批	2001.6
	（2）乌龙沟长城		明	河北省滦源县	第五批	2001.6
7	万全右卫城	6-0348-3-051	明	河北省万全县	第六批	2006.5
8	长城	6-1125-3-045	战国至明	北京市、内蒙古自治区、辽宁省、河南省、甘肃省	第六批，归入第五批长城	2006.5
	明长城遗址		明	北京市密云县、怀柔县、平谷县、昌平区、门头沟区	第六批	2006.5
9	张家口堡	7-0719-3-017	汉、魏晋南北朝、唐、明、清	河北省张家口	第七批	2013.3
10	洗马林城墙	7-0755-3-053	明至清	河北省万全县	第七批	2013.3

序号	名称	国保单位编号	时代	位置	批次	公布时间
11	长城	7-0719-3-017	汉、魏晋南北朝、唐、明	北京市、河北省、辽宁省、吉林省、青海省、宁夏回族自治区	第七批，归入第五批长城	2013.3
	（1）岔道城城墙		明代	北京市延庆区	第七批	2013.3
	（2）喜峰口长城		明代	河北省宽城县	第七批	2013.3
	（3）大境门长城		明代	河北省张家口市	第七批	2013.3
	（4）浮图峪长城		明代	河北省涞源县	第七批	2013.3
	（5）宁静安长城		明代	河北省涞源县	第七批	2013.3
	（6）白石口长城		明代	河北省涞源县	第七批	2013.3
	（7）插箭岭长城		明代	河北省涞源县	第七批	2013.3
	（8）狼牙口长城		明代	河北省涞源县	第七批	2013.3
	（9）倒马关长城		明代	河北省唐县	第七批	2013.3

其中，"城市型"是指已演化为市或县的军防聚落，其周边环境基本上是城市建成区。从体量上看，"城市型"演化的军防聚落已经被现代城市所"吞并"。但对于这些城市来说，明代军事性关堡大多是城市的历史生发点，也是现代城市中难能可贵的潜力文化空间。"乡镇（村）型"是指已演化为乡镇、村或者位于村旁农田中的军防聚落，其周边环境主要为乡镇、村或农田。聚落在规模上基本与明代军防聚落差别不大，格局肌理也大多延续，并保留着较为传统的生产、生活方式。"荒野型"指被完全废弃、基本位于荒野中的军防聚落。而"景区型"指在目前为景区式管理的明长城相关聚落，由于交通不便、难以监管等，在保护管理方面面临较大困难，但普遍保留着原生态的长城历史文化景观。"景区"是一个现代才出现的旅游管理概念。京津冀著名的长城景区如八达岭、金山岭、山海关等已经成为世界知名的长城旅游目的地，在推动长城品牌传播、弘扬中华优秀传统文化、促进地方经济发展中发挥了重要作用。然而，景区型遗产尤其是封闭式管理的景区在某种程度上切断了长城与周边聚落之间原本的功能联系（骆文 等，2024）。

第二节　沿线遗产保护问题与应对策略

一、沟域单元整合视角下的遗产及沿线资源问题

1. 沟域单元资源整合现状与问题

京津冀明长城主要段落沿燕山-太行山修筑，沿线区域地形构造复杂，分布于山间的诸多峡谷隘口为山体两侧的交通联系提供了天然孔道，长城正是通过修建连续墙体及关隘对天然孔道加以封锁，以实现其拱卫都城的军事防御功能。长城本体以古建筑与古遗址两种遗存形态并存，具有鲜明的遗产要素特征。同时，随着历史的积淀，长城已经与沿线的山岭、草原、森林、戈壁、沙漠、农田、绿洲等丰富多彩的地貌景观融为一体，呈现出无与伦比的风景审美特征。因此，可以说长城具备了文化景观的区域、风景和文化三个鲜明特征。从《北京明长城文化景观"沟域"尺度下景观特征研究》一文中沟域单元的视角来看，因自然地理因素的限制，京津冀明长城遗产资源和传统聚落被划分成若干个有差异的沟域，而沟域与沟域之间又因文化、政治、民族等因素紧密联系，且沟域内的遗产特征与周边生态资源融于一体。总的来说，长城沿线聚落、军防设施等军防体系遗产资源丰富，相邻的自然环境类型包括草原、森林、高山、田园、深谷等，自然景观丰富多样，多段明长城以人文景观与自然环境的完美结合而著称于世。比如位于河北省的明长城山海关段，长城所在的山与海之间的距离仅8km，明长城将高山、雄关、大海连为一体，景观资源包括山、海、关、河、湖，构成独特的"遗产-生态"资源景观。还有横跨北京、河北的明长城古北口—金山岭段，长城军防设施（长城本体、关口、烽火台、敌楼）与周边城堡聚落的土地、长城沿线军防体系所处的燕山山脉、潮河河谷完美融合，遗产-生态"资源相得益彰。遗产、生态、自然环境三者相互协调，人文景观与自然景观和谐共融。

但因历史因素、现代气候的变化和人为的破坏，长城两侧廊道区域的生态环境也不免受到损伤。在明长城建设初期，人为砍伐树木做烧砖燃料破坏了植被覆盖；战争、屯田及农耕扩展则影响了长城周边生态环境（孔繁德，2006）。另外，为了开阔侦察视野，更好地侦察长城周边敌情，北京市密云区长城周边方圆数里草木皆尽被毁。长此以往的植被破坏，时至今日，古长城周围植被覆盖率低，水土流失严重，生态环境十分恶劣，原本可以对生态廊道起到衬托作用的生物群落，逐渐变成了侵蚀古长城使其破败的隐患（郭秀娟 等，2019）。

不难发现，长城遗产资源、生态资源和长城沿线聚落之间都存在着一定的相互制约关系，综合保护明长城的遗产与生态是长城保护的科学趋势。国家文化和旅游部与国家文物局在2019年共同制定的《长城保护总体规划》中关于长城景观部分强调，要保护长城周边的文化景观，还要保护与长城相对应的生态环境与景观风貌。京津冀地区的明长城大部分位于山区内的分水岭或山脊地带，少量位于断层崖顶部位置，多段明长城建设在山区以及农牧交错

区等地质地貌过渡区域（图4-1、图4-2）。由于地理位置特殊，受到泥石流、风沙等自然灾害的侵蚀，进一步加剧了长城沿线生态环境的衰退，遗产资源周边生态环境的脆弱性将为明长城遗产资源持续带来负面影响。为了系统、科学地评估明长城遗产和沿线资源面临的威胁以及提出相应措施，我们以沟域作为京津冀明长城"遗产-生态"资源整合的保护着力点。

图4-1　古北口-金山岭长城
图片来源：作者自摄

图4-2　明长城将军关段
图片来源：《长城踞北·平谷卷》

2. 沟域单元整合视角下京津冀明长城保护面临的威胁

目前，影响京津冀明长城各类遗存的主要因素有自然因素和人为因素两类。从宏观地理和气候特征上看，京津冀明长城所在的燕山-太行山的两山环抱之势阻挡了北方的干冷空气并迎接东南方向的暖湿气流，气候进退幅度差异很大、水热条件变化率很高，由于长城的时间跨度较长，气候变化对京津冀明长城的"遗产-生态"系统已造成并将继续产生明显影响。由于京津冀明长城为满足易守难攻的防御要求多建在地形过渡地区，这加剧了周边环境的脆弱性（孔繁德，2002）。京津冀北部属于中国北方的农牧交错地带，呈现出大地貌单元、气候条件、土地利用、植被和土壤方面的过渡性，这是导致明长城周边生态环境更为脆弱的重要影响因素。北京市、天津市、河北省均有部分长城点段分布于地震带，受到地震灾害威胁。受长时间的自然因素与人文因素影响，京津冀明长城"遗产-生态"系统受到的威胁以水土流失为主，同时包括冻融循环、暴雨冲刷、地质灾害、雷电灾害、雨水侵蚀、风蚀风化和动植物破坏等。山区特殊的地形地貌也使长城周边生态环境更加敏感、脆弱（刘素杰等，2020），部分长城点段结构安全性不足以抵御自然风雨侵蚀，有坍塌风险。各类自然灾害，特别是地质灾害、极端天气和植被破坏等，对长城保护构成的威胁长期存在，防灾减灾长期策略和具体应对措施尚不完善。

京津冀明长城面临的人为破坏因素主要包括采矿、旅游开发、城镇建设、大型基础设施建设、居民生产生活和不当干预等。采矿导致的水土流失以及居民活动对明长城沿线区域的"遗产-生态"资源产生重要影响。唐山市、承德市、张家口市、保定市等长城点段分布地多为矿产蕴藏地带，在桃沟村长城、浮图峪长城、黄土梁长城等处都分布有面积不小的采矿区，这些地段历史上私采滥挖，使部分长城受到了地质灾害威胁，也影响了长城周边风貌。

早期，人们对于长城作为文化遗产的价值认识有限，保护意识较为薄弱，京津冀明长城沿线聚落不同程度地存在拆城墙建造房屋的情况，造成长城遗迹不可逆的损坏。以张家口市为例，根据卫星影像图判读和实地调研情况来看，张家口堡内居民的建设活动在一定程度上对长城遗产资源的风貌产生影响，存在民居因建设活动而破坏城墙的现象。万全右卫城历史格局内部虽然采取了分区域开辟居民生产生活空间的措施，但在崇礼早期长城的相关城址旁，民居建设距离长城墙体仍然非常近，几乎是紧挨着墙体建设。现在在长城文物本体及紧邻长城的周边区域，仍然有居民进行农林作物耕种、挖土取石等活动，对明长城完整性的保护造成较大威胁。此外，京津冀明长城受旅游等开发建设活动影响的压力比较突出，在已被辟为参观游览区的明长城点段，部分参观游览区未开展游客承载量研究，特别是欠缺长城文物本体上游客承载量规定，缺乏游客监测、引导和限流措施。部分热门长城景点旺季旅游压力大，存在极度拥挤、影响参观体验、威胁长城及游客安全情况。

在自然与人为双重干扰下，明长城沿线地区的生态状况尤为严峻。自然灾害、人为破坏以及随着城市的不断扩张，京津冀明长城沿线的生态空间受到挤压，生态景观受到影响，部分段落的生态功能不断缺失，景观碎片化、沙漠化现象严重（郭秀娟 等，2019）。

3. 京津冀明长城保护与管理方面的不足

京津冀明长城保护是一项系统性工程，虽然已经做了很多不错的基础工作，但在具体操作中涉及理念、政策、资金、技术、研究、标准、人员、公众参与等诸多方面，任何方面的工作缺失都可能影响长城的整体保护效果。目前，在保护技术、标准定额、遗产监测、保护队伍、基础研究等方面的工作还处于起步阶段，政策支持、资金投入及公众参与等方面仍有一定的改善和提升空间。从长城遗产的价值完整性方面来说，以往的长城保护工作遵循属地管理原则，按照现今的行政区划进行工作划分，这种划分方法打破了明代长城军事防御体系建立时的分区逻辑，原本同一防区的内部结构与其下的分路、卫所、堡寨等体系复杂关系在新的行政区划下不能保持完整。为推进三省交界处的长城等文物保护利用区域协调，以实现统一管理和开放，2022年7月北京市文物局、天津市文物局、河北省文物局签订《全面加强京津冀长城协同保护利用的联合协定》，北京市密云区人民政府、河北省滦平县人民政府签订《边界长城保护合作协议》。对京津冀明长城开启了一个良好的新管理模式，但目前在实现路径和具体措施层面还缺乏对协同机制的进一步研究。

以北京市为例，北京市人民政府和北京市文物局高度重视长城保护，自2000年至2017年年底，共开展长城保护工程75项，投入资金4.90亿元，其中北京市财政投入4.41亿元，占比90%。但是，相对于北京市长城庞大的规模，保护工程开展的范围和资金投入的规模还有待提升。长城保护工程在理念、方法、标准、定额等诸多方面还有许多需解决的问题，对长城建造材料和技艺的研究及保护工程技术水平尚待加强。并且为保障能够及时应对各种灾害及突发事件，北京长城保护监测技术同样有待加强。北京长城已划定并由市政府公布了保护范围和建设控制地带，部分长城点段设置了保护标志，建立了较为系统、规范的长城记录档案，初步形成层级明确的长城保护管理队伍，基本符合《长城"四有"工作指导意见》的要求。但是，因北京长城的保护区划内分布有41个乡镇的500多个村庄，存在区划执行困难的问题；未开放段长城部分未设立保护标志；目前，北京长城沿线各区尚无专业的长城保护员队伍，各区长城保护员多为长城所在乡镇政府临时聘用人员，身兼护林员、文化组织宣传员等数职，工资多以每月500元左右的补助形式发放，专业水平不足，难以高质量地完成日常巡查工作。综上所述，京津冀明长城的保护工作面临诸多挑战和问题，需要加强考古研究、技术和监测、人才队伍建设以及宣传教育等方面的工作。

4. 京津冀明长城沿线遗产资源利用现状问题

京津冀地区的明长城资源开发利用较早，目前为止已形成了许多大型景区，在全国范围内都具有突出的示范性，但同样也还存在诸多问题。目前明长城遗产资源的利用大多是以展示、参观为主的文化旅游。以北京市为例，据不完全统计，北京市6个区已开放长城主体点段和城堡共计100余处，呈现散点分布状态，主要为官方景区正规开放和民间自发非正规开放两种（北京市推进全国文化中心建设领导小组，2019）。其中，景区式开放存在两种形式，一种形式是以长城为主体进行展示，共计35段，如司马台、古北口、慕田峪、八达岭、居庸关等，此类形式对长城的保护和展示都较为重要，但由于游客承载压力较大，长城本体保护、服务质量均面临挑战；另一种形式是以自然资源为主体的风景名胜区，长城遗存穿插其中，此类往往对明长城的保护和展示重视不够，遗产价值未得到充分阐释和传达。非正规开放形式主要为自由攀爬、影视拍摄、驴友露营等，有部分村民以门票或过路费形式收取费用，由于这些长城点段未进行保护修缮，长城的安全保护范围未明确界定，游人活动区域缺乏基础设施等问题，存在长城本体破坏加速的安全隐患，游客人身安全也缺乏保障。这些尚未辟为参观游览区的明长城点段（即"野长城"）基本没有展示设施和保护、展示、导向、安全及警告等标识，缺乏有效管理依据、手段和措施，存在无序攀登、踩踏、乱刻乱画等不规范游览行为。

根据北京市A级景区游客量统计，以长城为主体进行展示的开放景区游客量多在旅游管理部门规定的最大承载量附近高位运行。以八达岭长城最为突出，居庸关、慕田峪、古北口及河北山海关等长城段也存在这类问题。景区最大承载量的设定是以保障游客人身安全和旅游资源环境安全为主要目的，并不代表最佳的文物承载量、生态环境容量与游客心理舒适度。随着长城文化旅游的快速发展，游客对长城景区数量、旅游体验质量、文化服务设施的需求将愈加突出。此外，长城作为大型线性遗产，有其独特的历史内涵和价值体系，而现北京市各段长城的开放展示缺乏有机联系，未能充分展示长城遗产的整体价值和分段特征。以北京市为例，由于长城整体的价值阐释体系尚未建立，现有的4处长城博物馆、陈列馆存在展示定位不清、展示方式趋同、展示内容相对单一等问题。

5. 京津冀明长城沿线区域社会经济发展面临的问题

京津冀明长城的主要段落穿越京津冀北部，虽然沿途经过经济较为发达的北京和天津，但大部分段落依旧位于经济发展水平较为落后地区。尤其是河北长城，沿线涉及的59个县（区市）中，占2019年国家级贫困县数量20个以上。沿线整体经济发展水平滞后，面对新旧动能转换、产业升级难度较大，城镇发展劲头不足，农村发展更加乏力，人均可支配收入与地区平均水平存在一定差距。因地处燕山-太行山区及坝上草原南缘，河北长城途经的区域都属于深山区或高原地区。受自然地理环境约束和特殊军事用途所限，长城（河北段）两侧人口稀少，除部分关口城市外，沿线两侧基础设施配套较差。

规划衔接也是沿线区域社会经济发展的瓶颈之一。京津冀明长城分布范围涉及各类资源保护区、城乡建设已建成区，文物保护规划的保护要求与相关专项规划在保护对象、保护区划、保护原则和管理规定等方面存在差别，与区域经济社会发展规划、城乡规划、土地利用总体规划等综合性规划的衔接尚不充分。以北京市为例，北京市明长城沿线区域的用地权属十分复杂，涉及城镇、村庄、农田、山林、水库、旅游、厂矿、部队、企事业等多种功能区域，与文物、建设、农业、林业、环保、水利、交通等多部门的管理存在交叉，由于产权和使用权属分散，具体管理执行机构的性质、职能各异，一地多牌、九龙治水现象突出，在建设协调机制、规范执行程序、利益相关者引导等方面面临较大挑战。由于复杂的管理权限、使用权归属和部门间事权划分等问题，各部门间存在一些协调难度。

尽管京津冀协同发展已成为国家战略，部分沿线地区在长期历史发展中形成的短板、劣势仍对区域发展具有较强的制约性。此外，受经济发展水平和相关因素所限，京津冀部分明长城文化资源仍然处于原始状态，并且在文化资源的发掘、保护、开发和利用等环节还十分薄弱，与经济发达地区相比尚有较大差距。

二、沿线遗产资源保护策略研究

京津冀明长城沿线遗产资源既包括长城墙体、敌楼、烽火台、城堡等军事防御纵深体系，也包括周边整体景观格局和风俗习惯、传统地名等非物质文化对象。首先，对长城遗产资源的保护不能单单关注长城本体，而需要将保护对象扩展到长城军事防御遗产体系、周边整体景观格局和非物质文化遗产体系等，将长城沿线遗产资源作为一个相互联系的整体进行保护管理，如构建基于"遗产–生态"耦合单元的保护发展综合策略。其次，由于长城沿线遗产资源的复杂性，不同保护对象的保护内容、方法、技术均不同，需要根据保护对象提出具有针对性的建议，尤其需要重点关注内涵较为复杂、与现代生产生活具有较高重叠的保护对象（如聚落类遗产等）。最后，考虑到长城量大面广、多分布在山区的实际情况，在传统保护方式的基础上，也可考虑运用新技术手段提高长城遗产资源保护管理的效率。

1."遗产–生态"耦合单元作为长城遗产与生态协同保护策略

挖掘长城"遗产–生态"耦合单元与长城军防体系间的逻辑关系，进行遗产与生态的整体性保护，探索实现聚落经济社会可持续发展路径。分类分策，根据不同耦合单元的长城军防遗产差异，聚落发展基础与特征，建立差异化遗产保护方式方法，"一沟一策"，提出具有针对性的遗产资源保护策略。构建"遗产–生态"耦合单元的基层社区治理形式，推动公共资源有效投入和居民公众参与，实现遗产可持续保护和发展。以耦合单元作为公共服务设施、市政基础设施的空间布局单元，统筹公共资源投放，搭建政府、市场、村集体、村民等多方主体沟通平台，实现耦合单元基层治理中的遗产保护目标。

应当促进长城"遗产–生态–产业"三者协同发展。目前，现有工作体系缺乏有效的资源整合管理能力。从管理层面看，各相关部门之间缺少沟通，各行其政，管理目标和管理依据相异，缺乏有效的资源整合，缺乏能够从整体上协调遗产和生态资源的部门机制。因此，需要将长城沟域这个"遗产–生态"耦合单元作为产业发展、政策评估与制定的基本单元，以耦合单元作为空间治理的重要抓手，实现长城沿线聚落的乡村振兴和可持续发展。以北京市为例，平谷区、密云区和延庆区都是生态涵养区，是首都重要的生态屏障。

京津冀明长城过去由于对长城整体保存情况掌握不足，保护工程多以开放景区的抢险加固和重点修缮为主，通过2006—2012年的长城资源调查，目前已初步摸清家底，因此，"先救命、后治病"的抢险工作，尤其是未开放点段的抢险和预防工作将是未来一段时期内京津冀明长城保护工程的重点问题。

2. 京津冀明长城周边整体景观风貌与聚落活态保护

1）强化长城周边景观风貌管控

长城遗产作为体系性较强的军事防御设施，其科学价值不仅体现在单体建筑的建造技术，更体现在各要素联动所实现的防御功能。因此，保护长城历史价值和科学价值，需要强化对长城周边景观风貌的管控。如加强长城重要观景点可视区域的城乡居民点风貌管控塑造。在长城两侧保护范围及建控地带内，以及长城重要制高点可视区域严格保护历史环境风貌，依据长城价值和所处城市或郊野背景环境的不同制定管控要求，对建设项目类型、层高、密度、体量、色调等提出具体要求并严格执行。

长城要素如敌台、烽火台等之间互看互望的关系是长城防御体系精妙设计的重要体现，因此需要加强敌台、烽火台及关门之间视线廊道的保护。关堡内部及周边的建设，需要预留本体之间的视线通廊，并纳入国土空间规划进行有效管控。在保护规划的制定过程中，也需要妥善考虑眺望长城的重要节点及其视廊。保护长城景观天际线，在观赏长城敌台、烽火台较为合适的区域设置观景点，展示长城军事防御体系运作原理。

2）加强明长城沿线自然环境及相关要素保护

京津冀明长城聚落和山体、河流的关系是重要保护内容，应延续聚落与河流的空间关系，延续历史河流走向与河道宽度，尽可能采用生态驳岸。尽量控制聚落周边山体裸岩面积，使用速生草本进行快速固土，在修复时采用一年生和多年生草本植物类型，增加在修复水土上的生态效益，同时也需要对现有植被种植区域进行合理控制。聚落和周边植被的关系也是重要的保护内容，应保护传统的"林–田–居"景观格局，延续基于传统生态智慧与生计方式的文化景观网络。将聚落周边的景观设计与植物配置同城堡、敌台、烽火台等军防设施相结合，构建以军防设施为主要视觉焦点，以山水自然环境要素作为视觉背景的、富有特色的景观环境意向。

3）加强聚落空间形态保护

长城沿线聚落空间呈现出不同的发展阶段与现状类型，部分城堡已经荒废为遗址，部分城堡发展成为聚落。在活态聚落中，部分聚落脱离城堡独立发展，部分聚落依托城堡向外延伸发展。对逐渐荒废无人居住的城堡遗址进行保护时，应该采用最小干预原则，同时保护遗址本体与生态环境。对于已经发展成为村落的城堡，应结合村庄居民点的建设活动进行引导与限制，从而留住传统聚落形态与肌理。城堡的历史功能也对聚落空间形态产生影响。例如，以屯田为主的河西村呈现散落的聚居空间特征，以镇守关口为职能的白马关村则呈现高度聚集的空间形态。

保护城堡城廓空间格局形态。首先，对于活态延续的、被现代村落包围的城堡，在保护发展过程中尽力强化原有城廓边界，通过地面标识、地名保护、绿化种植等手段，提示原有聚落城廓空间。其次，保护传统街巷格局。结合城堡内层防御体系，保护城堡街巷"主干路-巷道"道路系统体系，包括鱼骨形、一字形、互字形、十字形、丁字形、山字形、回字形等七大类城堡街道格局。道路体系出于巷战目的，连接两城门的主街多设置为错位的街道，巷道也多在交叉处呈交错或围合的交叉方式，是城堡历史传统与功能逻辑下形成的特色空间格局，如原有的丁字形街巷格局不宜在发展中为方便交通就打通为十字形。

建筑单体保护与更新方面，对明长城沿线重要聚落的单体建筑体量、形态等方面提出要求，形成建筑更新设计导则。对传统木结构和砖石结构的传统民居进行内部功能改造，新建建筑符合导则布局要求，保留本地传统建筑特征。大型公共建筑，例如村委会、小学等尽量布置于城堡堡墙以外，以防对传统格局、尺度造成干扰。此外，还应加强对城堡传统风貌和历史环境要素的保护与管理。保护古井、古树等公共空间要素，加强重要开放空间与街巷立面整治，传统街巷铺地应采用当地传统材料等。

4）重视居民生活和文化习俗等非物质文化遗产保护

非物质文化遗产是满足人的自然需求、社会需求和精神需求的活态文化遗产，京津冀明长城的沿线聚落是中国北方地区传统文化的集中地，同样也是非物质文化遗产的汇集地区，应同时注重对居民生活和文化习俗等非物质文化遗产的保护。应针对长城沿线非物质文化遗产开展系统调查，对地方传说、表演艺术、节庆活动、传统手工艺及地方生产方式与礼俗信仰文化进行系统化保护。通过建立"长城文化博物馆"与地方社区博物馆，强化居民非物质文化遗产保护意识，提高居民自我文化认同。

3. 行政边界联动、相关部门协调，预防性保护明长城遗产

在前文所述的《全面加强京津冀长城协同保护利用的联合协定》《边界长城保护合作协议》框架下，京津冀明长城的管理权属方面，也就是北京市与河北省和天津市的省级行政区划的分界线或县域范围衔接不便于明长城沿线省份开展跨省区、跨部门的执法行动，这一

以前存在的主要问题即将得到缓解。另外，京津冀明长城遗产保护工作的具体过程中也存在一些不足的方面，比如部分地区的地方人民政府对长城保护的重要性认识不足，保护工作措施不到位，部分长城点段缺少必要的管理人员，直接影响了明长城"属地管理"责任落实。

日常保护监管是实现长城遗产目标的基础性工作，而科学有效的监测则能帮助有关部门随时掌握遗产动态，提前有针对性地进行干预应对。从调查来看，长城遗产的突发险情往往与所在区域的自然环境险情相伴随，因此在"遗产-生态"耦合单元的视角下，对自然灾害风险的预防和监测与对遗产状况的监测是统一的。须建立健全日常保养维护制度、流程、标准、规范，制定具体的监测流程与标准规范，将定期监测与反应性监测相结合。

在具体工作中，可以探索加强使用新技术的监测功能，利用遥感卫星监测、无人机巡查、传感器、信息通信等新技术手段加强长城监测。对长城本体和其所处的沟域空间进行全面排查，对于存在重大险情的段落，实施抢险加固工程，对于存在自然灾害风险隐患的长城段落，联合有关部门探索预防性保护措施。将定期巡查与重要时期排查相结合，长城保护员负责对长城险情进行定期巡查，在雨季、汛期、地震等易发生文物险情的节点，由有关部门组织人员集中进行专项排查。联合地质部门，开展长城沿线地质灾害专项调查，建立应急预案。在灾害多发地区的长城点段，建设防灾减灾类保护性设施，相关设施的规模、体量和外观等应与长城文化景观整体风貌相协调。加强长城保护相关各部门的协调联系。更有效地执行2019年发布的《长城保护总体规划》中强调的"整体-属地-重要点段"的多层级整体保护原则。

另外，京津冀明长城的保护还需要广大公众的参与和支持。应当加强长城保护的宣传教育，提高公众对长城保护的认识和重视，形成社会共识，让更多的人了解京津冀明长城的价值和意义，共同参与长城保护的行动。目前，北京长城沿线各区尚无专业的长城保护员队伍。各区长城保护员多为长城所在乡镇政府临时聘用人员，缺乏专业知识和技能。应当建立专业的长城保护队伍，培养专业人才，提高长城保护员的专业水平。

4. 构建京津冀明长城"遗产-生态"保护利用的信息技术平台

长城保护工作需要依靠先进的技术手段和有效的监测体系，京津冀明长城保护监测技术还有待加强。应当加强对长城的监测，及时发现和解决长城存在的威胁，确保长城遗产与生态环境的安全和稳定，才能更好地保护和传承长城的价值。构建包含长城"遗产-生态"数据采集、模型构建、定量分析、模拟修复和展示传承的长城"遗产-生态"保护与利用信息技术平台，通过数字化保护手段整合长城遗产与生态资源。目前京津冀明长城资源信息数字化工作已经起步，但目前的数据采集侧重于长城遗产本体方面，尤其是已经被列为不可移动文物的资源点，对于周边环境以及生态要素考虑较少，且数据库的实时性效率有待提高。在长城遗产数据采集方面，采用卫星遥感、倾斜摄影测量、三维激光扫描等技术，对不同材质、不同类型的长城遗产及其周边生态地理环境进行数据采集。在此基础上构建可编辑、可更新的长城沿线遗产和周边生态环境的三维模型，并根据历史信息图片和数据跟踪监控，形成四维时空模型，建立多维度、多尺度长城沿线模型与聚落遗产数据库和"数字孪生长城"信息平台。进一步根据模型定量分析长城"遗产-生态"特征，从宏观层面的遗产体系构成、空间分布、区域地理环境和生态格局到微观层面的建筑材料、建造工艺、病害分布、劣质化状态，进而扩展到对特征动态变化和影响因素的研究，这部分内容将在本书第八章中详尽阐释。

第三节　沿线遗产保护问题与应对策略

遗产地阐释与展示不仅是彰显遗产价值、促进遗产地经济社会可持续发展的重要环节，也对增进公众认知、促进遗产保护有较大的作用。京津冀明长城沿线区域是自然基底与人工修建的长城遗产共同构成的"遗产-生态"耦合文化景观，本节基于遗产地阐释与展示理念，借鉴传播学理论体系，对京津冀明长城沿线区域总体阐释与展示进行了研究。

一、沿线主要生态问题及应对策略

北京、天津及河北地区山水相连，自然相近。明长城在这三地北部燕山山巅蜿蜒盘卧已数百年。京津冀明长城沿线区域作为一个生态整体有其共性特征，同时也是由一个个独立的生境单元构成，时刻以自我为中心与外界产生联系和进行交流，包括生态系统的生物成分与非生物成分。生物成分与非生物成分中的大气、水等生态环境要素，更是具有由中心向四周扩散的协同变化特征，从而实现不同地区之间的相互流动与交流。经前期调研并结合相关文献，总结了京津冀明长城沿线区域的主要生态问题，依据与长城遗产保护的相关性程度概括如下。

问题一：京津冀地区生态水资源短缺导致植被退化并引发了连锁水生态问题。从自然地理角度来看，京津冀地区地处我国半湿润区与半干旱区的交界地带及华北平原到内蒙古高原的过渡地带，北部地区大致与400mm等降水量线重合，自然水资源先天不足。从自然环境演变趋势来看，京津冀地区的原始生态环境是以栎、松为主的常绿、阔叶混交林生长区域。自汉代以来的2000多年里，长期的高密度高强度开发导致该区域原生植被悉数消失且难以恢复，植被生态系统涵养水源功能近乎丧失。尤其是明清以来，为保障京师区域的基本生活、经济发展及战备需求，一直依赖社会力量对京津周边水资源进行逆生态过程调配，导致周边水资源的空间分布不合理程度加剧以及局部地区的生态水资源严重短缺。近代以来，由于气候变迁因素，华北平原地区无序、超量的地下水开采以及京津冀地区北部、西部长城沿线区域水源涵养区的恢复过程缓慢等因素，导致该地区的水资源相关问题一直存在。由于明长城沿线地区的地理特殊性，该问题进一步凸显。例如，独石口长城所在区域为海河流域潮白河水系源头之一的白河水系区域，古北口长城所在区域为潮河的重要汇水区，水资源严重短缺。近年实施并完成的南水北调中线、东线（一期）工程中，京津冀地区是最主要的受水区域。海河水系水源地保护工程有利于京津冀地区自然水资源的保护，但也在一定程度上限制了水源所在地区的城乡建设和经济发展。所以，水资源、水生态过程保护与文化遗产保护的耦合及协同应同步进行，但也增加了该工作的复杂性和实施难度。

问题二：明长城沿线地区的防护林规模较小、质量较差。始于1978年，西起新疆东至黑龙江，横跨中国西北、华北和东北地区的"三北"防护林工程已持续开展40多年并取得了世界瞩目的效果。结合"三北"防护林工程建设的京津冀风沙源治理取得初步成效，但局部地区的防护林存在未遵循"适地适树"原则，防护林结构和成分不合理，防护林总量不足、质量不高及衰退等问题。"三北"防护林在京津冀地区的分布与明长城的集中分布区域基本重合，除常规的风沙源防治问题外，明长城沿线地区还存在大量的"基底式"风沙区，以及因河流生态退化后干枯河床裸露所形成的"廊道式"风沙源区。上述区域并不在常规"三北"防护林的防护体系之内，应在后续工作中基于长城遗产保护与风沙源防治的协同治理，对其工作方案进一步调整优化。

问题三：京津冀长城沿线地区水土流失问题持续存在。近年来，因为全球范围内的气候变化及区域因素，京津冀地区或冬春两季干旱缺水导致土地沙化、荒漠化及植被退化导致生态退化，或夏季短时间内降雨强度急剧增大导致森林等生态系统的调蓄功能丧失，引发了大规模的洪涝灾害及泥石流、山体滑坡等水土流失问题。与此同时，由于植被退化，该地区山地区域林地、农田土壤有机质含量进一步降低，保肥保水能力减弱，进一步影响了京津冀地区农村和农业的可持续发展。京津冀地区西部、北部山区水土流失问题的持续存在对水土保持工作的重要性和科学性提出了更高的要求。

问题四：大气污染对长城沿线区域造成"生态贫困"。京津冀地区是我国现阶段空气污染最为严重的地区。国家环保部统计的数据显示，以2014年为例，北京和天津城市区域空气中的$PM_{2.5}$中的30%～40%源于区域输送，即京津地区的空气污染较大部分来自河北中、南部地区的污染空气的地域传输。近年来，在区域协同治理大气污染上，京津冀地区均作了各种努力。近年来，一系列区域协同、系统性大气污染防治措施的实施，使得京津冀空气质量已经显著改善，但因产业附加值偏低，产业布局结构、能源结构不合理等问题的存在，河北北部张家口、承德部分地区的经济发展、人均收入增速受到一定影响，尤其是上述地区的明长城沿线城镇、乡村的劳动力、技术人才大量流向北京、天津等经济发达地区，严重影响了上述地区的农村、农业经济的可持续发展，造成一定程度的"生态贫困"。若该问题长期存在，将引发一系列关乎经济、社会可持续发展的连锁反应，也势必影响对明长城遗产的保护。如何在实现大气污染治理的前提下实现区域经济的可持续发展是一大难题。

二、独石口长城白河沟域主要生态问题

独石口长城位于河北省张家口市赤城县独石口镇与沽源县莲花滩乡、小厂镇和丰源店乡四个乡镇的镇域交界位置。独石口镇地处张家口赤城县北50km，是沽水（今白河古称）入塞的山口，地处沟通外长城南北的交通要口。因其险要的地理位置，数千年来这里一直是北方游牧部落与中原农耕民族相互争夺的战略要地，有"上谷之咽喉，京师之右臂"之称以形容独石口在长城防御体系中的重要地位。独石口长城始筑于北魏和北齐，而复缮、新筑至完备则在明朝的嘉靖年间，墙体是由片状砖石砌筑而成，石块之间没有粘结材料黏合，却咬合得非常完美，该技法属于明朝长城修建技法中的毛石干插技术（毛石干插技术：采用自然石块为材料的双面石墙，进行错缝垒砌，外侧选用较为规整的石块进行全砌，中间填以较小的石块）。独石口长城整个墙体都采用这种自然状态的岩石及技法垒砌，历经数百年的风雪，依然坚固雄伟，所以有重要的典型性文物价值（图4-3）。

独石口长城所在冀北山区，白河沟域位于海河水系的潮白河上游，在本书对沟域的分级中属于一级沟域。自然地貌表现为流水冲刷地貌（指地表流动水在运动的过程中，形成的各种侵蚀地貌和堆积地貌）。境内山地、丘陵、河谷、盆地等地貌类型复杂，

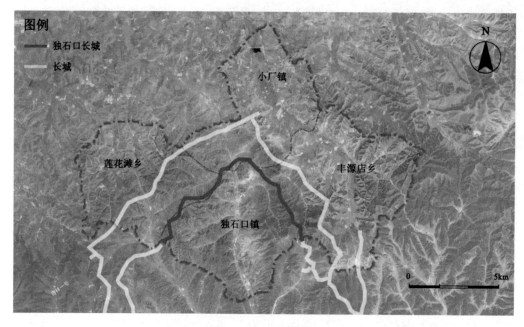

图4-3　独石口长城区位

海拔500～1200m。独石口长城白河沟域地处400～500mm等降水线之间，年降水量364～418mm。该沟域均地处中纬度地区，属东亚大陆季风气候区的中温带干旱区，全境处于西风带大气环流圈中，因而具有冬季寒冷、夏季凉爽、昼夜温差大、四季分明的气候特征。该沟域年均温3.5～8.9℃，干燥度1.6～1.9，无霜期110～148d，不小于10℃积温2177～3509℃，霜害和干旱等自然灾害影响本地区农业生产（河北省志，1993）。该沟域河谷和部分盆地拥有丰富的水资源，但大部分山地、丘陵区域水资源极缺。由此可见，该区域干旱缺水，水资源分布不均，加之大风、冰雹、冰霜等自然灾害频繁，植被覆盖率较低，水土流失面积占54.8%。

基于以上独石口长城文化遗产的文物价值及所在沟域的典型特征（京津冀地区北部半干旱区特征），将其确定为典型案例进行研究，目的是保护、保育与修复独石口长城（沟域及区域）赋存的自然环境，以及进一步阐释"遗产–生态"耦合单元的构建过程。经现场调研并结合相关研究文献，认为该案例存在以下主要生态问题。

问题一：独石口长城白河沟域植被体系所具有的涵养水源、防风固沙及防止水土流失等重要的生态功能尚未形成或尚不完备。独石口长城白河沟域局部区域尚存少数自然植被林地斑块，主要植物种类有白桦（*Betula platyphylla*）、山杨（*Populus davidiana*），以及较大规模的人造林区，主要乔木树种有华北落叶松（*Larix principis*）、樟子松（*Pinussylvestris var. mongolica*）、云杉（*Piceaasperata*）、侧柏（*Platycladusorientalis*）、山桃（*Amygdalus davidiana*）等。另外，山体阳坡区域自然分布的灌木主要有荆条（*Vitex negundo var. heterophylla*）、酸枣（*Ziziphus jujuba Mill. var. spinosa*）等；草本植物有苇状羊茅（*Festuca arundinacea*）、黑麦草（*Lolium perenne*）、狗尾草（*Setariaviridis*）等。其他大多数区域，如低海拔区域及平原区域，因历史上的长城建造及后期长期无序的农牧业垦殖，原有乔灌木植被体系被消耗殆尽，失控的农业开垦、放牧行为等使得原生植被体系受到破坏，人工造林区域植物种类丰富度低、植被类型较为单一，部分植物种类不能完全适应该区域自然环境，近些年已经出现群落退化现象。

问题二：独石口长城白河沟域较大面积区域缺少植被覆盖，部分山体石质及土质边坡风化严重，导致局部水土流失加剧。独石口长城白河沟域山体边坡分为岩石边坡和土石边坡两种典型类型。其中，岩石边坡在该沟域面积占比较少，但整体坡度较大，而且坡面土壤少且质地差、植被覆盖度较低；而土石边坡在该沟域占比较大，坡度相对平缓且存在较大面积的退耕还林、还草区域。但人工造林区域规格尚小、还草区域自然恢复速度较慢。流水侵蚀、风力侵蚀的独立或协同作用导致该区域表层肥沃土壤流失，进一步导致土壤肥力下降及土壤自然结构被破坏。

问题三：独石口长城白河沟域各类型产业协同及可持续发展动力不足。独石口长城白河沟域受地域气候限制（年积温不足、无霜期短及水资源相对不足等）及劳动力外流等因素的影响，导致区域可耕地弃耕率高、单位耕地产量低、缺乏地区特色农产品等问题。另外，还存在当地农业从业人员数量相对不足、生态与设施农业相关知识缺乏，以及环境保护意识薄弱等问题。上述问题的存在在一定程度上阻碍了该沟域生态系统、自然资源的高效保护、利用，农业新技术的应用与推广，以及区域的可持续发展。

三、独石口长城白河沟域生态系统敏感性特征分析

综合利用GIS、Fragstats等分析软件对独石口长城白河沟域的生态系统敏感性进行定量分析。分别提取景观脆弱度指数、干扰度指数和损失度指数构建景观综合生态风险指数，从而确定风险等级、敏感性等定量评价指标，并进一步剖析区域景观生态风险大小及变化情况，为后续的生态修复策略提供科学依据（图4-4）。

研究中，土地利用分类参考《土地利用现状分类》（GB/T 21010—2017），结合独石口长城白河沟域的景观特点，分为林地、草地、灌木地、耕地和人造地表（含村庄建设范围、道路等）5种景观类型；土地利用类型由Landsat8土地利用遥感影像数据信息（2021年）获得。遥感数据来源于国家基础地理信息中心全球地表覆盖数据产品服务网站（DOI：10.11769）；植被覆盖信息使用2021年Landsat8土地利用遥感影像，利用归一化植被指

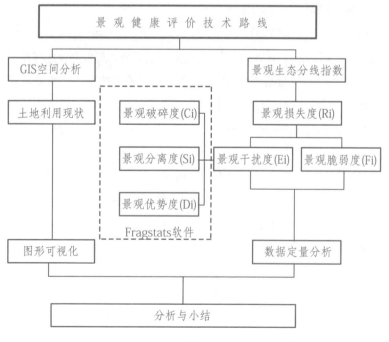

图4-4 景观健康评价技术路线

数（normalized difference vegetation index，NDVI）进行波段计算；DEM 数据来源于
GDEMV2 数字高程数据（分辨率为30m），来源于中国科学院计算机网络信息中心地理空
间数据云平台（地理空间数据云）。

基于上述分析方法体系分析的结果显示：研究区域土地利用类型中，草地覆盖率最
高，面积占比约52.9%；耕地较草地次之，面积占比约29.5%；林地面积占比16.5%；灌
木地占比最低，约0.1%（表4-6）。在该区域的5种土地利用景观类型中，草地、耕地斑块
面积显著高于其他景观类型，占比高于80%，空间分布也相对集中，且斑块连接性较好，破
碎化程度较低。林地面积占比小于耕地和草地，但斑块密度较大，碎片化程度较高，空间分
布离散程度也较高。灌木地和人造地表斑块数量较少，斑块面积也较小，均表现出斑块连接
性差，破碎化现象严重的特征。建设用地（主要是村庄建设用地）较为分散地分布于耕地景
观中，呈现零星状空间分布特征。（图4-5）

表4-6　独石口长城白河沟域土地利用现状统计表

景观类型	斑块数量	面积/km²	面积比重/%	平均斑块面积/km²	斑块密度/km²
耕地	270	45 257.94	29.5406	167.62	0.006
林地	2477	25 212.87	16.4569	10.18	0.098
草地	655	81 067.23	52.9139	123.77	0.008
灌木地	179	162.81	0.1063	0.91	1.099
建设用地	191	1504.98	0.9823	7.88	0.127

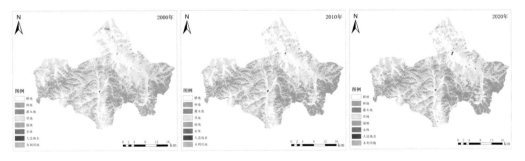

图4-5　2000—2020年独石口长城白河沟域土地利用变化图

针对该案例的景观生态风险评价，选取景观干扰度、景观脆弱度、景观损失度及景观
风险指数4个定量化指标进行综合评价。

1. 景观干扰度指数
该指数反映各个生态系统遭到外部搅扰的程度，其中不同的景观就代表着不同的生态

系统，这些生态系统受到不同程度的人为干扰，生态系统所受到的干扰越大，则该区块的生态风险就越大。为了构建这种景观干扰度指数，首先要明确景观格局，并在这个基础上来构建指数，再对所构建的各指数赋值，经过指数的不同程度的叠加反映出该景观所代表的生态系统遭到干扰的程度，干扰度计算如式（4-1）所述。

$$E_i=aC_i+bS_i+cD_i \qquad (4-1)$$

式中：E_i为第i个景观小区干扰度；a、b、c为各指标的权重，反映了各指数对景观环境所表现出来的生态环境不同的影响程度，且$a+b+c=1$；

C_i为景观类型破碎度：$C_i=N_i/A_i$，N_i为景观类型斑块数量（块），A_i为景观类型斑块面积（km^2）；

S_i为景观类型分离度：$S_i=U_i/2P_i$；$U_i=N_i/A$，$P_i=A_i/A$，A为景观总面积（km^2）；

D_i为景观类型优势度：$D_i=dL_i+eP_i$；$L_i=N_i/N$，N为景观斑块总数量（块），其权重d、e分别为 0.6 和 0.4。

通过借鉴相关研究及对前人的相关研究成果的系统性归纳、总结及分析，结合研究案例实际情况，评估不同的景观指数对生态环境的贡献影响大小，根据重要性对破碎度、分离度和优势度分别赋予权值 0.5、0.3、0.2（韩振华 等，2010），得出结果如表4-7～表4-10所示。

表4-7　独石口长城白河沟域景观类型破碎度统计表

景观类型	景观类型斑块数量N_i	景观类型斑块面积A_i / km^2	景观类型破碎度C_i
耕地	270	45 257.94	0.006
林地	2477	25 212.87	0.098
草地	655	81 067.23	0.008
灌木地	179	162.81	1.099
建设用地	191	1504.98	0.127

表4-8　独石口长城白河沟域景观类型分离度统计表

景观类型	景观类型斑块数量N_i	U_i	P_i	景观类型分离度S_i
耕地	270	0.002	0.295	0.071
林地	2477	0.016	0.165	0.386
草地	655	0.004	0.529	0.061
灌木地	179	0.001	0.001	16.082
建设用地	191	0.001	0.010	1.797

表4-9　独石口长城白河沟域景观类型优势度统计表

景观类型	景观类型斑块数量 N_i	景观类型斑块面积 A_i / km²	L_i	景观类型优势度 D_i
耕地	270	45 257.94	0.072	0.161
林地	2477	25 212.87	0.657	0.460
草地	655	81 067.23	0.174	0.316
灌木地	179	162.81	0.047	0.029
建设用地	191	1504.98	0.051	0.034

表4-10　独石口长城白河沟域景观类型干扰度结果表

景观类型	景观类型破碎度 C_i	景观类型分离度 S_i	景观类型优势度 D_i	景观干扰度指数 E_i
耕地	0.006	0.071	0.161	0.057
林地	0.098	0.386	0.460	0.257
草地	0.008	0.061	0.316	0.086
灌木地	1.099	16.082	0.029	5.380
建设用地	0.127	1.797	0.034	0.609

2. 景观脆弱度指数

该指数指各生态系统在遭受外界的干扰后所体现出来的脆弱程度。该指数反映各景观类型对于外部干扰抵抗能力的大小。通常来说，一种景观类型脆弱度越大，则代表该种景观类型抵挡外部干扰的能力越小，则相应的生态风险等级就越大。景观脆弱度指数反映了每种景观类型在人类活动影响下的易损性（龚俊杰，2016）。针对独石口长城白河沟域实际状况，在借鉴前人研究成果的基础上，采用德尔菲专家法，将研究区域景观类型的脆弱度分为5级，并对该沟域范围内的每种景观类型的脆弱度进行赋值，进而将各景观类型指数进行归一化处理，得到各类景观类型的脆弱度指数 F_i（表4-11～表4-13）。

表4-11　景观类型脆弱度指数数据表

景观类型	景观脆弱度指数 F_i	归一化景观脆弱度
耕地	5	1
林地	4	0.75
草地	2	0.25
灌木地	3	0.5
建设用地	1	0

表4-12　2000—2020年独石口长城白河沟域景观生态风险区域类型面积及比例

景观生态风险区域类型	2000年		2010年		2020年		2000—2020年变化面积/hm²
	面积/hm²	比例/%	面积/hm²	比例/%	面积/hm²	比例/%	
Ⅰ 低风险区	7453.05	7.82	6320.47	6.63	6901.17	7.24	−551.88
Ⅱ 较低风险区	28 874.60	30.30	25 195.82	26.44	23 940.55	25.12	−4934.05
Ⅲ 中风险区	32 139.82	33.73	30 867.35	32.39	28 389.56	29.79	−3750.26
Ⅳ 较高风险区	22 632.15	23.75	24 628.47	25.85	23 384.58	24.54	752.43
Ⅴ 高风险区	4189.98	4.40	8277.49	8.69	12 673.73	13.30	8483.75

表4-13　独石口长城白河沟域景观类型脆弱度统计表

景观类型	景观干扰度指数 E_i	景观脆弱度指数 F_i	景观损失度指数 R_i
耕地	0.057	1	0.057
林地	0.257	0.75	0.193
草地	0.086	0.25	0.021
灌木地	5.380	0.5	2.690
建设用地	0.609	0	0

3. 景观损失度指数、景观风险指数

源于自然和人为的双重干扰，反映这种自然属性损失的程度的指数，用景观损失度指数来表示，如式（4-2）所示。景观风险指数指将上述计算的不同指数相叠加，用以表示各景观类型相对应的生态系统在受到外界干扰时的损失程度，如式（4-3）所示。

$$R_i = E_i \times F_i \tag{4-2}$$

$$ERI_i = \sum_{i=1}^{N} \frac{A_{ki}}{A_k} R_i \tag{4-3}$$

式（4-2）中，R_i为第i类景观的景观损失度指数（龚俊杰，2016）。式（4-3）中，ERI_i为第i个风险小区生态风险指数，A_{ki}为第k个风险小区第i类景观的面积，A_k为第k个风险小区的面积。（图4-6）

依据表4-12、表4-13的分析结果，从自然与人为两个影响因素对独石口长城白河沟域的景观生态风险进行分析。

1）自然因素

赤城县域属东亚大陆性季风气候，中温带亚干旱区，年均降水量424mm左右；独石口

镇域处于干旱半干旱的区域，年降水量在400mm左右。独石口长城两侧范围内因其特殊的地理区位，年均降水量低于独石口镇域平均值（即降水量低于400mm，属半干旱区）。

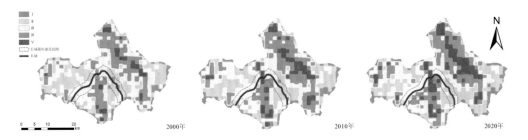

图4-6　2000—2020年独石口长城白河沟域景观生态风险分布

通过将该结果与独石口长城白河沟域山体坡度、坡向（表4-14）以及植被覆盖因素叠加分析，我们发现：①该沟域山体阴坡的植被覆盖率远远高于阳坡；②岩石山体边坡的植被覆盖率远低于土石山坡的植物覆盖率，岩石阳坡植被覆盖率为最低。出现上述结果可能的原因是：阴坡区域缺少阳光直射或时长较短，日间温度、蒸发量相对阳坡较低，导致土壤含水量较高，土壤新陈代谢速度较慢，土层深厚。上述因素有利于植被生长，所以阴坡区域的植被覆盖度尤其是乔木覆盖度显著高于阳坡区域；岩石山坡相对坡度陡、坡面自然条件差、裸露面积大，缺乏土壤层覆盖或土层薄，缺少植物生长的土壤及养分。

表4-14　独石口长城白河沟域边坡分类及其相关特征统计表

分类名称	分类特征			植被生存难度
	坡度/（°）	表面结构稳定程度	表面平整程度	
土质边坡	10～15	差	平整	容易
土石边坡	10～25	较差	平整，轻微凸凹	较困难
岩质边坡	>25	好	剧烈凸凹	困难

通过将该结果与独石口长城白河沟域降水因子与植被覆盖度叠加分析，岩石山坡、土石山坡、土质山坡的土壤含量依次降低，保水、保肥能力依次降低，因而植被覆盖度依次逐渐降低。在上述原因影响下，岩石边坡多裸露，土石山坡多被草本植物或灌木丛覆盖，而土质山坡多分布乔灌草复层植物群落。独石口长城白河沟的土石山坡占比较高，所以植被类型多为灌木林、草本植物，乔木为优势种的植物群落覆盖度一般，且多分布于山体阴坡及坡度平缓处。

2）人为因素

从2000—2020年共21年数据中选取2000年、2010年和2020年3个年度数据作为典型年度数据进行对比分析。从研究区域内的土地利用类型的变化可以发现，区域内建设用地和耕地面积均有所增加，这与城镇城市化进程中的道路等基础设施建设及人口流动有很大的关系；同时由于耕地面积的进一步扩大，林地和草地的绝对面积及其占比相对减小。时间维度上，因为战备、长城建造直至日常生活所需（大量人员驻扎于长城两侧，毁林开荒等）人类活动使该沟域原有山体植被系统的完整性和稳定性受到显著影响；社会经济维度上，由于人口增长及生活水平提高的需要，毁林开荒进一步加剧，同时不合理的农牧业经济比重，造成该区域家畜存栏量过大及私自放牧、牛羊过度啃食山坡，进一步加剧了长城所在沟域山坡植被体系的破坏。

由上述自然及人为因素分析可以看出，长城文化遗产的保护过程，不仅是长城本体的保护过程，实际是遗产所在自然环境与经济社会环境协同发展的系统性过程。生态敏感性评价运用生态敏感性评价指数、分级标准等进行评价，结合上文进行的景观生态风险等级来划分生态分区。首先，生态敏感性评价中最重要的环节是制定评价因子分级标准，进行定量的生态环境敏感性综合评价。参考已有的研究成果，将各单因子对土地生态敏感性的影响等级按不敏感、低敏感度、中敏感度、高敏感度4个等级划分，同时分别赋值1、3、5、7进行量化。各生态因子的敏感度等级分级标准如表4-15所示（袁领兄，2021；张煜星等，2013）。单因子的权重值与其对敏感性的影响成正比，根据层次权重决策分析的方法（AHP法）两两比较单因子对生态环境的重要性以确定各因子权重，如表4-16、图4-7所示，从而根据景观生态风险等级评价和生态敏感性叠加，得出低、中及高生态风险区及生态保护、保育与修复分区结果，从而在下文中提出不同的分级生态系统修复策略。

基于以上分析，可见独石口长城白河沟域存在以下生态问题：①2000—2020年该沟域的高风险区占比和绝对面积都显著增加，该沟域局部区域的生态系统保护、保育与修复工作已经达到刻不容缓的程度；②该沟域乔木林地（含自然林、人工林）的优势度较高，说明该沟域虽草原、耕地占比相对较大，但优势植被类型仍为林地；位于山体阳坡、土石山坡及较高海拔区域的灌木林地景观破碎度、分离度及脆弱度水平在各景观类型中最高，说明该植

表4-15　独石口长城白河沟域各生态因子敏感度分级

评价因子	不敏感	低敏感度	中敏感度	高敏感度
植被覆盖度因子	<0.6	≥0.6，<0.7	≥0.7，<0.8	≥0.8
坡度因子	<5°	≥5°，<15°	≥15°，<25°	≥25°
水环境因子	≥2500m 缓冲区	≥1500m，<2500m 缓冲区	≥500m，<1500m 缓冲区	<500m 缓冲区
灯光指数因子	≥12.781	≥4.494，<12.781	≥1.608，<4.494	<1.608
土地利用因子	人造地表	耕地	灌木地、林地	林地
赋值	1	3	5	7

表4-16　独石口长城白河沟域各生态因子敏感性权重

评价因子	植被覆盖度	坡度	水环境	人口密度	土地利用类型	权重W_i
植被覆盖度	1	5	1/3	5	3	0.261
坡度	1/5	1	1/7	1	1/3	0.0548
水环境	3	—	1	—	5	0.5224
人口密度	1/5	1	1/7	1	1/3	0.0548
土地利用类型	1/3	3	1/5	3	1	0.1074

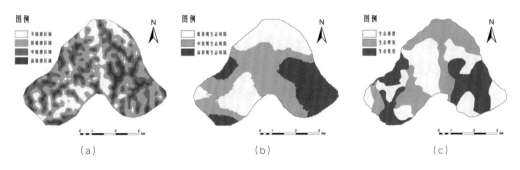

图4-7　独石口长城白河沟域生态敏感性评价结果

（a）生态敏感性等级；（b）景观生态风险等级；（c）不同的生态分区

图片来源：作者自绘

被类型在各景观类型中最易受到影响，且受到影响的程度最高，当前所处状态也最应该引起足够重视；③在沟域生态敏感性评价结果中，水环境生态因子敏感性权重占比最高（高于50%），其次为土地利用类型（约11%），说明在该沟域的后续生态系统保护与修复实践中，应围绕水土保持、水源涵养等水自然过程恢复进行，同时应紧密关注乡镇、村庄等建设用地对生态环境产生的影响。

四、独石口长城白河沟域生态系统保护与修复策略

基于以上定量分析及问题总结归纳，提出独石口长城白河沟域的生态系统优化、修复及重建技术体系。首先，该技术体系提出的基本出发点是长城"遗产–生态"耦合单元构建，根据因地制宜的原则，立足于沟域的尺度及空间特征，致力于保护恢复沟域特色自然空间，严格保护沟域原生生态系统的基础上构建遗产保护人文空间。其次，在生态修复区域以宜林则林、宜灌则灌、宜草则草、宜耕则耕为大方向，做好退耕（或经济林）还林、还草区域的植被系统管理，并且综合运用生态、工程技术手段防治水土流失、山体滑坡等地质灾害，加强森林、草原等自然资源保护，防止对长城所在区域及保护范围基于经济等目的的任

何不合理、过度的开发、利用。基于以上针对独石口长城白河沟域开展生态系统敏感性分析结果，提出以下生态系统保护与修复策略。

1. 沟域植被生态系统保护与修复策略

"以防为主 防治并举"的天然林保护策略。以防为主，主要是防止对长城白河沟域的现状原生天然林生态系统的任何破坏活动发生及已有破坏继续深化和扩大；防治并举，主要是在"防"的基础上，有目的、有计划、有步骤地主动进行天然林生态系统保护、保育。①在"防"的层面，首先收集长城两侧破损山体、生态系统的地质资料以及基于现场调研深入分析生态系统破坏情况，由"封山育林"进一步扩展到"封山育草"，实现原生、已建成生态系统的完整保护及保育；②在"治"的层面，对长城两侧损坏严重的山体，因地制宜地进行坡体加固、裸露坡面的整理以及人工造林区域的（主动）排水系统修建，从而消除生态系统安全隐患，为植被的生态系统持续优化打造一个良好的基础（黎明 等，2022）。

"一林一策"的人工林修复策略针对独石口长城白河沟域现状人工林及部分自然林（含灌木林），经上述定量化评价及分析后，将其划分为退化林、幼龄林、低质低效林3种类型，针对这3种类型"一林一策"，采取差异化的林地及植被修复优化措施，恢复重建良好的自然生态系统。①针对已衰退或处于衰退过程的自然、人工林地，首先，对独石口长城白河沟域内国家、省市早期进行的重大建设或生态工程项目进行科学调查评价；其次，分析技术体系、特点及实施效果，进而有针对性地、因地制宜地对衰退林木实施科学更新，促进其自然更新、健康稳定生长、最大限度地发挥植物保护功效。②加大对独石口长城白河沟域内中幼龄林的抚育力度，尤其是对华北落叶松等纯林区域进行适当更新，以优化纯林结构；同时，持续改善该沟域内除纯林区域外的次生林、草原区域的结构和质量。目的是通过原生植被体系修复、构建和优化，进一步修复自然生态系统，促使其保土蓄水等生态系统服务功能的持续发挥。③独石口长城白河沟域内的低质效林，后期以近自然经营理论为理论基础，具体以林分改造为实践基础，对低质效林适度增加针阔混交林比例，提高天然次生林质量，从而恢复该区域的生态基础功能。在未来，通过自然的演替，逐渐恢复以及进一步优化林地生态系统服务功能（刘秉儒 等，2021）。

2. 沟域水土保持与水源涵养策略

强化独石口长城白河沟域生态高敏感区、易水土流失区的水土保持植被生态保护与重建。在降水量低于400mm的生态高敏感区，尤其是沟域阳坡、半阳坡区域，植被恢复以草原为主，将效益低下且耗水多的人工防护林改造为可以起到防风固沙效果的灌木与草原植被。坚决杜绝在低沟域海拔区域抽取地下水进行林地、草原灌溉，禁止种植杨、柳树等生长期内耗水量较高的树种。着力治理、修复已退化草原，改善草原生态，在土地易沙化区域强制草地轮休禁牧制度。结合后续的"三北"防护林体系构建工作，在该沟域内科学布局水源涵养林。对于深远山区域和白河汇水区上游区域，以保护原有天然林地系统、营建水源涵养林和水土保持林为主，尤其是在降水充沛地区（降水量高于400mm）大力建设水源涵养林，树种以山杨、白桦、华北落叶松及樟子松等乡土植物为宜。海拔较低、地势较平缓的退耕还林、还草区域或弃耕农田、经济林区域主要树种为本土植物的油松、华北落叶松和樟子松等，并与场地内原有乡土灌木、草本植物等相结合，形成多物种混交的复合森林结构体系。独石口长城所在区域前期在海拔低处且土壤条件较好的边坡上以水平梯形坡面种植方式种植华北落叶松纯林（山体阳坡），或油松与山杏混交林（山体半阳坡或阴坡），人工植物景观与原有植被景观协调较好。绿色植被扎根于沟域内长城两侧边坡区域，不仅可以有效地遏制水土流失、土壤退化，其本身也构成完整的长城文化遗产廊道，是长城文化景观的组成部分。

3. 农牧业可持续发展的策略

依据相关保护及发展规划（《河北省长城保护条例》（2021年）、《赤城县全域旅游发展规划》（2019年）），依托已有的自然及人文资源以及独石口长城的独特性，构建的生态农业、生态旅游产业，依托生态系统保护、保育与修复的一体化、协同发展策略是独石口长城沟域自然、社会经济可持续发展的最有效路径。针对独石口长城白河沟域生态农业建设和可持续发展，我们提出3条发展措施：①大力挖掘和发展独石口特色农业模式，研发一系列特色农产品并建设一批精品农业示范园；②通过点对点的技术服务，引导该沟域农村群众积极发展设施农业，扩展农业产业链、增加农产品附加值；③在地区生态修复的基础上，将长城遗产空间与生态系统空间相结合，既要绿水青山，也要金山银山，在绿水青山中寻找金山银山。

本节选取独石口长城白河沟域为典型案例，基于独石口长城本体保护以及沟域自然环境、生态系统具体情况，沟域空间资源分布特征，研究专注于沟域尺度的长城保护，生态系统保护与修复、传统农业转型以及区域可持续发展等问题，从关乎长城文化遗产保护的最小尺度层面讨论一体化生态修复模式下的修复策略。在"遗产–生态"耦合单元构建理念中，立足于长城文化遗产保护目标，基于独石口长城保护范围沟域尺度内两侧山体生态条件的现状，通过定量分析独石口长城白河沟域潜在生态风险类型、等级，确定其风险等级、敏感性特征等，选取景观干扰度指数、脆弱度指数和损失度指数构建综合生态风险指数，分析研究区域景观生态风险大小及变化情况，并综合分析该沟域内各类型山体边坡、人工/自然林地区域的具体环境问题，提出针对性的生态系统保护、保育与修复策略，因而该策略适用于独石口长城白河沟域这一特定类型的生态保护与修复工作开展，具有一定的独特性和专属性特征。

独石口长城白河沟域既有其自然、地域的独特性，也具有京津冀长城沿线沟域的普遍性特征。例如，生态系统的防风固沙、水源涵养功能以及长城遗产独特的文物价值。本章针对该类沟域生态系统特征进行的分析及基于分析结果提出的生态修复策略，不仅可以为该沟域的长城遗产本体保护、生态系统修复提供依据，还可以进一步扩展到其他类型沟域，通过不断地探索和实践，丰富相关理论内容及技术体系，进一步服务于"遗产-生态"耦合单元构建。

参考文献

[1] 骆文，张晓俊，吴奇霖，等. 京津冀明长城军防聚落现代演化及分类保护策略探讨[J]. 自然与文化遗产研究. 2024，9（1）：48–56

[2] 河北省地方志编纂委员会. 河北省志（第3卷）：自然地理志［M］. 石家庄：河北科学技术出版社，1993.

[3] 邓铭江，黄强，畅建霞，等. 大尺度生态调度研究与实践[J]. 水利学报，2020，51（7）：757–773.

[4] 龚俊杰，杨华，邓华锋. 北京明长城沿线景观与生态风险分布格局分析[J]. 中南林业科技大学学报，2016，36（5）：114–120.

[5] 韩振华，李建东，殷红，等. 基于景观格局的辽河三角洲湿地生态安全分析[J]. 生态环境学报，2010，19（3）：701–705.

[6] 宁晨东，周利军，齐实，等. 京津风沙源区草地生态修复技术评价[J]. 西北农林科技大学学报（自然科学版），2022，50（1）：126–136.

[7] 黎明，梁宜，吴悠. 一体化视角下的城镇空间生态修复策略思考[EB/OL]. 中国国土资源经济. [2023–03–03]. https://mp.weixin.qq.com/s?_biz=MzU2MDYzMDY1Mw==&mid=2247501026&idx=3&sn=d1ddb5eb51a6c751ab849a8a27e678e1&chksm=fc079af0cb7013e60432c96f1fc0d7ca94e1aa91782bb41f22844bdbbd8d4d4a67c3d325540b&scene=27.

[8] 李玉倩，刘德成，彭振，等. 北京市门头沟区高陡岩质边坡生态修复实践[J]. 城市地质，2021，16（4）：404–409.

[9] 刘秉儒，李国旗，姜兴盛. 贺兰山自然保护区矿山生态修复现状评价及相关问题对策[J]. 宁夏农林科技，2021，62（4）：40–43,50.

[10] 刘沛林，刘春腊. 北京山区沟域经济典型模式及其对山区古村落保护的启示[J]. 经济地理，2010，30（12）：1944–1949.

[11] 袁领兄，李坤，范舒欣，等. 基于GIS的太原市土地生态敏感性评价[J].中国城市林业，2021，19（3）：19–24.

[12] 张学斌，石培基，罗君，等. 基于景观格局的干旱内陆河流域生态风险分析：以石羊河流域为例[J]. 自然资源学报，2014，29（3）：410–419.

[13] 张煜星，严恩萍，夏朝宗，等. 基于多期遥感的三峡库区森林景观破碎化演变研究[J]. 中南林业科技大学学报，2013，33（7）：1–7.

[14] 吕忠霖. 北京长城保护与发展简要概述[Z]. 北京文博文丛，2020：109–114.

[15] 单霁翔. 大型线性文化遗产保护初论：突破与压力[J]. 南方文物，2006（3）：2–5.

[16] 俞孔坚，奚雪松. 发生学视角下的大运河遗产廊道构成[J]. 地理科学进展，2010，29（8）：975–986.

[17] 李迪华. 绿道作为国家与地方战略从国家生态基础设施、京杭大运河国家生态与遗产廊道到连接城乡的生态网络[J]. 风景园林，2012（3）：49–54.

[18] 詹庆明. 基于GIS和RS的遗产廊道适宜性分析方法[J]. 规划师，2015（z1）：318–322.

[19] 刘耀林，刘艳芳，夏早发. 模糊综合评判在土地适宜性评价中应用研究[J]. 武汉测绘科技大学学报，1995（1）：71–75.

[20] 俞孔坚，李伟，李迪华，等. 快速城市化地区遗产廊道适宜性分析方法探讨：以台州市为例[J]. 地理研究，2005（1）：69–76，162.

[21] 薛林平，周詹妮，郑钰鋆. 北京密云县古北口历史文化名镇研究[J]. 北京规划建设，2014，157（4）：112–120.

[22] 赵宇. 乡村旅游对乡村振兴与传统村落保护的影响：以古北口旅游业发展为例[J]. 辽宁工程技术大学学报（社会科学版），2019，21（5）：340–347.

[23] 冯君明，李运远. 基于适宜性分析的遗产廊道保护研究：以大同新荣区古长城为例[J]. 风景园林，2018，25（12）：93–98.

[24] 税嘉陵，姚光刚，冯潇. 文化遗产廊道中的风景林营造策略探索：以大同市古长城文化遗产廊道风景林专项规划为例[J]. 北京林业大学学报，2019，41（12）：139–152.

[25] 国际古迹遗址理事会文化线路科学委员会（CIIC）. 国际古迹遗址理事会（ICOMOS）文化线路宪章[J]. 中国名城，2009（5）：51–56.

[26] 苏毅，马妍，陈梦琪，等. 基于生态适宜性评价的古北口长城遗产廊道构建研究[J]. 北京规划建设，2022（1）：125–129.

第五章 沿线遗产与生态展示利用研究

第一节　沿线区域总体阐释与展示研究

一、长城沿线区域总体阐释与展示方法研究

1."阐释"与"展示"概念界定

2008年的《文化遗产地阐释与展示宪章》是截至目前国际社会关于遗产地阐释与展示理论的集大成者，也是目前国际上第一个关于文化遗产阐释和展示的专门文件。值得一提的是，"宪章"的阐释与展示针对的是"遗产地"而非单独的"遗产"，并且特别强调了"遗产地周边景观、自然环境和地理背景都是遗产地历史文化价值的必要组成部分"。也就是说，"宪章"倡导的阐释与展示是对以文化遗产为主体的整个大文化景观的综合阐释与展示。"宪章"中关于"阐释"和"展示"的定义如下：

阐释：指一切可能的、旨在提高公众意识、增进公众对文化遗产地理解的活动。这些可包含印刷品和电子出版物、公共讲座、现场及场外设施、教育项目、社区、活动，以及对阐释过程本身的持续研究、培训和评估。

展示：尤其指在文化遗产地通过对阐释信息的安排、直接的接触，以及展示设施等有计划地传播阐释内容。可通过各种技术手段传达信息，包括（但不限于）信息板、博物馆展览、精心设计的游览路线、讲座和参观讲解、多媒体应用和网站等。

基于以上概念界定，可以发现，对遗产地的阐释与展示是一个相互联系、相互交融的一套体系。阐释是指对遗产地及其相关性的理解、阐明与解释，展示是其对阐释的内容进行表达、公示与传播。

2. 传播学视角下的阐释与展示体系

从国内外实践来看，遗产地阐释与展示大多偏重实践探索，虽已有较多具体手段和方法积累，但尚未形成具有理论深度的成熟理论体系。在长城相关遗产地也是如此。而作为超大

型高度复杂的"遗产-生态"耦合文化景观，长城遗产地的阐释与展示研究尤其需要有一定深度的理论支撑。因此，有必要借鉴传播学的理论方法对遗产地阐释与展示进行重新审视。传播学是研究人类一切传播行为和传播过程发生、发展的规律以及传播与人和社会的关系的学科，是研究社会信息系统及其运行规律的科学。从《文化遗产地阐释与展示宪章》中对"阐释"与"展示"的概念定义来看，阐释与展示对象的相关信息需要经过"专业阐释—阐释信息出现—阐释信息安排—阐释信息传达"这样一个传递过程才能被大众所接受，这其实就是一个信息传播的过程。不少学者也已经关注到了传播学理论对遗产地包括长城沿线区域阐释与展示的支撑作用，如丛桂芹《价值建构与阐释——基于传播理念的文化遗产保护》，以及王长松、张然的《文化遗产阐释体系研究——以北京明长城为评价案例》等。

根据传播学大师拉斯韦尔的"5W"经典传播模式，传播过程有五个基本构成要素，分别是传播者（who）、传播内容（what）、传播媒介（which）、传播受众（who）、传播效果（what effect）。对应到遗产保护领域，传播者即主导遗产信息保护、管理、传承的主体，包括国际遗产保护组织、遗产管理机构、专业价值评估的参与者等；传播内容即一切需要对公众传达的遗产信息，包括遗产本身、遗产价值、遗产所处环境等；传播媒介即信息传播的各种手段和渠道，包括长期设置的展示系统，如印刷品、电子读物、解说牌、标识牌、多媒体解说设备等，定期或不定期的宣传活动，如公共讲座、志愿培训、相关课程等，以及以现代科技为手段的遗产展示和多元化的体验活动等（王长松 等，2020）；传播受众即遗产信息的接收对象，包括遗产知识学习者、遗产利益相关方、游客等；传播效果就是遗产信息对接收者和社会产生的影响，包括科普教育、情感共振、美学感受、游览体验等（图5-1）。

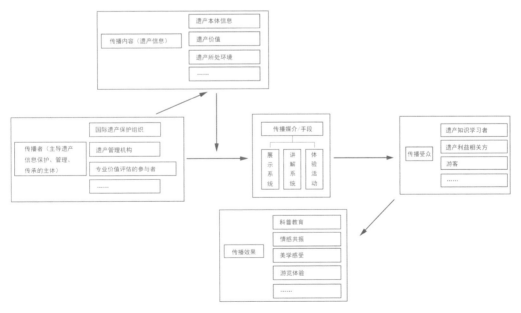

图5-1　传播学视角下的遗产地阐释与展示体系
图片来源：作者自绘

在以上体系中，传播者、传播内容、传播媒介、传播受众是需要重点关注的问题。因为在文化遗产保护领域中，展示和阐释一般会通过遗产地的展示规划来实现。在规划过程中，要做到阐释与展示的信息能较为准确地体现对象的特色，展现对象的价值，那么从对象和内容，到展示与阐释中的信息，需要有一个转译和提炼的过程，需要由传播者经过一定的研究来确认。基于阐释与展示对象的不同形态和特性，需要运用多样的传播手段。同时还需要注意不同受众对内容理解的角度和需求不同，应充分关注到这些不同需求，注意构建多样性的阐释视角，实现"以人为本"。而传播效果则是在以上工作的良好实践基础上的传播学更深层次的研究内容，不是本研究所要深入涉及的内容。

3. 长城沿线区域总体资源的展示模式

展示模式可以理解为在文化遗产地有计划地传播阐释内容的标准样式，具有一定的可效仿性，可以作为展示中的参考范本（李梦磊，2018）。从传播学的视角来看，展示模式其实是在综合考虑传播者、传播内容、传播媒介、传播受众等传播要素的基础上形成的一些组合式传播方法。

长城是较早进入公众视野的文化遗产，从其整体空间特征来看，长城往往呈现出线状分布，其总体资源体系实际上包含了作为点状的烽火台等，也包含了作为线状的墙体，还包括堡、寨等面状资源，以及作为自然背景的生态资源，属于超大型、超复杂的"遗产–生态"耦合文化景观。由于其巨大的体量，对其的展示往往切分为大小不一的区段进行，相应的展示模式也较为多样。又由于其复杂的资源内容，从人工构筑物到自然生态背景的总体展示都有不同的模式。

就国外案例而言，英国哈德良长城作为大型体系性资源，其阐释和展示呈现出多层次的串联结构，通过线性的国家步道连接点状的遗址现场、博物馆、遗产环境等，向公众展现哈德良长城自身文化内涵及其沿线的古迹遗址和自然风光（李金蔓 等，2018），这或许可为中国长城沿线区域资源总体的阐释与展示提供部分借鉴。但是面对中国长城沿线区域资源体系更为复杂和庞大的情况，中国长城沿线区域资源总体的阐释与展示模式势必将会更加多样。遗产保护界也对我国长城展示模式有一定的研究，如刘磊《明长城北京段展示利用研究》，较为全面地归纳和总结了目前北京地区的长城展示模式。在此基础上，我们推而广之总结出长城沿线区域资源阐释与展示的典型模式，包括博物馆展示、原址展示、宏观远景展示、长城视廊展示、探访路展示、区域展示、遗产廊道展示、国家文化公园展示等多种展示模式。

博物馆展示是目前长城阐释与展示中的常见模式，最典型的如中国长城博物馆、居庸关长城博物馆、山海关长城博物馆等，主要通过以下4种方式进行信息的传播。一是图文资料展示，为参观者提供图片资料、历史文献等，从而系统全面地介绍长城。如居庸关长城博物馆通过文献图片展示了军事要塞居庸关长城的历史、文化、军事、建筑、艺术等内容。二是模型展现，长城因其覆盖范围广，遗产体积庞大，游览者无法在某一地点全览长城整体的风貌，采用模型的展示方式可以使游览者更形象直观地看到长城的整体效果，全面了解长城。三是陈列展示，此方式是我国文物展示的主要方式，将各种出土的可移动文物通过考古发掘时间或陈列主题模块等顺序摆放在有玻璃罩的展台上，再配合相应的文字说明及适合人眼观看的灯光效果，可以更加直接地展现出文物的自身价值。四是数字化展示，此方法相对比较新颖，依托深厚的长城文化，结合高新数字化技术，给游客全新的视听游览体验。代表项目如梦幻长城球幕影院，其集"球幕+3D+动感"集成创新技术、虚拟现实（virtual reality，VR）、增强现实（augmented reality，AR）等技术手段于一体，形成了超震撼的视觉盛宴，充分展现长城"上下两千多年，纵横十万余里"的雄浑博大的历史风貌。

原址展示是指对遗址基本不进行任何改动，只对其进行最基本的保护并在固定范围内展示的方式。原址展示是所有展示方式中最简单、最大限度保护遗址、成本最小的阐释与展示方式，比较适合遗址面积大或容易受环境、人为活动破坏的遗址，在我国这也是一种很普遍的遗址保护展示的措施。原址展示包括原貌展示和修复展示。其中，原貌展示是指不对长城沿线区域资源现状本体做任何改动，以目前长城资源的原貌向公众展示。这种展示模式一般应用于保存情况较好的长城点段，在将长城本体做适当的清理后，以可登上长城沉浸式游览的方式向公众展示长城的原真面貌，让游览者产生情感共鸣。也可应用于有残损的长城点段，在采取围栏保护、危险地段加固措施以后，供公众参观，以便更真实地展示长城的构造和经历的变化过程。修复展示是指对部分长城点段做适当的修缮和复原，在进行充分历史论证、考古分析的基础上，进行适当的修缮和复原，以便更完整地展示长城沿线区域资源。但是进行修复展示时，要以保持遗产的真实性为原则。采用过此类展示方式的点段有北京的八达岭长城、河北山海关长城等。

宏观远景展示主要采用长城轮廓线展示和长城夜景展示。由于长城大多修筑于山脉之上，走势沿着山脊蜿蜒起伏，长城轮廓走向与山势和天际线相结合，形成了气势磅礴的高山长城景观。长城随山就势，绵亘曲折，形成优美的长城轮廓线，通过对长城进行夜景照明设计，让长城在夜晚的星空之下更显壮观，并联合长城周边村镇旅游形成夜间长城游，是近年来出现的较流行的长城展示方式。

长城视廊展示。长城是军事设施，其性质决定了它具有良好的瞭望视野和视线廊道，特别是烽燧、敌台等处，可远观高山平川，视野开阔，是绝佳的观景点，也是展示长城景观的角度之一。通过长城上互看互望的视廊，既可观壮美河山，又可体验长城防御系统设计精妙之处。

探访路展示主要指筛选若干相关文化资源，联合长城资源，以特定主题进行串联，从而打造具有主题性、在空间上呈线性特征的游览路径，如长城防御体系探访路、长城抗战与红色文化探访线路、长城脚下村镇风韵探访线路等。

区域展示。在实际阐释和展示活动中，长城往往会被划分为若干区域，以区域为单位对长城进行阐释与展示。对于某个区域的长城沿线区域资源，通过展示规划的设计手法组织起该区域内的长城阐释与展示，包括设计展示线路、设置展示分区，并配套相应的展示服务设施等。区域内可以设计多条展示线路，以展示长城的路线为主，其他多条展示长城沿线相关资源的路线为辅，既可以让公众体验长城军事文化，也可以体验长城周边自然人文特色，形成区域展示网络。

遗产廊道展示。遗产廊道理念产生于美国，中国近年来开始关注这一领域，它从一种更综合的角度审视遗产。长城遗产廊道的总体资源构成应包括整个长城防御体系文化景观，如长城边墙、屯兵系统、烽传系统、驿传系统、屯田系统，以及长城赋存的生态环境。这是一种把长城所有复杂构成及所在地相关自然人文环境背景均纳入展示系统中进行考虑的综合性展示模式。

国家文化公园展示。建设国家文化公园是国家实施的重大文化工程。根据《长城、大运河、长征国家文化公园建设方案》精神，国家文化公园建设意在整合具有突出意义、重要影响、重大主题的文物和文化资源，实施公园化管理运营，实现保护传承利用、文化教育、公共服务、旅游观光、休闲娱乐、科学研究功能，形成具有特定开放空间的公共文化载体，集中打造中华文化重要标志。长城沿线各省份已经陆续开展长城国家文化公园的建设工作，长城的阐释与展示工作必将提升到新的高度，长城国家文化公园也必将成为未来长城沿线区域总体资源阐释与展示的新阵地。

二、京津冀明长城沿线区域总体资源阐释与展示内容研究

1. 京津冀明长城沿线区域总体资源特点

从分布环境来看，由于需要借助山川险阻防御塞北游牧民族，因此长城资源大部分位于山区沟域，形成了与生态资源紧密联系的特点。从遗产保护展示的角度，这既是优势也劣势，优势在于京津冀明长城资源所在区域内自然环境类型丰富，文化遗产资源与生态资源相辅相成，长城景观完美融入周边生态资源中，多段长城以自然景观与人文景观完美结合而著称，景观价值较高。劣势则在于在生态环境脆弱的区域，长城资源受生态脆弱性的影响较大，如历史上采矿等建设对长城及周边风貌影响较大，自然灾害对长城资源及周边风貌也有一定影响。

同时，京津冀明长城资源具有价值高、类型全、多处精华段落留存的特点。京津冀明长城担任了拱卫京师的重要防务，从建造之初就受到高度重视，是长城防御系统中建造水平最高的段落，具有较高的遗产价值，且京津冀明长城大多建立在地形较为复杂的山地、沟域地

区，与当地地形地貌巧妙结合，长城修建的多种形式和方法都能在京津冀找到代表性样本。按2019年发布的《长城保护总体规划》的分类，长城遗产资源分为长城墙体、壕堑/界壕、单体建筑、关堡、相关设施等各类遗存。京津冀明长城资源种类齐全，几乎囊括了明代长城所能见到的所有类型，在建筑方面也堪称长城各种建筑类型的典范。同时京津冀留存的明长城精华段落多，如1987年被列入《世界文化遗产名录》的长城遗产点八达岭长城和居庸关长城，闻名中外的山海关长城、金山岭长城、慕田峪长城等，是明长城精华段落的聚集区。

从资源现状而言，京津冀明长城总体资源可谓量大面广，但是存在保存状况差异大的问题。在国家文物局开展的全国长城资源调查认定中，长城墙体总长度8851.8km，其中京津冀明长城遗址总长1852.97km（北京474.06km，天津40.28km，河北1338.63km），约占总量的21%，因此从总量上来看，京津冀有展示中国长城资源的良好基础。从分布范围和保存状况来看，京津冀明长城沿线区域资源分布广泛，但是各段保存状况差异较大，因此保护压力大而可供展示的段落有限。以河北为例，从价值、保存现状、可利用潜力等角度对长城资源进行分析，其中只有20.6%区段具备开放展示条件，且这20.6%的区段也并非连续出现，而是分散在全线各段落中，这对总体阐释与展示、整体长城故事的讲述造成了一定的困难。

2. 基于资源特点的阐释与展示要求

基于以上对京津冀明长城沿线区域总体资源特点的分析与总结，得出对京津冀明长城沿线区域"遗产–生态"耦合单元的阐释与展示的要求如下。

一是阐释与展示要注重人文与自然融合，与沟域生态资源联动。京津冀明长城资源大多数依存于"遗产–生态"耦合的沟域单元，因此在展示中，需要考虑自然环境对遗产的产生、发展和保存的影响，比如体现修建长城时人工与自然的互动，改造自然、利用自然的智慧。针对分布在偏远山区、周边有着良好自然生态资源的长城资源，在展示时注意与周边生态资源进行联合，展示其宏伟壮丽、气势磅礴的景观。同时在生态脆弱地区应注意展示方式的选择，采用对生态资源有较少影响或没有影响的方式进行展示，注意保护生态资源。

二是阐释与展示需要突出价值，注重全面性和系统性。京津冀明长城价值突出、遗存丰富，是明长城中的精华，在展示中尤其要加强对价值的阐释，突出展示京津冀明长城重要的文化价值。同时在展示中要充分展示沟域环境特点，体现长城沿线区域总体资源的全面系统性，拓展长城展示的空间纵深，不仅展示最前线的边墙防御，也展示长城依托沟域纵深防守的一系列烽火台、堡寨、驿站等的体系运作，以及建造、维护、后勤等方方面面的内容，讲述完整长城故事，展现长城作为超大型军事防御体系的系统性。

三是阐释与展示要坚持保护优先，段落的选择上可以精选典型段落"以小见大"。京津冀明长城沿线区域总体资源具有数量大、分布广、保存状况参差不齐的特点，在展示中首先应始终坚持保护优先的原则，选择适宜展示的段落进行展示，不具备条件的区段仍以保护为主。在这种状况下，除博物馆数字化展示之外，不可能对长城全线进行全要素、全景展示。对于受众来说，能够近距离接触到的长城段落只能是"点段式"或者说碎片化的。这就需要在京津冀整体的层面上，以价值作为依据，精选典型段落，将宏大的价值叙述尽可能地通过小的段落"以小见大"。同时在每一个片段性展示的点段上也对整体的价值有所交代。

3. 沟域视角下基于价值的京津冀明长城沿线区域总体资源阐释与展示内容研究

传播内容（what），即一切需要对公众传达的信息，是遗产地价值传播的核心，对京津冀明长城沿线区域总体资源的阐释与展示必须基于其独特的文化景观价值。本节在沟域视角下，系统梳理和提炼出京津冀明长城沿线区域"遗产-生态"耦合资源的四条价值，作为京津冀明长城沿线区域"遗产-生态"耦合单元的主要阐释内容。

1）防御理念高超，长城建筑精华

沟域既是自然水源的汇集处，也是垂直于长城的、连接关口与堡寨的交通线所在，是长城沿线军防、经济与生态的结构性空间单元。分布于京津冀山区沟域之中的明长城是中国长城营建的精华段落所在，展现出中国古代高超的军事理念、规划思想和建筑技艺，是遗产阐释内容中价值最为突出的部分。

首先，广泛分布于京津冀沟域中的明长城是明代长城防御系统的精华所在，展现出中国古代高超的防御理念和军事战略思想。永乐时期，由于边境线内移及迁都之举，直接导致明朝的京师三面近边，"九边"中的蓟州镇从东、北两面保卫京师，宣府镇从西面保护京师，两镇遂成为守卫京师的"左膀右臂"（后增设昌镇和真保镇）。这样，围绕京师的长城就成为明王朝长城防御系统中最重要的部分，对它的军事战略安排从宏观到中观再到微观节点，无一不体现出明王朝对长城防御系统的最高明设计。在宏观战略上，形成四镇联防、层层设防的防御体系，拱卫京城安全；在中观层面上，各镇防御系统呈现"横向分段，纵向分层"的防守体系，屯兵设防系统中横向分段把守，纵向各负其责（王琳峰 等，2017）。在微观节点上控扼要塞，重要地段设关防守，山海关、居庸关、黄崖关、独石口、紫荆关、倒马关等关隘要塞是防卫重点。

其次，京津冀地区长城的修建，展现出中国古代科学的规划建设思想。建设过程中因地制宜、因势利导的中国智慧产生了诸多具有代表性的工程实践。京津冀地区明长城建设充分利用京津冀地区山高谷深、复杂多变的沟域地形特点，增加防守优势。长城的关城隘口或在平川往来必经之地，或在两山峡谷之间，或在河流转折之处，这样可达到既能控制险要，又可节约人力和材料的效果。城墙多布置在山顶和外侧山坡的坡度转折线上，即沿山顶边线修筑，充分利用山地地形，提高了防御能力（汤羽扬，2016）。

最后，京津冀地区长城是明长城建筑的精华所在，建筑技术高超，建筑艺术突出。蓟镇明长城因在京师周围，投入较大，用材讲究，营造水平高超，建筑精美，是明长城的精华

部分。许多地段城墙为条石奠基青砖垒砌，坚固且精美。建筑设计完全从实战需要出发，城墙、敌楼、隐墙、里门、马道、石口、挡马墙、烽火台均利用山势巧妙设计，可攻可守，独具特色。戚继光创建的空心跨墙敌台也使得蓟镇防御体系在九边中最为完备，防御能力最强。此外，京津冀地区多段长城都体现出突出的建筑艺术价值，位于金山岭长城上的麒麟影壁墙是万里长城上极为罕见的艺术珍品，具有极高的建筑艺术价值（图5-2）。

图5-2　金山岭长城上的麒麟影壁
图片来源：金山岭长城官网

2）维护王朝统一，民族精神象征

京津冀明长城在丰富复杂的沟域地形上不畏艰难持续营造，为华北成为全国政治中心、大一统国家的形成和发展提供了庇护，近代悲壮的"长城抗战"主要发生在京津冀，激励了坚韧不屈、自强不息的民族精神。

首先，京津冀地区的明长城建造难度大，持续时间长，体现了改造自然、利用自然的宏大气魄，是生生不息民族精神的集中体现。京津冀地区的明长城主要分布于燕山、太行山和阴山余脉的崇山峻岭，沟域地形复杂。长城"因地形，用险制塞"的修筑原则，提高了长城防御能力，也使得修筑难度倍增，在修筑与防御过程中付出了沉重代价。纵然如此，千百年来，人们仍对长城怀有捐躯国难的豪迈情怀。

其次，京津冀地区明长城是中国北方政治角逐史诗的历史见证，为华北成为全国政治中心、大一统国家的形成和发展提供了庇护。由于举足轻重的战略地位，各类军事政治集团围绕长城展开了激烈争夺，因此长城见证了许多影响民族国家发展进程的重大历史事件，例如土木堡之变和一片石大战。而以长城为依托，中原统一王朝抵御了北方游牧民族的冲击，保障了传统核心区的安全，维护了王朝统一。

最后，在近现代民族存亡危难时刻，长城被凝练为中华民族坚强不屈民族精神的象征，成为鼓舞团结人心的文化符号。一方面，长城抗战中，大多数战争都发生在京津冀范围内，长城形象与中国军民抗日的英勇形象紧密联系起来。另一方面，长城的修筑，其实寄托了中华民族对和平的向往，代表了中华民族守望和平的时代精神。新中国成立后，长城形象也多用来代表祖国大好河山、美丽风光和期望和平的美好意愿，其中尤以京津冀地区的明长城形象为代表，如八达岭长城、金山岭长城。

3）地理环境界线，文化交融纽带

京津冀明长城是多种自然景观及地理分界线，处于农耕、游牧、渔猎三大文化交汇带，成为多元文化交融纽带，而沟域则是内外交流的重要通道。

首先，京津冀地区的长城是重要的地理环境分界线。《中国大百科全书·中国地理》中明长城是中国历史上的农业区和牧业区的分界线，也是中国农作物的复种北界，亦为冬小麦和春小麦的分界处。此外，长城选址随气候波动而南北迁移，秦汉处于温暖湿润时期，长城位置偏北；明清进入小冰期，气候寒冷干燥，长城位置偏南。因此不同时期长城位置的南北摆动是历史气候变迁的一项重要指征。（俞炜华 等，2009）

其次，地理环境的差别导致了长城内外不同的生业方式。京津冀明长城沿线大体上与农耕区、游牧区和渔猎区分界线吻合，是三大生产方式的交汇区域。三种生产方式各有特色，互有长短，在长城内外附近地区形成了中原农耕生产、西北游牧生产与东北渔猎生产的贸易交流，在官办贡市、关市、马市之外，民市、月市、小市等民间私人交易也很活跃，长城沿线成为互通有无的贸易窗口。张家口就是典型代表，明巡按御史黄应坤对张家口马市发展评论道："今岁增矣，明岁又增，明岁增矣又明岁又增，其在于今视始市，不啻二十倍而尤未可以为限也。"（《明神宗实录》卷79）可见当时张家口商贸交易的繁盛（图5-3）。

最后，生业方式的不同导致不同文化的发展，而民族间贸易的发展促进了多元文化的交融。在明代蒙汉间"封贡互市"背景下，蒙汉间交流渐多，思想文化和生活习俗互相熏染，长城成为凝聚多民族的纽带。此外，整个明朝期间，来自中原及南方地区的大量人口由于兵役或举家迁移至京津冀明长城沿线，使得南北文化在长城沿线得以交流，形成沿线多民族、多地域文化融合的情形。如隆庆、万历年间随谭纶、戚继光调往蓟镇镇守的大量江浙士兵，他们的后裔沿长城定居，形成如今京津冀明长城沿线的"义乌村"。这些文化交流的印记也成为影响沟域文化塑造的因素。

4）世代乡愁所系，聚落格局塑造

京津冀明长城对沿线沟域聚落格局产生了深远影响，在长期历史发展过程中与生活于沿线沟域的人民产生了深刻的情感关联。

首先，京津冀地区的长城在长期的历史发展过程中与沿线沟域人民产生了深刻的情感关联，不仅是乡愁所系，也是精神家园、共同文化心理的重要承载物，这是沟域文化地域塑

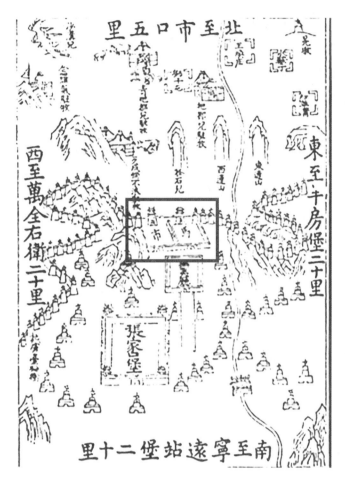

图5-3　张家口堡的马市

图片来源：《宣大山西三镇图说·张家口堡图说》

造的核心内涵。长城对沿线沟域人民而言，是故乡与家园标志，承载着世代乡愁。在长期历史发展过程中，与周边自然人文环境相适应，长城沿线形成了丰富的民俗活动，产生了蔚县剪纸、拜灯山、打树花、曲长城木偶戏等颇具地域特色的非物质文化遗产。有些村落祖上就是长城戍边人，城子峪等长城修筑戍守后裔村落至今仍保留着一个独特的风俗——逛楼，每到清明节前两日，家家户户都要参加"逛楼"仪式，祭拜戚继光和祖宗，瞻仰先祖留下来的一座座楼台，虔诚地祈求祖宗的保佑。

其次，千百年来，京津冀明长城沿线大小沟域中的关隘、城堡不断发展为都市、县城、乡村，对区域内城镇地理格局产生了深远影响，这是沟域文化地域塑造的空间特征。在清代以后，关隘、城堡的军事作用减弱，经济功能增强，这成为沟域聚落体系演变的主因，也导致关隘城堡的演变路径发生了分化，主要分为城市型、乡村型和荒野型三大类。而其中演变为城市型的占比最少，乡村型占据绝大多数，成为长城沿线沟域村落形成的内在原因之一。

前文对京津冀明长城沿线区域总体资源的价值，回答了传播内容（what）的部分。但是，京津冀明长城沿线区域总体资源体系庞大，在考虑传播媒介（which）之外，实际上还需要回答一个"在哪里（where）"的问题，也就是价值对应载体的空间落位研究，明确内容的讲述空间。因此本部分首先对京津冀明长城沿线区域总体资源价值的支撑区段进行分类定位，这是京津冀明长城沿线区域总体资源阐释和展示的基础工作，在此基础上构建出京津冀明长城沿线区域总体资源的展示主题和展示体系。

需要说明的是，本书第三章第二节中将长城沿线核心区域沟域进行了分类，分别为"遗产-生态"双富集大类、遗产富集大类、生态富集大类、"遗产-生态"一般大类四个一级大类。为了较为全面地研究长城沿线区域总体资源的阐释与展示，本部分内容在支撑区段的选择上以"遗产-生态"双富集大类为重点，同时兼顾其他三个大类，以保证展示体系构建的完整性。

1. 价值的支撑区段梳理

分别以四项价值作为线索，对京津冀明长城沿线区域资源进行梳理研究，整理出价值突出、具备展示条件的重要区段，得出各条价值的支撑区段落位如表5-1所示。

表5-1　京津冀明长城价值支撑区段落位分类

价值体现角度	支撑区段
沟域视角下京津冀明长城"防御理念高超，长城建筑精华"价值体现	崇礼长城、宣化古城、三屯营城、桃林口城堡、紫荆关长城、倒马关长城、万全右卫城、喜峰口长城、独石口长城、野狐岭长城、山海关长城、蔚县烽火台、鸡鸣驿城、金山岭长城、花兜兜长城、样边长城、黄崖关长城、居庸关长城
沟域视角下京津冀明长城"维护王朝统一，民族精神象征"价值体现	祖山长城、白羊峪长城、九门口长城、土木堡、榆木岭长城、独石口长城、野狐岭长城、山海关长城、喜峰口长城、罗文峪长城、冷口长城、界岭口长城、义院口长城、浮图峪长城、宁静安长城（孟良长城）、插箭岭长城（长城抗战照片拍摄地）、马岭关长城、响堂铺长城
沟域视角下京津冀明长城"地理环境界线，文化交融纽带"价值体现	崇礼长城、大境门长城、张家口堡、板厂峪长城、董家口长城、城子峪长城
沟域视角下京津冀明长城"世代乡愁所系，聚落格局塑造"价值体现	张家口堡、宣化古城、涿鹿县、涞源县、赤城县、蔚县古城、万全右卫城、蔚县古堡、鸡鸣驿城、青山关长城、乌龙沟长城、板厂峪长城、城子峪长城、董家口长城

2. 展示主题与展示体系构建

1）"防御理念高超，长城建筑精华"价值相关展示体系（图5-4）

以"京津冀明长城是明长城营建的精华段落所在，展现出中国古代高超的军事理念、

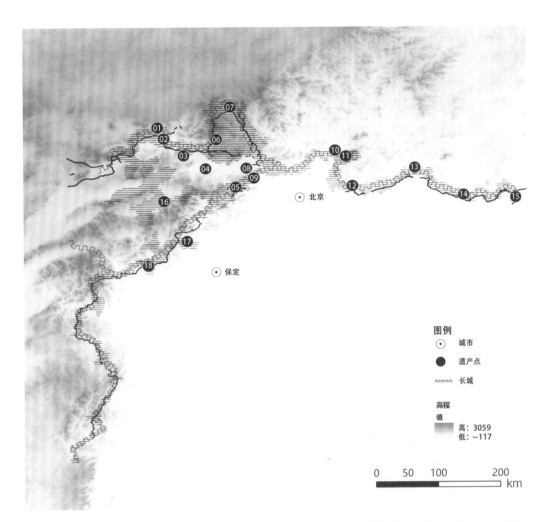

01-万金右卫城；02-野狐岭长城；03-宣化古城；04-鸡鸣驿城；05-样边长城；06-崇礼长城；07-独石口长城；08-八达岭长城；09-居庸关长城；10-金山岭长城；11-花兜兜长城；12-黄崖关长城；13-喜峰口长城；14-桃林口长城；15-山海关长城；16-蔚县长城；17-紫荆关长城；18-倒马关长城。

图5-4 "军事防御、规划思想、建筑技艺"价值相关展示区域示意图

图片来源：作者自绘

规划思想和建筑技艺"为主要展示内容，结合落点区段特色，提出"九边重镇""长城精粹"两大展示主题。

"九边重镇"主题展示。以历史上明长城防御体系结构为展示内容，将蓟镇、宣府镇、真保镇、昌镇的镇城、重要关口以及长城防御体系中的烽传系统、驿传系统进行展示，体现整个明代长城防御系统的防御理念和军事战略思想，避免碎片化方式，提升展示利用的系统性，基于沟域单元对其山水环境、军防路网、城堡聚落、防御设施及无形的军事建制等分系统进行类型识别和展示利用研究。同时将相当一部分村落作为活态村落传承至今的城堡

遗产，应用于长城聚落保护传承体系和分类发展策略的落实，突出这些村落在长城文化中的典型意义与普遍价值，构建基于长城城堡聚落类型的保护利用体系和旅游线路规划。充分挖掘长城资源价值，融合"军防空间单元－亚单元"的历史军事地理框架，形成村庄建设管理和旅游路线组织的空间边界，构建以城堡为核心，融合敌台、边墙、烽燧、寺庙的村域长城遗产展示体系。重点展示长城军镇防御体系资源点，如宣化古城、三屯营城、桃林口城堡、紫荆关长城、倒马关长城、万全右卫城、喜峰口长城、独石口长城、野狐岭长城、山海关长城、八达岭长城、居庸关长城、黄崖关长城等，长城烽传系统重要遗产资源点如蔚县烽火台，以及长城驿传系统重要遗产资源点如鸡鸣驿城。

"长城精粹"主题展示。以长城的建筑精华段落为展示载体，体现长城作为中国古代超大型军事建筑的建筑技艺和建筑艺术。重点展示体现明长城建筑技艺的资源点，如金山岭长城；体现明长城科学规划建设思想的资源点，如花兜兜长城、样边长城。

2）"维护王朝统一，民族精神象征"价值相关展示体系

以"京津冀明长城在丰富复杂的地形上不畏艰难持续营造，为华北成为全国政治中心、大一统国家的形成和发展提供了庇护，近代悲壮的'长城抗战'主要发生在京津冀范围内，激励了坚韧不屈、自强不息的民族精神"为主要展示内容。结合落点区段特色，提出"鬼斧神工""政治角逐""浩气长存"三大展示主题。

"鬼斧神工"主题展示。以复杂地形区的长城为展示内容，体现修建长城改造自然、利用自然的宏大气魄和生生不息的民族精神。重点展示体现长城军事建筑与自然河山相伴相融、气势恢宏、磅礴大气景象的资源点，如祖山长城、白羊峪长城等。

"政治角逐"主题展示。以长城防御带沿线发生过的有关中原民族与游牧民族、游牧民族相互之间、不同政权之间的重大历史事件的长城段落、城堡、关口等相关遗存或空间，展示长城沿线发生的中国北方政治角逐的历程和长城对华北平原的重要庇护作用。重点展示体现政权更迭见证的资源点，如九门口长城、山海关长城；长城重大历史事件见证资源点，如土木堡、榆木岭长城、独石口长城、野狐岭长城。

"浩气长存"主题展示。以长城沿线抗战遗存为主要展示载体，结合长城抗战历史，展示中国军民英勇抗战、保家卫国的精神，体现凝结于长城之上的坚强不屈的民族精神，利用遗址展陈、路线设计、场景还原、标志设计等展现长城的民族精神符号地位；表达中华民族以史为鉴、守望和平的愿望。重点对长城抗战各遗址点的展示，如喜峰口长城、罗文峪长城、冷口长城、界岭口长城、义院口长城等；一些具有见证意义的段落也应考虑重点展示，如长城抗战历史照片拍摄点段落浮图峪长城、宁静安长城（孟良长城）、插箭岭长城；长城周边村镇与抗战历史相关的也应纳入整体展示，如马岭关长城、响堂铺长城周边村镇。

3）"地理环境界线，文化交融纽带"价值相关展示体系

以"京津冀明长城是多种自然景观及地理分界线，处于农耕、游牧、渔猎三大文化交

汇带，成为多元文化交融纽带"为主要展示内容，提出 "多元融合"展示主题。

"多元融合"主题展示。利用长城沿线重点体现农牧交错文化和多元文化融合特征的长城段落、聚落，与民间习俗、区域文化相结合，展示长城文化交融纽带的作用；加深长城沿线多元文化的研究与深入探讨。重点展示张家口市蒙汉文化交流，主要包括崇礼长城、大境门长城、张家口堡、来远堡等；秦皇岛市义乌兵文化展示，包括板厂峪长城、董家口长城、城子峪长城等。

4）"世代乡愁所系，聚落格局塑造"价值相关展示体系

以"京津冀明长城对沿线聚落格局产生了深远影响，在长期历史发展过程中与沿线人民产生了深刻的情感关联"为展示内容，结合区段特点与聚落历史文化，提出"聚落发展"和"世代乡愁"两大展示主题。

"聚落发展"主题展示。利用现存的由长城"镇-路（卫）-所-堡"军事聚落发展而来的城镇村庄，将聚落文化展示与长城军镇格局相联系，体现长城对京津冀明长城沿线聚落格局与文化的影响。重点展示蓟镇、宣府镇、昌镇、真保镇四镇军事聚落发展而来的城镇村庄，包括宣化古城、张家口堡、涿鹿县、涞源县、赤城县、蔚县古城、万全右卫城、蔚县古堡、鸡鸣驿城等。

"世代乡愁"主题展示。聚焦长城脚下村镇聚落的历史文化，形成以长城、非遗、民俗为载体的长城精神家园和乡愁归宿的文化区域。重点对具有长城戍边遗风的聚落进行展示，如青山关长城、板厂峪长城、城子峪长城、董家口长城等；对守护长城家园具有突出贡献和丰富故事的村镇聚落进行展示和宣传，如乌龙沟长城周边聚落。

京津冀地区的明长城沿线区域资源具有价值高、精华段落多、范围分布广、与沟域生态资源联系紧密的特点，在阐释和展示的时候要注意全面统筹、突出重点段落并注重与沟域生态资源的关联与互动。本节从"军事防御、规划思想、建筑技艺" "建造艰难、见证历史、精神象征" "地貌景观、生业交流、文化融合" "地域塑造"四个角度梳理和提炼出四条京津冀明长城沿线区域价值，作为主要阐释内容。基于价值内涵，整理出价值突出、具备展示条件的重要区段，分别归类于四项价值中最有代表性的价值项中，作为该项价值的代表区段。结合价值内容和区段特色提出"九边重镇""长城精粹""鬼斧神工""政治角逐""浩气长存""多元融合""聚落发展""世代乡愁"等展示主题，从而构建出京津冀明长城沿线区域资源的整体展示体系。

第二节　多沟域单元：明长城密云区展示研究

"沟域"是京津冀长城历史上修建、生发和运作的自然地理和生态背景环境。长城军事防御体系的产生，依赖沟域地形和地貌基础，其运转和发展顺应于沟域交通和水源纵深条

件。而由于遗产管理、行政管辖、交通等因素的限制，现代对长城文化景观资源的展示利用，往往以现代行政区为载体进行较为便利。但行政区内的长城形态和内容，又与沟域形态密不可分，二者有一定叠加关系。本节以三个不同案例，探讨具体如何遵循生态原则，整合历史遗产、自然风光等"文化景观"资源，形成"人文-自然"综合展示系统。

本节选取了三个典型案例来进行展示利用的策略研究。其中北京密云与天津蓟州，虽然在行政区划中都属区级，但从沟域来说又不相同，前者属于多沟域组合形态，后者属于单个大沟域形态，因而适合于它们的文化景观展示方式也有所不同。另外还选取了古北口沟域作为中小尺度沟域的展示利用策略研究。

一、明长城密云区段资源概述

明长城在密云区内穿越了多个沟域，是一个典型多沟域单元的段落（图5-5）。从进入密云开始，明长城向北经墙子路、干峪沟、营房村折向东北，经遥桥峪转北过大黑关，再转北过大角峪、五道梁、头道梁、司马台、金山岭、蟠龙山、古北口、卧虎山、洪洞峪，过白马关折向南，过黄峪口、鹿皮关、石塘路、北石城、南石城、梨树沟、五座楼、黑山寺、白道峪、牛盆峪，最后到达小水峪。沿线沟域内遗留下众多明长城遗产资源。

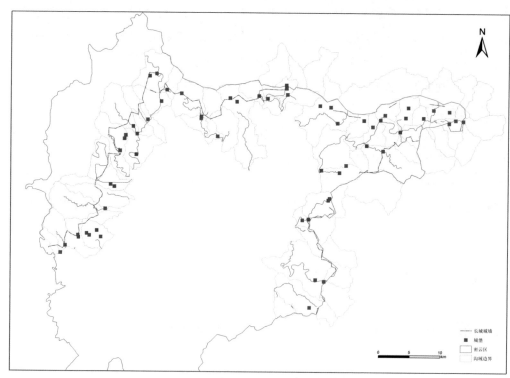

图5-5　密云区长城城堡在沟域中的分布

图片来源：作者自绘

二、明长城密云区段遗产资源特点

（1）从赋存环境上来说，明长城密云区段生态资源丰富。密云区山水兼备，自然地貌特征为"八山一水一分田"，全区林木生态覆盖率达81.7%，著名的风景名胜区有司马台风景名胜区、云岫谷风景名胜区、云蒙山风景名胜区、白龙潭风景名胜区等。密云长城所处的北部山区自然生态景观资源丰富，建设有森林公园共3处，其中国家级森林公园1处和市级森林公园2处，覆盖面积约4507hm²。明长城在密云北部山区，几次转折绕行都与密云地区地形地貌、山川河流的形势变化具有密切关联，体现出凭借山险和控制水源在军事防御中的重要性。长城选址、修筑方法及修筑材料的选择也是建立在其对周边环境的利用上，是"以地选型，因地施材"的典型范例。沟域与水关系密切，作为典型多沟域单元，密云区内有河道共计63条。其中潮河和白河流域河道与长城联系密切，河道既是沟域内天然的展示串联线路，本身也是生态体系展示的主要内容之一。此外，密云区多个镇域内以农业为主，既作为生产产业，也依托农业发展相关的观光农业、休闲农业等。利用这些相关的生态农业与长城形成复合展示体系，有助于产业的发展以及农民的增收。

（2）从资源价值来说，密云地区各类文化的形成和发展与长城军事文化及周边文化交流密切相关。长城周边文化资源的展示与阐释可以带动长城文化的传播，以及吸引更多游客。密云区相关文化资源主要包括红色文化、古镇古堡、地域民俗、民宿文化和蜂蜜文化5个方面。

红色文化方面，密云长城沿线留下了大量红色故事、抗战佳话等。经梳理，在密云区56处近现代类文物中，有抗战文物42处（图5-6）。其中，白乙化烈士陵园、古北口战役阵亡将士公墓等文物保护单位都非常著名。这些抗战文物承载的，是一段段震撼人心的长城故事和长城精神。

古镇古堡方面，密云区城堡的分布大体以沿长城走向为主，与长城具有密切联系。密云区拥有丰富的城堡，其中以新城子镇居多，这一带长城的显著特征是城楼多、城墙少，众多孤楼分布在各峰峦的顶端。

地域民俗方面，密云区最著名的民俗活动为九曲黄河阵灯会，寄托了移民们对山西家乡的思念。九曲黄河阵灯会取黄河九曲十八弯之意，是古老的"阵法"与民间花会的结合，以灯代兵，是东田各庄村春节期间独有的群众娱乐活动。密云区有名的非物质文化遗产还有蝴蝶会、金山狮舞、蔡家洼村五音大鼓、"瞎掰"（鲁班枕）制作技艺、西邵渠金钟总督老会等。

民宿文化方面，基于密云区统计年鉴关于民宿产业的相关数据，近几年虽整体游客接待量呈现下降趋势，但是民宿入住人数远高于景区接待人数，其逐步成为密云区发展的一个重要产业。长城文化与民宿产业存在依托发展的关系，长城为民宿带来吸引点，民宿也为长城沿线区域周边增加经济收入。民宿产业的相关展示与提升，也是长城沿线区域构建的一个因素（图5-7）。

图5-6 密云区红色文化分布

图片来源：作者自绘

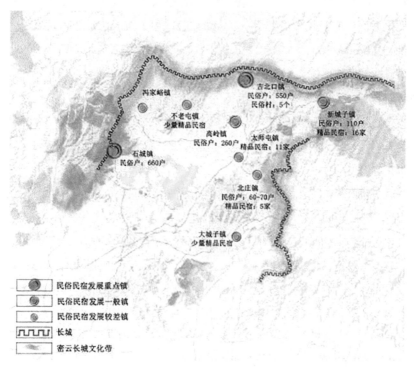

图5-7 密云区长城带民宿分布

图片来源：作者自绘

蜂蜜文化方面，基于山地地形以及养殖优势，密云区长城沿线区域的蜂蜜产业也是其一大特色，是各镇近年来重点打造的产业。石城镇、不老屯镇、冯家峪镇、高岭镇四镇的蜂蜜产业发展较好，形成多样蜂蜜产业文化，如蜜蜂大世界等。特色蜂蜜产业同长城沿线区域相结合，可以形成吸引人群的共合点。

三、明长城密云区段遗产资源展示体系构建

1. 展示体系

根据上文对明长城密云区段资源的分析，确定了密云区段长城两大阐释主题分别是"生态资源——山远水长，天地广如许"和"文化资源——千古悠悠，古物寄思怀"，分别从生态和文化两大方面对密云区段长城遗产资源进行展示。两大主题下的阐释对象和核心阐释点如表5-2所示。

表5-2 密云区段长城阐释主题框架

阐释主题	阐释对象		核心阐释点
生态资源——山远水长，天地广如许	风景名胜区	司马台风景名胜区、云岫谷风景名胜区、白龙潭风景名胜区、云蒙山风景名胜区	各特色生态环境所在地
	自然保护区	云峰山、云蒙山、雾灵山	
	森林公园	古北口森林公园、五座楼森林公园、云蒙山森林公园	
	水系与湿地	密云水库上游白河、潮河、汤河、安达木河、黄岩河、小黄岩河、清水河、红门川河、西沙河、潮河、安达木河、清水河、红门川河、密云水库下游的潮河、白河及潮白河	
	生态农业	农业、林业、牧业、渔业、种植业	
文化资源——千古悠悠，古物寄思怀	红色文旅	白乙化烈士陵园、古北口战役阵亡将士公墓、古北口保卫战纪念碑、古北口七勇士纪念碑、古北口保卫战阵亡烈士墓碑	古北口镇古北口村、北庄镇、石城镇河北村
	古镇古堡	密云区城堡、烽火台、水关、铺房，重点为新城子镇城堡、上营城堡、潮河川堡、古北口长城、铁门关等	密云区长城沿线
	民俗文化	九曲黄河阵灯会、蝴蝶会、金山狮舞、蔡家洼村五音大鼓、"瞎掰"（鲁班枕）制作技艺、西邵渠金钟总督老会	古宅、大院、民俗展览馆
	民宿文化	古北口镇民俗户550户、新城子镇民俗户110户、北庄镇民俗户60～70户、石城镇民俗户660户、太师屯镇精品民宿11家、大城子镇与不老屯镇有少量精品民俗户	古宅、大院
	蜂蜜文化	石城镇、不老屯镇、冯家峪镇、高岭镇四镇的蜂蜜产业及文化	蜜蜂大世界

根据阐释主题框架，密云区长城沿线区域特色产业阐释与展示体系大致可分为生态资源展示带和文化产业展示带（图5-8）。

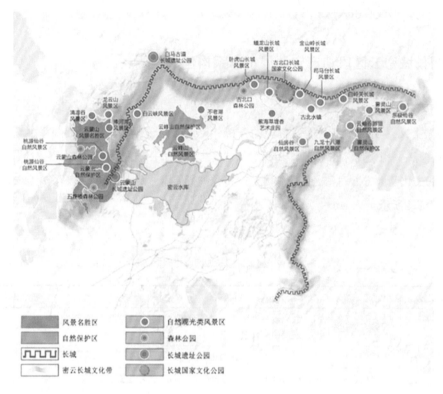

图5-8　密云长城沿线区域及生态区生态资源展示带
图片来源：作者自绘

生态资源展示带：根据前期资源分析，生态主题的展示主要依托长城沿线相关风景名胜区、森林公园、自然保护区及遗址公园等，形成点式展示区，在各个展示区内部尤其注意以所涉及长城本体作为主要展示点，展示长城的修建、发展、历史事件等与周边生态环境的互动关系。空间上以长城本体和交通线路进行串联，整体连点成线。除自然要素之外，增加各展示区内展览馆、导视标识、数字智慧系统等展示设施，打造具有吸引力的长城休闲观光与景观体验产品，推动长城旅游景区的提质升级，完善多层次、多功能的长城游憩体系和观景眺望系统，提升游览体验。

文化产业展示带：文化产业的展示主要统筹沿线各类历史文化资源和业已形成的现代文化产业，根据价值、空间区位等，分为核心展示区域和一般展示区域，总体形成"一主核、两副核、多节点"的空间结构。其中，古北口路长城核心组团区域作为文化产业展示的重点，打造集红色研学小镇、长城文化精粹集中体验区于一体的"长城汇"，助推长城国家文化公园建设。两副核心组团片区为新城子长城核心组团片区、石城长城核心组团片区。多处节点为密云长城沿线区域卫城、所城等指挥中枢,旅游景区,红色景点和遗址,北京市级和区级文物保护单位及关口、城堡、堡寨,延续至今的村镇等重点山水旅游资源和人文旅游资源。

2. 展示方法

作为多沟域单元的典型区段,明长城密云区段展示空间应以密云长城这一线性文化遗产为纽带,将沿线各类资源串联起来,实现资源整合利用,增加长城文化的附加值,通过有机整合加强各展示资源间的联系。

展示空间规划方面,与长城相关的各类资源分别落在长城周边的各个村镇,需要设计合适的交通进行连接,从而构建出整体展示空间。而每个个体的展示空间划定则受到多种因素的影响,因资源在空间上的碎片化特性,其空间规划要遵循三点:①应要以增强受众对长城沿线区域及文化的感知为目标,方便受众接触与了解各个遗产点的现状和相互之间联系,最终使受众认知和理解长城的历史文化与价值内涵;②在划分具体阐释主题区域时,应以现存的特色资源为基础,集中目前保留的物质遗存,结合区域原有业态与功能分区,延续空间特色;③空间划分上要合理展示产业相关的自然生态环境与社会环境,避免阐释与展示项目对环境的二次破坏。

重要节点方面,节点是整个阐释和展示体系内的视线集中点,能够集中体现特色资源的联系以及文化内涵,也是空间内、区域内的场所精神的形成基础。设立节点的目的是利用它在整个展示空间中的优越位置,如公共建筑、公共场所等,将诸多阐释信息集中到一个位置以增强这一空间的阐释信息、场所精神的传递。整个阐释和展示空间中可以依据展示内容的相关性,将其分为大规模节点、区域内节点、室内节点等,分级分类形成不同的展示核心。

展示设施方面,依据用途可分为说明性设施、导向性设施、服务性设施三种。一是说明性设施,如阐释标牌、雕塑、装饰物、阐释画作、街道陈设、灯光照明等。阐释标牌、雕塑、装饰物位于遗址、遗产、事件等阐释信息的发生地点、附近及与事件相关的位置上,用于这一地点阐释信息的传递。二是导向性设施,借助导向性设施可以建立完整标识系统,增强受众关于相关产业内容的意识。导向性设施包括城镇图标、定位站点、定向标志、横幅、标记、地图和出版物等。三是服务性设施,历史城镇内的服务性设施应包括服务管理中心、基本服务点。服务管理中心应具有医疗点、游客休息、游客问询、导游休息及城镇管理办公等功能;基本服务点应具有纪念品售卖、休息等功能及棚架与座椅、卫生间、垃圾箱等设施。

第三节　大尺度沟域：明长城蓟州区段展示体系研究

一、明长城蓟州区段资源概述

　　明长城蓟州区段是大尺度沟域的典型长城区段。蓟州区段位于天津北部山区，其赋存的自然基底包括黄崖关长城所在的泃河沟域这一大尺度沟域，也包括车道峪长城、青山岭长城、船舱峪长城、古强峪长城、赤霞峪长城等所在的几个小型沟域。蓟州区段长城在修筑时巧妙运用沟域环境，形成了极具特色的纵深防御、军事补给体系。此外，蓟州区境内的蓟运河还是蓟镇长城的主要后勤补给交通线路，蓟州古城是蓟运河向长城运输物资最重要的枢纽。因此蓟州段长城与蓟运河、蓟州古城都具有十分密切的关联性（图5-9）。在遗产的展示利用中，无论内容还是方式，都需要充分考虑沟域特点，展现蓟州区段代表性的长城纵深系统。

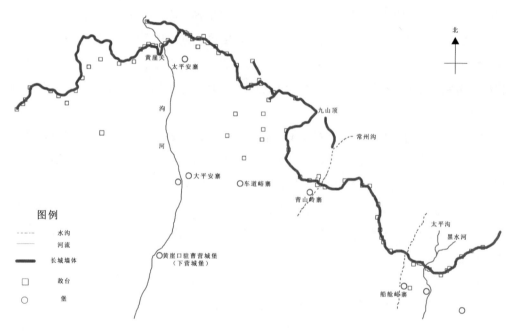

图5-9　蓟州段明长城资源分布

资料来源：《明长城资源调查报告》，2012年

二、明长城蓟州段遗产资源特点

　　（1）从赋存环境上来说，蓟州区长城所在地貌为山地。最外层的线性墙体基本沿山脊布置，泃河、黑水河等水系切割山体形成纵向沟域，长城的营堡、堡寨等军事性聚落基本沿沟域布局，给长城防御体系带来了纵深；同时这些河流也可以作为运输军事物资的通路。尤

京津冀长城聚落保护与可持续发展——基于遗产与生态耦合的视角

其是沿沟河的黄崖关、大小平安寨堡、中下营寨堡等，是典型的沟域区段防御体系。此外，蓟县拥有多种多样的地貌景观区，美景与地学现象并存，府君山更是地质学中"蓟县运动"的代表区域，是地学科普的理想场所（图5-10）。

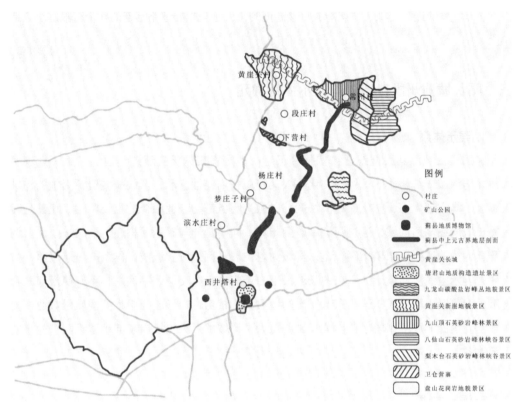

图5-10　蓟州段长城与地质资源分布关系

图片来源：作者自绘

（2）从资源价值上来说，蓟州段长城遗产虽然长度很短，但防御体系完整，以长城墙体、敌台、烽火台、关城和寨堡等设施为载体，形成了从侦察预警到前线防卫、从信号传递到增援策应、从前线指挥到后勤保障的一整套以防为主、防守兼备的完整防御体系，各类建筑非常丰富，具有"小而全"的特点。黄崖关关城空间布局特殊，是明长城沿线的关城中采用T字形错位街巷布局形式的范例，大大增强了关城的防御性能，堪称军事工程的杰作，具有很高的科学价值。境内长城与蓟运河在历史上具有密切的关联性，蓟运河曾经是蓟镇长城的主要后勤补给交通路线，通过蓟运河向前线长城运送物资的路径明确，仓储、码头等仍有遗存，对展示长城后勤给养系统的来源、运输、仓储等具有重要意义。

（3）从遗存分布上来说，蓟州段长城可以分为前干涧段、黄崖关段、车道峪段、青山段、船舱峪段、古强峪段和赤霞峪段。这几个长城段落分别有现代公路与蓟州主城区相连接，但段落之间缺乏道路连接，仅能够从主城区出发分别到达，或者沿长城后方距离长城还有较远距离的马营公路进行横向交通，然后再通过沿线小路到达长城资源所在地。而在每段长城内部，现代道路的通达方式往往与长城走向垂直，即只能接近长城的一小点或一小段。因此，虽然长城理论上呈现出线性，但对游客来说，对长城的直观感受和体验仍旧是破碎的散点而非线性的连续资源，每次能够直接游览的仅仅是与主要道路相连的几个有限的小点或小段。

三、明长城蓟州段遗产资源展示体系构建

1. 展示体系

蓟州段长城以其大型线性结构整合了这一地区富集的历史遗迹、自然名胜等景观资源，并与沟域传统村落的民俗、文化等人文资源长期良性互动，形成长城资源引领的沟域旅游区，是实现生态、文化、经济协同、以旅游服务带动产业融合的重要桥梁。尤其是黄崖关长城所在沟河沟域，通过河流串联蓟州城，向南延伸与蓟运河相连，形成一个大型沟域及延伸段的遗产资源聚集区，是以沟域为单位展示蓟州段长城防御体系的最佳段落，被设计为展示主线。而黄崖关以东的长城段落由于与黄崖关交通并不通达，不方便横向联合展示，但可以组团形式与蓟州东部突出的地质文化相结合，形成几组小型沟域长城遗产资源展示。由此形成蓟州段以黄崖关长城所在大型沟域展示为主线、东部小型组团相配合的展示体系。

2. 展示主线

展示主线集中了蓟州段长城的主要精华资源，并通过沟河-蓟运河串联起南北所有资源，这条主线集中展现蓟州段长城防御体系的核心运作系统。在这套体系中，长城及其附属设施是战争对抗的防御工事；长城周边大量的关城寨堡是防守驻兵的前线哨所；蓟州古城是官兵的主要驻守地和中枢指挥驻扎地；蓟州粮仓遗存是储存军粮的所在；蓟运河是运输物资的关键水道。整体上从黄崖关所在沟域向南延伸，形成一条黄崖关关城-蓟州古城-蓟运河军事文化线路，展示蓟州区完整的长城边防军镇体系（图5-11）。

防御据点——黄崖关关城展示。黄崖关关城是长城前沿防线上的重要防御据点。关城向沟河两岸延伸，东至半拉缸山，有悬崖为屏；西抵王卦顶山，有峭壁为依。关城街道除城内的环形通道外，其他纵横街道打破随轴线布置的传统，多作丁字形联结，在交叉处故意错位或使直街增加一些拐弯，使敌人深入其中不易辨明出处。对黄崖关的展示，宜重塑神秘的八卦街格局，在保护现状基础上，对街道、围墙进一步修整，建立统一的标识，使其统一化、整齐化，在原有指挥台处设置观察点，以观全局，了解黄崖关关城的全貌。同时，黄崖关地

区具有断崖地貌景观，长城沿山脊而建，二者融为一体，可打造一些展现构造断崖地貌与防御体系相融合的自然与人文景观结合的景观路线（图5-12）。

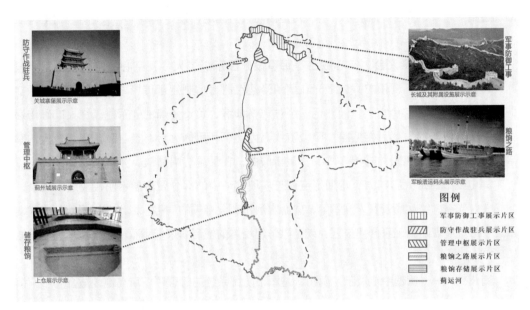

图5-11　蓟州段长城展示主线示意

图片来源：作者自绘

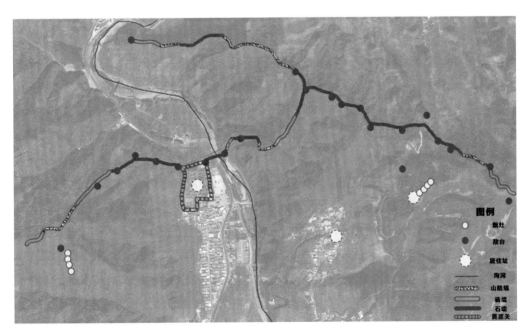

图5-12　黄崖关长城示意

数据来源：《天津市明长城保护规划（2017—2030年）》

驻兵据点——营寨展示。中营寨堡、下营寨堡、大平寨堡因处于长城中后方，功能主要为应援屯兵的营城，因此规模较大，也留下了烟灶、水井、水窖、居住址、坝台等士兵活动的遗迹。可利用现代科技展示技术，还原再现当时修筑城墙、戍守边关的征夫、士卒们艰苦的戍边生活方式，并可扩展展示内容，打造国防教育基地，设计军事研学、定向越野等体验性较强的项目，培养青少年坚强勇敢的意志。

营建智慧——烽火台、空心敌台等军事设施展示。烽火台、空心敌台是古人军事设施营建智慧的体现。蓟镇总兵戚继光在蓟镇修建空心台，制定了传烽之法，编成通俗顺口的《传烽歌》，让守台官兵背诵熟记。经过严格训练，负责传烽的守军能以烽火准确传递军情，一般三个时辰就可传遍整个蓟镇防线。因此可利用烽火台、空心敌台展示古人的军事智慧。如打造特色歌曲《传烽歌》，重新谱曲，在景区传唱播放，亦可通过《经典咏流传》等电视节目扩大影响力。定期定点在长城坡度适中的部分段落展示明代戍边的场景，如烽火灯光秀、练兵场景真人展示等，向游客展示冀北雄关的气势。以设置标识牌的方式，用文字形式展现防御工事修建技艺，或是以仿建墙体的横切面来展示石墙垒砌技术、包砖城墙技术。

蓟州雄风——管理中枢展示。蓟州城是军事防御系统的管理中枢所在地，适合展示蓟镇整体军事布防及指挥系统。在拟增建的蓟州区综合历史博物馆中，以地图、专题片、3D复原、互动式实战沙盘等形式，展示明代边防情况，凸显蓟镇重要地位，模拟蓟镇整体军事布防、重大战役复盘，以体现蓟州城指挥中枢的重要作用。在古城城门广场或其他合适的城市重要公共空间，刻印蓟州古城地图，或者展示蓟镇复原模型，也可以较为直观地向市民展示州城历史。

粮饷之路——后勤保障。蓟运河是蓟州军事防御系统中的后勤保障，明朝前期，"南京并直隶各卫岁，运蓟州等卫仓粮三十万石，驾船三百五十只，用军六千三百人，越大海七十余里"（《明英宗实录》），到达宝坻县的北塘口进入潮河，即蓟运河，通过蓟运河把漕粮运送至蓟州（李俊丽，2012）。可利用现存运河河道、上下仓遗址展示长城防御系统中的这条后勤保障之路。以于桥水库、州河公园为重要的节点，定期举办主题表演，展现万舟骈集、水上八景、印象蓟州等景象。多手段展示仓储文化，设计仓储遗址博物馆，利用数字技术展现古代的仓储文化、储藏技术、用途、来源，以及现代仓储技术和手法。

3. 东部组团展示

前文已述，黄崖关以东的车道峪长城、青山岭长城、船舱峪长城、古强峪长城和赤霞峪长城段落，由于互相之间交通的不通达性，不方便进行联合展示，但是这些长城段落却正处于蓟州中、上元古界地层剖面和丰富地质景观的分布区域，地理地质资源十分优异，适于结合周边地理地质资源联合进行展示。而考虑到这种地区的生态敏感性等，展示主要考虑以小规模、科普式为主，并不适宜大规模发展旅游观光。

　　蓟州中、上元古界地层剖面是世界唯一未发生质变且地质剖面保存完好的晚寒武纪震旦纪标准地层剖面，清晰地记录着距今8亿年至18.5亿年间的地质演化史，贮存着反映当时的古地理、古生物、古气候、古构造、古地磁等大量自然信息，被誉为"世之瑰宝"，是地学科普的理想场所。蓟州东部长城段落总体可与蓟州地质科普旅游深度结合，在跨越10亿年时光的中、上元古代剖面线路和丰富的地貌景观构成的地学休闲游赏线路中点缀长城遗产资源的展示。在各地貌景观景区中，可结合长城遗产资源设置针对不同人群的主题线路，开展养生健身、休闲娱乐、摄影、地学科普等活动。此外，还可结合地形地貌，打造山野运动基地。例如，可结合山区地形建立拓展运动区、利用自然起伏的地势建立山地车的自然赛道，也可以借助周边的自然资源开发出山谷定向穿越、山地自行车、漂流、溯溪、山地马拉松等。长城寨堡中，青山岭寨堡扼守常州沟，是寨堡距长城墙体最近、防御单元较完整的段落。其紧邻梨木台和九山顶自然风景区，山岳和传统村落景观丰富，可保留"残"长城、野"寨堡"断壁残垣的原始风貌，凸显"雄峰残垣"特色。船舱峪传统村落是承载自秦延续至明清时期的长城戍边文化的"三寨"之一，且位于梨木台风景区未来发展范围，可依托梨木台自然风景区的既有优势，形成综合性生态人文景区。除此之外，赤霞峪、古强峪、车道峪、前干涧长城及其他寨堡均可挖掘自身特色，结合当地自然风景进行展示（图5-13）。

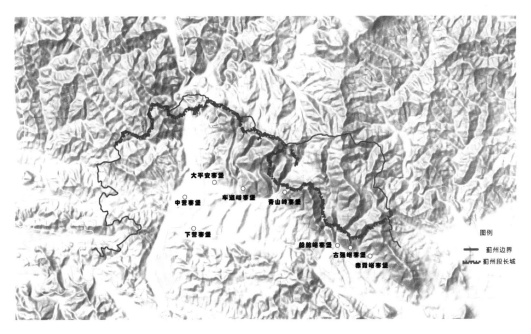

图5-13　蓟州段长城寨堡与周边地形

图片来源：根据《天津市明长城保护规划（2017—2030年）》规定的内容，自绘边界和位置

蓟州段长城是"九边重镇"之首蓟镇中段的重要组成段落，在分析资源情况和特点的基础上，结合蓟州段长城与沟域的关系，构建一个以黄崖关长城大型沟域展示为主线、东部小型组团相配合的展示体系。展示主线以黄崖关长城所在沟域为起点，串联蓟州城，向南延伸与蓟运河相连，形成一个大型沟域及延伸段的遗产资源聚集区，以此为主要展示区域，通过对黄崖关关城、营寨、烽火台、空心敌台、指挥中枢、仓储遗址、蓟运河的展示，形成一条黄崖关关城-蓟州古城-蓟运河军事文化线路，展现蓟州区完整的长城边防军镇体系。黄崖关东部长城段落由于交通的不通达性，难以横向线性联合展示，但是却处于蓟州中、上元古界地层剖面和丰富地质景观的分布区域，因此可与地质科普和地貌景观结合展示，也可与村寨发展相结合。

第四节　中小尺度沟域单元：基于最小累积阻力（MCR）模型的古北口遗产廊道展示体系研究

古北口是北京长城的重要关塞，它位于一个沟域之中，两侧山体紧锁沟底的潮河。经由古北口的出关之路，是连接京师与塞外北方地区的咽喉要冲，属历代兵家必争之地。由于其地理位置重要性，这一段长城规划精妙、做工精湛，体现长城极高的艺术和科学价值。以古北口讲述中小尺度沟域明长城遗产资源的展示，体现了"以小见大"的展示要求。

中小尺度沟域"文化景观"的典型阐释展示模式——构建包含若干"探访路"的"遗产廊道"

文化遗产的阐释与展示，强调将遗产与"人"之间建立联系。探访路是以街巷为依托的文化游览路线，旨在将文物古迹、文化服务设施和地区景点用舒适的步行或慢行的交通方式串联起来，并在沿途提供方便的服务设施，满足人们观光游览、历史寻踪、文化探访、地区体验的需求。探访路可作为阐释展示模式的载体，是将众多零散的点，通过探访路径的串联或并联，将其按照合适的线路进行叙事意义上的编排，从而使零散的各点形成线和面的体验方式，使公众对该地区的文化、历史等形成立体、深度的感知（张羽佳，2016）。而遗产廊道（heritage corridors）概念则最早产生于20世纪80年代，是美国学者C. 利托（C. Little）在绿色廊道理念中增加了"历史文化要素脉络的绿色通道"的理念。遗产廊道概念提出后，国外学者积极探索并总结出相关理论及实践方法，有密歇根运河遗产廊道、英国哈德良长城遗产绿道、日本小樽运河工业遗产型廊道等典型实践案例。21世纪以来，遗产廊道概念亦引入中国，俞孔坚等基于发生学等方法，设计了台州、大运河遗产廊道等（俞孔坚等，2005；俞孔坚 等，2010）。

1. 古北口沟域的文化景观资源

古北口沟域的文化资源丰富、分布较为集中且密度较高，历史上流传着"两步三座庙，一步三眼井"的谚语。从生态角度来看，古北口沟域呈现出四面环山、一水中流的格局。从遗产角度来看，形成"一轴三带多点"的格局：一轴为古御道及其两侧，三带为古北口西部的红色文化带、东部的长城文化带和村北部的庙宇民居文化带。保存良好的生态及遗产资源，以及从中衍生出的非遗文化、民宿文化、美食文化等丰富的文化景观资源，列表如下（表5-3）。

表5-3　古北口沟域文化景观资源汇总

级别	资源单位	数量
一级景观资源 （长城及其附属物）	长城—司马台段、长城—古北口段、长城—蟠龙山段、长城—卧虎山段、司马台城堡、潮河关城堡遗址、古北口镇城垣遗址、上营城堡遗址、沙岭沟城堡遗址、河西城堡遗址、砖垛子城堡遗址、河东村一号水关、河东村二号水关、河西村一号水关、古北口村烽火台、古北口瓮城	16
二级景观资源（省级）	古北口战役阵亡将士公墓、古北口保卫战阵亡烈士墓碑	2
三级景观资源 （市、县级）	杨令公庙、吕祖庙、药王庙、瘟神庙、财神庙、清真寺、古北口二郎庙、古北口玉皇庙、瘟神庙戏楼、北齐长城遗址、万寿行宫、古北口长城抗战纪念馆、潮河关惨案纪念碑、古北口七勇士纪念碑、古御道	15
四级景观资源 （具有历史价值的不可移动文物）	大宋杨七郎之墓、河西大府衙门、古北口三眼井、琉璃影壁、赵明东家民居、段德元家民居、郝春年家民居、朱永海家民居、李正义家民居、周淑芬家民居、司马台村砖瓦窑、下卧铺村砖窑址、汤河村窑址、西菜园砖窑址、后川村砖窑址、古北口村砖瓦窑址	16

2. 基于MCR模型构建景观廊道

MCR（minimum cumulative resistance）译为最小累积阻力，MCR模型是生态保育领域常用的方法，是用于识别生态廊道和连接生态片段的最佳路径。冯君明等曾在大同新荣区古长城遗产廊道构建中使用该模型（冯君明，2018）。

该模型可求解两个源地之间最小的成本路径，算法实现原理参考Arc GIS工具中的成本路径命令。MCR模型可用于生成最小成本路径，即将景观层面的最小成本路径视为构建廊道形式的一种方式。

其构建思路如图5-14所示。

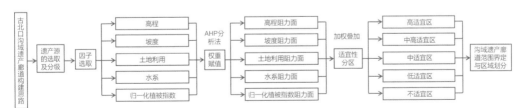

图5-14　古北口沟域遗产廊道的构建思路
图片来源：作者自绘

古北口长城沟域遗产廊道的生态适宜性分析主要基于MCR模型展开，其原理为：以廊道保护理论为基础，以遗产要素作为中心展开的遗产休闲空间活动过程为原点，活动过程中对景观的覆盖和控制的可能性及动态性便是景观阻力。阻力越大，适宜性越低，则该活动越不适宜开展；相反，阻力最小的地区生态适宜性最高，也就意味着是生态适宜的沟域遗产休闲廊道区域（詹庆明 等，2015）。MCR计算公式如下：

$$MCR = \int_{min} \cdot \sum_{j=n}^{i=m} (D_{ij} \times R_i) \qquad (5-1)$$

式中：MCR为最小累积阻力值；$\int_{min}$代表累计阻力与运动过程呈正相关关系；D_{ij}为某遗产点j到某景观元素i的距离；R_i为i在该位置对于遗产廊道构建的阻力。

在本研究过程中，遗产活动源和分布，根据密云文旅局所提供分类及实地调研进行确认，在Arc GIS中予以可视化。同时，选取地形、坡度、土地利用类型、植被覆盖度、水系等因素，作为生态景观阻力因子，形成综合生态景观阻力面，采用层次分析法（AHP）及专家打分法分别对影响因子分配权重，并结合遗产源点和阻力面扩散叠加得到适宜性评价。

3. 遗产源的确定

遗产源为研究中需要保护的遗产资源，确定遗产源通常需要综合考虑多方面因素，包括历史、文化、自然和社会等方面的要素。

历史和文化价值：考察该地区的历史和文化背景，包括传统文化、建筑风格、文物、遗址等。通过文献研究、实地考察、专家评估等方法，评估历史和文化资源的价值，确定具有遗产价值的源头。

自然价值：考察该地区的自然环境，包括地理、生态、地质等方面的要素。通过生态调查、生物多样性评估、自然景观评价等方法，评估自然资源的价值，确定具有遗产价值的源头。

社会价值：考察该地区的社会价值，包括当地居民的生活方式、传统习惯、民间艺术等。通过社会调查、社会文化评估等方法，评估社会资源的价值，确定具有遗产价值的源头。

综合评估和综合决策：综合考虑以上多个因素，进行综合评估和综合决策，确定具有遗产价值的源头。这可以通过多方面的数据和信息进行比对、权衡，制定合理的决策方案。

4. 构建景观阻力成本栅格

构建景观阻力成本栅格是最小累积阻力模型中的一步，用于量化不同地理要素对生态廊道或生态连接性的影响程度。

数据获取：收集相关的地理数据，包括地形、土地利用/覆盖、道路、河流等地理要素的数据。这些数据可以通过现有的地理信息系统（GIS）或其他地理数据来源获得。

数据处理：将不同的地理要素数据进行预处理，包括数据的投影、栅格化和统一的数据格式。确保不同数据层之间的空间分辨率和地理坐标一致，以便进行后续的分析和模型构建。

阻力值的设定：根据研究的具体目的和研究区域的特点，为不同地理要素分配阻力值。阻力值反映了不同地理要素对生态廊道或生态连接性的影响程度，一般情况下，对于对生态连接性影响较小的地理要素，可以赋予较低的阻力值，而对于对生态连接性影响较大的地理要素，可以赋予较高的阻力值。

阻力成本栅格的计算：使用GIS工具或专业的地理分析软件，将不同地理要素的阻力值叠加到一起，形成阻力成本栅格。阻力成本栅格的每个栅格单元（像元）上有一个阻力值，表示从该像元到周围邻近像元的阻力成本。

在阻力成本构建过程中，古北口长城发展限制受人为因素和自然因素的影响，相应阻力成本不尽相同。同一区域内，坡度越大，径流增大，水分入渗率降低，相同蒸发条件下，土壤的含水量因此降低。同时坡度越陡水土流失程度越严重，导致土壤贫瘠，不利于植物生存；平坦或缓坡区土壤厚度、含水量都较高，利于植物生长。高程是影响建设重要因素之一，在保护的前提下，合理利用长城周边地势平缓的聚落地区引导开展观光产业，可适当增加经济效益来补贴遗产修缮费用；平原及高程较为平缓的地区可以减少建设成本，降低安全隐患。植被覆盖度是反映林分结构与林木生长情况的重要因子，本书用归一化植被指数判别植被覆盖情况，作为判别区域内水土等自然条件是否适宜种植的重要指标（冯君明 等，2018）。水系作为重要的自然保护因素，同样被纳入生态影响因子。综上所述，本书在阻力面影响因子选择了地势高程、土地利用类型、植被覆盖度、水系等作为主要成本参数，并运行模型坡度、重分类、欧式距离等命令进行成本分析，通过专家打分汇总赋值并采用层次分析法（AHP）得到相关阻力系数，使用运行模型加权叠加计算命令，经运算后得出综合成本栅格。再根据 MCR 模型模拟体验者到遗产源需要克服的生态阻力情况，得到区域生态景观综合阻力面。（表5-4、图5-15）

基于区域景观综合阻力面直方图信息统计，对研究区域环境进行适宜性分区，运行模型成本距离运算，得到古北口潜在的长城沟域文化遗产廊道大致形式。根据古北口沟域遗产廊道适宜性分区结果图观察得出，高适宜区主要集中在潮河与小汤河沿线遗产点，呈包围式布局。因此，在后续工作中需平衡生态环境与发展之间的关系。为了提高潜在遗产廊道之外的中及中低适宜区遗产环境韧性，后续工作中应对该区域重点进行生态修复，并适当引导发展生态产业。

5. 依据MCR模型计算得到的遗产廊道，设定相应的生态修复政策

依据MCR计算结论，可建立起古北口长城沟域遗产廊道。在遗产保护中以此为主体，结合本体保护、景观生态学修复及游览体系融入，达到古代大型线性文化遗产廊道的生态环

表5-4 阻力系数表

阻力因子	分类	阻力系数	权重
坡度/（°）	>35，≤90	500	0.2062
	>25，≤35	300	
	>15，≤25	100	
	>8，≤15	30	
	>5，≤8	10	
	≥0，≤5	5	
高程/m	≥1800	500	0.2217
	>550，≤850	300	
	>350，≤550	100	
	>250，≤350	30	
	≤250	10	
土地利用类型	水体、耕地	500	0.2468
	森林	300	
	灌木、裸地	100	
	草地	50	
	人造地表	200	
归一化植被指数	NDVI>0.75	500	0.1877
	0.5<NDVI≤0.75	300	
	0.25<NDVI≤0.5	100	
	0<NDVI≤0.25	30	
	NDVI≤0	10	
距离水源距离/m	≤100	500	0.1376
	>100，≤200	300	
	>200，≤400	100	
	>400，≤600	30	
	>600	10	

境韧性修复，从而构建出一条绿色生态的文化遗产廊道。根据遗产廊道的构成，生态现状，对遗产廊道沟域的生态环境进行详细调查和评估，包括土壤质量、植被类型、动植物资源、水资源等方面。了解当前的生态问题和威胁，确定生态修复的紧急性和优先性。并确定生态修复策略，根据遗产廊道的构成和生态特点，制定合适的生态修复策略。例如，对于河流或湖泊沟域，可以考虑采取生态湿地修复、水生植物引入、水源保护等措施；对于山地或森林沟域，可以考虑进行退耕还林、森林生态恢复、土壤保护等措施。

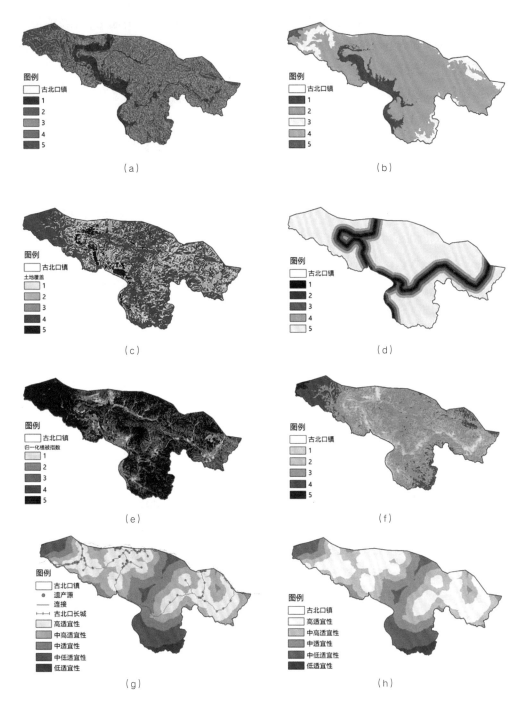

图5-15　古北口遗产廊道适宜性分析与构建过程

（a）古北口坡度阻力分布；（b）古北口高程阻力分布；（c）古北口土地覆盖阻力分布；（d）古北口水系阻力分布；（e）古北口归一化植被指数阻力分布；（f）古北口综合景观阻力面；（g）古北口适宜性分区；（h）古北口长城遗产廊道与适宜性分区

图片来源：苏毅，马妍，陈梦琪，等. 基于生态适宜性评价的古北口长城遗产廊道构建研究[J]. 北京规划建设，
2022（1）：125-129
注：图中1、2、3、4、5代表不同的阻力系数

考虑生态修复的可持续性：生态修复政策应当注重可持续性；考虑生态系统的长期稳定性和自我调节能力；考虑社会经济因素的影响，包括当地居民的生计、生活方式、传统文化等。

遗产核心保护区：核心区要求充分保护长城及其附属物等线性要素及相邻绿色廊道、沿线关堡等文化遗产。修复遗产生态基质，做好涵养保护水源、改善土壤条件、防止水土流失及防风固沙等工作。依据《北京市长城保护管理办法》及《北京市市级以上文物保护单位保护范围及建设控制地带》中规定"长城墙体两侧各500m定位保护范围"，将古北口长城两侧500m作为核心保护区，维护古北口长城沟域遗产廊道生态文化景观的整体形象。

游憩服务设施建设区：以低干扰、低介入为基本建设原则，1~3km为缓冲宽度，包含零散遗产点，在此区域融入休闲游憩系统，完善绿色生态廊道游憩体验与服务功能。

环境协调控制区：在满足城镇规划的基础上，以3~5km为适宜宽度，包含极少数遗产点，适当限制协调区土地利用类型，以保持邻近村庄聚落风貌景观与廊道区域一致性，防止被现代城市化进程"吞并"。

6. 以遗产廊道为骨架，协调生态修复与遗产展示的关系

协调遗产区域的生态修复和旅游发展需要综合考虑遗产保护、生态修复和旅游开发三者之间的相互关系，采取合理的策略和措施，确保生态环境得到保护，同时促进旅游发展。古北口长城及其周边文化遗产资源保护的过程中需要协调遗产廊道内部的遗产空间与外部居民生活环境，在达到有效保护的同时协调周边环境发展，进一步丰富遗产廊道的文化内涵（图5-16、图5-17）。

遗产廊道与人文景观提升：利用区域现状自然景观资源，在进行旅游开发时，要以生态保护为首要原则，确保生态环境的恢复和保护。可以采取科学的生态修复措施，如生态恢复、水土保持、植被恢复等，保护和修复遗产区域的自然生态系统。增强遗产廊道与以潮关村娘娘庙、河东村"三庙一景"等为代表的人文景观的联系，通过地势建立自然与人文景观视线通廊，完善游憩基础设施，提升休闲环境，增加文化节点串联要素来展示功能。在旅游开发中要注重保护遗产区域的文化价值，包括历史建筑、文物古迹、文化传统等。可以通过合理规划旅游线路，设置文化展示和解说设施，促进文化传承和遗产展示的结合。

遗产廊道与绿地公园改善：增强以"雾灵山、西沟林场"为代表的绿地资源与遗产廊道的衔接性，完善节点服务，增添宣传指引标识，形成具有一定规模区域级休闲游憩节点，鼓励当地居民和社区参与遗产区域的生态修复和旅游发展。可以通过开展环保志愿者活动、建立当地居民参与遗产保护的机制，让他们参与遗产区域的管理和决策，形成共建共享的理念，吸引京津冀地区游客。加强对游客和当地居民的环保教育和宣传，提高他们对生态保护的认识和意识。可以通过设置展示馆、科普宣传板、导览解说等方式，向游客介绍遗产区域

的生态价值和环保意义，引导游客文明游览，保护生态环境。

遗产廊道与沿线村庄聚落更新：以"古北口村、河西村"等民俗村为代表，严格依据划定的遗址保护线范围，维持现状土地利用，制定合理的景区规划和管理措施，确保旅游活动不对生态环境造成负面影响。包括限制游客数量、控制游客流量，设置合理的游客服务设

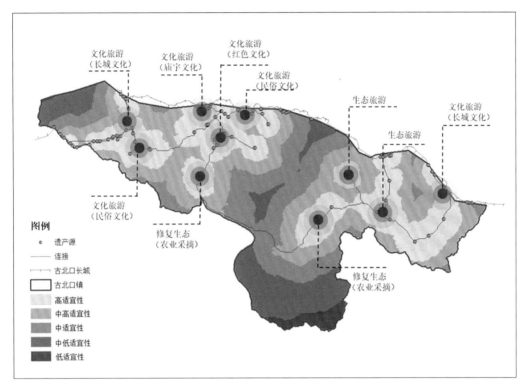

图例
- 遗产源
—— 连接
ᴴᴴ 古北口长城
▢ 古北口镇
▢ 高适宜性
▢ 中高适宜性
▢ 中适宜性
▢ 中低适宜性
▢ 低适宜性

图5-16 基于遗产廊道的生态修复与遗产展示示意

图片来源：苏毅, 马妍, 陈梦琪, 等. 基于生态适宜性评价的古北口长城遗产廊道构建研究[J]. 北京规划建设,
2022（1）：125-129

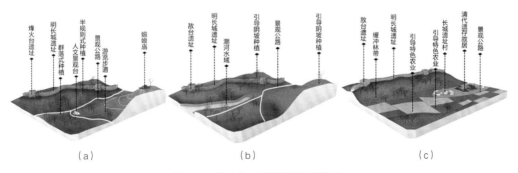

图5-17 遗产生态区域周边提升策略

（a）遗产廊道与人文景观；（b）遗产廊道与绿地公园；（c）遗产廊道与村庄用地

图片来源：苏毅, 马妍, 陈梦琪, 等. 基于生态适宜性评价的古北口长城遗产廊道构建研究[J]. 北京规划建设,
2022（1）：125-129

施和导览线路，加强对游客行为的引导和管理，确保游客在遗产区域内的活动对生态环境无害。相关部门管控区域建设类型；增设与文化遗产资源相隔离的缓冲林带，以减少由于周边居民活动对遗产实体造成的破坏。

基于MCR方法的遗产廊道构建，既有利于丰富中小尺度沟域内的文化遗产展示的空间层次，又利于在长城沿线，推进有步骤、有组织和分层次的沟域生态修复工作，形成由遗产源点到遗产廊道至遗产区域的空间展示与保护架构。可望整合长城本体及沿线的文化景观资源，建立集遗产保护、生态保育、历史文化教育及遗产休闲游憩于一体的线性景观展示系统。

同时，遗产廊道构建，有望加强文化资源和自然环境之间的连接，改善区域内的连通性，可以同时促进当地社区的可持续发展以及经济和文化价值的提升。古北口基于遗产廊道的展示利用尝试，为京津冀长城沿线中小尺度沟域的生态修复和文化遗产保护工作，提供了一定参考借鉴。

从对不同沟域类型的展示利用策略中可以看出，不同形态的沟域由于在结构和规模上的不同，其阐释和展示的方式也不相同。如密云区这种多沟域类型的区，需要兼顾各个沟域的整体文化与特色，以长城为纽带将沿线沟域各类资源串联，实现各沟域资源整合利用。如蓟州区这样单个大沟域形态的，阐释与展示需要以大沟域为单位设计展示主线，形成以大型沟域展示为主线、周边小型组团相配合的展示体系。而古北口这种中小尺度沟域则可以采用更细致精微的阐释与展示设计，采用如定量的累积阻力（MCR）方法来辅助设置遗产廊道，将遗产展示目标与生态原则有机地结合起来。

参考文献

[1] 杨时宁. 宣大山西三镇图说[M]. 彩绘秘阁本. 藏于日本，1603（明万历三十一年）.

[2] 明神宗实录：卷79，万历六年九月甲戌[M]. 台北："中研院"历史语言研究所，1962：1702–1703.

[3] 刘庆. 中国长城志：军事[M]. 南京：江苏凤凰科学技术出版社，2016：4–7.

[4] 张柏. 中国长城志：遗址遗存[M].南京：江苏凤凰科学技术出版社，2016：780–792.

[5] 汤羽扬. 中国长城志：建筑[M].南京：江苏凤凰科学技术出版社，2016：46.

[6] 王琳峰，张玉坤，魏琰琰. 明长城蓟镇防御体系与军事聚落[M]. 北京：中国建筑工业出版社，2018：66–67，
103–104.

[7] 陈同滨，王琳峰，任洁. 长城的文化遗产价值研究[J]. 中国文化遗产，2018（3）：4–14.

[8] 段清波，刘艳. 文化遗产视域下的中国长城及其核心文化价值[J]. 中原文化研究，2019，7（6）：23–28.

[9] 张平一. 河北境内长城的历史价值和作用[J]. 文物春秋，2003（1）：28–33.

[10] 王雁. 论长城国家象征意义的形成[J]. 理论学刊，2020（1）：161–169.

[11] 俞炜华，南文海."400mm等雨量线"、长城与农耕游牧民族的分界线[J]. 上海交通大学学报（哲学社会科
学版），2009，17（1）：46–52.

[12] 曹大为. 长城：碰撞与融合的界碑[J]. 中州学刊，1993（6）：114–120.

[13] 中国大百科全书总编辑委员会. 中国大百科全书·中国地理[M]. 北京：中国大百科全书出版社，2004.

[14] 义乌丛书编纂委员会. 长城有约：义乌与长城的历史对话 [M]. 上海：上海人民出版社，2013.

[15] 薛程. 中国长城墙体建造技术研究 [D]. 西安：西北大学，2018.

[16] 常玮. 明长城西北四镇军事聚落研究 [D]. 天津：天津大学，2016.

[17] 王琳峰. 明长城蓟镇军事防御性聚落研究[D]. 天津：天津大学，2012.

[18] 全国优秀长城保护员先进事迹 [N]. 中国文物报，2007–07–08（16）.

[19] 世界遗产名录–长城[EB/OL]. [2022–10–01]. http://whc.unesco.org/en/list/438/.

[20] 丛桂芹. 价值建构与阐释：基于传播理念的文化遗产保护 [D]. 北京：清华大学，2013.

[21] 王长松，张然. 文化遗产阐释体系研究：以北京明长城为评价案例[J]. 首都师范大学学报（社会科学版）.
2020（1）：139–149.

[22] 施拉姆，波特. 传播学概论[M]. 何道宽，译. 北京：中国人民大学出版社，2010.

[23] 李梦磊. 古城墙展示模式研究[D]. 北京：北京建筑大学，2018.

[24] 李金蔓，闫金强. 世界文化遗产阐释与展示的启示：以哈德良长城为例 [J]. 遗产与保护研究. 2018，3（9）：
129–135.

[25] 明英宗实录：卷298[M] //何宝善. 明实录大运河史料（上）. 北京：北京燕山出版社有限公司，2021：159.

[26] 李俊丽. 天津漕运研究（1368–1840）[D]. 天津：南开大学，2009.

[27] 拉铁摩尔. 中国的亚洲内陆边疆[M]. 唐晓峰，译. 南京：江苏人民出版社，2010.

[28] 水野清一，江上波夫. 内蒙古·长城地带[M]//东方考古学丛刊乙种第一册，东亚考古学会，1935.

[29] 刘效祖. 四镇三关志校注[M]. 彭勇，崔继来，校注. 郑州：中州古籍出版社，2018.

[30] 沈应文，谭希思. 顺天府志[M]. 影印本，北京：中国书店，1959.

[31] 杨时宁. 宣大山西三镇图说[M]. 正中书局排印明崇祯刻本，北京：北平图书馆，1930.

[32] 清实录：高宗实录[M]. 北京：中华书局，1760（清乾隆二十五年）.

[33] 宋骧. 太平府志（1-2）[M]. 台北：成文出版社有限公司，1974.

[34] 卜工. 长城地带的考古新进展[J]. 百科知识，1991（6）：3.

[35] 邓涛. 延续与变革：清前期长城的军事和非军事功能[J]. 中央民族大学学报（哲学社会科学版），2019，46（6）：66-74.

[36] 董耀会. 秦皇岛历代志书校注：永平府志（明万历二十七年）[M]. 北京：中国审计出版社，2001.

[37] 段清波. 中国历代长城研究[M]. 北京：经济科学出版社，2019.

[38] 樊胜岳，琭婧，韦环伟. 西藏地区沟域经济系统耦合模式研究[J]. 西南民族大学学报（人文社科版），2009，30（1）：72-77.

[39] 侯仁之. 北平历史地理[M]. 邓辉，申雨平，毛怡，译. 北京：外语教学与研究出版社，2014.

[40] 李建丽，李文龙. 河北长城概况[J]. 文物春秋，2006（5）：19-22.

[41] 李严，张玉坤，李哲. 明长城防御体系与军事聚落研究[J]. 建筑学报，2018（5）：69-75.

[42] 林沄. 夏至战国中国北方长城地带游牧文化带的形成过程[EB/OL]. [2023-6-10]. https://www.doc88.com/p-381629527644.html.

[43] 刘沛林，刘春腊. 北京山区沟域经济典型模式及其对山区古村落保护的启示[J]. 经济地理，2010，30（12）：1944-1949.

[44] 刘珊珊. 明长城居庸关防区军事聚落防御性研究[D]. 天津：天津大学，2011.

[45] 刘素杰，吴星. 建设国家文化公园，促进长城沿线区域绿色发展：以京津冀长城保护与传承利用研究为例[J]. 河北地质大学学报，2020，43（5）：135-140.

[46] 苗苗. 明蓟镇长城沿线关城聚落研究[D]. 天津：天津大学，2004.

[47] 穆松林. 北京山区沟域经济发展路径及模式优化研究[C]//发挥资源科技优势 保障西部创新发展，中国自然资源学会2011年学术年会论文集，乌鲁木齐，2011：319.

[48] 彭勇. 明代班军制度研究：以京操班军为中心[M]. 北京：中央民族大学出版社，2006.

[49] 苏秉琦，殷玮璋. 关于考古学文化的区系类型问题[J]. 文物，1981（5）：10-17.

[50] 汤羽扬. 中国长城志：建筑[M]. 南京：江苏凤凰科学技术出版社，2016.

[51] 田广金，郭素新. 北方考古论文集[M]. 北京：科学出版社，2004.

[52] 王莉. 明代营兵制初探[J]. 北京师范大学学报，1991（2）：85-93.

[53] 王琳峰. 明长城蓟镇军事防御性聚落研究[D]. 天津：天津大学，2012.

[54] 王琳峰，张玉坤，魏琰琰. 明长城蓟镇防御体系与军事聚落[M]. 北京：中国建筑工业出版社，2018.

[55]　向燕南. 中国长城志：文献（下册）[M]. 南京：江苏凤凰科学技术出版社，2016.

[56]　肖立军. 明代省镇营兵制与地方秩序[M]. 天津：天津古籍出版社，2010.

[57]　姚鹏. 京津冀区域发展历程、成效及协同路径[J]. 社会科学辑刊，2019（2）：127–138.

[58]　张义丰，贾大猛，谭杰，等. 北京山区沟域经济发展的空间组织模式[J]. 地理学报，2009，64（10）：1231–1242.

[59]　张依萌. 观念与制度：长城保护维修的两个基础问题[J]. 中国文化遗产，2018（3）：55–61.

[60]　张玉坤. 中国长城志：边镇·堡寨·关隘[M]. 南京：江苏凤凰科学技术出版社，2016.

[61]　赵现海. 明代九边长城军镇史：中国边疆假说视野下的长城制度史研究[M]. 北京：社会科学文献出版社，2012.

[62]　赵紫薇. 明长城山西镇防御性军事聚落研究[D]. 天津：天津大学，2012.

[63]　周劲松. 山地生态系统的脆弱性与荒漠化[J]. 自然资源学报，1997，12（1）：10–16.

第六章 沿线沟域产业发展研究

前文研究了京津冀明长城沿线区域的"遗产-生态"资源体系，基于沟域视角系统审视长城遗产、生态景观的主要特征，并提出了针对性策略。然而，仅仅做好历史文化遗产和生态环境保护是远远不够的。为保障京津冀明长城沿线区域的社会经济发展面貌，践行"绿水青山就是金山银山"的可持续发展理念，并兑现中国2030年"碳达峰"和2060年"碳中和"的庄严承诺，亟须在保障生态安全的基础上，积极探索符合国家方针政策和本地现实情况的产业发展策略。

本章在系统研究沟域产业发展已有理论的基础上，综合采用归纳法和演绎法，研判京津冀明长城沿线沟域区域的产业发展条件，分析产业发展影响因素，根据"双碳"目标下的节能、节水情景分析，提出沟域发展定位和产业发展思路，并针对典型沟域提出具体的产业发展策略。首先，梳理明长城沿线区域的资源特征和发展现状，研判发展优势、劣势、机遇和挑战。其次，分析沟域产业发展的影响因素，参照欧盟2000—2014年的能耗变化率和我国"十四五"规划的能源消耗目标，对京津冀明长城沿线密云区、张家口市、蓟州区的产业节能、节水情景进行分析，提出密云区潮河沟域、赤城县白河沟域、蓟州区泃河沟域的发展目标和发展思路。最后，以潮河沟域古北口段、白河沟域独石口段、泃河沟域下营段为例，在分析其自然人文属性和空间发展格局的基础上，提出以旅游业和农业为主导的沟域产业发展策略，以期促进沟域社会经济高质量发展。

一、国外山区产业发展研究经验

国外山区产业发展经验，对国内沟域产业发展研究具有重要借鉴意义。日本对山区产业发展的研究可追溯到20世纪40年代，其大力发展山区旅游业与特色农业，如宫崎市依靠山区的特色环境及山水等景观资源搭配休闲农业，使得其旅游业发展迅速（彭美丽，2011）。瑞士基于其地貌、文化和社会的多样性，精准定位山区产业，培育对交通运输依赖较少的农作物，促进山区经济发展（王金凤 等，2012）。法国面对山区经济不平衡，加强旅游主导产业，采取鼓励居民参与，并适当结合法律和财政经济手段，制定有利于发展的政策措施（姚懿德，1991）。意大利依赖于政府的积极引导和支持、农业科技的研究和普及、农业合作组织体系的健全及对山区专业化经营和多种经营的鼓励等方式，在山区农业发展上取得了显著成效（邵红岭 等，2015）。

二、国内山区产业发展相关经验

"沟域经济"概念提出之前，国内相关成果多集中于京外山区产业发展研究（图6-1），如武夷山区、秦巴山区等，学者主要结合理论与实证的研究方法对其发展现状、发展问题及发展策略进行了系统分析。早期学者多关注单个沟域的主导产业研究，基于主导产业理论，以宁夏南部山区、喀斯特山区、陕南秦巴山区、北京山区为例，结合实地调查、层次分析法、定性定量结合等方法对其产业结构特征与主导产业的选择开展研究，并提出了未来产业发展对策（李海，1987；吴宇华，1991；马鸿运，1991；田至美，1995；刘丽丽，2000）。而后产业结构研究受到了广泛关注，部分学者为了探讨不同山区经济发展的区域差异，以大小兴安岭、燕山、太行山区、沂蒙山区、武陵山区等山区为例，通过叠加城乡经济发展差异结合定量分析，发现区域经济发展不平衡主要受第二、三产业发展水平差异的影响（陈国阶 等，2003）。伴随山区产业的进一步发展，生态建设、可持续等概念逐渐成为热点，马彩虹等（2005）通过实地考察和调研，针对人口政策、林草地产权结构、生态建设模式、特色产业等提出了未来发展对策。吴志勇（2007）、易兵等（2013）基于产业结构理论，以可持续发展为主线，采用综合评析、比较分析、实证分析等方法，探讨如何通过调整山区产业结构状况与未来发展对策。

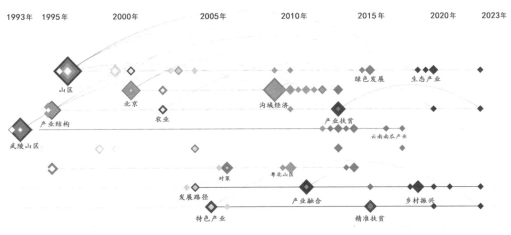

图6-1 国内沟域产业研究脉络
图片来源：作者自绘

三、国内沟域产业发展相关研究进展

为了满足社会发展的需求，2008年北京市新农村办公室发布了《关于开展山区沟域经济发展试点的意见》，该文件积极推动了北京市各区县开展沟域经济产业发展的探索，相继涌现出了密云玫瑰谷、汤泉香谷，房山蒲洼沟域，怀柔水长城和栗花沟等一批新型沟域经济发展模范。在积极开展实践的同时，沟域产业发展基础理论的构建、产业发展模式的探索、产业发展水平的评价等研究方向受到了众多学者的关注。

早期针对沟域产业发展内涵特征的模糊性，众多学者从概念辨析、内涵要素、发展特征、空间演变、政策制定等角度进行了大量基础性研究工作。张义丰等（2009）较早开展沟域产业相关研究，提出沟域经济是在山区农业经济、流域经济基础上结合山区发展基础与特点提出的崭新概念，是山区发展研究的新视角。在认识沟域经济发展现状的基础上，对北京沟域经济发展的空间布局特征指向及其影响进行了探讨，建立了沟域经济空间组织的合理模式框架，并提出沟域突破行政边界、交通条件等影响因素，将有利于产业结构调整、城乡统筹发展，同时在一定程度上，这样还有助于协调好山区生态保护与经济发展的关系，促进山区的综合开发。部分学者基于经济学、社会学、生态学等多种视角，并结合增长极、循环经济理论、创意农业新论、制度创新理论等理论，采用SWOT分析法（优劣势分析法）找出其发展优势和不足，对北京山区经济发展具有重要意义（郑春慧，2010；陈俊红，2010）。钱静（2010）对北京沟域经济发展研究进行了系统回顾，提出创新性的融合与应用是当前理论研究者要突破的一个难题。彭美丽（2011）基于实地调研认识北京沟域经济发展及其资源环境基础，结合政府访问及论坛研讨等途径，立足北京的可持续发展和率先实现区域一体化，系统分析了沟域经济发展环境、现状模式，并通过门头沟实证探讨，提出相关政策建议。陈俊红等（2011）运用优劣势分析定性和定量分析方法，充分分析沟域产业发展内外部关键因素，归纳生成战术策略，提出沟域产业发展的战略措施。此外，部分学者深入探讨了沟域产业发展路径与沟域经济发展的政策制定（陈俊红，2011；于晓红，2011）。

在典型沟域的产业发展路径与发展模式上，基于实地调查、归纳总结、对比分析等方法，结合沟域分布特征和相关资源开展了深入探索。范子文等（2010）系统分析了云台山景区培育旅游主导产业的发展成效，针对北京沟域提出产业为本、创新机制、资源整合、规划先行、开发与管理并重、沟域开发与新农村建设相结合等重要启示。刘沛林等（2010）通过理论与实证相结合将北京山区沟域经济的典型模式归为创意先导模式、特色产业主导模式、龙头景区带动模式、自然风光旅游模式和民俗文化展示模式五种。此外，针对产业融合作为沟域经济发展的主要路径，部分学者面向主导产业发展、产业间的关联和外部环境变化，提出服务型、生态型等产业融合的发展策略（姜翠红 等，2011）。面向农业旅游产品单一，缺少融合型多功能产品，产品链条短等问题，有的学者提出健全产品体系，创新开发产品，延伸产品链条，开发融合型产品等策略（王慧 等，2015）。面向整体经济实力、生态保育、休闲产业建设等不足，提出深化特色经济发展模式、增加生态保护投入、夯实农业产业基础等发展策略（曹均 等，2013）。有的研究强调创新发展模式的引入，并针对基础设施建设相对滞后、人才保障较为薄弱、产业水平还需提升等问题提出了加强顶层设计、加强沟域基础设施建设、实施多元化投融资策略、加强产业链设计、加强生态文明建设等策略（郭淑敏 等，2015）。

伴随沟域经济产业发展阶段的转变，产业发展重心由产业融合到创新转型，对沟域产业发展水平实施综合评价以认识发展现状、识别潜在问题，提高沟域产业发展质量及深度与广度意义重大。既有研究所涉及的评价内容主要分为产业结构与产业空间，在产业结构上基于结构熵评价理论，建立了评价产业结构有序度的联系熵和运行熵模型，对沟域产业结构运行效率、质量和高度进行定量分析。针对北京山区沟域产业发展的深度和广度不够、经济增长驱动力不足，提出未来应打破单一、稳定的产业结构，建立多元化的产业结构的发展策略（王爱玲 等，2011）。此外，以北京四季花海沟域为例，学者通过钻石模型与一般均衡模型（general equilibrium model，GEM）对其竞争力开展了定量定性结合的评价，并对沟域的四对因素分别提出针对性建议（闫泓竹，2015）。在典型沟域产业空间上，针对沟域资源承载力，以房山山区为例，通过自然地理格局、综合生态系统敏感性及服务功能对其开展评价，将沟域产业空间分为深山限制发展区、大石河重点发展区、拒马河重点发展区和浅山优先发展区四类产业调控区，通过分析不同类型区的特征，分别制定产业准入门槛、产业规模和产业发展方向等产业发展调控策略（穆松林 等，2012）；针对空间分异采用调研数据构建沟域经济空间分异指数，发现第三产业空间分异差异较大，提出了发挥增长极的辐射效应，在不同层级阶梯式地推进点-线-面的发展模式。

四、现有沟域产业发展研究总结

首先，从研究内容上看，现阶段沟域产业发展的研究成果主要有基本概念界定、内涵要素辨析、发展模式划分及对典型沟域产业发展水平的评价，属于对现有沟域产业发展状况的总结归纳性研究。其次，部分研究基于动态视角，探讨了沟域产业发展的主导因素与演变过程，凸显了当下向绿色可持续产业转变的发展模式；最后，少量研究涉及空间视角下沟域产业发展水平空间分异特征及影响要素分析。

在研究方法上，根据其发展脉络研究方法体现出由定性向定量的转变趋势。早期研究多基于案例分析与实地调查等方法，进行了沟域产业发展的基础性归纳总结研究。而后期学者多采用SWOT评价分析、情景分析等方法，对不同的沟域产业发展条件进行分析评价。此外，数理统计方法和静态特征的描述方法也逐步引入，如层次分析法、GEM与空间计量模型等，进行了产业发展水平及空间分异特征的评价研究。

总体而言，现有研究中所涉及的产业发展问题、主要关注点及技术方法对本章具有重要启发，尤其是北京沟域产业研究中的早期探索，如产业发展条件的研判、产业发展模式的转变、产业发展情景的制定等内容具有重要借鉴意义。京津冀明长城沿线区域紧邻"燕山-太行山国家集中连片贫困区"，是贫困县最集中的地区，识别产业现状问题、研究产业基础、制定产业策略是助其脱贫攻坚的必然选择。未来沟域产业发展研究应加强生态文明沟域的建设，从多维度、多视角深入探讨沟域产业发展水平主导因素、演变机制与未来情景模拟。同时应积极打破行政边界的限制，对集中连片城市群进行跨省域、跨区域、跨流域等不同类型沟域系统研究。因此，加强京津冀明长城沿线沟域产业发展研究，丰富沟域经济的研究框架体系，促进我国沟域产业高质量发展，势在必行。

第一节　京津冀明长城沿线区域产业发展条件研判

京津冀明长城沿线区域产业发展受诸多条件限制，对该区域进行产业发展研究应先明确产业发展条件，即内外部发展条件下的政策空间、经济发展阶段、资源要素体系等。本章从区域整体出发，分析京津冀明长城沿线区域发展的优势和劣势，以及面临的机会和挑战，为产业发展思路与策略的探索提供基础。

一、自然资源与文化遗产奠定产业发展优势

1. 自然景观条件优越

京津冀明长城沿线区域横跨燕山山脉和太行山脉，生态环境良好，生物物种丰富，潮白河、蓟运河、永定河、洵河纵横其间，森林、草原、湖泊、河流、耕地交错斑驳，自然景观资源丰富，是覆盖大尺度自然地理单元的完整生态系统。明长城北京段生态资源丰富，包含自然保护区、风景名胜区、森林公园等7类生态资源，共计22片（见附表1）。明长城天津段集中分布在天津市蓟州区下营镇，由于该地区独特的地形地貌，拥有国家级地质公园、国家级自然保护区、国际级风景名胜区、省级风景名胜区等6项3种类型的自然景观资源。明长城河北段涉及唐山、秦皇岛、承德、张家口4个市，沿线自然资源富集，拥有国家全域旅游示范区6个（杨丽花 等，2017），国家级旅游度假区1个，国家4A级以上旅游景区7家（陈亮，2005）。

2. 历史文化资源丰富

京津冀明长城沿线区域历史文化资源数量众多，积淀深厚，历史文化资源富集。其

中，北京市的文化资源包含世界遗产、不可移动文物、非物质文化遗产、历史文化街区、历史文化名镇名村与传统村落6类（邵甬 等，2016），计624处（见附表2）。明长城河北段沿线文化和旅游资源包含世界文化遗产2处、国家历史文化名城3座、国家历史文化名镇6座、国家历史文化名村31个、全国重点文物保护单位84处、非物质文化遗产277项（赵欣等，2013），爱国主义教育示范基地4处、红色遗产资源92处（见附表2）。天津市有全国重点文物保护单位3处，其中有辽代历史纪念建筑物独乐寺，及现存规模最宏大、体系最完整、布局最得体的帝王陵墓建筑群——清东陵，辽代石窟寺石刻——千像寺造像等文化古迹以及国家级景区——黄崖关长城等著名景点，以及120处红色遗址，36处爱国主义教育基地（见附表2）。

二、山区地形与脆弱生态提升发展阻碍

京津冀明长城沿线区域得益于自然地理条件，具有丰富的自然生态资源，但脆弱的生态本底也对其产业发展造成一定的限制。由于山区地形崎岖和社会经济发展滞后，京津冀明长城沿线区域路网密度偏低，交通基建相对落后。京津冀明长城沿线区域与北京、天津等中心城市的交通干道较少，尤其是铁路（高铁、城际铁路、普通铁路）密度与发达地区差距显著。区域内部县城、镇（乡）、村落之间的公交强度也偏低，居民进出和游客集散的便捷程度亟须提高，以促进区域旅游资源和农业资源的开发利用。

京津冀明长城沿线区域生态风险较高，对长城文化遗产的保护形成较大威胁。该区域普遍存在轻度或中度水土流失、风沙侵蚀、盐害、生态退化等现象，提高了对长城本体保护的成本。部分区域属于泥石流灾害高易发区、地面沉降危害中等及较大区、暴雨多发区及地震断裂带相邻区，需要强化生态治理（龚俊杰，2015）。明长城北京段80%以上区域为山坡地，八达岭、司马台、慕田峪等山势陡峭区段长城两侧各3km范围内的生态风险整体可控，但也存在多处呈点状分布的高风险区域（杨华 等，2015），八达岭、居庸关等重要点段仍有大量区域未纳入生态保护红线范围。

此外，在生态与文化保护政策的双重要求下，京津冀明长城沿线区域的产业发展受到诸多限制。京津冀明长城沿线区域属于华北平原生态屏障，也是历史文化资源富集的区域，地方社会经济发展受到诸多限制，明显落后于其他地区。明长城北京段所在的平谷、密云、怀柔、延庆、昌平、门头沟6个区，国内生产总值（GDP）和人均值远远落后于北京市平均水平（图6-2、图6-3）。明长城河北段集中分布在唐山、秦皇岛、张家口、承德4个市，除唐山市外，其余3市的GDP排序在河北省位次较低（图6-4、图6-5）。明长城天津段分布于蓟州区，该区GDP和人均值分别位列全市倒数第二和倒数第一（图6-6、图6-7）。

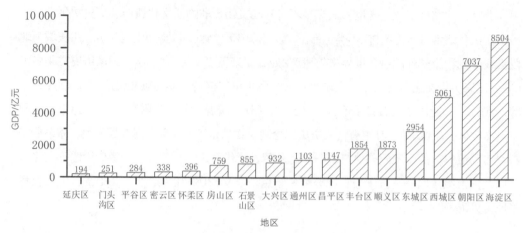

图6-2　2020年北京各地区GDP
资料来源：北京市统计年鉴，2021

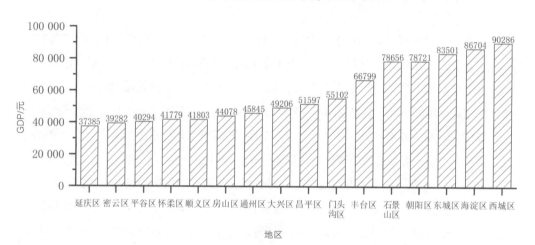

图6-3　2020年北京各地区人均GDP
资料来源：北京市统计年鉴，2021

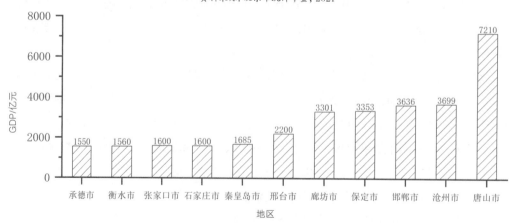

图6-4　2020年河北省各地区GDP
资料来源：全国统计年鉴，2021

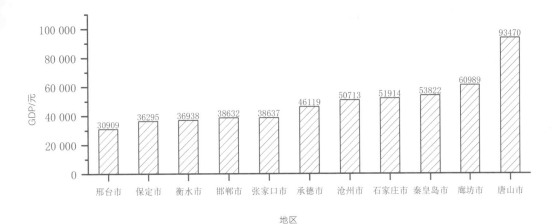

图6-5　2020年河北省各地区人均GDP
资料来源：全国统计年鉴，2021

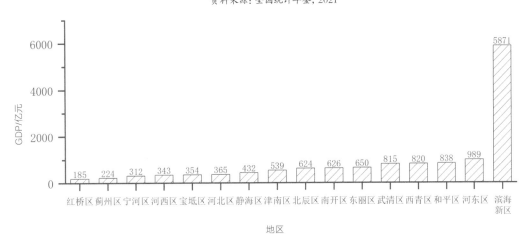

图6-6　2020年天津市各地区GDP
资料来源：天津统计年鉴，2021

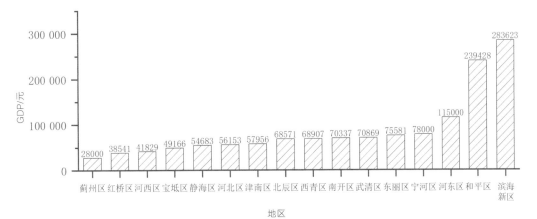

图6-7　2020年天津市各地区人均GDP
资料来源：天津统计年鉴，2021

三、文化弘扬与"双碳"目标带来发展机遇

长城文化带历史价值彰显，为长城沿线区域发展带来机遇。2017年国务院批复《北京城市总体规划（2016年—2035年）》，明确提出建设"文化中心城市"的战略定位，要求充分利用文脉底蕴深厚和文化资源集聚的优势，加强历史文化名城保护、城市特色建设，建设北京长城文化带。2021年河北省印发《长城国家文化公园（河北段）建设保护规划》，沿太行山、燕山山脉打造"两带、四段、多点"的规划布局和展示体系。2017年天津市编制《天津市明长城保护规划》，对天津市境内的长城墙体、单体建筑、关堡等附属设施制定了严格的保护规定，2020年编制《长城国家文化公园（天津段）建设保护规划》，形成重点项目名录。

"双碳"目标已成为基本国策，为长城沿线区域绿色发展指明了方向。2021年国家"十四五"规划纲要提出：加快推动绿色低碳发展，持续优化环境质量，提升生态系统质量与安全，全面提高资源利用水平。2020年北京市"十四五"规划提出：大力推动绿色发展，进一步提升生态环境质量，制定并落实最严格的能耗、水耗、污染物排放等标准，建立健全自然保护地体系。2019年以来，河北省张家口市紧抓冬奥会举办和清洁能源示范区建设契机，大力推动产业绿色发展、清洁能源应用、建筑能耗降低和公交都市建设。2018年天津市大规模启动建成区生态空间建设，将昔日荒地与厂区变成标准农田和城市公园，其间绿树连绵成片，河道纵横成网，以水体、绿地、农田为代表的蓝绿空间已经成为天津市提高碳汇能力的"绿色银行"。

四、遗产与生态统筹保护构成发展挑战

京津冀明长城沿线区域资源丰富，但资源优势尚未转化为发展优势。该区域不仅拥有大量历史文化资源和自然景观资源，还包括大尺度自然地理单元所形成的完整生态系统，它们共同展现了京津冀山区以长城遗产为主体的文化与生态共融的多样性特征。京津冀明长城在历史上对京畿地区的防卫有着重要作用，深刻影响了沿线区域的人地关系，但目前尚未形成系统、科学的资源价值评估、利用体系，历史文化优势未能转化为社会经济发展优势（徐凌玉，2018）。

长城抢险任务紧迫，大量存在结构安全性问题的长城点段亟须保护。长城保护是一项系统性工程，涉及理念、政策、资金、技术、研究、标准、人员、公众等诸多方面，任何方面的缺失都可能会影响保护成效。长城保护多以开放景区的抢险加固和重点修缮为主，但大量存在结构风险的未开放点段在风雨、植被、滑坡等自然灾害的长期侵蚀之下，存在坍塌风险，亟须加大在遗产监测、保护技术、政策支持、资金等方面的投入（汤羽扬 等，2018）。

对长城本体利用强度过高，长城军防体系遗产资源利用不足。前文提及以长城为主题的山海关、八达岭等A级景区多处于满负荷甚至超负荷运行状态，由此反映出我国景区游客承载量的设定标准的不足，以人身安全作为首要条件的同时较少考虑生态环境容量、游客心理舒适度及文物的承受能力（梁枝文，2015）。目前以长城本体作为主要吸引物的景区，如八达岭、山海关、慕田峪、居庸关、虎山、嘉峪关、雁门关、九门口、金山岭长城等景区（中国文化遗产研究院，2020），长城保护工作也面临较大挑战。

遗产管理缺乏统筹，北京市、天津市与河北省中部分行政区划边界以长城中心线为界，跨界管理的问题频现，拖延、推责现象时有发生。另外也跟利用形式显著相关，其中接触型利用形式的管理部门一般是景区管理委员会，同时接受旅游、文物等部门的监督，权利与义务的对应关系相对清晰。但非接触型利用形式的管理主体相对多样，权责不明、边界不清等问题较为突出，易对长城的风貌管控和价值展示产生负面影响（周小凤 等，2020）。

本节首先论述了京津冀明长城沿线区域自然景观资源丰富和历史文化资源富集的产业发展优势，其次阐明京津冀明长城沿线区域交通基建落后、生态风险较高、经济发展滞后的发展劣势，再次分析长城文化带历史价值彰显、低碳发展成为时代主题的发展机遇，最后剖析资源优势尚未转化为发展优势、长城抢险任务紧迫、对长城本体利用强度过高、遗产管理缺乏统筹四个方面的发展挑战。

第二节　京津冀明长城沿线沟域产业发展思路探索

第一节从整体视角出发，对京津冀明长城沿线区域的综合发展条件进行了研判。在整体发展条件的影响下，京津冀明长城沿线区域表现出较大的发展潜力与落后的发展现状。然而在沿线区域内部，由于受到不同因素的影响，不同沟域也表现出不同的发展状况。本节在前文对明长城沿线区域核心沟域分类（第三章第二节）的基础上，根据发展不足型、村镇扩展型、生态遗产双富集型等不同类型沟域的典型特征，选取潮河沟域（涉及北京市密云区）、白河沟域（涉及天津市蓟州区）、沟河沟域（涉及张家口赤城县）作为代表京、津、冀的三处案例研究区域（图6-8），探索明长城沿线沟域产业发展思路。

一、沟域产业发展影响因素

1. 政策法规

由于京津冀明长城沿线沟域多处位于生态涵养区，产业类型受到相关政策法规的严格限制。潮河沟域位于密云水库一、二级保护区内，根据《北京市密云水库、怀柔水库和京密引水渠水源保护管理暂行办法》与《北京市新增产业禁止和限制目录》规定，水库或水源地

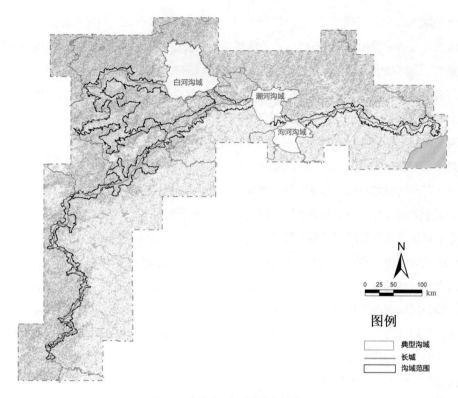

图6-8　京津冀明长城沿线沟域范围

图片来源：作者自绘

一级保护区为非建设区和非旅游区，禁止新建、改建、扩建除水利或者供水工程以外的工程项目，二级保护区内不得建设直接或者间接向水体排放污水的建设项目。白河沟域作为密云水库的水源涵养地，产业进入和资源开发同样受到严格限制。蓟州区的于桥水库作为天津市的饮用水水源地，根据相关规定，泃河沟域的产业类型仅限于观光、农业、康养、新能源等环境友好型项目。

2.交通区位

京津冀明长城沿线沟域远离北京、天津等中心城区。本节的重点研究对象密云区潮河沟域距离北京城区45km，距离首都国际机场35km，东南与平谷区、西与怀柔区、南与顺义区接壤；其北部、东部依次与河北省滦平县、承德县、兴隆县相接。与该区域相连的主要交通线路包括京沈高铁、京通铁路、京承铁路、大广（京承）高速公路、101国道，以及建设中的轨道交通S6线。赤城县距离北京城区180km，处于环首都"一个半小时"经济圈内，主要交通线路为京礼高速。蓟州区泃河沟域西距北京80km，南至天津110km，东至唐山90km，北至承德120km。津承高铁、京哈高铁、津蓟市郊客车、京蓟城际列车的开通，使蓟州区进入京津"一小时经济圈"。

3. 自然生态

首先，长城因军事防御而建，多数沿线区域海拔较高、坡度较大，对工农业生产有较大的限制与约束。密云区潮河沟域以山区为主，最高海拔1600多米，地势自西向东抬高，山体坡度为0~25°，时有山体崩塌、泥石流等地质灾害发生（北京密云年鉴，2022）。赤城县白河沟域位于冀北山地，周围群山环绕，平均海拔1000m，地形崎岖，可利用土地面积有限（赤城县长安网，2022）。蓟州区沟河沟域地貌分区属燕山山脉高低起伏的中、低海拔区域，境内南北高差约1000m，平原面积较小（蓟州区人民政府，2021）。

其次，京津冀明长城沿线沟域风、光、热因素受到气候区的影响较大，并与地理环境密切相关。密云区潮河沟域地处中纬度地区，按照我国建筑气候区划属于寒冷地区（图6-9），全年日照时长变化较大。村落大多选址于河谷或山谷位置，为获取更多的太阳辐射，大都背山向阳而居（北京密云年鉴，2022）。赤城县白河沟域地处大陆性季风气候中温带亚干旱区，根据建筑气候区划，北部属于严寒地区，南部属于寒冷地区，该地区昼夜温差较大，夏季凉爽，是远近闻名的避暑胜地（中国经济网，2022）。蓟州区沟河沟域属于大陆性季风气候暖温带半湿润区，无霜期195天，农业发展条件相对较好（蓟州区人民政府，2021）。

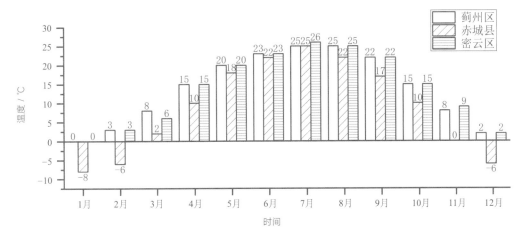

图6-9　蓟州区、赤城县、密云区温度分析

资料来源：微思网站气象数据

在风环境上，密云区潮河沟域迎风坡与背风坡、山峰与近地面的风速差异较大。赤城县白河沟域春季多风，风向以西北风和静风为主。蓟州区沟河沟域季风气候显著，春季多风，冬、夏季节分别盛行西北风和东南风。风环境对村庄发展方向和农作物种植品种有一定影响，尤其在风频、风速较高的区域，农作物收成面临较大威胁（李正农 等，2020）。

此外，京津冀明长城沿线区域水资源极度短缺，人均水资源占有量均低于国际严重缺水标准（图6-10）。密云区潮河径流量丰枯多变，汛期极易造成洪涝灾害（密云县水利志，1992）。赤城县白河沟域地处北京的上风上水区，水资源总量丰富，是北京市的饮用水水源地（表6-1）。蓟州区泃河沟域降水较为丰沛，泃河流经蓟州区、平谷区、三河市、宝坻区后形成蓟运河（侯迪，2014），位于上游的于桥水库是天津市的饮用水水源地。

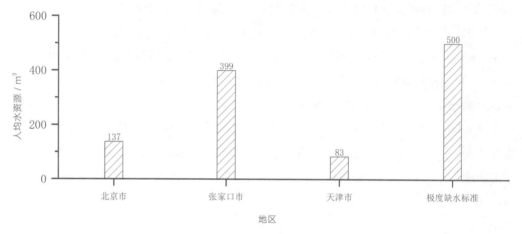

图6-10　京津冀部分地区人均水资源占比

数据来源：中国发展观察2021

表6-1　白河供应北京的水量

水源	供水量 / 亿m³
三道营	1.168
下堡	1.022
总计	2.190

数据来源：张家口水利局（2021）。

京津冀明长城沿线沟域均存在一定程度的水土流失和沙化现象，制约了沿线沟域的生态发展。北京市水土流失区域多属于沟域，面积超过4095.5km²，占全市总面积的25%（包晓斌，2019）（图6-11），其中不乏明长城遗产地（王文静 等，2022）。天津市蓟州区的水土流失也较为严重，上游河段的泥沙大量堆积在下游河段。天津市水土流失面积高达6.1万km²，大部分属于长城沿线沟域，约占全省总面积的32%，已对官厅水库、密云水库、南水北调等水利工程的正常运行构成威胁。另外，河北省土地沙化面积2.4万km²，约占全省总面积的13%。

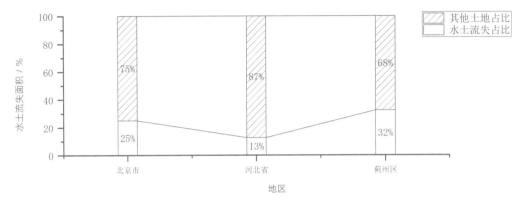

图6-11 京津冀地区水土流失土地面积比重

资料来源：包晓斌. 京津冀区域生态环境协同治理路径[J]. 中国发展观察，2019（16）：49-50

二、"双碳"目标下的节能、节水情景假设[①]

气候变化对人类的生存影响巨大。2020年中国国家领导人习近平主席在联合国气候大会上做出2030年前力争实现"碳达峰"，努力争取2060年前实现"碳中和"的庄严承诺，但目前京津冀明长城沿线的密云区、张家口市、蓟州区三个市、区的资源消耗水平较高，且该区域大部分位于生态涵养区，产业进入门槛高，人均水资源占有量不足，水资源利用效率低，基础设施密度较低，这些因素都严重制约了地区的产业发展。

基于以上问题，结合"双碳"目标下的发展要求，本章分别对密云区、张家口市、蓟州区开展节水、节能情景分析。在GDP上综合考虑京津冀发展情形，设定密云区2021—2025年GDP保持5%增速、2026—2030年保持4%增速情况，张家口市2021—2030年GDP保持6%增速，天津市蓟州区2021—2030年GDP保持6%的增速。在能耗发展变化上参照欧盟能耗变化率和中国"十四五"规划能耗目标，首先对密云区能耗进行情景假设。根据密云区统计年鉴数据可知，2019年、2020年密云区能耗分别为123.7万、116.7万t标准煤，呈现出下降趋势。同时，结合2000年欧盟28个成员国实现碳达峰后至2014年的能耗变化率，制定2021年至2030年密云区的能耗量年均降低0.5%的假设为情景一（Eurostat数据，2021）。另外，根据我国"十四五"规划的能源消耗目标，2021年至2025年的能耗量要降低13.5%，据此变化率假定密云区2021年至2030年能源消耗量降低27.0%为情景二。结果显示，按照"十四五"规划的能耗总量与每万元GDP能耗降低速率均显著低于欧盟（图6-12、图6-13），体现出发展规划对产业结构优化转型提出了更高的要求，在未来产业发展路径的选择上应更加有针对性的应对能耗问题。

[①] 本研究于2022年进行，所采取数据截至2021年。

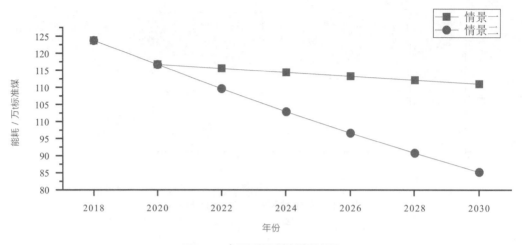

图6-12 密云区能源消耗情景假设

图片来源：作者自绘

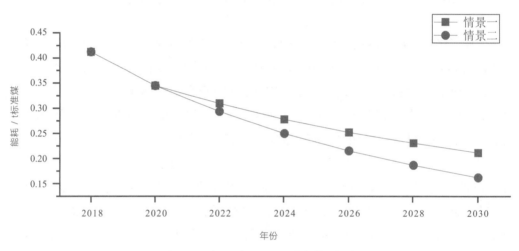

图6-13 密云区每万元GDP能耗情景探讨

图片来源：作者自绘

　　对于张家口市，由于其风能与太阳能发电产业发展迅猛，可再生能源在能源结构中占比不断上升，针对该市未来的能源消耗情景假设应统筹考虑可再生能源与不可再生能源的比重，据此制定未来发展情景假设。情景一，假定能源结构为不可再生能源消耗，2030年能耗量相比2021年每年持续增长5%，优化产业结构和提升能源利用效率后能耗量增速将放缓0.5%。情景二，在情景一不可再生能源的基础上引入可再生能源的发展规划，根据张家口市"十四五"规划中的要求，2018—2022年，可再生能源占比要从23%提升至30%，由此可知每年增速1.75%，2023—2035年可再生能源占比达到50%，每年增速1.67%。根据上文张家口GDP增速情况，结合上述情景对未来不可再生能源消耗量进行推演，发现在消耗总量与万元GDP消耗量上情景一均显著高于情景二（图6-14，图6-15）。由此表明，张家口市着重发展风能、太阳能发电产业具有较好前景，长期来看能够产生显著的经济和环境效益。

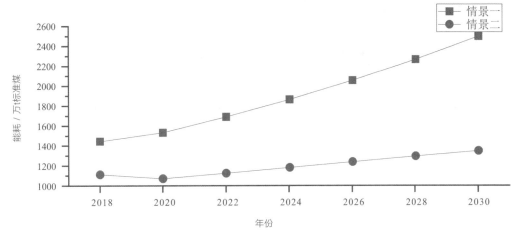

图6-14　张家口市不可再生能源消耗情景假设

图片来源：作者自绘

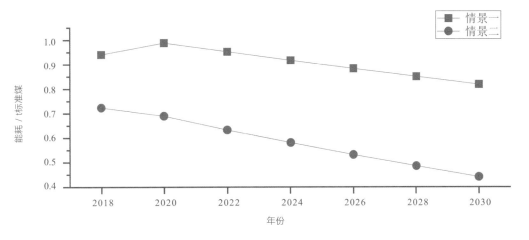

图6-15　张家口市每万元GDP不可再生能源消耗情景探讨

图片来源：作者自绘

根据天津市统计年鉴，2019年天津市能耗达到峰值，因此针对蓟州区同样采用欧盟能耗变化率和中国"十四五"规划能耗目标进行情景假设。情景一，根据欧盟2000—2014年的能耗变化率，假定蓟州区2021—2030年的能耗量年均降低0.5%（图6-16）。情景二，根据我国"十四五"规划的能源消耗目标，2021—2025年能耗量降低13.5%，由此假定蓟州区2021—2030年的能耗量降低27.0%（图6-17）。结果显示，情景二相比情景一的能耗总量和每万元GDP能耗均较小。

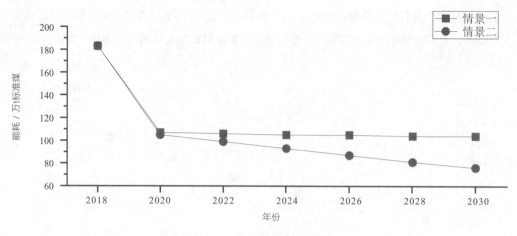

图6-16　蓟州区能源消耗情景假设

图片来源：作者自绘

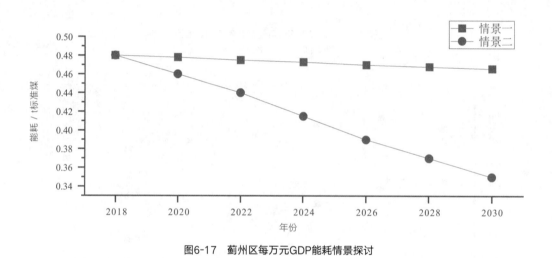

图6-17　蓟州区每万元GDP能耗情景探讨

图片来源：作者自绘

京津冀长城聚落保护与可持续发展——基于遗产与生态耦合的视角

密云区居民生活、工业用水减量压力大，所以对于农业用水消耗提出了更高的要求。首先，在生态用水方面，密云区是北京市生态涵养区，保障密云水库水质安全的责任重大，生态用水的下降空间有限（图6-18、图6-19）。农业用水目前的占比约为22%，农业灌溉水平均系数为0.740（表6-2），基本达到发达国家水平。但是通过调整农业种植结构，有望进一步压缩农业用水规模。根据各类农作物耗水量（图6-20），未来应针对耗水量较高的冬小麦、夏玉米、谷子采取一定措施。在保障蔬菜供应充足的基础上，通过改种低耗水作物，能够再压缩5%的农业用水（申柯，2021），如果在80%的地区推行现代农业灌溉方式，还可以再节约10%的农业用水（表6-3）。

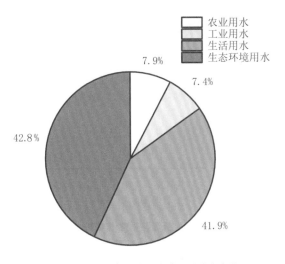

图6-18　2020年北京用水按用途分类占比

资料来源：北京市统计局. 2021北京统计年鉴

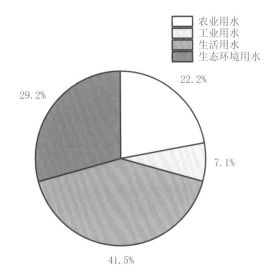

图6-19　2020年密云区用水按用途分类占比

资料来源：密云区统计局. 2021密云区统计年鉴

表6-2　2018年密云区农业灌溉情况

灌区类型	数量 / 处	灌溉面积 / 万hm²	灌溉用水量/万m³	有效利用系数
管道输水地面灌	293	0.434	1375	0.709
喷灌	51	0.075	112	0.764
微灌	309	0.458	431	0.830
合计	653	0.967	1918	0.740（平均）

资料来源：范海燕, 张华, 黄俊雄, 等. 北京市密云区灌溉水有效利用系数测算分析[J]. 北京市水务, 2020（2）: 6-10.

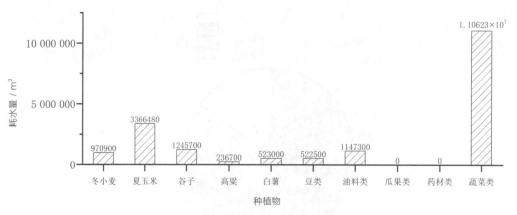

图6-20　密云区不同农作物耗水量

资料来源：密云区统计局.2019密云区统计年鉴

表6-3　密云区农业节水途径

水资源用途		占总用水量		共计
农业用水	28%	节水措施		23.8%
		种植调整	减少5%	
		灌溉优化	10%	

资料来源：作者自绘。

张家口市人均水资源占有量严重不足、产业耗水分配不合理且伴有严重的生态脆弱性，对农业、工业与城乡生活造成了较大用水压力。张家口市多年平均年水资源总量为18.0亿m³，但人均水资源占有量仅有399m³，不足全国平均值的1/5（胡胜华，2010），明显低于国际上公认的500m³极度缺水标准。对于张家口市的节水假设，将从农业节水、工业节水、城乡生活节水三方面进行分析（表6-4）。2018年张家口市农业用水量6.5亿m³，占总用水量的74%，但地区生产总值贡献率却仅有7%；工业用水量为0.8亿m³，占总用水量的约9%；生活用水量为1.3亿m³，占总用水量的约15%（图6-21）。根据张家口市《张家口市水源生态保护规划》，通过调整农业种植结构、开展退耕还水、旱作雨养种植试点等方式，在2022—2035年，将农业用水量控制在6.0亿m³之内。通过限制高耗水工业、开展火电、建材、食品等高耗水企业的节水技术推广等方式，预计2022—2035年张家口市工业用水量不再上涨，总量控制在0.8亿m³以内。通过加强节水管理、加快节水技术改造、推广回水利用等措施，预计2022年与2035年生活用水量分别不超过1.6亿m³和2.0亿m³。2018年张家口市每万元GDP用水量为57.2t，北京市为13.6t，与北京相比张家口市超出320%。根据《张家口市水源生态保护规划》，截至2022年，相对2018年每万元GDP用水量减少28.2%，平均每年降低7%。假定张家口市2022年至2030年每年耗水量降低7%，预计2030年每万元GDP用水量为37.0t（图6-22）。

表6-4 张家口市节水假设分析

水资源用途	用水量 / 亿m³	节水措施	节水要求	节水目标 / 亿m³
农业用水	6.5	1. 农业种植结构 2. 退耕还水 3. 旱作雨养	降低	6.0
工业用水	0.8	1. 限制高耗水工业 2. 开展节水技术推广	不增加	0.8
生活用水	1.3	1. 加强节水管理 2. 加快节水技术改造 3. 推广回水利用	少量增加	2.0

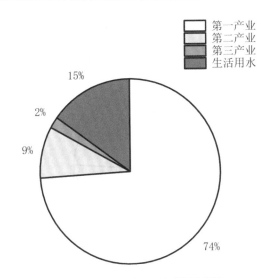

图6-21 张家口市不同行业耗水占比

资料来源: 张家口市生态涵养与水源保护规划, 2019

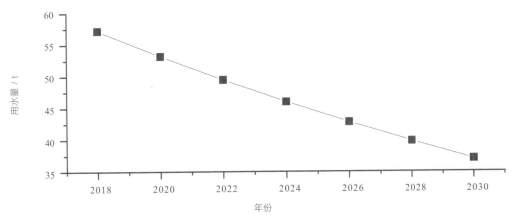

图6-22 张家口市每万元GDP用水量

资料来源: 作者自绘

天津市同属严重缺水地区，水资源人均占有量严重不足。2020年全市人均综合用水量201m³，低于国际极度缺水标准，用水总量27.8亿m³，其中生活用水占比24%，工业用水占比16%，农业用水占比37%，生态环境用水占比23%（图6-23）。2019年天津市每万元GDP用水量为20.2亿t，北京市为13.0亿t，天津市超出北京市55%。天津市农业灌溉水有效利用系数为0.72，与发达国家水平相差不大。根据《天津市水安全保障"十四五"规划》中的要求，通过工业节水减排、农业节水增效、城镇节水降损等重点领域节水措施，2020年至2030年每万元GDP用水量将以5%的速度下降（图6-24）。结合2020—2030年6%的GDP年均增长速度（图6-25），每万元GDP用水量逐渐降低，但用水总量仍持续上升（图6-26），即使伴随较慢的增长速度，至2030年天津市用水总量将达到29.3亿t左右，在用水总量的控制上仍存较大提升空间。

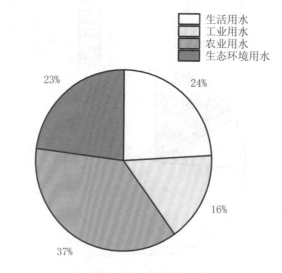

图6-23 天津市行业用水量占比

资料来源：天津市税务局《天津市供水规划》

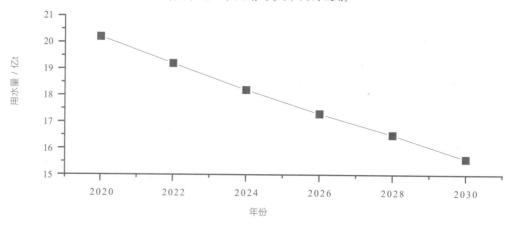

图6-24 天津市每万元GDP用水量

资料来源：作者自绘

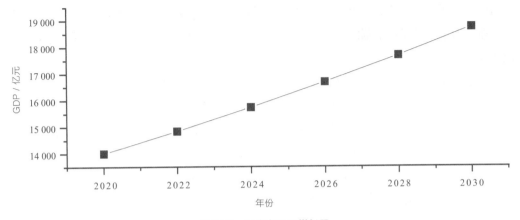

图6-25　天津市GDP增长图
资料来源：作者自绘

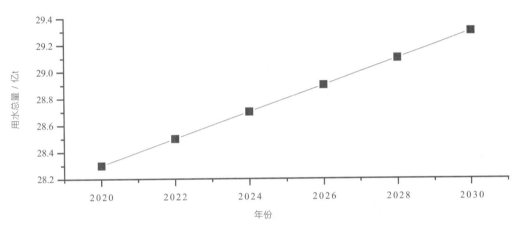

图6-26　天津市用水总量趋势
资料来源：作者自绘

三、沟域发展定位与产业发展思路

综合京津冀明长城沿线区域与沿线沟域发展条件、产业发展影响因素及能源消耗问题对未来沟域可持续发展的影响，在典型沟域所属地区发展规划的基础上，有针对性地提出密云区潮河沟域、赤城县白河沟域、蓟州区泃河沟域制定产业发展定位及其研究整体产业发展思路。

在《密云分区规划（国土空间规划）（2017—2035年）》中提出，密云区潮河沟域的发展定位是华北水源地、北京后花园，生态农业示范基地，特色文化旅游示范区，生态环保和爱国主义教育基地。赤城县白河沟域的发展定位是首都水源涵养功能区和生态环境支撑区，首都生态安全屏障，经济环境协同发展示范沟域，国家旅游康养度假示范区，绿水青山创新实践基地，特色农牧产业地带。蓟州区泃河沟域的发展定位是非首都功能承接地和京津冀城市服务保障示范区，天津生态安全屏障，华北地区重要的蔬菜、谷物、水果供应基地。

今后产业发展应以节能、节水为导向，促进明长城沿线沟域产业的绿色化，逐步淘汰有污染、高耗能、高耗水行业和生产工艺，推动生态旅游、文化创意产业、现代农业、新型工业和新能源产业的发展。第一阶段，建议加快淘汰高耗能、高污染产业，如黑色金属开采和冶炼及压延加工业、橡胶和塑料制品业、造纸和纸制品业等相关产业，代以计算机、通信和其他电子设备制造业等高附加值制造业。第二阶段，逐步退出农林牧渔中产出价值较低的细分产业，充分发掘明长城沿线区域的生态与遗产价值，逐渐向林下经济、观光旅游方向发展。优化服务业，借助先进技术手段实现节能减排。其次，工业和服务业控制用水总量，农业实行减量发展。推动冬小麦、夏玉米等高耗水种植向果树种植过渡，保障蔬菜供应用水，减少低价值、非时令农作物种植。力争在2030年，全域普及现代化的农业灌溉方式，减少灌溉浪费。

本节以密云区潮河区域、赤城县白河沟域、蓟州区泃河沟域为研究对象，采用归纳法和情景分析法对京津冀明长城沿线沟域的产业发展进行分析。首先分析沟域产业发展的影响因素，其次参照欧盟2000—2014年的能耗变化率和我国"十四五"规划的能源消耗目标，对京津冀明长城沿线的密云区、张家口市、蓟州区的产业节能、节水情景进行分析，据此提出沟域发展定位与产业发展思路。

第三节　京津冀明长城沿线典型沟域产业发展策略

在"双碳"的发展背景下，在了解整体区域产业发展状况及影响因素的基础上本节缩小研究尺度，在既定产业发展目标的同时，综合考虑沟域生态资源、遗产资源、产业基础的优势与限制。研究选取潮河沟域古北口段、白河沟域独石口段、泃河沟域下营段典型沟域作为重点研究对象，提出因地制宜的产业发展格局，扬长避短，制定产业发展策略，并在沟域类型视角下探索总结产业发展模式。

一、典型沟域自然人文属性

典型沟域的自然人文属性包含自然概况、产业发展、历史遗存3个方面，是在沟域尺度基础上对其特征分析的进一步细化。研究主要通过对地理区位、气候条件、经济基础、产业制度、产业分布、长城文化、保护利用等多方面进行分析，为典型沟域的空间发展格局优化和产业发展策略的制定奠定基础。

1. 自然概况

潮河沟域古北口段位于密云区东北部，与河北省承德市毗邻，是连接华北和东北地区的过渡地带。境内有新城子镇、太师屯镇、古北口镇、高岭镇等乡镇（图6-27）。域内潮河南北纵贯，属暖温带大陆性气候，年平均气温分布于8～10℃，年降水量600mm左右，植被覆盖率超过70%。地形从西北到东南呈阶梯状，平均海拔约400m，沟壑纵横（《中华人民共和国政区大典·北京卷》，2013）。

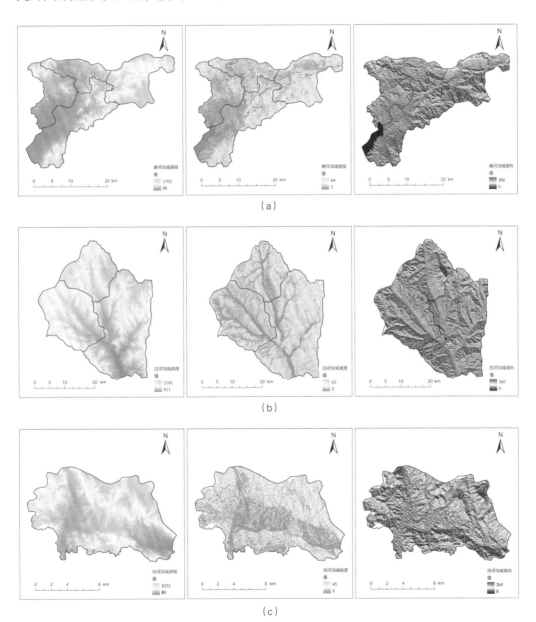

图6-27　潮河沟域古北口段、白河沟域独石口段、洵河沟域下营段地形分析

资料来源：作者自绘

白河沟域独石口段位于河北省张家口市赤城县西北山区，涉及云州乡、马营乡、独石口镇3个乡镇（图6-27），下辖64个行政村。地势北高南低，地形崎岖，黑河、白河、红河自北向南川流而过，平均海拔约1000m。属于寒温带大陆性季风气候，年平均降水量约300mm，夏季凉爽，冬季严寒（《中华人民共和国政区大典·河北省卷》，2015）。

泃河沟域下营段位于天津市蓟州区北部，范围主要为下营镇（图6-27）。该镇面积145km^2，共有35个行政村。泃河南北纵贯，域内山峦起伏，地势北高南低，平均海拔约280m，属暖温带大陆性季风气候，年均降水量分布于500～600mm，年均气温10℃左右，雨热条件较好（《中华人民共和国政区大典·天津市卷》，2020）。

2. 产业发展

潮河沟域古北口段执行严格的产业准入制度，工业项目受到诸多限制，产业发展转向旅游业驱动。近年来以长城文化为主题的团体游、家庭游、个人游日渐兴旺，带动本地区经济快速发展，但也普遍存在服务品质不高、旅游体验不佳等问题，尤其是本地村民自主经营的民宿多而不精，亟须提升旅游服务质量，将丰富优质的旅游资源转化为当地的旅游收益（见附表3）。

在白河沟域，工矿业是支柱产业，2016年后大量矿场关闭，该区域经济发展受到较大影响。规模以上企业主要集中在炮梁乡、龙关镇和田家窑镇。白河沟域独石口段涉及独石口镇、马营乡、云州乡3个乡镇，人口众多，面积广阔，没有规模以上企业，仅拥有3家一般企业（见附表4）。

泃河沟域下营段与其他乡镇相比，在一般规模企业数量上差距显著。泃河沟域下营段人口较少，面积广阔，拥有一般企业工厂8家，拥有1家规模以上企业。远远落后于出头岭镇115家、下窝头镇41家、杨津庄镇36家、东施古镇24家、桑梓镇21家（见附表5）。

3. 历史遗存

沟域所在区域于古代防御体系中的功能定位决定了其所包含的历史遗存类型，京津冀明长城沿线沟域主要涉及边墙、城堡、敌台、烽火台等关键防御要素，为典型沟域的产业发展提供了丰富的历史文化资源。

潮河沟域古北口段坐落于北京市与河北省的交界地带，拥有大量城堡、敌台、烽火台及传统村落，其中古北口村素有"京师锁钥，燕京门户"之美誉。该地段地势险峻，数百年的日照、风化和雨水侵蚀在部分城墙上留下了深刻的烙印，形成了具有独特历史痕迹的自然景观风貌，每年吸引大量游客前来观瞻（巩灿娟，2013）。

白河沟域独石口段地处华北平原与内蒙古高原的过渡地带，其中独石口镇有"上谷之咽喉，京师之右臂"之称，是坝上草原游牧文明和中原农耕文明交汇之处。长期以来，赤城、龙关、独石口、云县等都是兵家必争之地，在建立县治以及修建长城、城堡的过程中留下了众多历史遗存。

沟河沟域下营段的历史遗存主要是明长城防御体系和抗日纪念地两类，其明长城的长度虽短，但体系完整，涵盖关城、水关、寨堡、边墙、空心敌台等，拥有敌台85座，烽火台4座，关城1座，寨堡9座。域内的黄崖关长城采用T字形错位布局，是明长城建造式样的特例，也是军事防御工程的杰作。

二、典型沟域空间发展格局

基于京津冀明长城沿线典型沟域中的自然人文属性，合理规划其在空间中的位置关系对于有限资源的可持续高效利用具有重要意义。本节针对典型沟域中的现存及潜在的产业节点，制定空间发展格局，试图通过线状基础设施发展带动周边区域发展，以期形成具有一定集聚形态的面状产业空间。

对于潮河沟域古北口段，本书提出构建"一轴、两带、多点"的空间发展格局。其中"一轴"指长城文化历史轴，依托长城建设历史文化轴线，在不对长城产生破坏的前提下打造特色"野长城"历史轴线。"两带"指潮河景观带和安达木河景观带，主要依托潮河、安达木河打造两条山水自然景观带。"多点"包括卧虎山长城、古北口长城、蟠龙山长城、司马台长城、白岭关长城、云岫山、九龙十八潭及7个传统村落风景点（图6-28）。

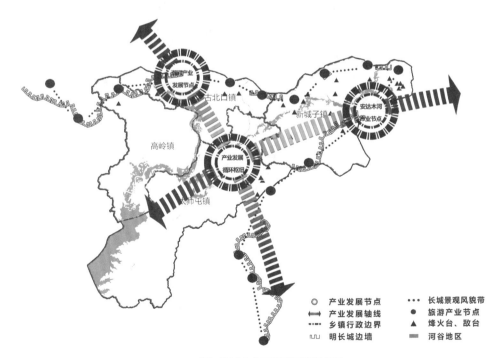

图6-28　潮河沟域古北口段空间发展格局

资料来源：作者自绘

对于白河沟域独石口段，本书提出构建"一轴、两区、多点"空间发展格局。其中"一轴"指沿京尚一级公路，外联崇礼区、延庆区，内接赤城镇的绿色产业发展带。"两区"一是历史生态体验区，依托独石口长城以及黑龙山国家森林公园，发展文化旅游、森林康养、休闲度假产业；二是特色农牧发展区，以云州、马营两个乡镇为依托，发展蔬菜、食用菌、林果业及特色养殖业。"多点"的第一个是马营乡产业节点，以现代农业及农副产品加工、休闲旅游、新能源为主建设生态宜居小镇；第二个是独石口镇产业节点，以战略性新兴产业、农业观光、休闲旅游为主建设特色小镇；第三个是云州乡产业节点，以现代农业及农副产品加工、休闲旅游、新能源为主建设生态宜居小镇（图6-29）。

对于泃河沟域下营段，本书提出构建"一核、两轴、三片区、多节点"空间发展格局。"一核"指产业发展汇聚核，引领域内各个片区的发展。"两轴"是指黄崖关长城旅游发展轴和桑树庵小巷旅游发展轴。"三片区"是指农家文化体验区、生态康养休闲区与绿色

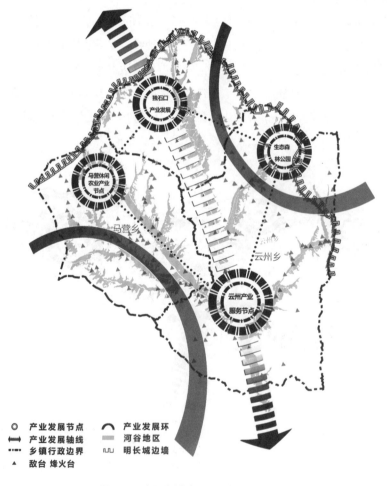

图6-29　白河沟域独石口段空间发展格局
资料来源：作者自绘

食品加工区。"多节点"包括黄崖关长城景观节点、八仙山自然保护区节点、下营镇节点、常州村节点、小巷节点以及桑树庵节点（图6-30）。

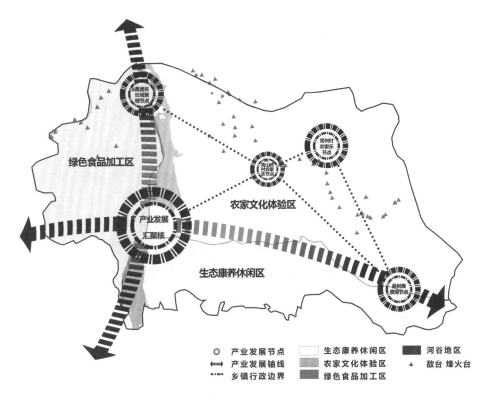

图6-30　沟河沟域下营段空间发展格局

资料来源：作者自绘

三、典型沟域产业发展策略

要汇集各种潜在的生产要素形成综合生产力，需要明确各产业结构的需求变化与内外部关键影响因素，提出适宜发展的产业类型与发展策略。结合上文分析，本节归纳出典型沟域的产业发展侧重点，潮河沟域古北口段重点破解水耗限制、加强长城遗产利用。白河沟域独石口段重点发展新能源供给、节能节水产业及森林康养。沟河沟域下营段重点发展绿色食品生产与加工、多功能旅游体系。据此，分别从工业、农业和服务业三方面，制定相应的产业发展策略，以期破解瓶颈，促进沟域社会经济发展。

1.潮河沟域古北口段产业发展策略

对于潮河沟域古北口段，本书倡导疏解其工业发展应加快推动高耗能、高耗水产业。首先，根据《北京市工业污染行业生产工艺调整退出及设备淘汰目录（2017年版）》《北

227

京市工业能耗水耗指导指标》《北京市新增产业的禁止和限制目录（2022）》对现状产业门类进行能耗、水耗分级。其次，制定节能、节水整改标准和时限，逐步淘汰能耗、水耗等级高的产业，鼓励有潜力降耗的工业门类进行技术升级，满足低能耗、低水耗产业在土地、财税上的发展需求。

在农业上，本书提出大力发展生态农业，推广节水灌溉方式和调整农业种植结构。潮河沟域古北口段地处密云水库集水区，事关首都水源安全，必须严格执行国家法规文件，落实"保水第一责任"。首先，按照《北京市畜禽养殖禁养区划定工作方案》工作要求，优化畜牧业产业结构，尽快淘汰高污染型畜禽养殖业，积极优化密云区水资源环境，确保提高水环境质量等级，推动生态文明建设。依托本区域优越的生态环境和资源优势，发展特色种植、养殖业，延长现有产业链条，在种植、养殖、加工、包装、销售等多个环节加强品质控制，在保障生态安全的基础上促进农民增收。其次，从技术层面推广节水灌溉方式，淘汰低压管道灌溉，改为滴灌、微灌，建立协同管理模式，通过总量控制方式促进农业节水。最后，按照"调粮、增菜、减畜、控渔、稳林"的发展思路，减少高耗水、低产值的冬小麦、玉米等谷物种植，大力发展以蔬菜、杂粮、水果、花卉为代表的都市农业集群。

在服务业方面，本书认为首要任务是加快重点旅游项目建设，提升服务品质。依托明长城旅游资源，围绕长城遗产、红色遗迹和民俗文化，整合沟域旅游资源，打通沟域交通瓶颈，在古北口长城等历史文化资源集中的地区建设长城文化旅游带，沿潮白河建设生态旅游体验带，并出台相应政策，促进旅游业与文化创意产业的深度融合。提升服务品质，培育淳朴民风，倡导诚信经营，打造北京市民休闲旅游首选地。在沟域的各个乡、镇、村，因地制宜开发骑行、越野、自驾、徒步、美食等旅游业态，提升民宿品质和餐饮卫生，满足个性化、沉浸式旅游体验。鼓励将单一采摘园向综合性休闲农场转化，建设集生产、加工、休闲、体验为一体的农业示范园，引入体验型休闲农业项目，提高旅游效益。

2. 白河沟域独石口段产业发展策略

白河沟域独石口段的工业，建议加快构建新型能源生产供给体系。立足资源禀赋，依托当地丰富的风能、太阳能资源，积极引进清洁能源企业，大力发展风力发电、光伏发电等清洁能源项目，力争成为大容量新型能源储能设备的布置基地。推广太阳能屋顶发电、集中供热水、太阳灶等的运用，扩大清洁能源在沟域整体能耗的比例。

农业上，应推广农业节水技术，支持优势农产品打开市场。探索实施农业灌溉水替代，收集降水用于农业灌溉。加快推进工业污水、生活污水处理，实现中水循环再利用。在有条件的乡镇，探索建立"合作社+企业+农户"的智慧农业模式，采用现代技术实现精准灌溉。积极引进外来优质企业，扶植本地优势企业、种植大户，面向北京、天津等大城市，在沟域重点发展蔬菜、食用菌、中药材、蜂蜜等优势农产品，深化种（养）植、加工、销售之间的协作与联动，不断提升产品知名度和占有率，增加农民收益。

服务业应做亮特色旅游产品，积极开发森林康养产品和老年康养项目。围绕长城文化、宗教文化、红色旅游、山戎文化、地质科普五大主题，依托古城、古墙、古道、古寺、古关隘等历史文化要素，创新旅游业态，策划一批具有历史情景的沟域文化旅游产品。鼓励生态环境优良、田园风光秀美、传统村落保存完整的地区，重点发展田园观光、特色采摘、农事体验、乡村度假等旅游项目。依托沟域丰富的森林水系、山地资源，开发氧疗、森林浴、水疗等康养产品，重点承接北京市的家庭游、周末游和短期游人群。对接京津冀养老市场需求，依托沟域优质的生态本底，大力发展健康管理、医疗保健、度假养老等康养项目。

3. 沟河沟域下营段产业发展策略

对于沟河沟域下营段的工业发展，本书认为应尽快完善绿色食品加工体系。有针对性发展农产品和食品精深加工、加工过程中营养成分监控、功能性食品加工、均衡营养与个性化营养食品加工等技术研发与应用，建立从田间到餐桌的绿色食品追溯体系，组建绿色食品生产加工企业联盟，打造绿色休闲食品生产加工基地，建设"互联网+"绿色食品精深加工示范区。

对农业应扩大特色农产品影响力，发展新型农村集体经济。充分发挥毗邻京津冀世界级城市群的独特优势，大力发展特色都市农业；扩大天津板栗、黄花山核桃、红花峪桑葚、桑梓西瓜等绿色、地理标志产品的影响力。建立农产品质量检测系统，按照"统一品牌、商标各异、注明产地、统筹管理"要求，狠抓产品质量，打响"沟域农品"品牌。支持农民合作社开展规模化经营，培育一批示范家庭农场，完善新型经营主体联农带农机制，创新产业化联合体经营模式。强化农业社会化服务，支持合作社等社会化服务组织开展代耕、代种、代管服务。培育农业高新技术企业，发挥龙头企业带动作用，引进一批现代化农业项目，申创农业产业强镇、一二三产业融合发展先导区、农村产业融合发展示范园。加快先进适用、安全可靠的农业设备应用，搭建智能农业平台，推进大数据、安全监管追溯、电子商务等的应用。

服务业应打造高质量旅游产品体系，错位发展山野运动及会议会展旅游产品。依托独乐寺、白塔寺、黄崖关长城等历史遗存以及优美的生态环境，重点面向京津游客，构建融观赏、考察、学习、参与、娱乐、购物、度假于一体的高质量旅游产品体系，满足游客对大自然的向往、对历史文化的渴求。强化该沟域既有的农家乐发展优势，通过规范农家乐服务标准，提升服务品质和游客体验。面向京津冀中青年旅游客群，立足沟域优势和特色，优先发展山野运动旅游产品体系，引进优质旅游企业，重点开发露营、攀岩、冰雪、山地越野、林地探险等旅游项目，积极承接相关赛事，扩大旅游产品的知名度和吸引力。同时，依托黄崖关长城周边完善的服务配套、丰富的旅游资源，积极发展会议会展、文化休闲等旅游业态，丰富旅游产品构成。

4. 核心沟域类型的产业发展模式总结

根据前文中明长城沿线区域"遗产–生态"核心沟域类型的研究结论（第三章第二节），如图6-31所示，本节现结合其沟域类型与典型沟域的产业发展策略开展综合分析，尝试探讨针对具体沟域类型的产业发展模式。

对于以生态富集发展不足与"遗产–生态"双富集发展不足为主导的沟域类型，借鉴潮河沟域古北口段区域的产业发展经验，在加强生态保护的前提下，优先发展绿色产业。同时深入挖掘现有的山、峪、林、水等自然资源及现有民俗文化价值，整合长城遗产与民俗文化及其他沟域旅游资源，打通沟域交通瓶颈。结合长城文化优先发展以生态服务与遗产展示为主的旅游业，充分利用长城周边资源深入挖掘长城文化内涵，推动长城的保护、发挥文化遗产的经济带动作用。

对于以"遗产–生态"一般发展不足为主导的沟域类型，借鉴白河沟域独石口段区域的产业发展经验，针对遗产、生态资源均处于劣势的情况，首先优化沟域内村镇产业结构，在不破坏长城遗产与生态环境的前提下进行开发建设；以新型能源生产供给体系、生态农业及生态康养型服务业为主导产业；同时充分挖掘与整合现有自然和人文资源，围绕长城文化及现有资源策划一批具有历史情景的绿色旅游产品。

对于以"遗产–生态"双富集、"遗产–生态"一般并存且以旅游为主导的沟域类型，借鉴洵河沟域下营段区域的产业发展经验，面对遗产、生态资源富集与一般并存且具有一定旅游产业基础的沟域，整合生态景区、遗产资源；结合自身国家A级景区优势开展综合旅游产业专项规划，串联、优化及带动资源劣势节点；依托现有特色工农业发展集观赏、考察、学习、参与、娱乐、购物、度假于一体的高质量旅游产品体系。

综上，本节以京津冀明长城沿线区域的微观单元，即三条沟域的典型片段作为研究对象，包括潮河沟域古北口段、白河沟域独石口段和洵河沟域下营段，在分析其自然人文属性和空间发展格局的基础上，提出了相应的产业发展策略。典型沟域的自然人文属性主要包括自然概况、产业发展和历史遗迹三个方面。对潮河沟域古北口段的空间发展提出了"一轴、两带、多点"的格局；白河沟域独石口段的空间发展格局则是"一轴、两区、多点"；洵河沟域下营段的空间发展则应考虑"一核、两轴、三片区、多节点"的格局。三个典型沟域的产业发展策略各有侧重，潮河沟域古北口段以文旅产业为主导，白河沟域独石口段以文旅产业及新能源产业为主导，洵河沟域下营段以特色农业与山野运动旅游为主导。本文还进一步探索了三种特定沟域类型适宜的产业发展模式。简而言之，本节基于产业节能节水的发展思路，提出了典型沟域的产业发展策略，为下一步的村庄产业发展研究奠定基础。

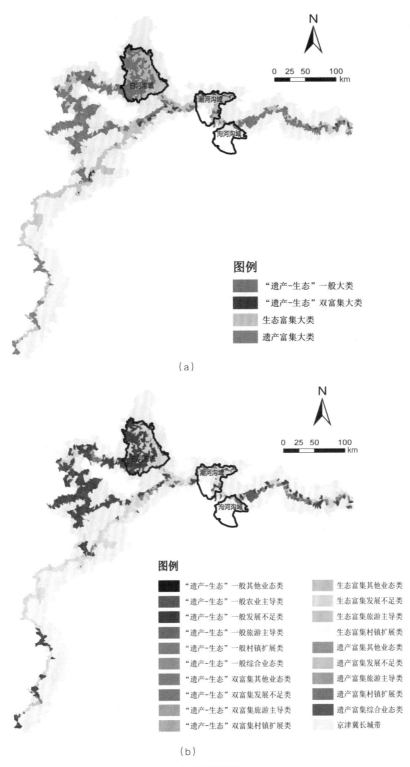

图6-31 典型沟域类型

（a）沟域大类；（b）沟域小类

资料来源：作者自绘

参考文献

[1] EUROSTAT.European Union Energy Consumption: EU 28[EB/OL].[2023−12−23]. https://www.ceicdata.com/zh-hans/european-union/energy-consumption/energy-consumption-eu-28.

[2] 汤羽扬, 刘昭祎. 北京长城保护规划编制的思考[J]. 中国文化遗产, 2018（3）：41−47.

[3] 龚俊杰. 北京明长城沿线景观格局分析与生态风险评价[D]. 北京：北京林业大学, 2015.

[4] 周小凤, 刘文艳, 陈晨, 等. 长城文化遗产利用的现状与发展趋势[M]//中国社会科学院旅游研究中心. 2019—2020年中国旅游发展分析与预测. 北京：社会科学文献出版社, 2020：107−122.

[5] 徐凌玉. 明长城军事防御体系整体性保护策略[D]. 天津：天津大学, 2018.

[6] 王维. 沟域经济中产业结构与空间布局关系研究：以山海关北部山区沟域经济规划为例[D]. 保定：河北农业大学, 2013.

[7] 北京市密云县水利志编辑委员会.密云县水利志[M]. 北京：中国水利水电出版社, 1992.

[8] 刘莉. 乡村旅游业创新发展需要解决的问题及对策：以天津市蓟县下营镇常州村为例[C]//2015中国旅游科学年会论文集. 北京, 2015：44−51.

[9] 刘辉群, 汤丽丽, 刘峻源. BOT模式下蓟县大平安村宅基地旅游项目初探[J]. 商, 2016（15）：288.

[10] 巩灿娟, 李子君. 生态建设重点区域土地利用变化及驱动因素分析：以潮河流域为例[J]. 水土保持研究, 2013, 20（5）：278−283.

[11] 申柯. 中国农业如何实现节水发展：评《节水农业在中国》[J]. 灌溉排水学报, 2021, 40（4）：159.

[12] 王鑫. 天津市蓟州区乡村农家乐发展研究[D]. 桂林：广西师范大学, 2020.

[13] 望庆玲, 孙军, 顾敏. 文化产业与旅游产业深度融合的动力机制与发展路径[J]. 科技和产业, 2021, 21（5）：115−120.

[14] 王海滨. 生态资本及其运营的理论与实践：以北京市密云县为例[D]. 北京：中国农业大学, 2005.

[15] 陈亮. 中国4A级旅游景区（点）的区域差异及其标准化建设路径研究[D]. 上海：华东师范大学, 2005.

[16] 杨丽花, 白翠玲, 和文征. 基于生态文明视角下河北省长城旅游资源开发研究[J]. 河北地质大学学报, 2017, 40（6）：135−140.

[17] 汤羽扬, 蔡超, 刘昭祎. 北京市长城文化带保护发展规划编制回顾[C]//万里长城：庆祝中华人民共和国成立70周年论文集, 2019：36−41.

[18] 段清波, 刘艳. 文化遗产视域下的中国长城及其核心文化价值[J]. 中原文化研究, 2019, 7（6）：23−28.

[19] 邵甬, 胡力骏, 赵洁. 区域视角下历史文化资源整体保护与利用研究：以皖南地区为例[J]. 城市规划学刊, 2016（3）：98−105.

[20] 龚俊杰, 杨华, 邓华锋. 北京明长城沿线景观生态风险评价[J]. 北京林业大学学报, 2015, 37（8）：60−68.

[21] 孟庆瑜, 毕晓博. 京津冀环境监测协同的政策法律问题[J]. 河北大学学报（哲学社会科学版）, 2017, 42（1）：92−101.

[22] 梁枝文，王静. 景区人流疏导工作须做到心中有数[J]. 中国西部，2015（8）：10–11.

[23] 孙嘉渊. 跨区域国家级文化工程机遇下区域经济发展对策研究：以长城国家文化公园为例[J]. 现代商业，2021（24）：92–94.

[24] 夏胜银，何忠伟. 新形势下北京生态沟域发展布局及建设构想[J]. 科技和产业，2019，19（12）：75–80，166.

[25] 包晓斌. 京津冀区域生态环境协同治理路径[J]. 中国发展观察，2019（16）：49–50.

[26] 侯迪. 平谷区洵河流域的洪水演算及分析[D]. 西安：西安理工大学，2014.

[27] 国家发展和改革委员会.张家口首都水源涵养功能区和生态环境支撑区建设规划（2019—2035年）[EB/OL]. [2023–10–1].https://www.ndrc.gov.cn/xxgk/zcfb/ghwb/201908/W020190905497969927652.pdf.

[28] 李芬，赖玉珮，彭锐，等.张家口市碳排放总量控制方法学及政策建议[R]. 全球能源互联网期刊，2021.

[29] 于翠英. 建设生态文明首都优劣解析及其对策探究[J]. 求知导刊，2016（13）：62–64.

[30] 高艳，赵廷兰. 京津冀协同发展背景下张家口区域经济发展现状研究[J]. 环渤海经济瞭望，2019（3）：71–72.

[31] 胡胜华. 水务一体化发展制约因素剖析与对策[J]. 水科学与工程技术，2010（S1）：50–51.

[32] 张欣. 城镇化进程中农村留守儿童教育问题的对策研究[D]. 天津：天津理工大学，2015.

[33] 陈嘉璇. 明南直隶地区海防军事聚落体系研究[D]. 天津：天津大学，2018.

[34] 卢雪艳. 桂林现代特色农业提档升级路径研究[J]. 中共桂林市委党校学报，2017，17（4）：36–39.

[35] 李刚，穆光远. 浅谈"星创天地"对乡村振兴的支撑[J]. 山西科技，2019，34（4）：79–81.

[36] 郑庆昌，宋国林，王东炎. 透视"科技特派员"制度：农村科技推广体系转变与破解"三农"问题的切入点和突破口[J]. 福建农林大学学报（哲学社会科学版），2002（4）：1–9.

[37] 曹新安. 积极培育农业高新技术产业推动农业科技园区高质量发展[J]. 今日科技，2018（5）：1–4.

[38] 郭淑敏，王秀芬，王立刚，等. 北京市房山区沟域经济创新发展模式研究：国家现代农业示范区北京市房山区都市型现代农业创新发展模式之一[J]. 中国农业资源与区划，2015，36（5）：149–153.

[39] 王慧，郭新星. 基于产业融合的辽宁沟域旅游产品创新开发策略：以沟域农业旅游产品为例[J]. 农业经济，2015（7）：71–73.

[40] 闫泓竹. 北京四季花海沟域旅游产业集群竞争力研究[D]. 北京：北京林业大学，2015.

[41] 范子文. 四季花海休闲农业产业集群发展模式[J]. 北京农业，2013（35）：4–13.

[42] 易芷娟. 北京沟域经济发展评价指标体系研究[D]. 荆州：长江大学，2013.

[43] 曹均，易芷娟，陈俊红. 创新沟域产业融合发展路径：基于北京市四季花海的调研[J]. 湖北农业科学，2013，52（4）：970–973.

[44] 易兵，戴诗庭. 武陵山区农业产业结构调整的现状与对策研究[J].经济研究导刊，2013（3）：37–38.

[45] 陈俊红，易芷娟，曹均. 基于典型调研的北京市沟域经济建设模式研究[J]. 中国农业科技导报，2012，14（6）：12–18.

[46] 陈俊红，曹均，易芷娟. 北京沟域经济发展模式的典型调研与思考[J]. 中国农学通报，2012，28（29）：169–175.

[47] 余军，陈俊红，杨巍. 北京沟域经济空间分异格局与优化途径研究[J]. 广东农业科学，2012，39（19）：216–219.

[48] 陈俊红，周连第. 北京沟域经济发展模式的内涵及区划初探[J]. 广东农业科学，2012，39（9）：177–180，238.

[49] 穆松林，张义丰，李涛，等. 北京房山山区沟域经济产业空间布局研究[J]. 自然资源学报，2012，27（4）：588–600.

[50] 王金凤，李平，马翠萍，等. 瑞士山区发展策略对我国的启示[J]. 现代经济探讨，2012（4）：76–79.

[51] 姜翠红，李红，陈俊红. 北京沟域产业融合发展机制与路径研究[J]. 中国农学通报，2011，27（32）：104–109.

[52] 陈俊红，王亚芝. 构建北京沟域经济发展的政策体系[J]. 湖北农业科学，2011，50（20）：4302–4306.

[53] 庞丽，谢宝元，张春平，等. 沟域经济的发展现状与规划原则[J]. 江苏农业科学，2011，39（5）：549–551.

[54] 王爱玲，陈俊红，周连第. 北京山区沟域产业结构熵值评价[J]. 广东农业科学，2011，38（19）：159–163.

[55] 于晓红. 将"三生合一"理念融入沟域经济发展[J]. 中国房地产业，2011（9）：64–66.

[56] 陈俊红，吴敬学. 北京沟域经济发展的主导产业选择研究[J]. 安徽农业科学，2011，39（21）：13192–13196.

[57] 陈俊红. 北京沟域经济发展研究[D]. 北京：中国农业科学院，2011.

[58] 彭美丽. 北京山区沟域经济发展及政策建议[D]. 北京：首都经济贸易大学，2011.

[59] 刘沛林，刘春腊. 北京山区沟域经济典型模式及其对山区古村落保护的启示[J]. 经济地理，2010，30（12）：1944–1949.

[60] 钱静. 北京沟域经济发展研究观点综述[J]. 北京农业职业学院学报，2010，24（6）：35–40.

[61] 郑春慧. 北京山区沟域经济发展研究[D]. 南昌：江西农业大学，2011.

[62] 陈俊红，李红，周连第. 北京市山区沟域经济发展的探索与实践[J]. 生态经济（学术版），2010（1）：57–62.

[63] 张义丰，贾大猛，谭杰，等. 北京山区沟域经济发展的空间组织模式[J]. 地理学报，2009，64（10）：1231–1242.

[64] 吴志勇. 可持续发展导向下的中国山区产业结构调整研究[D]. 福州：福建师范大学，2007.

[65] 马彩虹，赵先贵，郝高建. 宁南山区生态建设与特色产业开发研究：以宁夏西吉县为例[J]. 干旱区资源与环境，2005（4）：114–118.

[66] 陈国阶，王青. 中国山区经济发展差异与非农产业的贡献[J]. 地理学报，2003（2）：172–178.

[67] 刘丽丽. 北京山区主导产业选择与布局研究[J]. 地域研究与开发，2000（1）：61–65.

[68] 田至美. 北京山区产业结构特征及其优化开发模式[J]. 地域研究与开发，1995（2）：27–32.

[69] 姚懿德. 法国山区发展及其整治[J]. 中国人口·资源与环境，1993（3）：74–78.

[70] 邵红岭，崔海霞，卢秀茹，等. 国外山区农业发展对河北省太行山区农业发展的启示[J]. 农村经济与科技，2015，26（2）：109–110，108.

[71] 李海. 建立主导产业，发展山区经济[J]. 宁夏大学学报（社会科学版），1987（1）：69–73.

[72] 吴宇华. 我国西南喀斯特山区主导产业的选择及发展对策[J]. 贵州社会科学，1991（1）：10–14.

[73]　马鸿运，郑清芬. 论陕南秦巴山区主导产业的选择与开发[J]. 农业技术经济，1991（3）：19–25.

[74]　王文静，逯非，欧阳志云. 国土空间生态修复与保护空间识别：以北京市为例[J]. 生态学报，2022，42（6）：2074–2085.

[75]　李正农，郝艳峰. 农作物抗风研究综述[J]. 自然灾害学报，2020，29（3）：54–62.

[76]　北京市密云区地方志编纂委员会. 北京密云年鉴（2022）[M]. 北京：中央文献出版社，2022.

[77]　赤城县长安网. 赤城县地理环境[EB/OL].（2015–06–15）[2022–06–23]. http://cc.zjkpeace.gov.cn/system/2015/06/15/010883504.shtml.

[78]　中国经济网. 张家口赤城县概况[EB/OL].（2018–07–18）[2022–06–23]. http://tuopin.ce.cn/news/201807/18/t20180718_29785279.shtml.

[79]　赤城县人民政府网. 赤城概况[EB/OL]. [2024–06–23]. http://www.ccx.gov.cn/single/148/56368.html.

[80]　天津市蓟州区人民政府网. 蓟州区自然地理[EB/OL].（2020–12–26）[2023–12–29]. https://www.tjjz.gov.cn/zjjz/zrdl/202012/t20201226_5175696.html.

[81]　天津市蓟州区地方史志办公室. 天津市蓟州年鉴[M]. 天津：天津人民出版社，2018.

[82]　蓟县地名志编纂委员会. 天津市地名志（18）蓟县[M]. 天津：天津人民出版社，2001.

[83]　北京市统计局. 北京市2019年国民经济和社会发展统计公报[EB/OL]. 北京市人民政府公报，（2020–03–02）[2023–06–23]. https://www.beijing.gov.cn/gongkai/shuju/tjgb/202003/t20200302_1838196.html.

[84]　天津市统计局. 2022年天津市国民经济和社会发展统计公报[EB/OL]. 天津政务网，（2023–03–17）[2023–08–20]. https://www.tj.gov.cn/sq/tjgb/202303/t20230317_6142972.html.

[85]　李纪恒，吴松林. 中华人民共和国政区大典·天津市卷[M]. 北京：中国社会出版社，2020.

[86]　李立国，赵凤楼. 中华人民共和国政区大典·河北省卷[M]. 北京：中国社会出版社，2015.

[87]　黄树贤，蔡炳华. 中华人民共和国政区大典·北京卷[M]. 北京：中国社会出版社，2013.

第七章 区域典型村庄产业发展研究

　　正如第三章所述长城沿线生态遗产资源与村庄产业的发展有密切关系，以长城沿线区域现有的遗产、生态、社会经济条件作为村落产业选择和发展的空间基础条件和实际发展约束，能更好地分析各沟域内村落的产业发展动因。本章将以"生态-遗产"耦合度为支撑，联系长城沿线沟域的产业发展研究，深入分析各类典型长城沿线村落的产业发展策略。

　　从沟域视角上来看，村庄作为京津冀明长城沿线区域的重要聚落单元，可将沟域内遗产、生态与社会经济加以整合，以形成宏观可持续发展目标的重要抓手。村落的产业发展也是关系到当地民生的重要方面。京津冀明长城沿线村庄由于地处山区，耕地少且交通不便，发展第一产业和第二产业都不具有地理优势，所以依托明长城进行文旅融合，发展乡村旅游是提升当地农民收入的重要手段之一。同时，为积极响应国家乡村振兴战略，助力京津冀明长城沿线乡村地区高质量发展，主要从分析相关产业数据与综合实地调研两方面，对京津冀明长城沿线村庄进行产业发展的研究。通过选取明长城沿线辐射范围内的典型村庄作为样本，收集其各项数据进行实证研究，以期厘清典型村庄产业与明长城文化发展的耦合机制。

　　通过对文旅深度融合的产业发展模式探究，拟解决京津冀明长城沿线区域村庄存在的一系列产业发展问题，如产业转型升级缓慢、文旅资源整合难度大、资金投入周转困境等。在保护与修复明长城本体、挖掘明长城文化资源的前提下，结合各村的实际发展情况，提出相应的产业调整策略。依据相关上位规划，明确研究范围和主要方向，通过资料查阅和实地调研，收集京津冀明长城沿线村庄产业发展信息。在进一步对长城沿线文旅资源进行挖掘后，提出将明长城文化旅游资源作为推动京津冀明长城沿线乡村文旅产业发展的新经济引擎点，从以人为本的角度，推动文旅产业更好地相互融合，探索沿线乡村经济文化共同发展的道路。

第一节　京津冀明长城沿线村庄产业发展研究

一、村庄产业发展研究现状

1. 乡村振兴中的村庄产业发展的转型与升级

乡村振兴战略实施以来，为促进乡村地区高质量发展，各级政府严格按照"产业兴旺、生态宜居、乡风文明、治理有效、生活富裕"的总要求对农业农村发展做出新部署。"乡村振兴不单纯是某一领域、某一方面的振兴，而是既包括经济、社会和文化振兴，也包括治理体系创新和生态文明进步在内的全面振兴"（魏后凯，2018）。《北京市乡村振兴战略规划（2018—2022年）》（简称《乡村振兴规划》）提出："北京市的乡村振兴要立足首都城市战略地位，坚持乡村振兴和新型城镇化双轮驱动，准确把握北京大城市小农业、大京郊小城区的市情和乡村发展规律，分类推进乡村发展；同时要促进自然历史文化特色资源丰富的村庄整体风貌保护与发展文化旅游等相关产业有机结合，分类引导村庄特色化发展。"

《河北省乡村振兴战略规划（2018—2022年）》提出："要强化空间管制、完善城乡结构、加强规划管控，构建布局合理、梯次有序、疏密有度的城乡空间发展格局；通过高效利用生产空间、集约配置生活空间、保护提升生态空间，营造平等共享的乡村生产生活生态空间；要按照集聚提升、城郊融合、特色保护、搬迁撤并4种类型，分类推进乡村发展。"规划还提出深入推进农业供给侧结构性改革，坚持以现代都市型农业和特色高效农业为发展方向，加快推进农业由增产导向转向提质导向；"根据主导产业定位进行特色产业选择；构建多元化的市场融合主体；通过业态创新推进产业链延伸；努力打造特色产业的产品品牌；将乡村文化底蕴融入小镇创建中"（马春梅，2018）。

天津市相关规划提出，要加快构建现代都市型农业产业体系、生产体系、经营体系，坚持科技兴农、质量兴农、品牌强农，"推进农业供给侧结构性改革，提高农业综合效益和竞争力；深入推进一二三产业融合发展，大力培育农业新型经营主体，培养农村人才；全面深化农村改革，健全党组织领导下乡村治理机制，稳定农村基本经营制度，创新农业金融服务，激发农业农村发展新活力；深入实施农村人居环境整治"（李瑾 等，2019）。

乡村振兴的关键在于产业振兴。旅游产业涉及吃、住、行、游、购、娱六大生产力要素，"从而使得结合乡村本地资源发展的旅游产业具有高度融合、延伸产业链、增加农产品附加值和提高综合效益等特征"（张季云，2018）。而乡村旅游的积极发展可以在很大程度上引导并推动资本、人才、信息、技术管理等要素在城乡区域间进行流动，促进乡村一二三产业的融合发展（陆林 等，2019）。近年来，在全国旅游业快速发展的大背景下，中国乡村旅游已经从"过去的小旅游、中旅游进入到大旅游时代，成为新时代乡村经济发展新的增长点"（黄震方 等，2015）。

2. 相关规划助力明长城沿线村庄发展

在京津冀范围内，各省市均出台了相关规划，推动长城沿线区域经济社会的综合发展。包括《北京城市总体规划（2016年—2035年）》（简称《新总规》）、《北京市长城文化带保护发展规划（2018年至2035年）》（简称《发展规划》）、《天津市明长城保护规划》、《赤城县旅游发展总体规划（2004—2025年）》。《新总规》提出要构建以"四个层次、两大重点区域、三条文化带、九个方面"为主体的历史文化名城保护体系，要求站在更开阔的视角挖掘北京历史文化遗产的内涵，加强成体系的历史文化名城保护，使更广泛的群体从中受益。

北京市范围内的长城是世界文化遗产之一，《北京历史文化名城保护条例》和《长城保护总体规划》指出，需要"严格落实世界遗产相关保护要求，依法严惩破坏遗产的行为"。长城文化带作为三条文化带之一，要"有计划推进重点长城段落维护修缮，加强未开放长城的管理"，"对长城保护范围及建设控制地带内的城乡建设实施严格监管，以优化生态环境、展示长城文化为重点发展相关文化产业，展现长城作为拱卫都城重要军事防御系统的历史文化及景观价值"。

《发展规划》作为《新总规》指导下的"长城文化带"的专项规划，首次赋予长城以"空间"的概念，不再只讨论长度，是推进首都历史文化遗产保护工作的一大举措。《发展规划》中将长城的整体空间结构划分为"一线五片多点"，有利于改善过去发展模式单一、资源整合低效的状况。与此同时，《发展规划》明确了"长城文化带的一切工作必须以文化与自然资源的保护为重要前提"，试图将遗产价值的阐释体系作为抓手来整合资金、技术和人才，同时注重保护生态环境，试图提升北部山区的整体文化、社会、经济系统。《发展规划》对北部山区的长城文化带发展问题进行了进一步剖析，认为将该文化带定位为"首都文化传承与生态安全屏障"，并将长城保护和修复作为基础，增进民生福祉作为出发点，是未来一个时期长城文化带发展的基本思路。

《赤城县旅游发展总体规划（2004—2025年）》对长城的遗址资源开发保护提出"坚持生态第一""坚持适度开发"原则，实施"产业融合、全域统筹"的战略。将长城历史遗存点与望云古道进行融合式保护与发展，形成赤城历史文化体验区，与赤城其他四大旅游资源区联动发展，为后续长城保护工作的顺利开展积累动力。河北省赤城县本为草原游牧文化与中原农耕文化冲突地带，古长城建成年代较远，遗存资源丰富，生态人文环境充满古乡韵味，保护开发具有后发优势。该规划进一步阐明，长城遗址点及望云古道的保护开发要围绕"古"字做文章，"充分挖掘历史文化遗产，实行北联策略"，将望云古道与草原天路这一旅游热线联合发展，恢复望云古道的历史地位。

3. 在京津冀明长城沿线村庄发展旅游产业有助于推动文化带建设

根据乡村与城市之间的区位条件，可以将乡村旅游目的地大致分为都市郊区型、景区边缘型、特色村寨型、特色农业基地型四种类型。而就我国乡村旅游的发展模式则大致分为："以一产农业为发展基础的田园农业旅游模式；以村镇文化为主打的民俗风情游模式；以传统农家乐为发展模式的农家乐旅游模式；村落乡镇旅游模式；休闲度假旅游模式；科普及教育旅游模式；回归自然旅游模式等。"（郭焕成 等，2010）而京津冀明长城沿线区域的乡村，具有文化遗产带动旅游产业的优势。相较于国外，我国乡村旅游的发展开始较晚，缺乏完善的理论研究体系；发展之初，普遍仰仗于乡村的自然资源和本底特色，形成"靠山吃山，靠水吃水"的发展特色；而不加限制的资源利用和缺乏管理的运作模式也使得许多乡村旅游模式过于单一，缺乏内涵，对于游客的二次吸引力降低，市场丧失后续发展动力，不利于我国乡村旅游经济的良性循环发展。

为了顺应乡村功能的转型与拓展，进一步丰富一二三产业融合的形式，《乡村振兴规划》中针对北京市内乡村旅游文化内涵的提升也提出了贴合北京市发展更进一步的要求："通过农旅结合、农科结合、农文结合等模式，因地制宜创新发展业态；促进休闲农业与乡村旅游提档升级，着力培育农村新产业新业态；围绕大运河、长城、西山永定河'三大文化带'建设，发展乡村特色文化产业，打造一批充分体现古都文化、京味文化、红色文化、创新文化的乡村文化产业展示区，以文化振兴促进农村一二三产业融合发展。"

《新总规》提出："推进三条文化带（大运河文化带、长城文化带、西山永定河文化带）的整体保护利用，长城文化带作为历史文化名城保护体系的重要组成部分，同时也是全国文化中心建设的重要内容。"京津冀明长城沿线区域及沿线村镇应该纳入统一考虑的范畴，作为一个完整的生态系统予以保护和利用，在保护文化带的同时促进周边乡村经济社会的发展。

在村庄层面，本书从社会经济视角出发，考虑长城保护与村庄发展、文化传承与村民利益两对关系的协调，以长城资源为依托，在对长城旅游资源合理利用的基础上带动村庄产业发展。长城作为世界文化遗产，在文化传承和旅游产业营造上都有着天然的优势，对于京津冀明长城沿线区域内村庄而言，长城文化内涵具有重要作用，是其村庄发展的精神内核。因此，在该沿线村庄的产业发展策略选择上，需要在兼顾村庄利益与长远发展需求的基础上对长城遗址资源进行合理的开发利用，将长城文化作为当地产业的品牌标识，推动其特色产业发展。在针对长城遗址的利用与开发中，应严格遵守相应的保护规定，做到在保护中发展，在发展中保护。同时发挥长城作为世界遗产本身的文化宣扬作用并利用其对周边地区产生的聚集效应，让优秀文化遗产保护的成果惠及更多的普通民众，增强居民认可度，实现更具有文化生命力的京津冀明长城沿线村庄的高质量文旅产业发展。

二、京津冀山区村庄产业发展研究方法

乡村振兴的关键在于农村的产业振兴，农村产业发展是实施乡村振兴战略的关键环节和着力点，对全面推进乡村振兴具有重要意义。近年来对于京津冀地区乡村产业发展研究成果丰硕。

对于北京市密云区村庄产业发展的研究较早，主要应用了实地调查、入户访谈、问卷调查、软件数据分析等研究方法，有一定的参考价值。梁育填（2008）根据区域的功能定位，通过定量与定性相结合的综合分析方法，深入探讨微观区域主导产业选择的方法和培育途径，为乡村主导产业选择与培育提供实践基础。刘春腊等（2010）则运用ArcGIS等软件提取了门头沟区的代表性沟域，进行空间数据分析，获得了沟域经济空间分异的基本特征；利用SPSS软件对各主要成分得分的加权求和得到各村庄综合发展水平的数值，对沟域经济的发展现状进行了评价。王丽红（2018）采用了对北京市延庆区10个典型村和100位农户进行走访和问卷调查的研究方法，总结了延庆区乡村发展面临的主要问题并提出解决建议。

河北省山区村庄产业发展主要集中在对太行山区和冀北山区的研究。学者们主要是采用了数据统计分类分析、对比分析法来开展研究的。李素恒等（2012）采用了对比分析法，对张家口市宣化区县域农村产业发展规划进行了研究，为优化农村产业结构、合理利用农村资源，促进城乡一体化提供基础。宗静涛等（2016）以河北太行山区贫困村庄发展现状为基础，采用了数据统计分类分析方法，制定了山区村庄分类界定原则，分析了乡村产业融合发展存在的问题并提出优化建议。

对天津市的山区村庄产业发展的研究主要集中于蓟州区，主要是通过建立多元线性回归模型方法、实地调研、访谈和SWOT分析法来进行研究的。李叶妍（2010）利用天津市蓟州区2005—2009年经济增长和农家乐旅游收入的季度数据，建立多元线性回归模型的方法进行关系检验，得出了农家乐旅游对经济增长具有显著的正效应和农家乐旅游的经济增长效应具有季节差异。胡宇橙等（2018）基于蓟州区十多个村庄的数次实地调研和访谈资料，运用SWOT分析法研究蓟州区全域旅游发展，提出了蓟州区旅游产业发展建议。

层次分析法在京津冀村庄产业发展中的应用如下：

层次分析法（analytic hierarchy process，AHP）是一个运筹学的概念，是将与决策总是相关的元素分解成方案、目标、准则等层次，在此基础上进行定性和定量分析的决策方法。这种方法是美国运筹学家A. L. Saaty教授在20世纪70年代初期提出的，层次分析法能够比较好地消除决策属性和主观判断的不确定性，具有灵活性、系统性和简洁性等诸多优点。AHP的模型是通过建立层次结构分解复杂的决策问题，然后通过两两对比指标，最后将人的主观判断客观化、标量化，逐层建立判断矩阵，并求解矩阵，最后将权重综合排名。

在AHP模型中，权重是决策的最重要概念，是量之间相互比较结果的定量分析。

近年来，层次分析法在山区村庄产业发展研究中的应用越来越广泛，在京津冀地区，应用层次分析法来研究山区村庄产业发展的研究成果丰硕。层次分析法的基本流程是根据实际情况建立评价指标体系，然后进行权重计算和分析。

汪芳等（2008）以北京市平谷区黄松峪乡雕窝村为例，运用层次分析法将社区参与复杂的内涵进行逐层分析，将通过"建立评价模型—确定评价模型各层次权重并通过一致性检验—德尔斐打分"这3步对案例地雕窝村的乡村旅游社区参与状况进行评价。主要是发挥定量分析与定性分析相结合的优点，对乡村旅游的社区参与情况进行比较客观的评价，从社区参与的角度为乡村旅游可持续发展提供参考。刘玉玲等（2014）运用层次分析法，选取旅行者需求和政府供给作为评价指标，力求从定量分析的角度对河北省乡村旅游业进行量化分析。王庆生等（2021）则应用层次分析法从生态环境、资源开发、社会发展、经济发展4个方面30个指标构建天津市蓟州区乡村旅游资源可持续发展评价体系，构造判断矩阵，进行权重计算，最后得到了乡村旅游资源可持续发展的四大权重分布，依次为乡村旅游资源开发、乡村旅游生态环境、乡村旅游社会发展和乡村旅游经济发展。

三、京津冀明长城沿线村庄"文、旅、农"产业发展影响分析

在对京津冀明长城沿线村庄产业发展分析中，我们采用层次分析法进行研究。首先从农村外部世界和农村内部世界搭建了长城文化旅游发展影响因子分析框架（层次结构模型）；其次通过专家对因子进行赋分，确定权重；最后进行计算并分析出沿线村庄产业发展情况。

将研究对象村落从外部世界和内部世界两个方向来进行研究解释。研究每个村落外部客观因素影响下的长城带动旅游发展潜力，以及村落内部影响因素控制下的居民收入发展潜力。（图7-1）

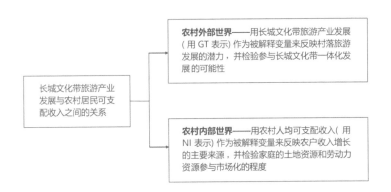

图7-1　长城文化旅游发展影响因子分析框架

资料来源：作者自绘

农村外部世界——用京津冀明长城沿线旅游产业发展（GT）作为被解释变量来反映村落旅游发展的潜力，并检验参与京津冀明长城沿线一体化发展的可能性。相关解释变量：以与京津冀明长城沿线区域的相对空间区位（SL）反映是否处于其范围内；以距离城堡和烽火台的交通区位（TL）反映与京津冀明长城沿线区域核心景点的交通联系情况；以长城旅游项目占总体旅游项目的比例（PR）反映旅游项目分布的基本情况；以历史遗存丰富度（RH）反映村落留存的遗产估计数量。农村外部世界相关解释变量关系，如式（7-1）所示。

$$GT=\beta_0+\beta_1\times SL+\beta_2\times TL+\beta_3\times PR+\cdots+\varepsilon \qquad (7-1)$$

式中：β为某一变量因子在潜力评价中的权重；ε为可能存在的其他影响潜力评价的变量因子。

农村内部世界——农村人均可支配收入(用 NI 表示)作为被解释的相关变量来反映农民收入增加的主要来源，并检验农户的土地资源和就业劳动力资源参与市场化的程度。相关解释变量：以外出就业劳动力占家庭劳动力的比例（RG）反映劳动力参与外部劳动市场的基本情况；以耕地和山地的比例（SS）反映图例资源潜力的基本情况；以承租土地和转租土地的总数量（NL）反映农户参与流转市场的基本情况。如式（7-2）所示。

$$NI=\beta_0+\beta_1\times RG+\beta_2\times NL+\beta_3\times SS+\cdots+\varepsilon \qquad (7-2)$$

通过外部世界收益信息及内部世界成本信息的研判，了解各个村庄在此影响因子分析框架下的长城文旅发展基本状况及潜力，将信息反馈给村民集体。村民根据现状收益、成本信息，对标预期收益、预期成本，从而判定是否在成本允许的情况下为追求更高的旅游产业收益而融入京津冀明长城沿线发展旅游业，或是保留现行产业发展模式。（图7-2）

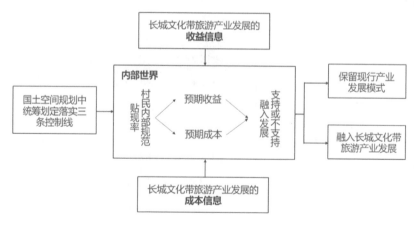

图7-2 农村对长城文化带辐射作用的成本-收益分析框架

资料来源：作者自绘

随着乡村产业逐步发展升级，村庄仅仅依靠内部产业发展已不能满足新的创新发展需求，借用京津冀明长城沿线区域发展契机，利用长城文化旅游资源科学推动乡村文旅产业融合发展以满足其新的需求，为村庄旅游相关产业更好地融入京津冀明长城沿线区域提供了可行的路径与依据。

本研究提出了3种可以反映村庄旅游发展的潜力并检验其参与京津冀明长城沿线一体化发展可能性的相关因素及其对应的因子，希望通过层次分析法得出相关因素及对应因子的权重赋值。通过两两进行比较，判断其重要性。例如，对于A和B两个因子，1表示A和B一样重要；3表示A比B重要一些；5表示A比B重要；7表示A比B重要得多；9表示A比B极其重要，若在打分判定时认为B比A重要，量化值则为分数。

研究选取了3种影响村落旅游发展的潜力，并检验其参与京津冀明长城沿线一体化发展可能性的外部因素，每种因素下均有多种判定因子。在以下两张表格中，使用层次分析法判断每种影响因素的重要程度及多影响因素下因子的重要程度，以获得判定因子的赋值权重（表7-1、表7-2）。

以村庄与京津冀明长城沿线的客观外部因素进行划分，将外部因素的判定因子划分为4种。首先，确定与京津冀明长城沿线区域的相对空间区位，即村落与京津冀明长城沿线区域的相对空间位置关系反映是否处于其范围内。其次，确定距离城堡和烽火台的交通区位来反映村落与京津冀明长城沿线区域核心景点的交通联系情况。再次，辨析长城旅游项目占总体旅游项目的比例，反映村落产业发展中长城旅游项目分布占比的基本情况。最后，判定历史遗存丰富度以反映村落留存的遗产古迹数量。

研究选取了两种有关农村居民可支配收入同时反映农户收入增长的主要来源，检验家庭的土地资源和劳动力资源参与本地市场化的程度的影响因素。在以下两张表格中，使用层次分析法判断每种影响因素的重要程度，以获得影响因子的赋值权重（表7-1、表7-2）。一方面，本地就业劳动力资源占家庭劳动力资源的比例可以很好地反映农村劳动力参与本地劳动市场的基本情况；另一方面，耕地和山地的占比可以反映土地资源潜力的基本情况。

在确定了内部和外部影响因子之后，通过专家打分法确定影响因子的权重，对各部分影响因子打分，然后对影响因子数值判定问卷结果统计。

1. 外部世界影响因素权重确定

在计算村庄旅游产业发展指数时，根据公式，每一个影响因素的得分均需乘以一个系数 β，β 意味着在计算指数时此影响因素所占的比重。为了使影响因素分值代入公式计算时比重 β 更具科学性，通过6份专家打分问卷的结果进行平均数计算，以得到最终的因素权重数值 β。经过对专家打分表进行结果平均分计算，外部世界影响因素相对空间区位、交通区位、长城旅游项目占比和留存遗产古迹数量的因素权重 β 分别为 $\beta_1=0.259$、$\beta_2=0.280$、$\beta_3=0.202$、$\beta_4=0.278$。

表7-1　村庄长城文化带旅游产业发展指数

镇名称	村庄名称	空间区位影响因子（SL）	交通区位影响因子（TL）	长城旅游项目占比（PR）	历史遗存丰富度（RH）	长城文化带辐射强度（GT）	外出就业劳动力占比（RG）	耕地和山地的比例（SS）	农村人均可支配收入（NI）
大师屯镇	令公村	0.570	0.271	0.1	0.4	0.355	0.65	0.026	0.461
大师屯镇	马场村	0.339	0.271	0.2	0.0	0.204	0.60	0.197	0.478
古北口镇	古北口村	0.570	0.626	0.9	1.0	0.783	0.75	0.013	0.526
古北口镇	北甸子村	0.339	0.271	0.3	0.0	0.224	0.40	0.227	0.347
冯家峪镇	白马关村	0.570	0.626	0.5	0.8	0.646	0.60	0.026	0.426
石城镇	黄峪口村	0.570	0.626	0.6	0.7	0.638	0.59	0.087	0.437
石城镇	王庄村	0.570	0.626	0.3	0.2	0.439	0.66	0.032	0.469
十里堡镇	红光村	0.091	0.110	0.0	0.0	0.054	0.70	0.000	0.488
下营镇	黄崖关村	0.570	0.626	0.9	1.0	0.783	0.65	0.092	0.481
独石口镇	独石口村	0.339	0.271	0.4	0.6	0.411	0.80	0.600	0.739

数据来源：根据专家打分表计算。

表7-2　影响因子打分权重β汇总表

影响因子权重	空间区位影响因子（SL）	交通区位影响因子（TL）	长城旅游项目占比（PR）	历史遗存丰富度（RH）	外出就业劳动力占比（RG）	耕地和山地的比例（SS）
β	0.259	0.280	0.202	0.278	0.697	0.303

数据来源：作者自绘。

2. 内部世界影响因子权重确定

在计算农村居民（内生型）可支配收入时，需要将村庄各影响因素的得分代入公式，并乘以影响因素权重β，这里同样需要通过专家打分来确定内部世界影响因素权重β。

经过对专家打分表进行结果平均分计算，内部世界影响因素中外出劳动力占比及耕地与山地比例的因素权重β分别为β_1=0.697、β_2=0.303（表7-2）。考虑到村落在空间区位、交通区位等外部影响因素上的对比性，研究选择了10个典型村落进行打分计算，结果如表7-1所示。

然后再将各影响因素分值及影响因素权重β代入计算公式，得到旅游产业发展指数。

京津冀明长城沿线区域辐射强度计算公式：

$$GT=\beta_0\times SL+\beta_1\times TL+\beta_2\times PR+\beta_3\times RH \tag{7-3}$$

农村居民（内生型）可支配收入计算公式：

$$NI=\beta_0\times RG+\beta_1\times SS \tag{7-4}$$

经过对典型村庄旅游产业发展指数的计算，10个典型村落中古北口村受京津冀明长城沿线区域辐射强度最强，相应带动发展得最好；其次是历史遗存丰富度较高的村庄发展潜力相对较大（图7-3）。在农村内部发展中，因目前只考虑了劳动力与土地资源潜力两个因素，在这两个因素影响下的农村居民可支配收入并没有拉开太大差距。

图7-3 密云区典型村庄落点

资料来源：作者自绘

北京市密云区作为明长城北京段内分布最多的区域，自然山林资源滋养出多种类型的休闲度假旅游产业，未经开发的野长城保留了原始风貌，具有较大研究价值。不同段长城搜索指数表明，密云区长城景区后续发展应广泛挖掘密云长城文化特质，打造密云长城景区品牌。密云区各村镇因地制宜，凭借特色农林资源发展旅游产业，但在空间上仍出现发展不均衡的格局，西线村镇内分布较多数量的长城，旅游业发展却未能受到其带动。

通过层次分析法与村庄京津冀明长城沿线旅游产业发展指数的计算，阐明了密云区古北口村和下营镇黄崖关村相较于其余8个所调查的典型村落，受到京津冀明长城沿线辐射强度最强，相应带动发展最好的结论，同时也证明村庄发展潜力受到较高历史遗存丰富度的影响。

第二节 京津冀明长城沿线村庄产业发展

一、长城沿线村镇旅游资源分析

北京作为首都同时也是全国长城旅游的重点发展区域，不管是在长城知名度上还是在长城资源的保护方面都具有独特的优势。同时密云区长城旅游资源丰富，但大多数尚未开发，具有很大保护和开发价值，这说明密云区在依托长城资源发展旅游业上仍有较大潜力（图7-4）。

黄崖关长城作为蓟门雄关位于天津市蓟州区、河北省赤城县内分布，待开发长城200多千米。虽然两地长城资源在知名度上弱于北京，但其巨大的遗存体量及完备的防御体系为长城

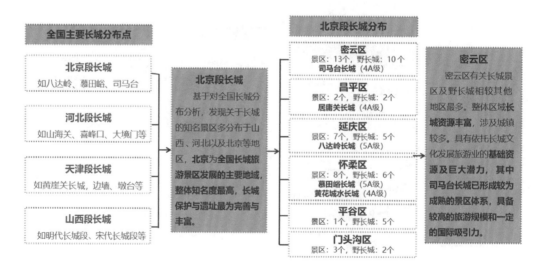

图7-4 长城旅游资源对比

资料来源：作者自绘

资源保护带来了更多有价值的挑战与机遇。

对不同长城段进行词条数据检索，将几段长城词频量后台数据进行对比，可以看出潜在的旅游者通过互联网搜索长城的关注程度，以及持续变化的情况。从数据对比可以看出，八达岭长城位居长城类关键词搜索指数榜首，第二位是慕田峪长城，第三、四位是司马台长城和居庸关长城。当前的长城旅游呈现片段式特点，应加强全域长城旅游的协同发展，深入挖掘密云文化内涵与特色，避开现有长城景区发展的同质点，探寻具有密云文化特色的旅游项目（图7-5）。

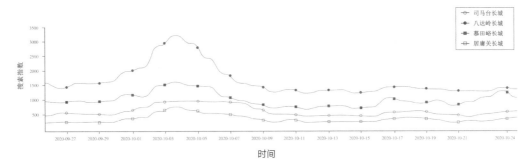

图7-5　不同段长城搜索指数

资料来源：作者自绘

密云区地形整体呈簸箕状，全区多山，同时河流较多，有着"八山一水一分田"的说法。其东、北、西三面群山环绕。密云水库是密云区村镇旅游资源的核心，以丰富的山林资源为基底，再加上得天独厚的长城文化遗产，可谓具有极佳的旅游条件。密云区旅游资源主要分为四大类，包括自然山水景观、人文古迹景观、现代城市景观和休闲度假设施。前两者以自然山水和文物古迹为主，后两者以提供服务为主。

密云区长城位于东南部与平谷区长城相接，向北再向东北延伸至雾灵山，然后折向西行，共经过了大城子镇、北庄镇、新城子镇、古北口镇、不老屯镇、冯家峪镇等11个镇、57个村。其中著名的司马台长城段位于古北口镇司马台村，古北口长城段位于古北口镇古北口村。金山岭长城段位于河北滦平县和北京密云区的交界处，紧邻密云区古北口镇和新城子镇。密云区的京津冀明长城沿线村镇旅游资源丰富，且依托不同资源，村镇的产业发展模式也不同。北端的冯家峪镇、不老屯镇、高岭镇、古北口镇、太师屯镇内的村庄主要以长城为资源打造旅游产业，其他村镇多依托自身的特色发展农业种植业或依托周边自然景观资源发展休闲度假旅游产业。密云区内长城主要分布在西线及北线边界，但西线很少有村镇能够依托长城资源发展起来旅游业，因此通过对村镇选点进行打分评估并对密云明长城周边其他村镇进行实地调研考察，能很好地发现其他村镇能否以及如何利用北京长城文化带的带动来促进发展当地旅游产业。（图7-6）

图7-6　密云区旅游资源空间分布

资料来源：作者自绘

以京津冀明长城沿线作为重点研究区域，以村庄作为研究单位，聚焦于京津冀明长城周边村庄的产业与社会发展研究，从文化视角解析京津冀明长城及周边典型村庄的社会发展现状、寻找不同空间单元村庄之间的发展共性，并提出社会发展建议与基层社会组织实施机制。

确定研究范围时，首先根据内外部各因素，计算村庄京津冀明长城沿线旅游产业发展指数，再使用层次分析法以专家打分评定的权重，选择出北京市密云区、河北省赤城县、天津市蓟州区等地的4个典型村落进行更深入产业案例调查研究。在了解村庄旅游经济、农业经济、生态经济等不同领域的新兴发展理念的基础上，探求其基层工作的推进模式及发展困境，并对村庄社会经济发展方向及基层组织的后续引领倾向提出建议。

二、北京密云区长城沿线村庄产业整体现状

北京市村庄产业发展正处于推动休闲农业和乡村旅游发展、加快一二三产业融合发展的阶段，以北京市密云区明长城沿线村庄产业现状为例，第一产业基础好，但产值呈下降趋势；第二、三产业正经历转型，产值呈上升趋势。

北京市密云区与京津冀明长城沿线区域相关的乡镇主要有高岭镇、太师屯镇、新城子镇、古北口镇、十里堡镇、石城镇和冯家峪镇共7个，沿线村庄产业目前形成了以第一产业种植业和第三产业旅游业为主的产业格局。2021年根据北京市密云区人民政府网站公布数据，密云全区第一、二季度生产总值164.3亿元，比上年同期增长13.7%。其中，第一产业增加值5.3亿元，上涨9.7%；第二产业增加值40.5亿元，增长13.5%；第三产业增加值118.5亿元，增长13.9%。可以看出，全区的生产总值都有较大程度的增长，尤其是以高新技术产业为主的第二产业和以各类服务业为主的第三产业，其中旅游类型以长城旅游、观光类旅游和民宿为主（图7-7）。

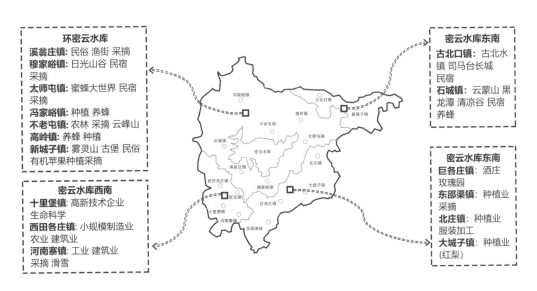

图7-7 密云区旅游资源分布示意

资料来源：作者自绘

目前京津冀明长城沿线区域周边村镇农林牧渔业产值整体呈下降趋势。以石城镇王庄村为例，2014年密云受保水政策影响，王庄村人均收入由2.8万元下降到2.1万元，低于密云区平均水平。受影响的村庄开始采取有效措施，加大种植产业结构调整，推进农业产业新建设。如北甸子村，实行"种植专业合作社"产业发展模式，凭借良好的土壤条件和气候条件，形成了以春蜜桃、水蜜桃及樱桃种植为主的产业发展。（图7-8）

在工业方面，2018年密云区工业经济从年初开始，一直处于低位运行态势。截至2018年年底，降速依然停留在两位数上，调结构与保增长的双重压力仍在延续。汽车及交通设备业、都市产业、装备制造业、生物与医药产业、基础与新材料业、电子与信息产业六大产业中除汽车及交通设备业外，其他五大产业均有不同程度增长，其中装备制造业、生物与医药产业、电子与信息产业三大产业增速均在两位数以上（图7-9）。

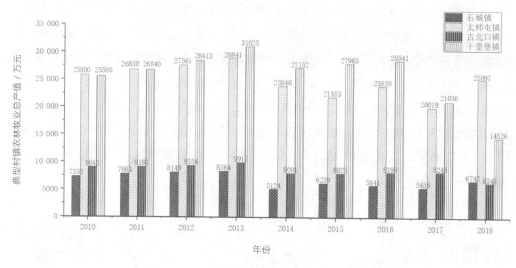

图7-8　京津冀明长城沿线区域典型村镇一产总产值变化趋势

数据来源：2010—2018年密云区统计年鉴

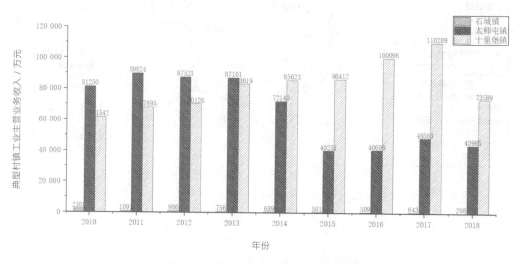

图7-9　京津冀明长城沿线区域典型村镇二产总产值变化趋势

数据来源：2010—2018年密云区统计年鉴

密云区京津冀明长城沿线区域周边村镇旅游以长城旅游、乡村观光类旅游和特色民宿为主，发展潜力大。在近年来的旅游发展过程中，密云区积极探索和实践发展乡村旅游的新模式，重点围绕乡村旅游开展"十百千"工程建设，建设了一批有特色、成一定规模的民俗村。全区实际经营民俗村50多个（北京市三星级以上民俗村24个），长期稳定经营的民俗户3520户（其中北京市星级民俗户1166户），乡村旅游新业态近百家，民俗旅游专业合作社百余家，旅游从业人员2万余名。全区乡村旅游接待游客达700多万人次，实现乡村旅游收入8亿多元，旅游产业总产值实现稳步提升。与此同时，密云区明长城沿线区域周边村镇也拥有丰富的民宿资源。通过对密云统计年鉴的梳理，京津冀明长城沿线区域周边村镇实现了观光及民宿收入的稳步提升。

以古北口村为例，现村内共有民俗户130户，经营民俗户人员达236人，村内41%的农户从事旅游产业。村内实行"民俗旅游合作社"产业经营模式，依托古北口镇丰富的历史文化旅游资源，形成了以第三产业为经济发展的主导产业。旅游业正成为京津冀明长城区域周边村镇新的经济增长点。（图7-10）

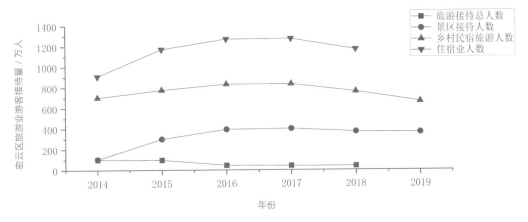

图7-10　密云区旅游业游客接待量

数据来源：2010—2018年密云区统计年鉴

密云区统计年鉴的数据显示，发展乡村旅游是密云的大势所趋，也是今后发展的重点方向所在。

密云区旅游服务经营者从"观光+休闲+度假"的开发模式着手，针对游客群体散客化、需求多样化的诉求，在原有传统观光旅游模式上，增加了休闲度假、深度体验、专项特色旅游等多种复合产品；开展生态旅游、休闲度假旅游、教育旅游和民俗度假游等多种游览模式，深化旅游活动体验，开发个性化的参与性项目。

自驾车旅游是散客出行的主要方式，其主要特点为停留时间长和消费大众化。休假制度的完善增加了人们常态化的旅游需求，同时为游客停留时间和消费需求提供了更多可能。而观光需求和度假需求最终会导致文化需求。对地域文化的挖掘和呈现，并将其融入休闲度假产品，是提升度假吸引度的重要方法。

尤其是后疫情时代，全国旅游市场的变革及人群需求的调整将带来密云区整体客源分布的变化。乡村旅游、民宿和各类项目体验将取代单一的景区景点游览（李晓莉 等，2018）。密云依托优质自然资源，在特色文化资源的驱动下，客源规模将会增加，并且持续向乡村旅游、民宿休闲方面偏重。在未来的旅游市场中，乡村旅游、民宿的接待量将高于各大A级景区的接待量。

密云区山水林兼备，全区总面积 2229.45km²，其中山地面积占到近八成，平原面积仅为263.4km²，不到总面积的12%。该区水环境质量好，湿润指数和水体密度居全市之首。密云段沟域分为潮河流域、白河流域及潮白河流域。处于潮河流域的镇有不老屯镇、高岭镇、古北口镇、太师屯镇、新城子镇、北庄镇6个乡镇。位于白河流域的有冯家峪镇和石城镇2个乡镇。位于潮白河流域的有西田各庄镇、十里堡镇、河南寨镇、东邵渠镇、溪翁庄镇、巨各庄镇、大城子镇、穆家峪镇8个乡镇。

其中潮河流域已编制发展规划的沟域包含以下内容：古北口镇汤河特色产业经济沟、新城子镇曹家路乡村旅游经济沟。位于白河流域且已发展形成的沟域经济的有石城镇云蒙风情大道。此次研究的高岭镇、古北口镇，太师屯镇、新城子镇、十里堡镇、石城镇、冯家峪镇7镇，其产业收入与沟域经济发展存在如图7-11的关系。

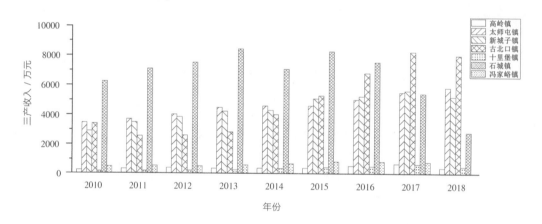

图7-11 流域内七镇的三产收入对比

数据来源：2010—2018年密云区统计年鉴，北京出版集团公司北京出版社

从图7-11中可以看出，2015年以前，石城镇的收入一直远高于其余6镇，但从2015年开始处于下降状态。古北口镇和新城子镇的观光及民俗旅游收入从一开始与太师屯镇持平，到最后呈现稳步增长态势，古北口镇的观光及民俗收入更是远超太师屯镇和高岭镇。

发生差异的主要原因可能是石城镇通过云蒙风情大道打造了沟域经济产业。这一项目通过整合道路沿线村落，有效激活了民俗展示、采摘、垂钓、观光等旅游资源；并成功在挖掘特色的基础上提升了档次，形成了品牌，打造出一个较为完善且具有综合竞争力的高品质乡村旅游产业带。所以其旅游产业经济远高于其他各镇。但是自2015年起，全区的观光旅游人数逐渐下降，传统的观光类旅游项目已经不能满足游客的需要，旅游住宿业人数明显增加，因此自2015年起石城镇观光民俗收入下降。

与此同时，密云区东线以古北水镇、司马台长城、雾灵山为主的国际休闲度假区所在的沟域则逐渐发展起来。古北水镇营业以来，周边村的乡村民俗旅游迅速提升，就业岗位逐年增加，已解决附近村民就业近千人，观光民俗旅游的游客不断增加。

经以上分析可得到下列结论：

（1）密云区村庄第一产业发展有明显优势。通过对密云区与京津冀明长城沿线区域六区的产业对比分析可知，密云区在整体行业中第一产业的优势明显，部分行业有尚待完善短板，基础产业与社会服务业相对较好，高端服务业相对落后。因此，密云区具备农旅结合发展乡村旅游的优势。

（2）密云区村庄第三产业呈蓬勃发展状态。通过对密云区第一、三产业进行综合分析可知，密云区第一产业具有良好的基础，同时第三产业旅游的收入及人数也实现了稳步增加，尤其是近几年，民俗旅游住宿的人数远高于景区的接待人数。因此发展乡村旅游是密云的大势所趋，也是今后主要发展的重点方向所在。

（3）发展沟域经济可促进第一、二、三产业联动融合。通过对密云调研村落的沟域经济的分析，可得出沟域经济是山区农村经济发展的驱动力，调整其功能定位有利于推进沟域第一、二、三产业融合。以沟域为单元，将长城生态保护和农村经济发展统筹考虑，能够有效增加农民收入，并进一步促进当地的社会、经济协调发展。

三、天津市和河北省长城沿线村庄产业整体现状

天津市村庄产业发展正处于推进农业高质高效发展、以民生福祉产业发展为主的阶段，以天津市蓟州区明长城沿线村庄产业现状为例，其中第一、二产业产值均有涨幅，第三产业产值增加最多。

2021年，天津市蓟州区全区第一季度至第三季度生产总值为173.6亿元，增速为6.7%，其中第一产业创造了22.8亿元的增加值，第二产业增加值39.2亿元，第三产业增加值111.6亿元。第一、二、三产业均呈现出蓬勃增长的态势。其中第三产业增加值最多，说明京津冀明长城沿线区域周边村镇通过深入挖掘与利用长城文化资源和乡村民俗文化资源，已形成文旅融合新发展的局面。

蓟州区下营镇农民人均纯收入与第一产业生产总值关联影响不大。第一产业已经不再是支柱产业，村庄村民更多依靠第三产业或第一、三产业的联动发展增加收入（图7-12）。

蓟州区的第二产业一直处于稳步增长的状态，其企业也需在生态环境保护红线之外谋求发展，并不断优化产业结构，推动企业转型已成为蓟州区第二产业新发展目标。

下营镇生态环境较为脆弱，工业项目较少。2011年，为保护天津水源地于桥水库和自然生态环境，政府发出最严管控禁令，大批矿场被关停，工厂与部分村民迁出下营镇，部分建材基地关停，同时政府加大了修复山体创面、改善山区环境的力度，将绿色与生机重新还给自然大地。也正是因为此次整治活动，下营镇第二产业产值一直维持在较低的水平（图7-13）。

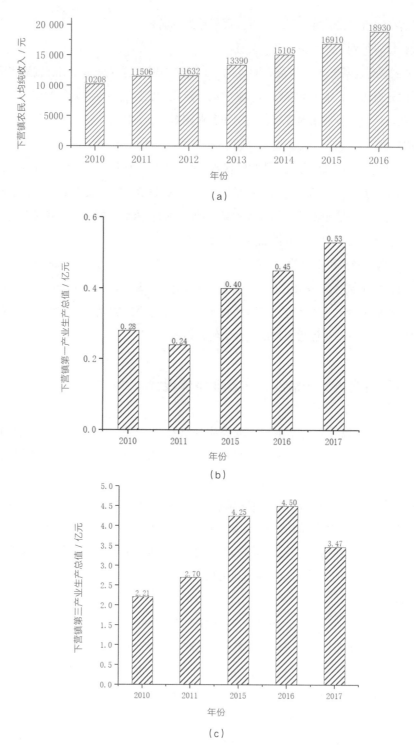

图7-12 下营镇农民人均纯收入与第一、三产业发展状况

（a）下营镇农民人均纯收入；（b）下营镇第一产业生产总值；（c）下营镇第三产业生产总值
数据来源：2010—2016年天津区县年鉴、2017年天津市蓟州区年鉴

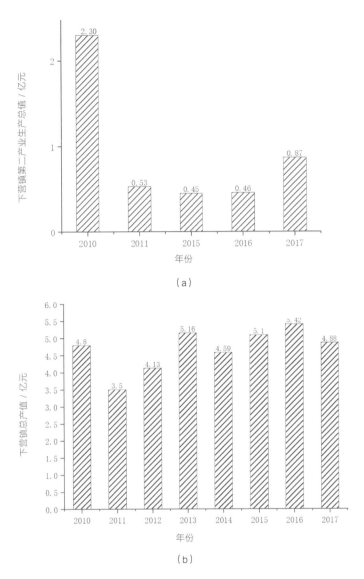

图7-13 下营镇第二产业发展状况与总产值

（a）下营镇第二产业生产总值；（b）下营镇总产值

数据来源：2010—2016年天津区县年鉴、2017年天津市蓟州区年鉴

　　2011年以来，蓟州区大力发展生态文化旅游，依靠乡村观光与长城景区旅游相融合的发展模式，已形成规模性的产业。2014年，全区接待旅游人次达1554万，实现旅游综合收入79亿元，占全区GDP的23%。蓟州区在旅游产业发展中推进旅游景区转型升级，以智慧旅游和新媒体营销为对外宣传重点，创新旅游管理模式，优化旅游环境，有利于全境乡村旅游资源的平衡开发与建设。2013—2017年，乡村农家院接待游客数量逐年增加，农家小院的数量供不应求（图7-14）。

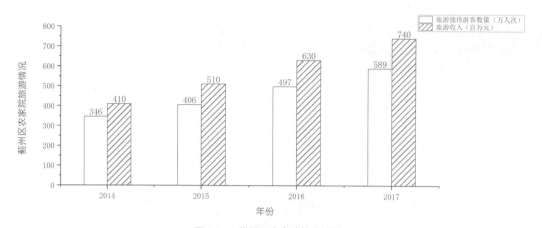

图7-14 蓟州区农家院旅游情况

数据来源：2010—2016年天津区县年鉴、2017年天津市蓟州区年鉴

从图7-14中可以看出，2015—2017年的下营镇以旅游业为主的第三产业跃上了新台阶。根据密云区旅游规划文本可知，2016年，下营镇建设旅游特色村29个，农家院经营户共有1200户，总接待游客床位达21 000张。

下营镇旅游发展以提升精品景区服务为核心，重点建设其基础设施，努力带动周围乡村发展。以黄崖关村为例，该村充分依托黄崖关长城文化资源，大力发展农家旅游业，2011年，全村人均收入达到1.2万元。2012年黄崖关长城风景区接待游客数量32万人次，综合收入2139万元。2016年接待游客40万人次，综合收入2186万元。景区带来的客流，促进了当地农业与商业的发展，增加了就业岗位，真正做到了让长城经济切实惠及于民。

河北省村庄产业发展正处于保证农业主导产业优势、加快发展农村新产业新业态的阶段。以河北省张家口市赤城县明长城沿线村庄产业现状为例，其中第一产业产值呈下降趋势；第二产业发展前景不大；第三产业发展正处于起步阶段。

从数据看，赤城三乡镇农林牧渔等第一产业总体发展趋势略有下降（图7-15）。赤城县落实京津冀协同发展国家战略，实施风沙治理、退耕还林等一系列生态保护工程，在一定程度上限制了畜牧业的发展。而云州乡水网密布且背靠云州水库，渔业资源丰富，第一产业产值与粮食产量均明显高于独石口镇与马营乡。

在农业生产公司的介入之下，农业生产活动标准化、产业化的趋势明显，粮食产量有明显增加。乡镇政府将扶贫与农业发展结合，建立农业示范园区，带动有劳动能力的贫困户参与产业生产，实现了稳定的产业就业扶贫计划。

以马营乡为例，农业公司投资建设种植扶贫示范基地，并负责机械使用及技术指导，全村农户建立农业种植专业合作社，负责土地流转及用工安排，宅基地所得营收按一定比例与村委会、企业分红，使大部分农户均能获得土地租金、打工薪资和分红股金。赤城县的第二产业以高污染高能耗的采矿业为主。根据《赤城县国土空间规划（2020—2035年）》，

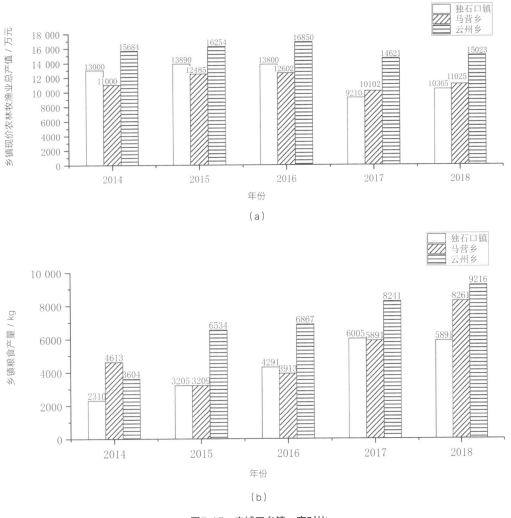

图7-15　赤城三乡镇一产对比

（a）乡镇现价农林牧渔业总产值；（b）乡镇粮食产量

数据来源：2014—2018年河北农村统计年鉴

京津冀明长城沿线区域沿线村庄相关乡镇矿产资源丰富度较低，为保护环境设立严禁开采区，所以沿线村庄第二产业类型鼓励发展食品药材加工等轻工业及风能发电等绿色产业。2014年，独石口、马营乡、云州乡等的企业营收均不及第一产业的收入。

2015年以来，赤城县积极推动产业的转型升级，乡镇政府将扶贫工作与农业发展、旅游资源开发相结合，大力发展生态文旅相关第三产业。京津冀明长城沿线区域村庄和乡镇依托古道、古长城、古关等旅游资源，创新发展长城及历史文化旅游；积极引导乡村旅游这三大发展方向。但由于文化生态旅游等新兴产业仍处于起步发展阶段，基础设施建设及重点项目（特色小镇）建设缓慢，产业转型压力依然较大。

第七章　区域典型村庄产业发展研究

259

以独石口镇独石口村为例，该村主要发展第一产业，以种植玉米、蔬菜、食用菌为主，经济总收入1837万元，农民人均纯收入7100元（2010年）。目前市政府正在进行招商引资，筹备建设独石口边关小镇特色旅游开发项目，以期立足当地的旅游资源、地方特色和民俗风情等资源，推动乡村经济高质量发展。由此可见，第一、三产业的融合发展正在成为京津冀明长城沿线区域周边村镇的经济增长点。

在《北京城市总体规划（2016年—2035年）》《天津市明长城保护规划》《赤城县旅游发展总体规划（2004—2025年）》等相关规划和政策的指导下，围绕明长城历史文化遗产保护、乡村产业发展等村庄建设相关问题，深入剖析了实现其规划目标、落实相关策略的可行途径，为京津冀明长城沿线村庄实现乡村振兴提供科学支撑。

各级政府就如何实现乡村振兴与乡村功能的转型与拓展，进行了多维度的理论研究与实践探索。在旅游业蓬勃发展的背景之下，乡村旅游产业将多种生产力要素与本地资源进行高效整合，促进第一、二、三产业融合发展。但就目前国内乡村旅游发展情况看，单一粗放的发展模式会损害纯真质朴的乡村底色。京津冀明长城沿线区域的乡村具有丰富的自然资源及文化遗产资源，对长城遗址资源的合理利用符合村庄的实际利益与长远发展需求。

京津冀明长城沿线区域村庄产业发展情况存在较大差异，第一产业依然作为村庄的基础产业，第二、三产业的发展态势各村皆有不同。北京市密云区、河北省张家口市赤城县两地的明长城沿线村庄，在环境保护政策的指导下，降低了第一产业的比重，第二产业的绿色发展有所加强，它们与天津市蓟州区一同均将第三产业作为今后产业转型的突破口。从各项产业产值来看，当前北京市密云区明长城沿线村庄发展前景最突出，相关7个主要乡镇目前已形成第一产业与第三产业为主的产业格局。密云山区将长城生态环境保护与村庄经济发展结合考虑，沟域经济发展态势良好。天津市蓟州区明长城沿线村庄的产业格局是以第三产业为主导，第一产业为支撑；第二产业受到生态环境保护红线的限制，产值维持在较低水平。下营镇长城旅游资源开发与乡村旅游开发已逐渐成熟，长城景区带来的经济效益正在逐步改善当地民众的生活。河北省张家口市赤城县明长城沿线村庄产业发展以第一产业为主，第二、三产业发展仍处于起步阶段。

第三节　典型村庄产业发展策略

根据本章第一节所讲述的"京津冀明长城沿线旅游产业发展（GT）"，我们发现其与"距长城的距离"这一变量有着明显的相关性，也就是说，当相关性系数R^2越接近1，那么"京津冀明长城沿线区域带动发展的可能性"与"距长城的距离"的相关性越强，且一般认为超过0.8的模型拟合优势度是比较高的（表7-3，图7-16）。根据第一节得出的京津冀4个拟选村落区域，在其中选择受京津冀明长城沿线区域辐射强度不同的典型村落，进行村庄产业发展情况差异的研究。其中北京古北口村、天津蓟州区黄崖关村距长城距离较近，历史遗存丰富，民俗旅游等第三产业为村庄注入源源不断的活力。北京市北甸子村及河北赤城县独石口村距长城距离较远，基础设施尚不完备，村庄产业重心为依托自然资源，以开发特色农产品为主。

为了研究长城沿线不同区位村庄发展的可能性，依据数值的代表性，选取古北口镇古北口村（GT=0.783）、北甸子村（GT=0.224）、天津蓟州区黄崖关村（GT=0.783）和河北赤城县独石口村（GT=0.411）4座村庄作为典型案例，进行京津冀明长城沿线区域辐射范围内村庄发展策略的研判。

表7-3　长城沿线村庄发展可能性研究典型村庄选择

村名	距长城的距离 / km	京津冀明长城沿线旅游产业发展（GT）
古北口村	0.08	0.783
马场村	4.60	0.204
白马关村	0.10	0.646
北甸子村	1.30	0.224
令公村	3.20	0.355
黄峪口村	0.90	0.638
王庄村	0.60	0.439
红光村	11.60	0.054
黄崖关村	0.30	0.783
独石口村	4.00	0.411

数据来源：根据专家打分表计算。

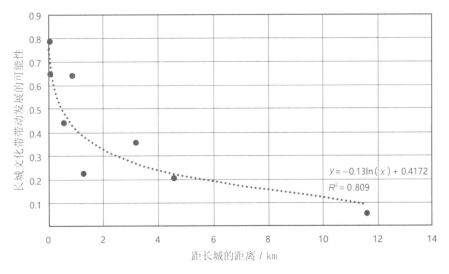

图7-16　典型村庄中长城沿线区域带动发展可能性与长城距离的关系
图片来源：作者自绘

一、北京密云区古北口镇古北口村

北京密云区古北口镇古北口村属于"遗产-生态"双富集村镇扩展类沟域（见第三章"遗产-生态-经济多维度耦合的核心沟域类型划分"），以保护现有村落、挖掘文化资源提高旅游特色优势为村庄产业发展的主导路径。

根据古北口村长城文旅产业发展指数，古北口村受到京津冀明长城沿线区域辐射强度在10个典型村庄中排名第一，其详细长城文旅产业发展指数如表7-4所示，除长城文化带辐射强度外，村内居民可支配收入也较优。古北口村坐落于群山环抱之中，自然环境优美，拥有独具特色的村落山水。此外，其还拥有极其优越的地理区位优势和极其丰富的历史文化遗存。村庄因经历过洪水并进行了灾后重建，所以现状建筑较新。现村内共有民俗户130户，经营民俗户人员达236人，村内41%的农户从事旅游产业。村内村委班子与民俗旅游合作社将村庄旅游产业运营得很好，许多村民的就业问题得以解决（表7-4）。

表7-4　古北口村长城文旅产业发展指数

村庄名称	空间区位影响因子（SL）	交通区位影响因子（TL）	长城旅游项目占比（PR）	历史遗存丰富度（RH）	长城文化带辐射强度（GT）	外出就业劳动力占比（RG）	耕地和山地的比例（SS）	农村人均（内生型）可支配收入（NI）
古北口村	0.570	0.626	0.900	1	0.783	0.750	0.013	0.526

数据来源：根据专家打分表计算。

由外部条件可知，古北口镇作为万里长城上著名的关塞之一，位于密云区东北部，京通铁路斜贯镇域西北部，设有古北口站。G101横穿镇区，镇内四条公路直达所有村庄，京承高速在镇域穿过。便捷通达的区域交通为古北口镇的进一步发展提供了非常有利的条件。

古北口村的山水形态优美，独具特色。东有蟠龙山，西有卧虎山，山势险峻，崖壁陡立，两山紧锁潮河，北承燕山山脉，南接青峰岭、叠翠岭，山壑中古树参天，林深泉清，形成"四面环山，一水中流"的独特环境。村落依山而建，背山面水，呈现"七分山、两分田、一分水"的地理特征。村落布局顺应地势灵动多变，整体空间格局根据地形等自然条件的约束以自下而上的方式形成，建筑组团之间的空间比较自由，步移景异。

古北口村的历史环境要素包括古桥、古树、纪念碑、古墓、古城关、古城遗址、古街道、古河道、水井等。历史环境要素应当整体保护，关注保护其使用和延续状况，改善其周边的环境等。具体包括：①位于古北口村东山山头的三棵挂牌古树；②位于李家大院前的三眼井；③位于古北口村中横街前的古石桥；④潮河、小清河；⑤古御道、南横街、中横街、北横街、庙宇一条街、西胡同等古街道。古北口村历史环境要素保存状况均较好。

从内部条件看，古北口村的经济发展主要依靠旅游业。村子依托古北口镇丰富的历史文化旅游资源，积极发展文化旅游产业，并带动了全村经济收入的增长。2014年全村经济总收入4370万元，农民人均劳动所得17 635元。

由于古北口村是市级民俗旅游村，折扇是当地人的手工产品，2021年村集体从外地购来扇面、扇骨，邀请名画家作画，9月27日开街后销量很好。另外，灯笼制作等手工艺还有一定生产。古北口的传统特色小吃随着村内民俗旅游的发展也得到发展。

土地利用现状，古北口镇地处深山区，村中大部分地势较为平坦，有少量台地。村庄西侧有潮河，冲积形成的河谷作为居民居住、耕作的土地。村内有小清河穿过，水资源较丰富。山地原始植被类型为温带落叶阔叶林。村落现状市政基础设施配套较为齐全，但缺少燃气和煤改电设施。

古北口村现状，基层组织中存在民俗旅游发展合作社，协助村庄乡村旅游的发展。村庄合作社运营情况如图7-17所示。

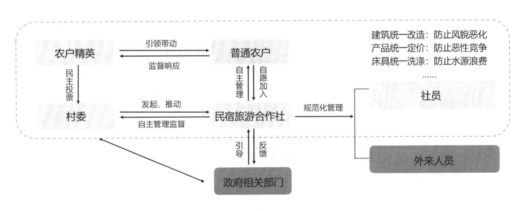

图7-17 古北口村合作社运营现状
图片来源：作者自绘

村庄现状，在基层组织的运作中也存在下列问题：①政府、村委、合作社、企业与农户是环环相扣的关系，某一方运营不当将会导致村庄运营的恶性循环，不利于村庄的长远发展；②京津冀明长城沿线区域内乡村旅游发展前期较为依赖政府投资；③各利益主体间不存在利益交叉，不利于基层组织运作中多元主体的协同发展。

综上，我们对古北口村产业发展提出以下策略。

（1）整合交通区位优势＋自然环境资源＋历史文化遗存的综合资源。

加大对旅游资源的深层次开发，提升旅游产业服务质量。深入挖掘古北口特色文化，避免同质竞争。同时应该提升旅游产品的层次和多元化，在观光游览的基础上，提高旅游者的参与性和文化体验性，增强古北口旅游的区域影响力。最终打造成为集文物欣赏、研学考察、休闲旅游、养生养老等多功能于一体的传统村落。

（2）提高基层组织运作水平。

明晰各相关主体职责分工。一般情况下，区政府和镇政府会负责规划和基础设施建设，进行生态环境保护。市场部门会寻找商机进行多方合作，通过包装运营景点获利或者接收农民的生产、生活资料进行整体盘活。旅行社也会组织客源，设置完善的旅游线路来发展比较适合组团的旅游景点。村民的合作社也会作为基层组织，加入整个市场的运营中，来组织农民生产旅游产品，切实代表着村民的利益。"而农户的直接参与则可以较好地发挥他们的积极性和各自的特长"（王晓姣 等，2018）。

优化各主体间的利益关系。利益相关者之间的关系不是凝固的，而是动态的（胡文海，2008）。通过旅游公司聚焦旅游核心吸引物，为各利益相关者构建共同的目标，并以此为纽带建立起相关主体间紧密的联系，以便于协调工作，提高村庄整体竞争力；积极发挥各方主体的能动性，使乡村旅游发展在设计、开发、服务、管理、宣传等阶段均有主导主体负责，是在多主体参与下共同协调完成的（图7-18）。

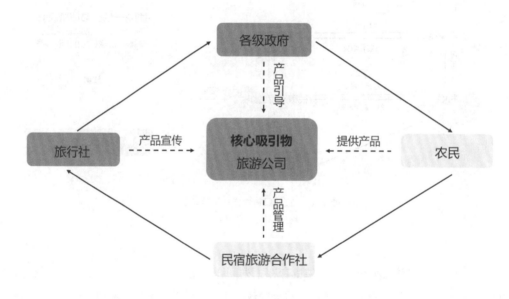

图7-18 利益相关者的关系

图片来源：作者自绘

二、北京密云区古北口镇北甸子村

古北口镇北甸子村属于"遗产–生态"双富集发展不足类沟域（见第三章"遗产–生态–经济多维度耦合的核心沟域类型划分"），以挖掘自身民俗文化价值，整合利用周边资源，增强文化旅游经济的带动作用为村庄产业发展的一般路径。

根据北甸子村长城文旅产业发展指数（表7-5），北甸子村受到京津冀明长城沿线区域辐射强度，在10个典型村庄中排名倒数第三。该村庄不属于京津冀明长城沿线区域核心区范围内，交通区位也在10个村中不占优势。北甸子村未发现历史遗存，受到京津冀明长城沿线区域的辐射弱。基本农田位于村庄周边，用地面积约132hm²。北甸子主村位于村域中部，潮河北岸，距潮河约500m。河道两侧各50～200m内禁止新建、扩建与水工无关的项目。北甸子村的整个村域范围属于北京市地表水三级保护区，经济发展与生态环境保护存在一定的矛盾。

表7-5　北甸子村长城文旅产业发展指数表

村庄名称	空间区位影响因子（SL）	交通区位影响因子（TL）	长城旅游项目占比（PR）	历史遗存丰富度（RH）	长城文化带辐射强度（GT）	外出就业劳动力占比（RG）	耕地和山地的比例（SS）	农村人均（内生型）可支配收入（NI）
北甸子村	0.339	0.271	0.300	0.0	0.224	0.400	0.227	0.487

数据来源：根据专家打分表计算。

对北甸子村旅游产业发展影响因素可以从外部和内部两个方面加以研判。从外部条件看，北甸子村位于北京市密云区东北部古北口镇西部，属于潮河沟域范畴。村域范围下辖盆窑、申家沟、西庄、下湾子4个自然村，总面积约为842hm²。北甸子村东与汤河村相邻，北与河东村毗连，西北角与杨庄子村相接，南与北台村相连，西南部与密云区高岭乡接壤。村委会位于北甸子主村中部，村子距离古北口镇区直线距离3.5km，车行距离4.5km，距密云城区直线距离42km，车行距离47km，距北京市中心直线距离106km，车行距离122km。

从内部条件看，农业是该村经济主导产业。在101国道以南，潮河以北主要为玉米种植区。101国道以北，围绕村庄为果园，主要种植有春蜜桃，村庄东部为北京窑前地，种植专业合作社以水蜜桃及樱桃种植为主，并代销村庄的果实。在101国道两侧分布的暖气片厂和衬衫厂先后于2008年和2011年停产。北甸子村目前农林产业类型丰富，无明确发展方向，产业规模较小且产业间缺乏互动联结，未形成产业链，缺乏系统性和配套提升，尤其与农业观光结合的衍生产品及产业的开发比较欠缺。

特色资源有林下"三宝"与野生中草药。北甸子村山上除林下"三宝"外，山上长有柴胡、酸枣仁、黄芩、槐米、丹参、枸杞、知母、远志、百合、葛根、穿地龙等野生中草药。现村庄有民俗户12户。

土地利用方面，现状村庄建设用地总量约20.79hm²，围绕疏解整治促提升的总体要求，确保村民住宅用地不减少，主要腾退村庄建设用地范围内的超标的活动场地和村民住宅边角空闲地，结合村庄整体发展需求，统筹相关资源发展公共服务事业及村庄产业。规划后村庄建设用地总量约20.36hm²，减量0.43hm²。

根据以上现状分析，我们对北甸子村产业发展提出以下策略：

1. 充分利用交通区位优势发展乡村相关文化产业

农业大地景观美化。通过以农作物为画布，展开丰富的想象力，通过使用不同品种的农作物，既收获果实又能形成创意大地景观，吸引游客。

特色农产品。发展绿色有机农产品、反季节蔬菜水果、桃子等农产品的观光、采摘等活动，与城区企业展开合作，形成乡村企业拓展基地。

精品民宿。修缮空置的老宅，扩大提升农宅合作社规模和品质，提高民宿改造设计和配套服务水平，丰富村内民宿特色。结合当地民俗文化，打造"一院一主题、一房一文化"的庭院文化，使栋栋房屋、处处院落无不体现村子浓郁的乡土民俗文化，以外朴内雅的民宿满足都市人的需求。

村文化中心。村史馆、书画室、图书室等史馆展示农村生产生活用具（可以是村民自愿捐赠的老物件），设置文化墙，采用图文介绍北甸子村的历史、始迁祖、对村庄有贡献的人物及其他具有旅游价值的历史环境要素。

村产业中心。村庄设置展示、交流窗口和农产品对外销售平台；建立村民技术培训中心（菜品、种植技术等）、电视教学、药材培育、药膳研发、新品种的推广基地等。

2. 加强村子与长城遗产历史与文化的内涵挖掘

对村域内所涉及的长城文化进行了深入研究后，我们将其分为物质类（北甸子村内无相应的物质类遗迹）与非物质类。

长城的防御文化。长城的建设动因正是基于战争中的攻防关系。建设在崇山峻岭之上的长城墙体在作战防御体系中并不是孤立、单一的物体，而是与人、物、空间等共同构成的防御体系，长城辐射范围内的村庄在防御体系中成为战争中的缓冲地带。从作战功能来看，对于这些村庄的缓冲意义在于"从攻者角度看，能攻则攻，不能攻则退之；守者亦如此，能守则守，不能守亦可退之，以利再战"。从历史上看，长城周边区域在战火不断的时期，采取自我完善、学习耕作、和平共处等文明举措，以便支撑紧邻长城的作战区域日常补给等的正常进行。

长城的农耕文化。从更深的历史原因来探究长城的建设背景，长城也是中原农耕文明与北方外来游牧文明的分界线。中原王朝自古以来都依靠平缓的地势与温和的气候，在有利的自然环境基础上发展成小农经济为主的农业文明，而土地就是农业文明得以稳定发展的经济基础。

长城的商贸文化。长城以南，农耕文明得以发展的同时，经济态势稳定，社会进步的过程中就会衍生出多余的交换物。而长城以北的游牧文明,经济产品单一,自然环境恶劣,自然而然地催化了双方进行生产生活的物资交换,从而促进了手工业与商业的发展。在战争之余,长城两侧的交战双方为休养生息,稳定局势,尝试在一定程度上进行和平共处、互开商市等文明举措,物质资源丰富的农耕文明往往在商贸过程中扮演买方。

引入文化阐释概念,分级讲解长城文化。分级对文化进行阐释,长城本体及其防御功能为初级阐释的内容;进阶内容包括长城对农耕文化的保护功能及农耕的发展历程;高阶阐释则涵盖农耕文化蓬勃发展后衍生的相关文化,例如商贸文化、驿站文化等,并在此基础上预测该村长城文旅产业发展情况(表7-6)。

表7-6 规划后北甸子村长城文旅产业发展指数

村庄名称	空间区位影响因子(SL)	交通区位影响因子(TL)	长城旅游项目占比(PR)	历史遗存丰富度(RH)	长城文化带辐射强度(GT)	外出就业劳动力占比(RG)	耕地和山地的比例(SS)	农村人均可支配收入(NI)
北甸子村	0.339	0.271	0.57	0.0	0.285	0.516	0.227	0.428

数据来源:作者自制。

三、天津蓟州区下营镇黄崖关村

黄崖关村位于天津市蓟州区的北部山区,黄崖关长城脚下,最初是守关军士及其家属居住之地,后逐渐演变成居住村落。该村所在地区并不属于"生态–遗产"耦合的核心沟域区段。

2001年,黄崖关长城风景区被评为4A级景区,黄崖关村凭借着地理位置优势及乡村民俗文化资源,开始大力发展农家旅游业。2011年全村人均收入达到1.2万元。村内自然景色优美,交通便捷,建筑组团之间布局和谐,旅游资源优势明显。但村庄建设缺乏规划引导,新建筑的建筑风格失去原村落民俗特色,与景区风貌严重脱节。旅游业发展以个体经营为主,各农家小院之间发展不平衡,存在管理失调的问题,景区游客的旅游体验有待提升。根据长城文旅产业发展指数,其受到京津冀明长城沿线区域辐射强度为0.481,属于京津冀明长城沿线核心区范围内(表7-7)。

从外部条件看黄崖关村所在的下营镇位于天津蓟州区最北部山区,西与北京市平谷区相邻,北、东两侧与河北省兴隆县、遵化市毗邻,南侧分别与蓟州区罗庄镇、穿芳峪镇、马伸镇及孙各庄四镇接壤。镇区内有3条跨省市长途交通路线,可直达北京、天津、河北境内。镇域周边30km范围内,有盘山、金海湖、大溶洞、清东陵等景区景点十多处。

表7-7　黄崖关村长城文旅产业发展指数表

村庄名称	空间区位影响因子（SL）	交通区位影响因子（TL）	长城旅游项目占比（PR）	历史遗存丰富度（RH）	长城文化带辐射强度（GT）	外出就业劳动力占比（RG）	耕地和山地的比例（SS）	农村人均（内生型）可支配收入（NI）
黄崖关村	0.570	0.626	0.900	1.0	0.783	0.650	0.092	0.481

数据来源：根据专家打分表计算。

黄崖关村为下营镇四个中心村之一，毗邻津围公路，村内有三级公路长城路穿过及两条村镇道路。四条道路将黄崖关村四周围合，村庄交通便捷。该村旅游资源丰富，北有黄崖关长城旅游区，西临白蛇谷自然风景区。由于所处位置较为偏僻，村庄内留存的民俗文化、农业文化及长城文化较为丰富，具有一定的开发价值。

黄崖关村北面、东面、西面被群山环抱，泃河南北穿过。村庄凭山靠水而建，在泃河两侧，呈狭长平面分布。北面建筑组团地处平地，分布较为均整，南面和东面建筑组团呈点状布局，星星点点地洒落在山间河畔，自然景色优美。东边的建筑组团依据着地形高度差，与泃河西侧的长城相望。

黄崖关村的历史环境要素与长城有着密切的关系，主要包括长城城墙、长城关城、楼台、敌楼、烽火台等。这些遗存均在村北部的黄崖关长城风景区中。古长城始建于北齐年间，隋朝、明朝、清朝曾重修和增建。20世纪80年代，天津市主要修复了黄崖关长城和关城，修复后内部格局变化较大，城街及街巷格局等与原状不符。黄崖关长城有刀把形平面的关城一座，处于泃河河谷地带，关城内有提调公署、玄武庙、八卦街等文物遗存，是天津市级文物保护单位。寨堡内现存角楼、马道、水井、居住址等。黄崖关村历史环境要素保存状况较好，且部分地段旅游开发条件成熟，已形成历史文化和旅游度假风景区（表7-8）。

表7-8　黄崖关长城历史环境要素总表

要素	数量或长度	现状
古城墙墙体	3477.63m	保存较好段占总长92%
敌楼	20台	保存较好
长城关城	3.8万㎡	保存较好
正关楼	1处	保存较好
寨堡	1处	保存较好

来源：作者自制。

从内部条件看，村庄发展以第三产业旅游业为主，村内大部分居民的就业问题得到了解决。第一产业及第三产业的联动发展也为当地居民提供了产业创新的新思路。

村内的旅游产品包括蜜梨、酸枣、苹果、梨等水果。因村庄地处山区，光照充足，水果品质口感好，产量较多，由此类水果加工生产的干果也受到旅客的欢迎。

当地的民宿发展势头良好，黄崖关长城景区南侧的村民住房改建作民宿及餐饮服务的居多，但改建方式较为单一，大多失去其原本的民居特色。餐饮供应以北方传统农家菜为主，大众菜为辅，偶尔供应农家野菜，朴实生态。

在土地利用方面，黄崖关村处于深山区，三面被山环抱，一水南北中流，村中部分地势较为平坦。村内有沟河穿过，水资源较丰富。村庄中部沟河冲积形成的河谷作为居民居住、耕作的土地。村北侧建筑较为密集，南侧耕地围绕建筑布局。

黄崖关村村内存在"一户多宅"，大部分宅基地处于半空闲状态，村民对于自愿有偿退出宅基地的政策响应度不足，土地总体利用率较低。针对这种情况，村内基层组织中已出现旅游公司规划协同乡村发展的模式，具体运营情况如图7-19所示。

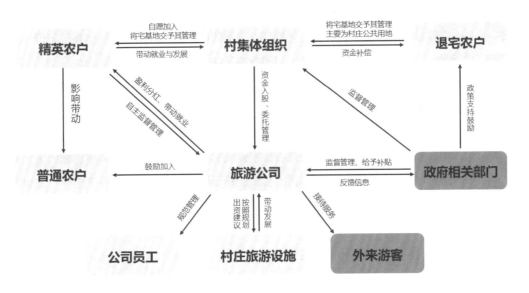

图7-19　黄崖关村旅游公司合作现状

图片来源：作者自绘

在目前旅游公司的现状运营中，存在如下问题。①大多数农户并未选择与旅游公司合作，处于个体发展状态，导致当地农家院发展风格粗放，村庄内部分公共空间被挤压，建筑风貌较差。②旅游公司对政府补贴资金的依赖较强，对于财政收入贡献不足，制约了村财政的发展。黄崖关村产业发展策略可归纳为以下两个方面。

1. 长城文化特色应与其自然资源协调发展

黄崖关村的发展应结合黄崖关长城风景旅游区的基础设施建设，依托其交通、食宿等基础设施的开发，便利其公共服务设施与条件，优化村落中的交通路网建设及公共活动空间建设。村庄地处山地，地形高差较大，形成了良好的观景视线廊道，建设过程中应避免过度开发，保护其地理自然环境及历史格局。在保护生态环境下，将遗产保护与旅游经济开发相结合，并联系周边村落，结合规划政策，建立一个整体协调的农家旅游服务体系。

在大力发展乡村建设的同时，要考虑到村落民俗文化与长城文化的整体性。黄崖关村因长城而生，长城在今后也依然是村落发展的动力之源。在发展过程中，不能一味地强调村落的农业休闲性，而应该因地制宜，挖掘出与长城息息相关的民俗文化，并进行开发与利用，形成具有黄崖关长城特色文化的符号村落。

2. 基层组织合作

针对黄崖关村村内存在的"一户多宅"的情况，基层组织应该以综合提升村庄土地利用率为目的，切身考虑农户的利益，探索试验多种模式与方法，尽量做到盘活利用村庄空闲宅基地，以增强村庄活力，提升村民生活水平。要吸引更多的个体农户参与旅游公司协同发展中来，对个体经营的农家院实行规范化管理，遵循政府规划部门编制的民宿规范与设计导则等文件标准，避免占用村内公共区域，与同行恶意竞价等行为出现。

目前黄崖关村山区的乡村旅游业旺淡季明显，旅游公司及个体经营农家院发展模式较为单一，特色旅游产品尚不丰富。各利益主体之间应有更多沟通，明确核心诉求与发展过程中的责任担当，上下协作，将村内的特色文化与产业相结合，形成村庄产业的核心竞争力。在发展过程中，要提高村民的全局规划意识，强调长期利益，重视村庄的基础设施优化，并引导更多农户参与发展，以先富带动后富。优质的基础设施建设也能促进村庄进一步发展，最终实现村庄产业发展振兴的正循环。

四、河北赤城县独石口镇独石口村

河北赤城县独石口镇独石口村属于"遗产-生态"一般发展不足类沟域（见第三章"遗产-生态-经济多维度耦合的核心沟域类型划分"），以挖掘与整合现有自然和人文资源，加强沟域经济建设为村庄产业发展的主导路径。

根据独石口村长城文旅产业发展指数，独石口村受到京津冀明长城沿线区域辐射强度为0.411，相关契合度较低。独石口村是望云古道上的主要节点和综合服务区，地理位置优越。现存有原古关城部分城墙、城门，轮廓清晰完整，还有古石碑、古树和古庙等，历史遗存资源丰富。尤其是独石口长城壮观而沧桑，深受摄影家和驴友的喜爱。村庄位于三川交汇之处，依地势而建，扼守两川，自然环境优美，是典型的山水村落。村庄虽拥有较为丰富的旅游资源，但因为缺少资金的投入、旅游资源的整合差、劳动力缺乏，村庄的旅游产业处于起步状态。目前张家口市政府正在招商引资，建设张家口市赤城县独石口边关小镇旅游开发项目，希望依托现有的旅游资源，带动当地的文化旅游等产业发展，增加村民收入（表7-9）。

表7-9　独石口村长城文旅产业发展指数

村庄名称	空间区位影响因子（SL）	交通区位影响因子（TL）	长城旅游项目占比（PR）	历史遗存丰富度（RH）	长城文化带辐射强度（GT）	外出就业劳动力占比（RG）	耕地和山地的比例（SS）	农村人均（内生型）可支配收入（NI）
独石口村	0.339	0.271	0.400	0.600	0.411	0.800	0.600	0.739

数据来源：根据专家打分表计算。

影响独石口村文化旅游产业发展的因素包括以下几方面。

从外部交通与区位条件看，独石口镇是外长城南北的交通要口，在历史上长期为军事重镇，是北京通往坝上草原的一个依然保留历史沧桑感的古城，其位于赤城县西北部，村域总面积约为1130hm²，东邻沽源县丰源店乡，南邻云州乡，西靠马营乡，北与沽源县接壤，距赤城县人民政府45km，独石口镇境内有省道S241宝平线贯通南北。

独石口村因南卧有孤根"独石"，北通险绝"隘口"二者合得其名。独石口村在古堡内，城墙轮廓依稀可见，地理位置相当重要，所处区位相当符合中国传统的风水观，它背靠蜘蛛山，城东有青龙河，城西为黄龙河，两河交汇于城南靠近独石的地方，民间称之为"二龙戏珠"。村庄依地势而建，扼守两川，有"八山一水一分田"之称。

独石口村位于"沽水通道"，是赤城历史文化最富集、最具代表性的区域，这里也是北方游牧文明与中原农耕文明冲突和交融的地带（冀北山地与坝上草原的交界线）。望云古道上的关城——独石口古城在其文明交流中举足轻重，古城有"绝塞之要地，九边之要冲，上谷之咽喉，京师之右臂""先有独石口后有张家口"的称誉。

从村庄内部条件看，该村经济发展目前主要依靠第一产业和外出务工，村的发展定位是特色农产品区，经济总收入1837万元，农民人均纯收入7100元（2010年）。目前市政府正在筹建的独石口边关小镇旅游开发项目，建设地点就位于独石口镇，规划面积6km²。项目主要包括古城墙修复、主街道综合改建，建设以军事文化为主题的休闲设施和游乐场所。项目希望以古街形式再现古镇昔日之繁华，使镇上形成以古街为主轴，多节点散布，集古镇观光、购物休闲和旅游住宿于一体的综合性场所。项目建成后，可带动其文化旅游等产业发展，增加村民收入与就业。该村的特产丰富，主要有赤城松蘑、赤城野山榛、山野菜、错季蔬菜、龙门所豆腐干、独石口糖枣等。民间艺术品包括剪纸、泥塑、木雕、蛋雕、麦秸画等非物质文化遗产。

在土地利用方面，独石口村地处冀北深山区，但村庄坐落于河流冲积的平坦地带，水资源较丰富。耕地796亩[①]，林地4942亩，山地原始植被类型为温带落叶阔叶林。

独石口村产业发展策略可凝练为以下几个方面。

1. 加大对村庄旅游基础设施和公共服务设施投资建设力度

提升旅游环境，优化特产供给。发挥自然生态环境和历史文化优势，整合村庄周边的旅游资源，加大资金投入，引进专业人才，加强旅游管理，促进旅游业持续健康快速发展；依托历史悠久的外长城南北交通要道，打造以文化体验、民俗体验、农业观光、生态旅游为主导的生态文旅发展村庄。

2. 融入周边旅游资源，实现区域联动

依托县政府规划发展方向，恢复望云古道连接坝上坝下的历史地位，以望云古道串联、整合沿途旅游资源，使之成为独具文化魅力和自然大美的著名古道，成为连接坝上坝下、"一号景观大道"——草原天路的旅游热线（望云古道是赤城历史文化的密集区，是历史上军事、商贸交通的"热线"，这条热线贯穿了长城、独石口、云州水库、舍身崖、护国寺、金阁山、望云古城等历史文化遗存，以及具有独特地貌景观的冰山梁）。独石口村应该借此机会，依托丰富的历史文化和自然环境资源，大力发展乡村特色旅游业，在做大过境客流的同时，再在"留客"上做文章，通过美景、美食和良好的住宿环境使客人停下来、留下来，并逐步成为周边旅游的集散地、目的地。

3. 创立特色农业品牌，延展产业链

重点发展设施蔬菜、食用菌、林果业及特色养殖业，进一步创立特色农业品牌，做到有一定的知名度。特色农产品中大力发展赤城县当地特有的农产品，大力发展错季蔬菜水果并建立产业优势，真正做到"人无我有，人有我优"，科学制定农产品产业发展规划，打造全产业链条，通过政府的引导，坚持市场主导，做大做强独石口村庄现代特色农业。依托特色农产品，发展出农产品观光、采摘等相关活动，可以举办相关的采摘节来进一步提高独石口村特色产品的传播力和影响力。根据农业供给侧结构性改革要求，优化种植产业结构，积极发展多元化的经营模式，如节水农业、绿色农业、生态农业、优质高效农业等。

---

① 1亩≈666.67m²。

京津冀明长城沿线的村庄分布较广，各村庄依托自身特点形成独特的产业发展路径，但从一般产业结构发展态势上来看，村庄产业发展情况具有相似的特点，基本处在降低第一产业，大力发展第二、三产业的阶段。由于各级政府对于乡村的环境和风貌管理比以往更加重视，正持续降低低效高耗能的原有第一、二产业占比，并且正在积极寻求村落间的相互合作和协调发展。当前村落的第三产业增值以旅游为主要推动点，依托区位优势，借助长城文化，扶持了一批以旅游、乡村观光类旅游为主要村庄产业发展支柱的明长城沿线村庄。

依托前文中基于村落生态资源本底的分析研究和长城沿线的沟域产业发展研究，立足于以空间基底为承载的产业经济发展底线思想，以村庄遗产–生态–经济多维度耦合的京津冀长城沿线核心沟域划分为依托，在选取典型研究村落时，不但基于本书研究目的选取与长城距离不同的村庄，还需要考虑涵盖多类"遗产–生态"聚集状态的沟域，并注重核心沟域和非核心沟域的选取，综合性地研究村庄产业发展路径。

选取北京市密云区古北口村、北甸子村，天津市蓟州区黄崖关村、河北省赤城县独石口村作为典型村庄，依据其与长城的距离的明显分异；宏观区域划分下分属不同沟域区域中不同生态、遗产富集状态及经济发展情况的差异性；微观视角下各村在基础设施条件、历史遗存丰富度上存在的较大差异背景。研究了这四个典型村落，探讨了京津冀明长城沿线区域对不同区位村庄发展带动的可能性，并总结出该类村庄的产业发展策略。

根据前文分析中选取的四个典型村落，再按照"京津冀明长城沿线旅游产业发展（GT）"指数所说明的情况进行分析后，得出京津冀明长城沿线区域对古北口村、黄崖村的带动影响可能性最大，独石口村、北甸子村次之。

针对受长城辐射影响程度较高的以古北口村、黄崖关村为代表的长城沿线村庄而言，其普遍具有自然条件优越、交通便利，具有诸多历史环境要素等特点，在依托长城文旅资源扩大其自身村庄优势，提高乡村旅游发展效益，主要可采取以下发展策略。

（1）对乡村自然资源的利用与历史文化资源的发掘。两村在发展旅游产业的同时，注重对自然生态的保护，因为村域环境优美、空间格局灵活是乡村吸引游客、打造口碑的关键所在。在民俗文化资源的保护与发掘方面，古北口村是市级民俗旅游村，民俗户较多，而黄崖关村依托现有的黄崖关长城风景区，成立了长城博物馆，进一步增强其乡村旅游核心竞争力。

（2）积极开拓旅游产品相关赛道。古北口村结合当地民俗文化传统，生产乡村特色文旅产品，包括画家作画后的折扇、手工灯笼、传统小吃等；黄崖关村第一、三产业实现初步联动发展，优质的农产品受到景区旅客的欢迎。

（3）基层组织的运作，优化资源的配置利用，为农户创造更多机遇。通过成立民俗旅游合作社，整合村内的土地、劳动力资源，加强与旅游公司的经济合作，利用企业、农户、政府之间的协调关系，建立资源、信息共享平台，实现三方的合作共赢。

针对受长城辐射影响程度较低的以北甸子村、独石口村为代表的长城沿线村庄而言，其普遍具有交通不便、缺少资金投入、基础设施建设有待加强等发展制约因素。在全域的长城旅游发展背景下，需要先解决村庄内部基础建设问题，再牢牢把握住京津冀一体化协同发展与乡村振兴等发展趋势，在相关规划政策的支持下，陆续描绘出广阔的发展蓝图。积极利用周边旅游资源，推进新型农业产业链建设，化劣势为优势，依托明长城丰富的文化内涵，讲好自己的乡村发展故事。

参考文献

[1] 魏后凯. 如何走好新时代乡村振兴之路[J]. 人民论坛・学术前沿，2018（3）：14–18.

[2] 张季云. 乡村振兴中乡村旅游的重要性：基于法国乡村可持续发展理念[J]. 世界农业，2018（12）：189–192.

[3] 陆林，任以胜，朱道才，等. 乡村旅游引导乡村振兴的研究框架与展望[J]. 地理研究，2019，38（1）：102–118.

[4] 黄震方，陆林，苏勤，等. 新型城镇化背景下的乡村旅游发展：理论反思与困境突破[J]. 地理研究，2015，34（8）：1409–1421.

[5] 郭焕成，韩非. 中国乡村旅游发展综述[J]. 地理科学进展，2010，29（12）：1597–1605.

[6] 李晓莉，杨林美，麦振雄. 乡村旅游可持续发展的动力机制：法国经验与启示[J]. 旅游论坛，2018，11（6）：61–70.

[7] 王晓姣，姚金安. 美国、日本、荷兰第六产业发展路径对中国的启示[J]. 黑龙江畜牧兽医（下半月），2018（1）：37–39.

[8] 胡文海. 基于利益相关者的乡村旅游开发研究：以安徽省池州市为例[J]. 农业经济问题，2008，29（7）：82–86.

[9] 穆松林，刘彦随，刘春腊. 山区沟域经济发展中土地支撑能力评价及其响应途径：北京市密云县的实证分析[J]. 经济地理，2011，31（11）：1880–1885.

[10] 李瑾，孙国兴，韩金博. 推进天津乡村产业振兴的对策建议[J]. 天津农业科学，2019，25（6）：1–5.

[11] 马春梅. 乡村振兴战略中河北省特色小镇产业融合研究[J]. 经济论坛，2018（4）：20–22.

[12] 贺东升，刘军萍，卢宏升，等. 北京市新农村建设中典型村调研的经验与启示[J]. 中国农业资源与区划，2007，28（6）：46–49.

[13] 赵霞，姜利娜. 荷兰发展现代化农业对促进中国农村一二三产业融合的启示[J]. 世界农业，2016（11）：21–24.

[14] 姚丹丽. 以文化与旅游结合促进乡村旅游发展的思考[J]. 农业经济，2015（8）：41–43.

[15] 李梅，苗润莲. 北京乡村文化资源保护与开发模式研究 [J]. 湖北农业科学，2016，55（14）：3775–3778.

[16] 王飞，石晓冬，郑皓，等. 回答一个核心问题，把握十个关系：《北京城市总体规划（2016年—2035年）》的转型探索[J]. 城市规划，2017，41（11）：9–16,32.

[17] 汤羽扬，蔡超，刘昭祎. 北京市长城文化带保护发展规划编制回顾[C]//万里长城：庆祝中华人民共和国成立70周年论文集. 北京中国长城学会，2019：6.

[18] 张书颖，刘家明，朱鹤，等. 线性文化遗产的特征及其对旅游利用模式的影响：基于《世界遗产名录》的统计分析[J]. 中国生态旅游，2021，11（2）：203–216.

[19] 保继刚. 旅游资源定量评价初探[J]. 干旱区地理，1988，11（3）：330–336.

[20] 任唤麟. 跨区域线性文化遗产类旅游资源价值评价：以长安–天山廊道路网中国段为例[J]. 地理科学，2017，37（10）：1560–1568.

[21] 黄震方，张圆刚，贾文通，等. 中国乡村旅游研究历程与新时代发展趋向[J]. 自然资源学报，2021，36（10）：2615–2633.

[22] 张琳. 乡土文化传承与现代乡村旅游发展耦合机制研究[J]. 南方建筑，2016（4）：15–19.

[23] 王云才，郭焕成，杨丽. 北京市郊区传统村落价值评价及可持续利用模式探讨：以北京市门头沟区传统村落的调查研究为例[J]. 地理科学，2006（6）：735–742.

[24] 梁育填. 北京山区乡村主导产业选择与培育研究[D]. 北京：首都师范大学，2008.

[25] 刘春腊，张义丰，曹俊，等. 山区沟域经济发展的空间结构GIS分析：以北京市门头沟区为例[J]. 地球信息科学学报，2011，13（2）：189–197.

[26] 王丽红. 首都山区村推进乡村振兴的路径思考：基于北京延庆典型村的调查[J]. 农村经营管理，2018，189（11）：23–25.

[27] 蔡蓓蕾，王茂军. 大都市区旅游山村聚落空间演化及驱动因素研究：基于北京莲花池村的院落尺度分析[J]. 小城镇建设，2022，40（9）：62–69.

[28] 李素恒，李孟波. 县域农村产业发展规划研究：以河北省张家口市宣化区为例[J]. 邢台学院学报，2012，27（4）：79–81.

[29] 宗静涛，吴永华. 扶贫视角下河北太行山区村庄空间整合模式研究[J]. 江西建材，2016，187（10）：19–21.

[30] 李叶妍. 农家乐旅游与经济增长的关系分析：以天津市蓟县为例[J]. 农村经济，2010，333（7）：71–73.

[31] 胡宇橙，杨盼星. 京津冀山区型县域全域旅游发展研究：以天津市蓟州区为例[J]. 城市，2018，225（12）：18–25.

[32] 王庆生，贺子轩. 基于层次分析法的天津市乡村旅游资源可持续发展评价及对策[J]. 天津商业大学学报，2021，41（4）：45–51.

[33] 刘玉玲，张润清，韩玥泉，等. 基于层次分析法的河北省乡村旅游业发展量化评价[J]. 经济论坛，2014，524（3）：56–59.

[34] 汪芳，郝小斐. 基于层次分析法的乡村旅游地社区参与状况评价：以北京市平谷区黄松峪乡雕窝村为例[J]. 旅游学刊，2008，144（8）：52–57.

第八章 基于数字孪生技术的长城聚落遗产保护利用

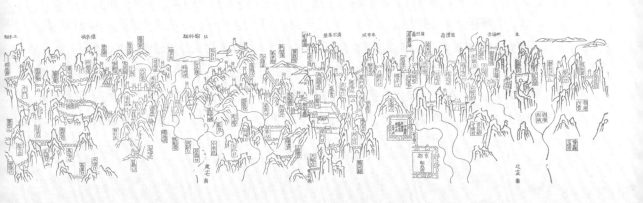

　　基于前文对京津冀明长城沿线区域整体保护与可持续发展的研究，本书以聚落为核心，结合历史地理军防空间体系，从沟域视角系统性提出了京津冀长城沿线"遗产-生态"耦合的保护及发展策略。为了进一步实现可持续目标，应对近年来技术发展的要求，我们对沿线区域整体性保护工作中数字孪生技术的应用展开了相应的研究。新时代对"天-空-地"一体化的遥感监测技术已经取得长足发展，能够支持多要素、多尺度、多时相的动态监测。地理信息系统技术的发展为海量地学数据的组织、展示和分析提供了全新的思路和方式，已逐步推广并应用至遗产保护、生态监测和产业发展评估等诸多领域，全方位助力可持续发展。本章针对京津冀明长城沿线区域，特别是长城聚落遗产监测上存在的问题和需求，在"天-空-地"多源遥感数据支持的基础上，引入"数字孪生"技术，研发了"数字孪生长城"动态监测架构和应用平台。本章将聚焦遗产保护、生态监测和产业评估的多维度应用主题，在区域、沟域及聚落的多尺度场景上，对相关技术在京津冀明长城的应用进展开展论述，讨论以数字孪生技术为代表的新型遥感技术在保护长城及其沿线聚落遗产、修复长城生态、健全管理机制方面的实际作用与价值。

第一节　长城聚落遗产数字孪生需求与技术体系构建

一、长城聚落遗产的现状问题与数字孪生技术需求和研究进展

　　从前面各章分析可知，一方面，京津冀明长城沿线区域聚落遗产资源丰富、生态环境脆弱、经济社会发展水平相对落后，对其开展综合研究对于区域内的遗产保护、生态保护及区域整体的可持续发展具有重大现实意义。另一方面，国家文化公园建设的重大战略对长城这种超大型线性遗产所在区域的综合发展研究提出新的要求。这些超大型线性遗产区域，均是由文化遗产、生态环境、产业经济构成的复杂系统，常常面临保护与发展的复杂问题与多重挑战；其涉及的数据量巨大、数据类型众多、数据间关联性强。因此，对聚落遗产保护与

可持续发展的综合研判，需要遥感、大数据、数字孪生等新技术的支撑与引领。

随着我国对地观测技术的飞速发展，"天-空-地"一体化的遥感监测技术已经能够支持对长城沿线的多尺度动态监测，其不但能覆盖沿线全域，以系统化的方式采集丰富的地表信息，提供多时相、可持续、高精度的时空数据，而且还可以快速发现米-分米-厘米不同尺度的城体变化、周边地形地貌的变化甚至地质灾害隐患。相较于传统的信息获取与分析方法，以遥感的视角解读与展示长城沿线区域，具有视角尺度大、跨度大、数据源多、数据对象多等优势，并且可以灵活地支持各种地物分布、关联关系的观察及相关分析与计算。

在长城体变形监测和健康状况评估（Chen 等，2021；Xu 等，2021）、长城沿线区域生态环境监测（Zhu 等，2007；高小红 等，2005；米朝娟 等，2022）、产业监测和承载力评估（Yuxi 等，2022；邓木子 然，2021；苗红 等，2014；吴凯彬 等，2022）等方面已取得成效，但尚未形成针对京津冀明长城及沿线区域村落遗产-生态-产业的持续性、系统性监测。此外，在丰富的遥感数据的支撑下，软件技术的突破和发展使遥感技术在遗产保护领域的应用方向已经涉及研究、管理、保护、监测、展示等方面（Alessandro Ferretti 等，2000；A. Ferretti 等，2001）；但目前对历史文化遗产监测多是基于初级的监测手段，基于遥感的历史文化遗产监测研究仍然不多见（陈述彭 等，2005；江慧，2010）；现有的技术与系统尚不支持对于长城本体及周边环境与人文景观的多维度精细化建模、大数据集成、知识挖掘及时空演变模拟分析。

作为一种充分利用模型、数据、智能计算并集成多学科的技术，数字孪生被定义为以数字化方式创建物理实体的虚拟模型，借助数据模拟物理实体在现实环境中的行为。随着新兴技术的发展，关于数字孪生的应用快速扩展到各个领域。基于模型和数据双驱动，数字孪生不仅在仿真、虚拟验证和可视化等方面体现其应用价值，同时还可针对不同的对象和需求，提供相应的功能与服务。聚焦城市管理决策方向，城市交通、地下管廊和产业园区是现阶段数字孪生技术赋予较大价值的应用领域。目前，数字孪生技术解决了城市复杂驾驶场景下异质交通的控制执行，确保了异质交通流的稳定性；实现了高速公路全过程智能监管（何刚 等，2021）及城市静态交通综合管理（黄鑫 等，2022）。同时，数字孪生理论和方法在地下管廊智慧监控（罗家木 等，2017）和电气管廊沉降监测（顾建军 等，2022）等方面也取得成效，有效降低了城市管廊的安全隐患，建立科学全面的运营策略机制来保障监控设备的精准化管理。在面向工业制造业领域，数字孪生技术助力生产过程的智能决策与控制（张超 等，2022），实现了对水利工程运行管理过程的全生命周期的监管和控制（石焱文 等，2019），提升了水利工程运行管理效率，保障运行安全。从人文角度出发，引入数字孪生技术打造的多领域价值衍生的智慧文旅（赵鸣 等，2019），为旅游产业的高质量发展提供保障，推动了地区经济发展。此外，数字孪生技术正逐步扩展至物质文化遗产保护的数字化实践中，主要可分为两大类：一是直接的文化遗产保护，如三维激光扫描文物测绘留档（卢

继文 等，2016）和文物三维模型虚拟修复（侯妙乐 等，2018）等直接性文物保护；二是旨在通过保护实现文化遗产的可持续性利用的目标导向型研究，如长城文化遗产数字化保护（张智 等，2021）及博物馆文物数字化管理（崔莉，2020）后衍生的虚拟参观，这些研究进一步通过AR/VR技术和全息投影技术为文化遗产提供了三维的展示形式。上述工作一方面使文物鲜活起来，另一方面也避免了游客触碰文物本身，从根本上推进了文化遗产体系的有效保护与永续利用。然而，现阶段文物遗产保护相关研究工作大都停留在文物遗产三维重建后的粗粒度应用，缺少对其进行多层次精细化管理与深层次的拓展服务。

京津冀明长城作为我国超大型线性遗产所在区域的代表，是文化遗产、生态环境、产业经济耦合的复杂系统。沿线区域具有聚落遗产资源丰富、生态环境脆弱、经济社会发展水平不均等特点；在空间分布和尺度上呈现出随时间发展的动态差异。其涉及的数据量巨大、数据类型众多、数据间关联性强，保护与发展面临着复杂问题与多重挑战。以计算机技术、多媒体技术和大规模存储技术为基础，辅以宽带网络为纽带，运用遥感、全球定位系统、地理信息系统、遥测、仿真、虚拟等技术，可以支持对长城进行多分辨率、多尺度、多时空和多种类的三维描述，甚至把长城过去2000多年的变迁、保护现状和未来规划的全部内容进行数字化虚拟展示已非难事。然而，对京津冀长城进行精细化管理在数据层面意味着要集成海量多元异构的数据，不可避免地面临多部门业务交叉管理的复杂情况，涉及跨区域、跨沟域、跨聚落的管理协同。在应用层面相关需求可细分为长城聚落遗产保护现状展示、长城聚落遗产主体动态监控与应急管控及协助长城聚落遗产未来发展规划等。所有这些都对跨系统、跨业务的服务协同工作提出了要求。

数字孪生技术在多源异构数据融合、数据驱动精确映射和智能协助决策等领域已被证明具有优势，对长城沿线区域复杂性、动态性和多尺度性具有适应能力；对长城及周边聚落遗产信息多源化、复杂化具有融合能力；对聚落遗产保护应用的开放性、动态性管理具有支持能力；对海量数据整理分析挖掘具有呈现能力，有潜力实现长城聚落遗产的精细化管理。

基于数字孪生的多源感知体系可以支持对长城要素的数字化呈现，可基本实现高精度、全覆盖、多维度基础地理信息资源采集、更新和建库一体化的数据资源体系建设。同时通过基础地理空间框架平台的部署实施，汇集长城的各种时空信息，搭建智慧长城的整合体系，可形成京津冀明长城一体化、全覆盖的时空大数据整合，从而支持长城聚落遗产动态更新、长城聚落遗产安全保障系统。除利用三维仿真模拟技术全要素静态展现长城的原貌，数字孪生赋能长城以动态交互功能外，还可通过构建还原长城聚落遗产周边地理环境，充分考虑周边已有环境对长城聚落主体的影响因素，挖掘其影响机理，在可视化的环境中交互设计长城聚落遗产主体动态监控与应急管控功能。利用时空信息服务平台提供的"空地一体"测绘技术，一方面，可以通过对周边环境数据的更新，预测长城聚落遗产本身将会发生的变化；另一方面，针对已经发生的自然、人为灾害或突发事件进行事故现场快速还原，为相关部门开展灾情研判、灾害分析、地质灾害排查、灾后重建等工作提供测绘级精度的保障。针对未发生的突发事件，提前构建事件场景，对具体的应对预案进行建模，包括涉及的资源、措施、实施的效果等。根据相应的触发机制，利用三维仿真技术也可以对整个应急事件的处理流程进行预演，并通过多种方式对整个预案的执行情况进行多角度的评价，后续可以根据评价结果对预案进行补充和改进。结合上述静态展示与动态交互的功能，通过模拟长城聚落遗产的历史演变、聚落的扩张与变迁，调节人口流动及城市规划等影响因素，预测长城聚落遗产的未来变化。

　　数字孪生技术能够面向长城聚落遗产监测工作的全生命周期过程，整合地形地貌信息、交通、居民点、气象、水文、资源分布、人口等多类型数据，并综合遗产、生态、产业等多维度信息，将京津冀长城所在的多维现实世界的自然与人文现象结构化和数字化，以发挥连接物理世界和信息世界的桥梁和纽带作用。它可以满足异构数据整合、多源信息关联与"人-机"交互式分析的迫切需求，提供更加全面、高效、智能的服务。

　　综上所述，亟待针对京津冀明长城沿线区域多尺度、多维度的特点，借助遥感技术获取多源时空数据，全方位描绘长城聚落遗产信息。基于此，我们搭建"天-空-地"一体化遥感监测技术系统，获取、集成、综合分析、多维展示长城聚落遗产大数据，从而为长城的精细化管理与可持续发展保护提供支持。具体技术路线如图8-1所示。主要内容包括以下三方面。

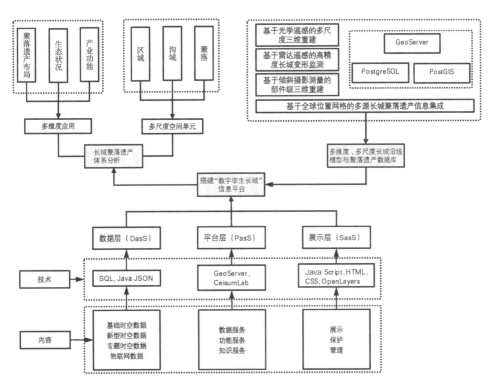

图8-1　本章技术路线

1. 多维度、多尺度长城沿线模型与聚落遗产数据库

构建多维度、多尺度长城模型，描述长城实体及周边地理场景、社会经济人文事件、生态环境等对象；根据对象的空间维度、尺度维度、时间维度、属性维度信息及其相互间关联，设计相应的信息存储、索引、分析、表达算法。基于所建模型采集、管理长城聚落遗产大数据。

2. 搭建"数字孪生长城"信息平台

构建自主支撑软件平台，集成数据存储、信息自动关联与"人-机"交互式分析等功能，实现长城聚落遗产大数据的智能分析、模拟仿真。为实现区域分析、价值评估、保护控制和风险动态监测等搭建工作流程和提供数字化信息平台，为长城规划人员、政府管理人员、遗产研究人员、民众提供多角度应用支持。同时支持沿线区域的生态评价、产业发展、村庄发展、旅游展示等应用，支撑长城精细化保护与可持续开发。

3. 长城聚落遗产体系分析

结合前几章的研究成果，将不同地域空间尺度与多种长城聚落典型应用维度进行耦合，形成数字孪生技术应用模块矩阵。根据"区域-沟域-聚落"三个等级尺度的空间单元，从聚落遗产布局、生态状况、产业功能的多维度归纳分析，并结合案例展示本平台的应用。

二、京津冀明长城聚落遗产保护与可持续发展数字孪生平台构建

京津冀明长城沿线区域由长城本体与其周边环境、相关产业共同构成。沿线区域的完整表达涉及地形地貌信息、交通、居民点、地图注点（point of interest，POI）、气象、水文、资源分布、地表覆盖、生态、人口等多方面的自然与人文信息，不可避免地存在聚落遗产数据源多、数据对象多、数据尺度不一的情况。这种多源异构的数据现状对数据管理层面的数据标准化处理和信息融合提出了挑战与需求。在集成多源聚落遗产信息的基础上，辅以仿真、灵活的可视化形式，综合呈现数据信息，形成遥感信息集成与综合展示的三维平台。并以该平台为基础，立足沿线聚落遗产保护和生态维护的需求，进一步实现展示、研究、公众参与、管理应用，是应用层面的需求。

针对上述需求，本章的目标是：针对京津冀明长城沿线区域多尺度、多维度的特点，在"天-空-地"多源遥感数据支持的基础上，构建高精度三维长城信息模型；通过模型建立与实体长城完全镜像的虚拟世界，形成数字化动态监测平台；进行智能分析、模拟仿真。分析长城与周边生态环境、人文经济、历史沿革之间的内在关联、影响机理；制定全局最优的保护与开发策略，形成动态监测技术框架，为保护长城聚落遗产、修复长城生态、健全管

理机制和保障可持续发展提供辅助决策。

该平台是以全球位置网格2″及整型一维数组全球经纬度剖分网格（GeoSOT）为统一的空间剖分框架，针对京津冀长城聚落遗产的数字展示、智能分析的需求，借助WebGIS技术构建涵盖地上、地下、地表的全空间三维可视化场景，并以此为基础提供大数据的采集、存储、管理、分析挖掘等服务，形成信息互联、数据共享、业务协同、按需服务的一站式智能服务环境，即"数字孪生长城"信息平台。平台总体框架设计如图8-2所示：数据层（DaaS）将所要分析、展示、计算、监测、管理的目标实体的描述信息、仿真模型、抽象化可视内容、统计数据、计算指标等相关信息，通过建立专项数据库的方法存储于计算机数据库；平台层（PaaS）通过SQL、Java等计算机高级编程语言，实现关联数据的检索、查询、计算处理、分析等工作；最后，经由Java Script、HTML、CSS等Web语言以遵循http协议的方式展示、发布于浏览器页面。

"数字孪生长城"信息平台的业务分层架构设计如图8-3所示。本平台是以Web端开源的虚拟地球引擎Cesium为主体开发的时空数据可视化平台，平台后端开发采用Java语言，同时使用GeoServer、CesiumLab等平台进行相关数据内容的发布。下面是系统的三层架构设计。

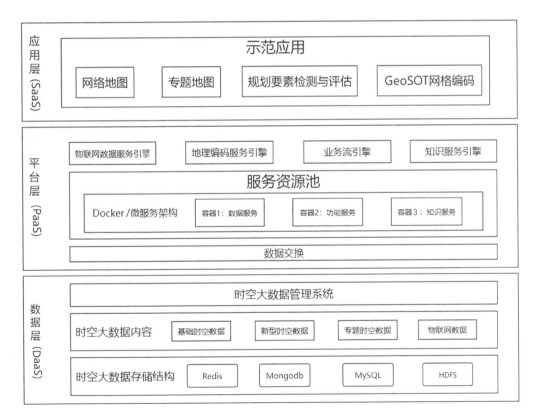

图8-2 "数字孪生长城"信息平台总体框架

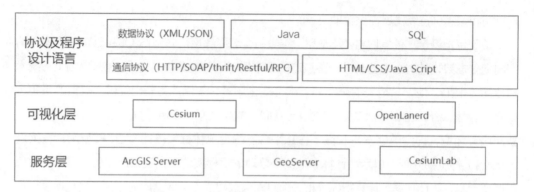

图8-3 "数字孪生长城"信息平台业务分层架构

（1）数据访问层（DAL）是数据库的主要操控系统。该层的主要功能是实现对数据库中数据的增加、删除、修改、查询等基础操作，同时负责将其操作结果反馈到业务逻辑层。数据的访问是通过Java程序以及SQL语言共同完成的。首先使用SQL语言在数据库中进行相应规则的查询，再通过编写Java程序和Servlet文件将从数据库中查询到的数据以json格式返回到上层——业务逻辑层。

（2）业务逻辑层（BBL）的主要功能是对具体问题进行逻辑判断与执行操作。该层接收到表示层UI的用户指令后，会连接数据访问层，访问层在三层构架中位于表示层与数据层中间位置，同时也是表示层与数据层的桥梁，实现三层之间的数据连接和指令传达，可以对接收数据进行逻辑处理，并将处理结果反馈到表示层中，实现软件功能。根据数据库返回的数据的特点和格式，结合UI层的需要对返回数据进行逻辑处理运算，并将处理后的数据返回到UI层。

（3）表示层(UI)位于系统三层构架中的最上层，是用户可以直接接触到的内容，主要指的是B/S信息系统中的前端Web页面，或称网页。作为前端Web页面，表示层负责的主要功能是实现系统与用户的交互、用户指令的输入以及数据的可视化展示，在此过程中不需要借助逻辑判断操作就可以将数据传送到BBL系统中进行数据处理，处理后会将处理结果反馈到表示层中。简而言之，表示层通常意味着实现系统的用户界面功能。本系统的UI是针对长城主题下待实现的功能量身设计的，主要分为图层栏、搜索栏及展示窗，具体使用Java Script、HTML、CSS等前端语言，基于bootstrap框架进行设计。

第二节 长城聚落遗产场景下的数字孪生关键技术

一、基于遥感的多尺度长城模型重建与表达

对长城本体及周边环境进行高质量的三维模型构建，是实现该区域数字孪生的前提与

关键。伴随5G通信技术、大数据、云计算和人工智能技术的发展，实景三维建设也得到了从2D向3D转型升级的快速发展。目前，实景三维建设包括三个级别（地形级、城市级、部件级），其数据建设分类体系如表8-1所示。地形级的实景三维能够直观体现地形的起伏和地面的纹理特征，主要用于资源的大场景、三维可视化表达；城市级别的实景三维能够反映城市中真实地表情况，主要用于资源的精细化表达；部件级的实景三维能够表现实体要求的精细几何形态–空间关系–属性信息，适用于各种个性化应用。

针对京津冀明长城沿线区域的多尺度、多维度特点，本节以基于光学遥感的多尺度三维重建技术、基于雷达遥感的位移变形监测技术及基于倾斜摄影测量的部件级三维重建技术为例，分别对地形级、城市级和部件级的建模工作展开介绍。

表8-1　实景三维中国建设数据体系

适用范围	地形级	城市级	部件级
	宏观尺度（全国）	中观尺度（区域）	微观尺度（重点对象）
对象	地形	地表（含建/构筑物等）	部件要素的位置、几何形态、空间关系及属性
颗粒度	米	厘米	厘米
属性	公益性	公益性	商业化
作用	三维可视化表达+空间量算	精细化表达+统计分析	精准表达+按需定制
服务	宏观规划	精细化管理	个性化应用
主流形式	数字高程模型与数字正射影像叠加	倾斜摄影模型/点云模型与纹理叠加、单体化模型数据	建筑信息模型（BIM）数据等

1. 基于光学遥感的多尺度三维重建技术

针对京津冀明长城在区域、沟域和聚落多尺度表达上的需求，本节在开源卫星遥感影像数据或最小数据代价成本的指导下，采用光学遥感影像建立起地形级三维多尺度模型，其兼具经济性与实用性的特点，可实现长城本体及沿线区域大场景的三维可视化。

影像数据获取。在经济性和可推广性原则的指导下，卫星遥感影像可采集国内外的开放卫星遥感数据共享中心数据。这些开放数据共享机构主要包括：国内的中国科学院遥感与数字地球研究所、中国科学院资源环境科学与数据中心、中国资源卫星应用中心等；国外的美国地质勘探局（USGS）、美国国家航空航天局（NASA）、日本对地观测卫星中心（EORC）、欧洲航天局（ESA）等，所获取的免费遥感影像数据可采用TIFF影像数据形式存储，其采用的地理空间框架坐标主要为WGS 84经纬度坐标、空间直角坐标等。

空间基准统一处理。实现不同卫星遥感影像数据间的投影转换处理，可结合严密的数学模型进行编程开发，也可以采用工具软件实现。为了满足常用的应用功能，软件应包括投影椭球参数定义、坐标单位选择、投影转换等过程。考虑到实际应用中地面控制信息的缺失问题等，可采用专业的地理系统软件对所获得多模态影像数据的处理，其主要处理过程包括投影方式选择/定义、坐标系统选择/定义、空间参考系选择设置。采用上述数据模型及方法，对获取的开放卫星遥感数据进行投影转换处理，可建立具有统一空间基准的影像数据库。需要注意的是：如果投影转换模型难以直接获取时，可通过人工选择一定数量的控制点（一般不少于3对）进行参数转换，然后采用自定义坐标系建立与统一空间参考系的转换关系。如果获取的遥感影像数据纹理色彩不一致时，需要采用合适的匀光匀色算法进行色彩调整。

海量影像分块网格化。在本实验区中，包括多种尺度的栅格影像和矢量数据，如本实验区中（集成两种分辨率的纹理影像，分别为0.45m和0.29m，其中0.45m纹理影像总容量为45GB，0.29m纹理影像总容量为136GB）。考虑到物理存储空间巨大，为保证海量数据处理顺利开展，需采用影像分块处理技术，即通过研究区域网格大小，可采用网格化技术进行分块处理，从而降低数据共享对硬件依赖的成本。具体地，在本例中，以研究区域最小外包矩形框为基础，通过设置好对应的分块方式（如矩形分割、梯形分割等），完成最小外包矩形框的网格化处理，生成区域网格化影像单元，如图8-4所示。

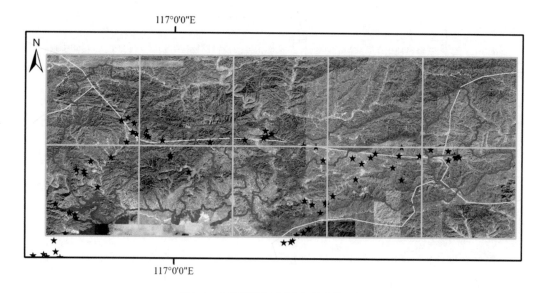

图8-4　实验区域纹理影像网格分块示意

三维地形场景模型快速构建。为实现大范围三维场景模型的快速构建，以上述空间基本统一的开放遥感数据为基础，通过建立数字高程模型（DEM）和影像数据（如DOM）之间映射对应，从而生成三维模型。选择通用的软件平台（如ArcGIS）进行三维模型的生成与渲染处理，沟域级和聚落级的三维效果如图8-5、图8-6所示。

图8-5　沟域级三维模型示意

图8-6　聚落级三维模型示意（局部）

2. 基于雷达遥感的位移变形监测技术

高精度三维时序变形监测是遥感技术的优势应用领域，对京津冀明长城开展长城本体及其沿线环境的风险评估，对其可持续发展具有重要意义。本节以开源合成孔径雷达数据为基础，提出一套基于雷达遥感的位移变形监测技术框架，通过时序影像分析技术提取出京津冀明长城沿线区域的地表位移形变。

本研究中时序卫星遥感影像分析采用SBAS-InSAR方法，其基本原理为：根据时空基线阈值，对完成配准后的雷达影像（N幅）进行干涉处理生成干涉图（M幅），并以此为基础形成多个干涉图子集。利用DEM进行地形相位移除后，则由t_B时刻的主影像与t_A时刻的主影像得到的第i幅干涉图，其在坐标点（x, r）上的干涉相位可以表示为式（8-1）：

$$\delta\varphi_i=\varphi(t_B,x,r)-\varphi(t_A,x,r)\approx\frac{4\pi}{\lambda}[\mathrm{d}(t_B,x,r)-\mathrm{d}(t_A,x,r)]+\varphi_{\mathrm{dem}}+[\varphi_{\mathrm{atm}}(t_B,x,r)-\varphi_{\mathrm{atm}}(t_A,x,r)]+\Delta n_i \quad (8-1)$$

式中：φ表示干涉相位；i表示干涉图景号，i=1, 2, …, M；λ表示中心波长（nm）；坐标点（x, r）在t_A和t_B时刻与雷达视线方向（line of sight，LOS）的形变累积量分别记作$\mathrm{d}(t_A, x, r)$和$\mathrm{d}(t_B, x, r)$；残余高程误差相位记作φ_{dem}；坐标点（x, r）在t_A和t_B时刻大气延迟相位分别记作$\varphi_{\mathrm{atm}}(t_A, x, r)$和$\varphi_{\mathrm{atm}}(t_B, x, r)$；$\Delta n_i$表示噪声相位。

SAR卫星沿轨道飞行并进行观测，通过联合地面点的相位值与SAR幅度值，可经SBAS-InSAR形变反演得到LOS向的地表形变量D_{LOS}。根据雷达成像几何可知，LOS形变矢量可根据投影关系分解为垂直向、东西向及南北向形变矢量，用D_{U}、D_{E}、D_{N}分别表示，投影关系如式（8-2）所示：

$$D_{\mathrm{LOS}}=D_{\mathrm{U}}\cos\theta-D_{\mathrm{E}}\sin\theta\sin\left(\alpha-\frac{3\pi}{2}\right)-D_{\mathrm{N}}\sin\theta\cos\left(\alpha-\frac{3\pi}{2}\right) \quad (8-2)$$

式中：θ为卫星入射角（°）；α为方位角（°）。

在时序雷达遥感影像数据形变监测中，通过主影像组合生成一系列的差分干涉影像图；利用干涉图的相干性提取出具有稳定散射特性的目标点；随后以相干性较高的目标点作为观测值建立最小二乘平差模型，进而获得目标形变位移，其干涉处理步骤主要包括干涉影像生成、相干点选择、大气改正和参数估计等，相应的监测算法流程如图8-7所示。

为获得高精度的形变监测信息，在时序雷达遥感影像处理中，可采用1弧秒SRTM 数字地面模型进行地形相位的剔除，并对差分干涉处理后的结果进行滤波处理以抑制影像噪声。在选取高相干性点后进行参数估计时，还应对相关阈值（如相干性、构网半径、像元采样）进行测试验证，以选取最佳阈值。同时，对雷达影像的斑点噪声采用Refined Lee算法进行滤波处理，对雷达影像后散射系数进行分贝处理，其转换模型可采用如式（8-3）所示的模型。

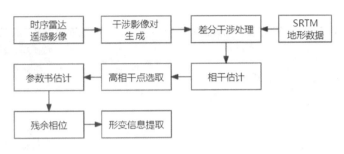

图8-7　时序影像数据处理流程框架

$$\delta_{dB}=10\lg（DN）\qquad\qquad（8-3）$$

式中，DN为雷达影像的原始灰度；δ_{dB}为处理后的雷达影像后散射系数。

利用上述雷达影像后散射系数在生成形变位移时，可利用Savitzky-Golay滤波器进行滤波处理，以保证地物时序曲线较平滑，进而获得较稳定的位移结果。

本节案例研究所使用的数据来自哨兵1号（Sentinel-1）卫星，是欧洲航天局哥白尼计划（Copernicus programme）中的对地观测卫星，包括1A和1B两颗卫星，重访周期为6d。哨兵1号搭载有C波段合成孔径雷达传感器，获取的雷达卫星影像（Sentinel-1 SAR）可从欧洲航天局网站下载。雷达影像获取模式为干涉宽幅模式（interferometric wide swath，IW），产品类型为Level-1级地距影像（ground range detected，GRD）。本研究采用的雷达影像数据时间跨度从2019年到2021年，成像模式为干涉宽幅模式（IW），影像数据时间间隔最大为12d。用于地形相位模拟与去除所需的数字高程模型数据，来源于美国国家航空航天局提供的航天飞机雷达地形测绘任务（shuttle radar topography mission，SRTM），其空间分辨率为30m。

采用上述的方法与流程对京津冀明长城所在区域的时序雷达影像进行干涉处理，生成目标研究区域内的位移形变结果，进而通过SBAS时序处理，获取垂直向形变场。根据长城墙体设置缓冲区并叠加幅度图以提供地形信息，得到长城沿线垂直向形变速率场（图8-8）。

3. 基于倾斜摄影测量的部件级三维重建技术

针对京津冀明长城区域部件级的精细化三维表达需求，本节以倾斜航空摄影测量数据为例，介绍一种部件级三维重建技术的工作框架，它兼具经济性和实用性的特点，可快速实现长城本体及周边区域的精细三维可视化。总体路线包含以下三个步骤。

步骤一：倾斜航摄影像获取。提前规划拍摄区域，设定像控点及飞行路线。为保证三维重建质量，应保证一定的像片重叠率，其中航向重叠率应介于60%～80%，最小不应小于53%；旁向重叠度一般应为15%～60%，最小不应小于8%。航线规划后，利用无人机搭载

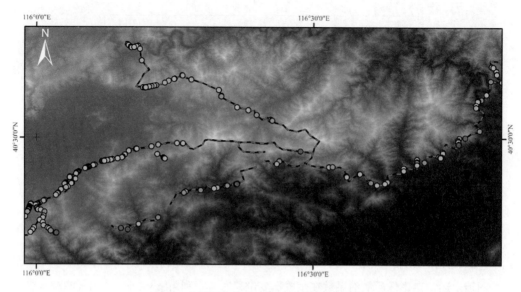

图8-8　长城形变位移（叠加DEM灰度渲染图）

高清相机和位姿传感器获取原始像片。拍摄结束后，应剔除起飞和降落阶段航拍影像，仅保留无人机航线飞行阶段拍摄的照片。

步骤二：自动空三（空中三角测量）解算。使用ContextCapture等专业摄影测量软件对航摄相片进行自动空三解算，使用空间后方交会确定摄站和相片拍摄姿态，并使用前方交会定位影像加密点的位置。首先，导入像片及其相应的位姿数据，设置相应坐标系统，对相片进行自动空三解算，并最终生成稀疏三维点云，其效果如图8-9所示。其中，多影像空三解算一般采用光束法进行前方交会，其基础数学模型为共线方程，可表示为式（8-4）、式（8-5）。

图8-9　稀疏点云生成结果

$$x = -f \frac{a_1(X-X_s)+b_1(Y-Y_s)+c_1(Z-Z_s)}{a_3(X-X_s)+b_3(Y-Y_s)+c_3(Z-Z_s)} \qquad (8-4)$$

$$y = -f \frac{a_2(X-X_s)+b_2(Y-Y_s)+c_2(Z-Z_s)}{a_3(X-X_s)+b_3(Y-Y_s)+c_3(Z-Z_s)} \qquad (8-5)$$

式中：x，y为像点像平面坐标；f为相机主距（mm）；X_s、Y_s、Z_s为摄站点的物方空间坐标；X、Y、Z为物方点的物方空间坐标；a_i、b_i、c_i（$i=1$，2，3）为影像的3个外方位角元素组成的9个方向余弦。

最后，使用已有像控点来优化三维结果的几何精度。

步骤三：三维模型生成。首先，在已有稀疏点云的基础上对点云进行加密，生成稠密点云。然后，根据需要设置三角网格数，建立不规则三角网模型。最后，基于航摄影像为生成的模型镶嵌纹理。最终生成的模型如图8-10所示。

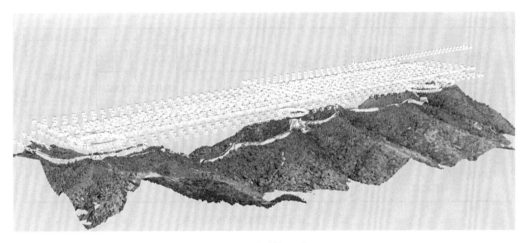

图8-10 倾斜摄影成果

以上结果表明，本节提出的基于遥感的多尺度长城模型重建和表达方法，可以有效应用并表达京津冀明长城沿线在区域、沟域和聚落等不同尺度的场景信息，为后续的多源长城聚落遗产信息集成和数字孪生提供模型支撑。

二、基于全球位置网格的多源长城聚落遗产信息集成

本节面向长城沿线聚落遗产多源信息集成与综合展示的需求，在分析空间数据特点、

管理技术与表达方法的基础上，以GeoSOT网格编码为核心，引入全球空间剖分网格体系，整合分散、异构的数据资源。通过对跨部门、海量多源异构数据资源（如矢量数据、栅格数据、三维模型、数字高程模型等）的统一管理，实现长城沿线范围内的三维空间中所有空间实体的统一管理和描述，支持地上和地下空间的一体化展示、管理和分析应用。

全球位置网格GeoSOT全称为"2"及整型一维数组全球经纬度剖分网格（geographical coordinates subdividing grid with one dimension integral coding on 2"-Tree，GeoSOT）"，是由程承旗教授团队提出的一种将地球表面空间剖分为网格的剖分与编码方法（程承旗 等，2012），核心思想是将地球表面空间的经纬度拓展到以本初子午线与赤道的交点为中心的512°×512°方格空间，经纬度数值空间均定义在[-256°，256°]上，使用等经纬度递归四叉树剖分的方法对地球表面细分。由于地球经度的实际取值范围是[-180°，180°]，纬度范围是[-90°，90°]，因此部分区域不在实际的地理空间范围内。对该空间进行多层次的规格划分，并对剖分单元进行编码，而对于超出实际地理空间范围的部分不再继续剖分。GeoSOT剖分示意图如图8-11所示。GeoSOT网格可以在继承数据组织网格的前提下，实现全球范围内空间信息区位索引和区位编码的统一。

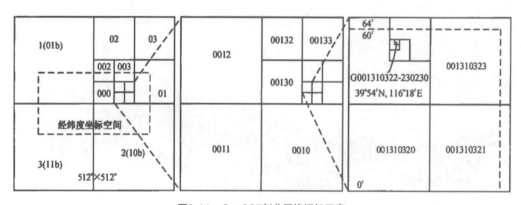

图8-11　GeoSOT剖分网格框架示意

图片来源：吕雪峰，廖永丰，程承旗，等. 基于GeoSOT区位标识的多源遥感数据组织研究[J]. 北京大学学报（自然科学版），2014（2）：331-340

本平台基于GeoSOT的空间数据编码，这使多源长城聚落遗产数据具有了统一的空间区域编码基准。此外，相比于传统的经纬度管理数据方式，GeoSOT全球空间信息剖分框架所特有的空间离散性、空间层次性、空间聚合性、空间关联性和"球面-平面"一体化等空间特性，为实现多源异构空间数据的高效检索提供了技术支撑。具体而言，京津冀长城沿线数字信息的表现形式包括栅格形式、矢量形式及三维数字模型形式。本平台对于每种数据形式制定从获取、预处理、存储到基于GeoSOT网格编码的检索及可视化展示的具有针对性的解决方案。

（1）栅格数据是长城聚落遗产数据主要的数据形式之一，涉及卫星遥感影像、数字高程模型数据、坡度、坡向及其他地理空间数据。平台对栅格数据经过预处理，使之统一到WGS84空间坐标系下，再计算数据四个顶点的GeoSOT网格位置编码，映射到GeoSOT的全球信息空间中，从而获得该栅格数据在GeoSOT网格空间中的唯一位置编码，如图8-12（a）所示。将GeoSOT网格编码作为检索的主键，以提升从数据库中检索栅格数据时的效率。

（2）矢量数据是长城聚落遗产数据的另一主要表现形式，例如行政区划分、沟域范围及其他长城聚落遗产相关的点、线、面要素数据。相较于栅格数据，将矢量格式信息以GeoSOT网格编码管理的难点在于：矢量数据边界多呈不规则的多边形，一般需要先通过计算矢量的最小外接矩形，转换为同栅格数据类似的空间范围，再以该最小外接矩形的4个顶点为参考，确定矢量数据的唯一GeoSOT全球位置网格编码，如图8-12（b）所示。将该编码作为其在数据库中的检索主键，以提高检索效率。

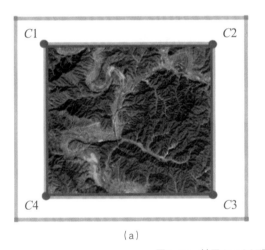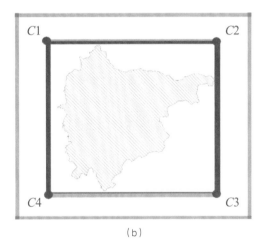

（a）　　　　　　　　　　　　　　　　　（b）

图8-12　基于GeoSOT网格编码的数据管理示意

（a）栅格数据的管理；（b）矢量数据的管理

（3）三维数字模型是指通过三维制作软件在虚拟三维空间中构建出的具有三维信息的模型，相较于其他数据形式更为特殊。GeoSOT-3D在GeoSOT网格编码的基础上拓展了高程方向的剖分网格，本平台针对性地利用GeoSOT-3D管理三维数字模型。针对三维数字模型，需要获取该模型的最小包围盒，并基于最小包围盒的8个顶点坐标确定该模型在GeoSOT-3D全球网格空间中的唯一编码，如图8-13所示。将GeoSOT-3D网格编码作为该模型在数据库中的检索主键，以提升查询效率。

综上，本节在分析空间数据特点、管理技术和表达方法的基础上，以GeoSOT网格编码为核心，以全球空间剖分网格体系为框架，有效整合了分散异构的空间数据资源。这种基于GeoSOT全球剖分网格的空间数据编码技术能够使各类空间数据具有统一的空间区域编码基

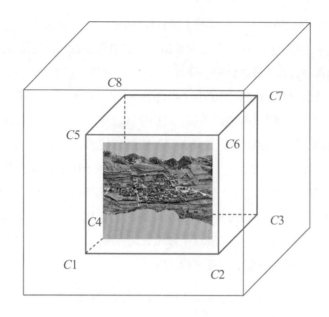

图8-13 基于GeoSOT网格编码的三维模型数据管理示意

准，从而为实现多源异构的空间数据高效检索提供支持。这种方式对海量空间信息的存储、索引、表达、计算与服务，相比于传统的经纬度管理数据方式，具有更明显的优势。

三、多源长城聚落遗产数据库的构建与管理

高标准的时空大数据平台业务逻辑和技术架构设计，在多源信息集成与共享的角度上，可以满足京津冀明长城沿线区域不同应用场景下的并行计算和弹性服务能力。针对长城沿线区域的特点，本节相应地构建多源长城聚落遗产数据库，综合使用大数据计算和存储结构，满足海量多源异构的长城聚落遗产相关地理信息汇聚、融合、治理和挖掘需求。为了满足长城沿线区域内海量多源异构数据的统一管理、组织与表达，在满足空间数据库技术设计原则下，基于自主可控的空间信息技术，以多维多尺度长城模型为基底，设计长城聚落遗产数据库中的数据表结构、空间数据与属性数据存储方式，对长城沿线区域的多源异构数据进行数据整合，实现二维、三维一体化数据的分层、分级组织与一体化管理，进而完成长城聚落遗产数据库的建设工作。

本平台构建的长城聚落遗产数据库，主要使用对象为关系型数据库PostgreSQL与空间引擎技术PostGIS，以实现对相关空间数据和属性数据的统一组织与管理。在保证数据完整性与可用性的同时，这一数据库可以为空间分析与决策、空间数据处理与更新、海量数据存储与管理、空间信息交换与共享提供基础。PostgreSQL除提供数据定义、数据操纵、并发

控制、安全性检查、完整性约束条件的检查和执行等SQL的基础功能外，相关空间引擎技术PostGIS也提供诸如空间索引、空间操作函数和空间操作符等功能，为确定空间关系、分析几何信息和操作几何图形提供诸多空间功能函数。例如，比较两个几何图形空间关系的函数，基于某些数据统计得到一些新数据的函数，进而可以完成对于空间数据的存储与管理。

长城聚落遗产数据库由空间数据表与属性数据表组成。空间数据表存放具有空间特征的坐标信息，以及可在地图上投影表达空间位置的相关信息。空间数据表中的相关初始化属性信息是导入的空间数据的属性信息。其后可以使用QGIS或者ArcGIS Pro来连接PostgreSQL数据库，完成数据库中相应空间数据的分析与挖掘，最终在GeoServer中将相应地图数据发布为地图服务，实现地理空间数据在用户之间的共享。图8-14展示了长城沿线区域内的城堡数据在数据库中的表达。构建的数据库具有优良的系统、平台兼容性，可在多种通用地理信息系统平台下使用。

图8-14 PostgreSQL数据库中城堡数据

相关属性数据表的设计用以存储独立的属性数据，这类数据属于自身不带有空间位置信息，但它们是与空间数据相关的非空间数据，因此可以通过关键字与其他数据建立联系，从而可以实现相关数据的关联索引。表8-2是PostgreSQL中的遥感影像属性数据存储表示，表中的grid_code字段为数据的网格编码，可以支持后续的查询检索与以编码为基础的各种代数运算。

长城聚落遗产数据库的建设，可以提高长城沿线区域内相关数据的管理效率与利用效率，提升现有的数据管理手段，整合长城沿线区域内的基础地理信息数据，为智慧长城平台的建设建立基础，从而提供更加高效便捷的地理信息服务。

表8-2　遥感影像属性数据表

编号	字段名	数据类型	说明
1	pk_id	small int	序号
2	file_name	character varing	文件名
3	grid_code	character varing	数据编码标识
4	grid_code_level	text	剖分网格层级
5	satellite_name	text	卫星名
6	top_left_latitude	real	最小包围盒左上顶点投影纬度
7	top_left_longtitude	real	最小包围盒左上顶点投影经度
8	bottom_right_latitude	real	最小包围盒右下顶点投影纬度
9	bottom_right_longtitude	real	最小包围盒右下顶点投影经度
10	file_path	text	数据存储路径
11	url_path	text	数据发布路径
12	other_info	text	其他信息

第三节　长城聚落遗产保护与可持续发展数字孪生应用研究

一、"数字孪生长城"平台概况

在数字孪生技术的总体架构基础上，本节详细阐述构建的"数字孪生长城"平台，并讨论该平台在京津冀明长城聚落遗产保护与可持续发展中的应用进展。本平台基于Cesium虚拟地球平台进行数据的可视化和交互，实现了数据的动态加载和渲染，模型的点选、查询和数据驱动的模型样式渲染。通过构建B/S网络三维平台，可以实现客户端免安装、免维护与一站式服务。在网络终端可以加载多源异构数据并实现三维化，借助WebGL进行硬件加速后可形象、逼真、准确地展示数据形态和空间分布特征，实现长城聚落遗产大数据的智能分析、模拟仿真。

相较于其他GIS平台，"数字孪生长城"平台针对京津冀明长城的内涵与外延进行了精准设计。从收集长城沿线区域相关数据开始，到相关内容的定制、专项数据库的建立、针对长城多源时空数据模型的定义、前端页面的定制化设计，到最后系统前后端的互联互通和智能化管理，都针对长城沿线区域多尺度、多维度的监测、保护、管理、展示需求实现定向适配。值得一提的是，本平台最大的功能性优势体现在其拓展性与延续更新性。系统利用针对性设计的前端展示和后台数据库，对不同类型数据预定义多种数据模型，并支持多种不同的可视化形式。上述设计可以支持后续的工作和研究的需求对系统中所展示的内容、形式、关联方式的迭代更新。

本平台功能列表如表8-3所示，从基础地图服务、数据服务、功能服务和目录服务四个功能大类下提供诸多细化的功能和服务。

表8-3　平台功能列表

一级类	二级类
基础地图服务	网络瓦片地图服务
数据服务	点云数据服务
	3D模型数据服务
	网络地图服务
	专题图服务
功能服务	GeoSOT网格编码服务
	网格剖分服务
	网格化管理服务
	地形分析服务
	水文分析服务
	数字孪生技术应用模块矩阵（详见表8-4）
目录服务	网络目录服务

在基础地图服务层面，本平台可实现大规模海量数据的组织集成、三维场景的快速搭建，以及大体量场景数据的调度与快速显示。同时可以添加诸如高德地图、Bing地图、天地图、百度地图等多种数据来源的全球范围网络瓦片地图和数字高程模型，支持将数字高程模型和卫星影像叠加显示，形成基本的地球表面纹理，直观地为使用者提供其感兴趣区域的地形地势等信息。

数据服务对多源时空数据提供较广泛的支持。在卫星遥感影像和DEM的基础上，同时可以添加感兴趣的矢量数据（如长城历史文化带沿线铁路、公路、水系等矢量交通数据）和相关地区的专题图内容（如土地利用分析、地形分析等），还可以更直观地开展诸如长城文化带影响范围和聚落形成因素分析等工作。

在功能服务上，本平台发挥地学处理与分析的优势，集成多个实用且有针对性的功能模块。基于GeoSOT网格对平台中的数据赋予GeoSOT网格码，GeoSOT网格中的每一个剖分面片在地球表面均有且只有唯一的空间区域与之相对应，其编码也具有全球唯一性。因此，剖分面片的唯一性编码可用来标识实际的空间区域，同时也可以用来标识位于该空间区域内的各种空间数据。这样可在平台中提高对数据的查询、更新、检索、删除的效率，更好地对数据进行管理工作。在地形分析中包含可视域分析，可用于敌台、城堡等的设定选点。三维可视域分析是在计算机虚拟场景中地形或模型的数据表面，基于程序设定的某个观察点，设置一定的水平视角、垂直视角和范围半径，以此分析该区域内所有通视点的集合。数字孪生技术应用模块矩阵，针对性地对长城沿线区域保护与可持续发展的主题开展定制，综合本书前七章研究成果，具体从区域、沟域、聚落三个尺度和遗产、生态、产业三个维度梳理，详细的功能及展示参见表8-4。

表8-4　数字孪生技术应用模块矩阵

尺度维度	区域	沟域	聚落
遗产	京津冀明长城资源梳理及军事防御体系分析 京津冀明长城军防聚落空间分布 京津冀明长城军防聚落形态与街巷格局研究 京津冀明长城遗产资源展示	京津冀明长城沿线核心沟域划分 沟域区段长城遗产展示——以蓟州段为例	北京密云区明长城聚落空间形态特征 北京密云区明长城聚落环境特征——以吉家营为例 典型段长城遗产展示——以密云为例
生态	京津冀明长城沿线生态系统类型及分布 京津冀明长城沿线生态敏感性分析	京津冀明长城沿线区域核心沟域研究 基于LCA的景观特征类型研究——以东关河沟域为例 东关河沟域景观的保护和管理策略	基于生态敏感性分析的单因子修复策略——以独石口为例 减少生态阻力的遗产廊道综合提升——以古北口镇为例
产业	—	京津冀明长城沿线沟域发展思路 京津冀明长城沿线典型沟域空间发展格局	北京密云区古北口镇古北口村产业发展策略 天津蓟州区下营镇黄崖关村产业发展策略 河北赤城县独石口镇独石口村产业发展策略

二、平台界面与基本功能概览

平台客户端界面（图8-15）的页面布局整体可以划分为三部分。

（1）中间区域的模拟地球，作为三维场景展示和基础功能模块（包括视角的变换、地球的旋转等）实现的区域。

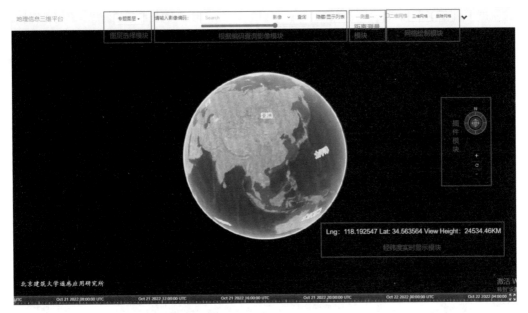

图8-15　平台整体界面概览

（2）界面顶部的功能模块，包括图层选择模块、根据编码查询影像模块、距离测量模块、插件模块及网格绘制模块。

（3）界面右下部为鼠标点位的经纬度实时显示模块。

界面的整体布局是将功能模块栏围绕中间的可视化交互页面放到页面的边侧，使得可视化场景的展示空间更为充足。

在信息检索框中输入特定的影像编码，可以实现对数据库中的影像进行查询检索。单击"加载"按钮，平台将加载对应影像，并自动跳转至经纬度所在的位置，其余周边地区将请求并加载在线瓦片地图。加载数据后，平台默认在屏幕右上角打开属性信息框，平台自动从数据库中读取相关数据。平台通过"缩放""旋转""平移"操作对目标区域进行多方位的浏览与查询。为进一步提升场景的交互能力，平台界面上方内嵌对虚拟地球进行遥控式视角操作、视角复位、界面二三维转换、球体底图选择等功能的模块。

以三维精细尺度模型的可视化展示为例，图8-16是对古北口镇东侧长城及周边环境的三维展示，在跳转到古北口镇目标区域的遥感影像图时，自动加载已入库的该地区DEM数据和古北口镇东侧的长城倾斜摄影模型。通过将长城倾斜摄影模型叠加在DEM和卫星影像图上，可以进行直观的三维浏览，无须再借助第三方软件平台。用户可从影像图中对村落、水系等要素，通过旋转、缩放、平移等操作进行较为详细的浏览，直观地展示真实的地理空间环境。

除三维模型外，地形地貌数据、交通线路数据、水文数据、地表覆盖数据等多源时空大数据可以在本平台中进行灵活叠加显示（图8-17），形成对应的专题信息，便于实现相关数据的可视化表达和研究分析。这对于长城文化带沿线的生态格局、人文景观、社会经济发展等研究具有重要意义，可为沿线资源的合理利用和规划提供科学依据。

图8-16　DEM模型展示：古北口镇东侧长城

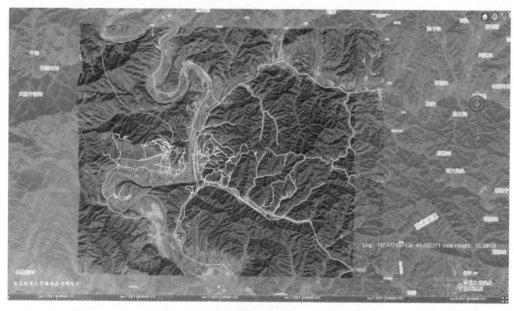

图8-17　多源时空数据的管理与展示：矢量线叠加

三、"数字孪生长城"在聚落遗产保护与可持续发展的进展

本平台除上述基础功能外，还针对性地对长城聚落遗产保护与可持续发展的主题开展了定制，综合本书前七章研究成果，具体从区域、沟域、聚落三个尺度和遗产、生态、产业三个维度梳理形成数字孪生技术应用模块矩阵。下文以遗产分布分析、沟域生态发展、沟域产业发展、发展策略智能决策等方面为例，逐一展示平台对不同尺度、维度应用场景的概略成果。

1. 遗产-区域模块

依托数字孪生技术能够集成管理多源信息的优势，本平台将第一章梳理的包含世界遗产、不可移动文物、非物质文化遗产、历史文化街区、历史文化名镇名村、传统村落6类的京津冀明长城遗产资源，推出可视化平台，以同时满足展示、研究、公众参与和管理等需求。其中军事防御体系是京津冀明长城遗产的重要组成部分。图8-18为平台中京津冀明长城军防聚落空间分布展示功能，将不同形态类型军事聚落分系统进行类型识别与展示。在此，不仅可以直观展示聚落在区域中的空间关系，还可以查询具体单个军防聚落的名称、建设朝代、文物保护等级、经纬度等多方面信息。关城、城堡、烽火台、敌楼等军事相关建筑设施共同构成长城防御体系遗产，不同防御强度影响遗产密度的分段分布。在"长城遗产资源展示"模块中，目前平台集成了北京和京津冀明长城城堡核密度图、北京和京津冀明长城敌台核密度图、北京和京津冀明长城烽火台核密度图，以及北京和京津冀明长城墙体核密度图，对应的可视化结果综合展示如图8-19、图8-20所示。京津冀明长城遗产资源分布广泛，通过核密度图能展示各遗产要素的分布情况，进而推断其军事防御强度，还能突出不同

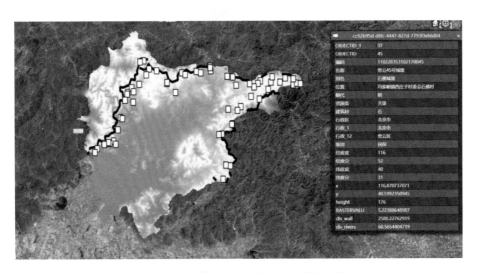

图8-18　应用模块：明长城军防聚落空间分布

遗产要素的分布呈现分段特异性的特点。此外，本平台还为满足更加精细尺度的军防聚落形态与街巷格局研究，提供了倾斜摄影测量三维模型展示功能，从三维模型视角更便于确定城堡街巷肌理现状并用于分析明代时期的建城模式。

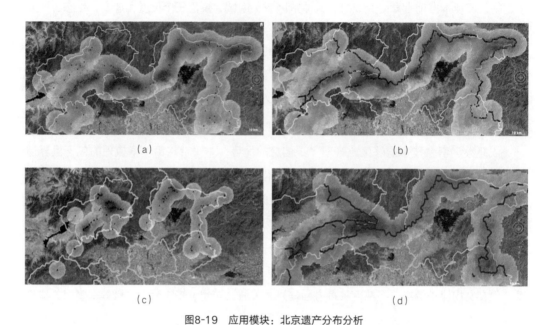

（a）

（b）

（c）

（d）

图8-19 应用模块：北京遗产分布分析

（a）北京长城城堡核密度图；（b）北京长城敌台核密度图；（c）北京长城烽火台核密度图；（d）北京长城墙体核密度图

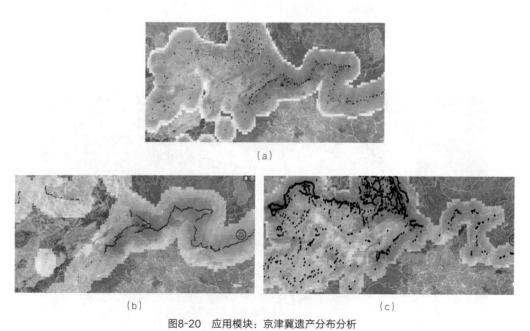

（a）

（b）

（c）

图8-20 应用模块：京津冀遗产分布分析

（a）京津冀城堡核密度图；（b）京津冀敌台核密度图；（c）京津冀烽火台核密度图

2. 遗产-沟域模块

沟域是长城军防体系中的重要组成部分，也是山区聚落经济发展的物质基础。以分水线内的沟域作为基本单元进行长城遗产的研究，符合军防体系的原始建构逻辑，因此平台构建了以沟域为基本研究单元的相关功能。图8-21为平台中京津冀明长城沿线沟域划分，同时还可查看沟域编号与对应面积信息。

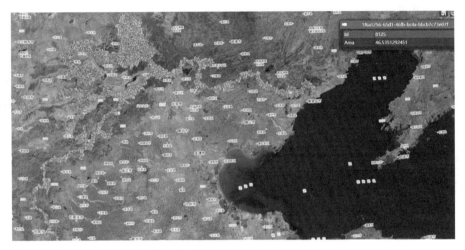

图8-21　京津冀明长城沿线沟域划分

3. 遗产-聚落模块

长城军防体系深刻影响着长城周边乡村聚落空间形态，尤其是遗产要素中的城堡及其堡墙。吉家营村是首批入选北京市级传统村落名录的历史文化名村，其保护工作十分重要。遗产-聚落模块中展示了以吉家营为例的北京密云区明长城聚落环境特征。图8-22为吉家营村倾斜摄影测量三维模型展示，此功能可以辅助北京明长城聚落环境特征模拟分析，归纳不同聚落空间形态类型与形成机制，对于长城文化带的保护与发展规划工作具有重要作用。

图8-22　倾斜摄影测量三维模型展示：新城子镇吉家营村

4. 生态–区域模块

平台以植被覆盖图的形式展示了研究区内的森林、草地、耕地、荒地等性质的生态系统分布情况，清晰直观地反映出京津冀明长城沿线生态环境的状态，便于后续研究对其分布特征的解读。长城周边生态环境具有脆弱性、不可逆性等特点。为满足生态保护与旅游开发的需求，平台将叠加分析后的成果绘制成景观优势度图（图8-23），以可视化形式展示，为后续专家学者对长城沿线区域生态环境规划治理以及开发提供参考。

（a）　　　　　　　　　　　　　　　　　（b）

图8-23　应用模块：北京区域生态发展现状分析

（a）景观优势度；（b）植被覆盖

5. 生态–聚落模块

平台在生态–聚落模块中选取白河沟域的独石口作为展示主体。白河沟域具备构建生态（自然）–长城（文物保护）–农业（可持续发展）耦合空间的典型性特征。图8-24是平台对独石口生态敏感性的可视化展示，即独石口地区的生态系统对自然活动与人类活动反应的不同敏感性分级，此功能可以辅助对长城沿线生态水平的评估工作，并为后续专家学者提供理论参考，最终完成长城生态的整体保护。

图8-24　独石口生态敏感性

6. 产业-沟域模块

图8-25分别为北京市密云区潮河沟域地区的POI混合度、服务资源密度及遗产点混合度。本图从多个角度出发分析北京潮河沟域产业发展现状。将上述成果进行整合绘制可得北京沟域发展策略智能决策（综合潜力得分）分析图（图8-26），此成果可以为探索沟域发展定位与产业发展思路提供指导。图8-27为北京市密云区潮河沟域地区的产业空间发展规划，展示了潮河沟域古北口段特有的"一轴、两带、多点"空间发展格局。此功能可辅助研判京津冀明长城沿线区域的产业发展条件，分析产业发展适宜的方向，根据政策进行情景分析，并针对典型沟域进一步提出具体的产业发展策略。

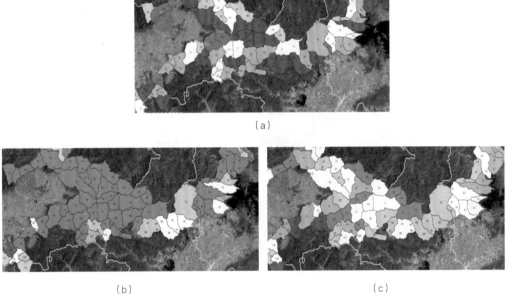

（a）

（b）   （c）

图8-25　应用模块：北京潮河沟域产业发展现状分析

（a）POI混合度；（b）服务资源密度；（c）遗产点混合度

7. 产业-聚落模块

古北口镇作为万里长城上著名的关塞之一，具有优越的地理区位优势和丰富的历史文化遗存。产业-聚落模块中以古北口镇为例展示了其发展战略（图8-28）。图8-28以密云水库为中心，延伸出以种植业、养殖业、旅游业等主题为发展点的4个策略分支，充分挖掘古北口镇交通区位条件、自然环境资源、历史文化遗存三大方面优势，为基层组织运作优化资源的配置利用提供参考。

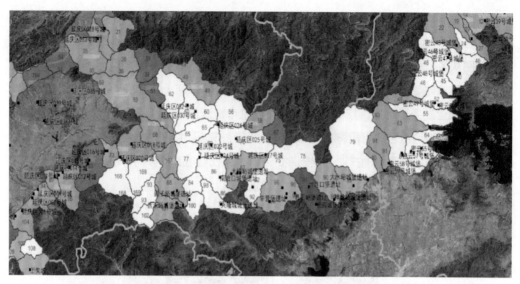

图8-26 应用模块：北京沟域发展策略智能决策（综合潜力得分）分析

图8-27 北京市密云区潮河沟域地区的产业空间发展规划

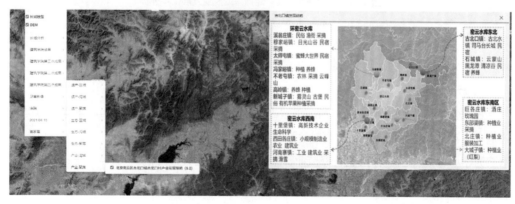

图8-28 古北口镇古北口村产业发展战略

本节引入"数字孪生长城"的概念，构建多维度、多尺度长城模型与长城聚落遗产数据库，整合"天-空-地"一体化动态监测与评估技术，建立自主软件支撑的遥感信息集成和综合展示平台，集成数据存储、信息自动关联与"人-机"交互式分析等功能，实现长城聚落遗产大数据的采集管理、智能分析、模拟仿真，克服当前长城文化带数据整合困难、交互形式单一的难题，为保护长城遗产、修复长城生态、健全管理机制提供辅助决策。

参考文献

[1] CHEN F L, LIU H W, XU H, et al. Deformation monitoring and thematic mapping of the Badaling Great Wall using very high-resolution interferometric synthetic aperture radar data[J]. International Journal of Applied Earth Observation and Geoinformation, 2021, 105: 102630.

[2] FERRETTI A, PRATI C, ROCCA F. Nonlinear subsidence rate estimation using permanent scatterers in differential SAR interferometry[J]. IEEE Transactions on. Geoscience and Remote Sensing, 2000, 38(5): 2202-2212.

[3] FERRETTI A, PRATI C, ROCCA F. Permanent scatterers in SAR interferometry[J]. IEEE Transactions on. Geoscience and Remote Sensing, 2001, 39(1): 8-20.

[4] XU H, CHEN F L, ZHOU W. A comparative case study of MTInSAR approaches for deformation monitoring of the cultural landscape of the Shanhaiguan section of the Great Wall[J]. Heritage Science, 2021, 9(1), 71.

[5] ZENG Y X, WANG L E, ZHONG L S H. Future risk of tourism pressures under climate change: A case study in the Three-River-Source National Park[J]. Remote Sensing, 2022, 14(15): 3758.

[6] ZHU L W, GUO H D, WANG C L. Spatial-temporal evolution of environment along the Ming Great Wall in Ningxia and Shaanxi Provinces based on multi-resource remote sensing data[C]//MIPPR 2007: Remote Sensing and GIS Data Processing and Applications; and Innovative Multispectral Technology and Applications, Wuhan, China SPIE, 2007.

[7] 张宇琳，尚可，张飞舟. 基于数字孪生技术的异质交通流安全性研究[J]. 北京大学学报（自然科学版），2022, 58（5）：888-896.

[8] 陈述彭，黄翀. 文化遗产保护与开发的思考[J]. 地理研究，2005, 24（4）：489-498.

[9] 程承旗，任伏虎，濮国梁，等. 空间信息剖分组织导论[M]. 北京：科学出版社，2012.

[10] 崔莉. 浅析县级博物馆馆藏文物的数字化保护与管理[J]. 今古文创，2020（34）：92-93.

[11] 邓木子然. 基于天空地一体化的喀斯特世界遗产地旅游产业效益监测评价研究[D]. 贵阳：贵州师范大学，2021.

[12] 高小红，王一谋，王建华，等. 陕北长城沿线地区1986—2000年沙漠化动态变化分析[J]. 中国沙漠，2005, 25（1）：63-67.

[13] 顾建军，吴留闻，陈杰，等. 基于分布式光纤传感器的电力综合管廊沉降监测[J]. 自动化与仪器仪表，2022, 272（6）：86-89.

[14] 何刚. 高速公路全要素协同数字孪生智能建管一体化平台研发及工程应用[Z]. 四川高速公路建设开发集团有限公司，2021-04-23.（该为科技成果，知网上用此引用格式）

[15] 侯妙乐，赵思仲，杨溯，等. 文物三维模型虚拟修复研究进展、挑战与发展趋势[J]. 遗产与保护研究，2018, 3（10）：1-10.

[16]　黄鑫，陈庆勇. 基于5G的智慧静态交通综合管理解决方案[J]. 江苏通信，2022，38（3）：83–86.

[17]　江慧. 基于"3S"技术的历史文化遗产动态监测方法研究[D]. 北京：清华大学，2010.

[18]　卢继文，宁波. 云冈石窟的文物数字化探索与实践[J]. 遗产与保护研究，2016，1（2）：11–14.

[19]　罗家木，陈雍君，陈渝江，等. 基于5G无线传感网络的智慧管廊综合监控系统设计[J]. 电子测量技术，2017，40（4）：127–132.

[20]　米朝娟，周自翔，刘婷，等. 陕北长城沿线植被恢复与生态系统防风固沙服务模拟分析[J]. 生态学报，2022（19）：1–14.

[21]　苗红，张敏. 基于GIS缓冲区分析的西北民族地区"非遗"旅游资源空间结构研究[J]. 干旱区资源与环境，2014，28（4）：179–186.

[22]　石焱文，蔡钟瑶. 基于数字孪生技术的水利工程运行管理体系构建[C]//2019（第七届）中国水利信息化技术论坛论文集，2019：185–190.

[23]　吴凯彬，张艳，冯锦炜，等. 基于GIS技术的旅游资源空间量化分布研究[J]. 智能城市，2022，8（5）：63–65.

[24]　张超，周光辉，李晶晶，等. 新一代信息技术赋能的数字孪生制造单元系统关键技术及应用研究[J]. 机械工程学报，2022，58（16）：329–343.

[25]　张智，党安荣，侯妙乐，等. 长城文化遗产保护与利用的信息技术方法框架构建[J]. 遥感学报，2021，25（12）：2339–2350.

[26]　赵鸣，钱诗睿，鲍林. 数智化背景下连云港市智慧文旅产业发展研究[J]. 连云港师范高等专科学校学报，2019，36（4）：26–30.

第九章 结语

一、研究总结

1.明长城沿线遗产资源梳理与基础研究

本书绪论部分对基础数据信息及文献资料进行了系统性的梳理与归纳,从而明确本书的研究对象,并对本书的研究内容和创新性意义做出全面的阐述。第一章结合明代"九边"军镇的设置及相关历史文献资料,重点分析了京津冀明长城资源在历史文化、地理景观及军事防御等多方面的价值特征。通过对价值特征分析,本书从明长城沿线的遗产资源构成、聚落遗产分布、沟域单元划分这几个方向,详细地剖析明长城在聚落遗产体系分布与演变过程中所起的重要作用,并初步探讨了沟域地理单元和长城军事防御系统的关系,以及由军事防御系统演化而成的沿线聚落遗产体系。在此基础上,第二章以明长城沿线结构性的遗产资源军防聚落作为论述重点,选取北京市密云区城堡为典型研究对象,结合古籍地图和遥感影像对城堡进行形态判断,运用定性分类与定量评价的方法对明长城沿线军防聚落等级规模、形态类型、街巷格局、平面布局和环境特征方面进行研究。以北京明长城沿线聚落环境特征为切入点,通过空间地理和聚落格局的数据叠合与模拟分析,进一步阐释了聚落与自然环境特征之间的关系。最后,从建筑环境分析的视角出发,通过模拟分析聚落风和热环境,深入探索聚落在气候适应性方面的内在机理,从而浅谈聚落空间环境优化策略。这种综合性的分析方法将长城遗产、生态景观、村镇聚落整合起来,为后续的研究奠定了坚实的基础。

2.明长城沿线沟域"遗产-生态"单元提出与分类

本书第三章结合前文论证,将"沟域"作为遗产与生态资源分布的主要空间载体,对长城沿线沟域"遗产-生态"耦合特征展开系统研究。基于"遗产-生态"耦合单元,梳理了京津冀长城沿线区域的景观生态历史与现状,通过CiteSpace、ArcGIS、ENVI等软件对长城沿线区域的自然地理情况的分析,从而揭示该区域所面临的问题。本章首先整体分析了明长城沿线区域的基本自然特征、生态系统类型和植被覆盖特征,并对京津冀明长城沿线生态敏感性进行了综合评价。在此基础上，从遗产、生态、经济等3个维度出发，结合分析核心生态沟域范围与土地利用功能，运用复合归类法将京津冀明长城沿线的核心沟域进行分类，形成4大类与19个二级分类的复合分类类型。最后以东关河核心沟域为例，通过案例研究、实地调研等方法，基于景观特征评估（LCA）详细分析其景观单元的典型特征，进一步通过景观敏感度评估制定了四类景观保护与综合提升策略，为长城沿线遗产地区的生态环境保护提供新思路。

3. 明长城沿线遗产资源保护发展策略制定

通过以上对遗产和生态多重领域的分析，本书从跨视野、多学科的角度着重探讨了京津冀明长城沿线遗产与生态综合保护、展示利用、产业发展等策略。

第四章综合梳理与研判京津冀明长城沿线遗产资源分布、遗产资源保护管理、聚落环境演变等情况，从沟域单元整合的视角出发，针对沿线遗产资源的现状及主要问题，提出了"遗产-生态"耦合单元作为长城遗产与生态协同保护的详细策略。并以独石口长城白河沟域为典型案例，深入探讨了在该"遗产-生态"耦合单元下，沟域尺度的遗产保护、生态系统保护以及农牧业可持续发展等问题，以期为实现京津冀明长城沿线沟域单元的生态综合保护和可持续发展提供有效的解决思路。

第五章在"阐释"与"展示"概念及传播学理论方法基础上，对长城沿线区域总体资源的阐释、展示模式和展示内容都进行深入分析。基于遗产对象的不同形态和特性明晰了长城沿线区域遗产资源阐释与展示的联动性、全面性、系统性和典型性要求。选取密云、蓟州、古北口作为具体研究案例，从不同尺度的沟域形态出发，深入探讨了遗产资源的阐释主题与展示体系。通过遗产资源的整合，既展现其区域特色又串联起长城遗产母题，进而形成京津冀明长城沿线区域资源的整体展示体系。

第六章在系统研究沟域产业发展已有理论的基础上，归纳和研判京津冀明长城沿线沟域区域的产业发展条件、机遇与挑战。依据明长城沿线区域核心沟域分类和不同沟域的发展特征，以潮河沟域（涉及北京市密云区）、白河沟域（涉及天津市蓟州区）、洵河沟域（涉及张家口赤城县）作为代表案例区域，分析了沟域产业发展影响因素，并根据"双碳"目标下的节能、节水情景分析，针对典型沟域提出沟域发展定位与产业发展思路。结合选取上述三条沟域的微观典型单元，在分析其自然人文属性和空间发展格局的基础上，提出了三种典型沟域类型适宜的空间发展格局和产业发展策略及模式。

第七章以京津冀长城沿线"遗产-生态"沟域划分耦合度为支撑，综合分析长城沿线区域村庄的产业结构、发展现状及发展面临的问题。选取明长城沿线辐射范围内的典型村庄作为样本，通过层次分析法与村庄京津冀明长城沿线旅游产业发展指数的计算，厘清了典型村庄发展潜力与明长城文化发展的耦合机制、辐射强度和差异情况，在此基础上，依据京津冀明长城沿线区域辐射强度不同及村庄产业发展情况的差异性，综合性地研究了村庄产业发展路径和发展策略，通过实证研究以期将文、旅、农等产业发展与历史文化遗产保护有效地结合起来，以保护带发展，以发展促保护。

4. 明长城沿线遗产资源数字孪生技术应用

第八章针对京津冀明长城沿线区域遗产资源多尺度、多维度的特点，依托"天-空-地"一体化遥感技术及数据支持，提出"数字孪生长城"动态监测架构和应用平台架构，聚焦于遗产保护、生态监测和产业评估等应用主题。通过构建高精度三维长城信息模型，建立自主软件支撑的遥感信息集成和综合展示平台。该平台集成数据存储、信息自动关联与"人-机"交互式分析等功能，从而实现长城聚落遗产大数据的高效采集管理、智能分析、模拟仿真。这些技术为保护长城遗产、修复长城生态、健全管理机制提供辅助决策。在此基础上，将区域、沟域及聚落的多尺度场景与京津冀明长城聚落典型应用多维度进行耦合形成数字孪生技术应用模块矩阵，以遗产分布分析、沟域生态发展、沟域产业发展、发展策略智能决策等方面为例，逐一展示平台对不同尺度、维度应用场景的概略成果。

二、研究创新

1. 沟域视角的研究单元

在长城军事防御功能消失后的近400年中，长城沿线军事防御聚落及设施逐渐转变为普通村庄，并由关内向关外生长，对长城沿线区域的人地关系格局产生了重要影响。随着历史的积淀，长城与沿线丰富多彩的地貌景观融为一体，这特有的生态特征具有重要的生态空间保育意义。本书以地理学领域中的"沟域"概念作为研究切入点，深入讨论了京津冀明长城沿线区域的遗产资源。结合区域内人群、文化、历史、地理和生态等要素紧密联系的地理空间实体，将该概念作为主要的分析视角引用到长城遗产保护领域。同时，基于沟域地理空间单元，从军防逻辑、生态保护、聚落发展等多方面，对明长城沿线聚落保护与可持续发展进行整体分析。由于沟域具有覆盖面广、包含多种影响因素，本书中确定将"沟域"作为研究范围中"遗产-生态"资源体系的基本单元，进而引述出基于"遗产-生态"耦合单元的生态保护策略、产业生态评估体系，从而对产业生态性进行评估。最后，结合多尺度的沟域场景，有针对性地使用数字孪生技术，构建高精度长城信息模型和动态监测应用平台，以便更好地探索长城与周边生态环境、人文经济、历史沿革之间的内在关联和影响机制。

2. 综合多维的研究范式

本书在研究视野和方法论上追求综合性和立体性，强调跨学科和多维度的交叉融合。

基于建筑规划和遥感测绘的基本研究方法，通过遥感测绘作为获取地球表面信息的重要手段，从而获取高分辨率的影像数据。通过对影像数据的分析处理，研究区域内的地形、地貌、植被等要素进行精确测量和分析。这些详尽的数据集不仅为建筑规划领域提供了宝贵的信息资源，而且极大地促进了规划者对京津冀地区明长城现状的精确理解，为科学评估该地区未来发展趋势、制定合理规划策略提供了坚实的理论支撑和实证依据。此外，本书结合地理学、社会学、生态学等多学科知识，对京津冀明长城沿线区域遗产资源进行综合分析和系统评估。本书运用社会学的方法深入剖析了相关区域内人口结构、社会经济状况对明长城沿线区域遗产保护与发展的影响机制。同时，本书综合了历史学、文献学、经济学等学科的理论知识，通过定性研究的方法，对明长城沿线区域聚落建设的历史演变、现状特征进行了系统的归纳、推演与验证研判，旨在为明长城沿线区域遗产的保护与利用提供更为全面、深入的学术支撑。

3. 数字创新的研究技术

为推动可持续发展目标的深入实现，并适应当前技术革新的大背景，本书对明长城沿线区域遗产的整体性保护工作进行了深入系统的研究，尤其关注数字孪生技术在该领域的应用潜力。通过此项研究，我们旨在提升明长城沿线区域遗产监测保护的效能与精确性，为珍贵文化遗产的保护提供坚实的科学支撑。本书在充分利用"天-空-地"一体化遥感监测技术系统和多源数据，运用"数字孪生"技术构建了"数字孪生长城"的动态监测架构和应用平台，满足数据存储、信息自动关联与"人-机"交互式分析的迫切需求。本项创新研究深入探讨了以数字孪生技术为核心的新型遥感技术在长城及其沿线聚落遗产保护、生态修复及管理机制完善中的实际应用效果及其深远价值。该技术的应用不仅显著提升了文化遗产规划的科学性和决策的高效性，更促进了研究区域的可持续发展和基础设施管理的智能化进程。展望未来，随着技术的不断革新与应用领域的拓展，数字孪生技术将在历史文化遗产保护等相关领域发挥愈加重要的角色。

三、研究展望

1. 研究样本及案例

本书尝试从代表性案例的多个维度对京津冀明长城沿线遗产资源保护的相关研究进行综合评价，以局部样本及典型个案的部分呈现映射整体框架的表达，强调研究内容的重点与范例，但受制于文献内容、数据样本等因素，研究范围以及涵盖内容尚存局限性，仍需后续深入研究进一步探索完善。长城沿线区域历经上千年的环境变革与历史演变，其地理位置、生态系统和遗产资源系统兼具聚集性与分散性特征，区域内"遗产-生态"耦合沟域单元类型众多，要素复杂，如何将不同沟域单元特征准确且清晰地展现出来是明长城沿线遗产后续研究一项重大工作。此外，本书针对明长城沿线区域遗产资源保护发展的探讨与分析，根据不同沟域样本与案例的实际情况提出差异性的产业发展策略和发展模式，这不仅有助于推动沿线地区的经济发展，还能为其他类似地区提供有益的参考，但相关保护发展策略及建议仍有许多细节问题有待探讨，仍需进一步制订更具普适性与针对性的保护发展计划，构建完整的遗产保护策略和发展体系，确保明长城沿线区域的多元化、差异性保护发展。

2. 数理评价及模型

本书综合运用AHP层次分析法、景观特征评估（LCA）方法和最小累积阻力（MCR）模型，对"遗产–生态"耦合单元的景观生态、产业发展、遗产展示利用等进行了深入评估。在研究过程中，由于数据收集的局限性，主要以典型案例进行数据模型建立与分析，未能覆盖整个京津冀地区。同时，在案例选择方面，所选案例具有较高的典型性和代表性，但鉴于样本数量的局限，评价模型的准确性可能受到一定程度的影响，难以全面反映明长城沿线区域的整体状况。此外，以上评价方法和模型尚需进一步完善，例如在对沟域视角下明长城沿线区域"遗产–生态"单元景观特征的评估研究中，可结合借助地理信息分析平台从整体范畴下"国土–沟域–聚落"的多尺度、多维度、多类型识别与描述明长城沿线区域的景观特征与分类，并据此对不同景观特征类型和不同地区的景观生态评价进行综合分析。

3. 动态管理及监测

明长城沿线区域的遗产资源是动态演变的，随着时间的沉淀，其文化内涵及历史价值不断获得新的认知与重估。同时，明长城沿线区域的遗产资源的有效保护和永续利用也面临新的挑战，亟须对长城展开动态持续的管理监测并提供实时更新数据。及时发现潜在问题，是保障长城在变迁的自然环境与社会需求中实现可持续与高质量发展的关键。本书借助"天–空–地"一体化监测评估技术，构建了以自主软件为支撑的"数字孪生长城平台"，集成数据存储、自动信息关联和互动式分析等功能，实现对长城遗产的精准监管，同时支持价值评估、保护措施制定及风险监测。该平台不仅辅助保护决策、生态修复、管理机制完善，亦为长城国家文化公园建设注入新视野。长城遗产的管理及监测是一项持久而复杂的任务，面临着动态变化、多维度规模以及整体性的考验。继本书所提出的技术框架、数据资源和应用策略之后，未来的研究工作可致力于构建沿长城带遗产资源的时空数据库、基础属性数据库以及实景三维数据库。通过强化数据处理能力、综合算法优化和信息集成整合，并与现有的平台管理体系深度融合，可望形成一个集成化、多功能化且高效智能化的管理平台。这将极大地促进跨区域范围内遗产的全面监管、动态监测与深入分析，从而为长城遗产的长期保护与发展提供坚实的科技支撑。

附录

	分类	保护身份	保护级别	数量
自然资源	北京市	自然保护区	国家级	2
		风景名胜区	国家级	1
		森林公园	国家级	5
		湿地公园	国家级	3
		地质公园	世界级	1
			国家级	2
		矿山公园	国家级	2
		重要水源区	市级	6
	河北省	旅游示范区	国家级	6
		旅游度假区	国家级	1
		风景名胜区	国家级	7
	天津市	自然保护区	国家级	2
		森林公园	国家级	1
		风景名胜区	国家级	3
合计				42

附表2　京津冀明长城沿线区域文化资源统计表

			数量
历史文化资源	北京市	世界遗产	2
		不可移动文物	545
		历史文化街区	5
		非物质文化遗产	42
		历史文化名镇名村	3
		传统村落	27
		合计	624
	河北省	世界文化遗产	2
		国家历史文化名城	3
		国家历史文化名镇	6
		国家历史文化名村	31
		国家重点文物保护单位	84
		非物质文化遗产	277
		爱国主义教育示范基地	4
		红色旅游资源	92
		合计	499
	天津市	全国重点文物保护单位	3
		红色遗址	120
		爱国主义教育基地	36
		合计	159
合计			1082

附表3 潮河沟域古北口段主要经济指标

乡镇	人口/人	工业产值/万元	建筑业产值/万元	农林牧渔产值/万元	观光旅游产值/万元	明长城边墙所在地	明长城敌台所在地	明长城烽火台所在地	明长城城堡所在地
新城子镇	5830	—	489	7035	4577	是	是	是	是
大师屯镇	16 088	21 875	7912	12 930	4009	是	是	是	是
古北口镇	4514	—	—	9962	5264	是	是	是	是
高岭镇	8927	2082	—	11 500	679	是	是	否	是

资料来源：2021年中国县域统计年鉴（乡镇卷）。

附表4 白河沟域2019年社会经济概况

沟域	地区	人口数量/人	总面积/km²	一般企业数量/家	规模以上企业数量/家	明长城边墙所在地	明长城敌台所在地	明长城烽火台所在地	明长城城堡所在地
白河沟域	独石口镇	6276	21 765	2	0	是	是	是	是
	马营乡	11 101	31 522	0	0	是	是	是	是
	云州乡	18 422	52 055	1	0	是	否	是	是
	三道川乡	8872	21 335	0	0	否	否	否	否
	炮梁乡	7456	15 567	13	6	是	否	是	是
	龙关镇	27 763	28 395	32	2	是	否	是	是
	田家窑镇	19 700	18 797	18	1	否	否	是	否
	白草镇	11 819	24 395	1	0	是	是	是	是
	龙门所镇	13 665	23 543	1	0	是	否	是	是
	后城镇	20 514	36 980	0	0	是	否	是	否
	东卯镇	23 090	44 054	6	0	是	否	是	否
	大海陀乡	9980	26 413	4	0	是	否	是	是

资料来源：2020年中国县域统计年鉴（乡镇卷）。

附表5 洵河沟域2019年社会经济概况

沟域	地区	人口数量/人	总面积/km²	一般企业数量/家	规模以上企业数量/家	明长城边墙所在地	明长城敌台所在地	明长城烽火台所在地	明长城城堡所在地
洵河沟域	下营镇	21 055	14 521	8	1	否	是	是	是
	出头岭镇	36 665	3811	115	3	否	否	否	否
	东施古镇	17 153	2748	24	2	否	否	否	否
	蒙梓镇	41 848	6878	21	3	否	否	否	否
	下窝头镇	29 251	4512	41	1	否	否	否	否
	杨津庄镇	38 162	7211	36	0	否	否	否	否
	西龙虎峪镇	31 197	4800	3	1	否	否	否	否
	穿芳峪镇	16 326	4959	10	1	否	否	否	否
	东二营镇	18 618	2842	7	1	否	否	否	否

资料来源：2020年中国县域统计年鉴（乡镇卷）。